Philipp Murmann

Zeitmanagement für Entwicklungsbereiche im
Maschinenbau

Betriebswirtschaftslehre für Technologie und Innovation
Band 8

Herausgegeben von Professor Dr. S. Albers, Professor Dr. A. Drexl, Professor Dr. J. Hauschildt, Professor Dr. R.A.E. Müller, Professor Dr. R. Schmidt, Professor Dr. R. Wolfrum.

Geschäftsführender Herausgeber: Professor Dr. Klaus Brockhoff, Institut für Betriebswirtschaftliche Innovationsforschung, Christian-Albrechts-Universität Kiel

In der Schriftenreihe

Betriebswirtschaftslehre für Technologie und Innovation

werden Ergebnisse von Forschungsarbeiten veröffentlicht, die sich in herausragender Weise mit Fragen des Managements neuer Technologien, der industriellen Forschung und Entwicklung und von Innovationen aus betrieblicher Perspektive beschäftigen. Die Reihe richtet sich an Leser in Wissenschaft und Praxis, die Anregungen für die eigene Arbeit und Problemlösungen suchen. Sie ist nicht auf Veröffentlichungen aus den Instituten der Herausgeber beschränkt.

Philipp Murmann

Zeitmanagement für Entwicklungsbereiche im Maschinenbau

DUV Springer Fachmedien Wiesbaden GmbH

Die Deutsche Bibliothek — CIP-Einheitsaufnahme

Murmann, Philipp:
Zeitmanagement für Entwicklungsbereiche im Maschinenbau /
Philipp Murmann. — Wiesbaden : DUV, Dt. Univ.-Verl., 1994
  (Betriebswirtschaftslehre für Technologie und Innovation ; Bd. 8)
  (DUV : Wirtschaftswissenschaft)
Zugl.: Kiel, Univ., Diss., 1994
ISBN 978-3-8244-0226-7
NE: 1. GT

© Springer Fachmedien Wiesbaden, 1994
Ursprünglich erschienen bei Deutscher Universitats-Verlag GmbH, Wiesbaden in 1994

Lektorat: Gertrud Bergmann

Gedruckt auf chlorarm gebleichtem und säurefreiem Papier

ISBN 978-3-8244-0226-7   ISBN 978-3-663-12460-3 (eBook)
DOI 10.1007/978-3-663-12460-3

Meinen Großvätern

Bergassessor a.D. Walter Murmann

Dr. Dr. h.c. Guido Ziersch

Vorwort

Die Zeit ist ein knappes Gut. Die Feststellung von Seneca - ich wundere mich immer, wenn ich sehe, daß jemand um Zeit bittet und der, der darum gebeten wird, sich sehr gefällig zeigt, als ob gleichsam um nichts gebeten und gleichsam auch nichts gewährt würde - läßt sich heute nur noch selten machen. (Seneca: De brevitate vitae; Reclam; Stuttgart 1977, S. 25.)

Um so mehr danke ich den Förderern und kritischen Begleitern, daß sie ihre Zeit für diese Arbeit eingesetzt haben.

Mein Dank gilt an erster Stelle meinem Doktorvater, Herrn Professor Dr. Klaus Brockhoff, der mich in allen Phasen der Untersuchung mit Rat, Hilfe und Ansporn begleitet hat, obwohl er selbst mit der größten Aufgabendichte pro Zeiteinheit belastet ist. Herrn Professor Dr. Andreas Drexl danke ich für die Übernahme des Koreferates. Dem Wissenschaftrat und der Deutschen Forschungsgemeinschaft gebührt Dank für die Initiierung und Realisierung des Graduiertenkollegs, in dessen Rahmen diese Arbeit durch ein Stipendium gefördert wurde.

Schwerpunkte der Untersuchung waren die Analyse von Entwicklungsprojekten in der Industrie und die kritische Diskussion der Ergebnisse in dem dafür eingerichteten Arbeitskreis. Allen beteiligten Unternehmen und Personen danke ich für ihre Unterstützung. Die engagierten Diskussionen und Vorträge im Arbeitskreis haben die Ergebnisse dieser Arbeit entscheidend geprägt. Namentlich erwähnen möchte ich die Herren Mundt vom VDMA, Dr. Bargelé, Dr. Dittrich, Dr. Kirschnek, Dr. Kiske, Skirde, Dr. Stein, Dr. Teifke sowie Dr. Villmer.

Eine Arbeit lebt auch von dem Umfeld, in dem sie entsteht. Den Mitgliedern des Graduiertenkollegs "Betriebswirtschaftslehre für Technologie und Innovation" der Christian-Albrechts-Universität zu Kiel danke ich für die vielen Argumente, Kommentare, Anmerkungen und Hilfen.

Für die kritische und zeitkritische Durchsicht des Manuskripts danke ich meinen Freunden Dipl.-Phys. Bernd Schmaul, Wiebke Schmidt M.A. und Dipl.-Kfm. Gerald Stricker sowie meiner Schwester Amelie herzlich. Cordula danke ich für die vielen kleinen und großen Hilfen während dieser Zeit.

Der größte Dank aber gilt meinen Eltern, die mich auf meinem Weg immer mit wohlwollendem Rat und großer Fürsorge begleitet haben.

Philipp Murmann

Inhaltsübersicht

Gliederung

Abbildungs- und Tabellenverzeichnis

Kapitel 2

Kapitel 3

Kapitel 6

"Nicht die großen Unternehmen werden gewinnen, sondern die schnellen." *(P. Barnevik)*[1]

1. Einführung

Die Verkürzung der Produktlebenszyklen und die hohe Innovationsgeschwindigkeit im Bereich der industriellen Spitzentechnik üben einen erheblichen Wettbewerbsdruck auf die Unternehmen aus.[2] Während herkömmlich besonders die Faktoren Kosten, Qualität und Service die Aufmerksamkeit des strategischen Managements auf sich zogen, gewinnt die Zeit als strategischer Wettbewerbsfaktor national wie international zunehmend an Bedeutung.[3] Zeitvorteile lassen sich in zusätzliche Wettbewerbsvorteile umwandeln, wenn der Kunde ein Produkt nicht nur in der gewünschten Qualität und zum vereinbarten Preis, sondern auch zu dem von ihm gewünschten Zeitpunkt erhält.[4] Eine verspätete Markteinführung von neuen Produkten kann, ebenso wie ein zu frühe Einführung, zu Markt- oder Ergebniseinbußen führen.[5]

Der Entwicklungsbereich eines Unternehmens nimmt für die Sicherung seiner Wettbewerbsfähigkeit eine Schlüsselstellung ein, denn er hat einen wesentlichen Einfluß auf Durchlaufzeiten, Kosten und Qualität und damit auch auf die Marktchancen der Produkte.[6] Die geplante Entwicklungsdauer wird jedoch häufig überschritten,[7] so daß es teilweise zu erheblichen Ergebniseinbußen kommt.[8] Das Zeitmanagement im Entwicklungsbereich und insbesondere die Verkürzung der Entwicklungsdauer sind daher Aufgaben von wesentlicher unternehmensstrategischer Bedeutung.[9]

---

1 Barnevik (Präsident ABB); zitiert nach ZFU 1993, S. 2.
2 Vgl. Gupta, Wilemon 1990, S. 24 f. Bullinger stellt in seiner Untersuchung über "F&E heute" fest, daß die Produktlebensdauer im Maschinenbau in den letzten 10 Jahren um über 30% gesunken ist, während die Amortisationsdauer im gleichen Zeitraum um 17% sank; Bullinger 1990, S. 34; vgl. auch Burkhardt 1992, S. 24.
3 Vgl. Stalk 1990, S. 15; Albach 1992, S. 131 ff.
4 Vgl. Simon 1989, S. 88 f.; Wildemann 1993, S. 1251.
5 Vgl. Kalish, Lilien 1986, S. 194 ff.; Robinson 1988, S. 93.
6 Wichtige Produkteigenschaften wie Zuverlässigkeit und Betriebsicherheit werden vom Entwicklungsbereich in hohem Maße beeinflußt; vgl. Bullinger 1990, S. 44. "In der Entwicklung werden die Weichen für die Herstellungs-, Service- und Betriebskosten ... gestellt"; Burckhardt, Stelzer 1993, S. 122; vgl. auch Zielke 1993; Wheelwright, Clark 1994, S. 15 ff.
7 Vgl. z.B. Fenneberg 1979, S. 120 ff.; Brockhoff, von Ghyczy, Wilhelm 1988, S. 187.
8 Vgl. z.B. Dumaine 1989.
9 Eine Befragung von 33 deutschen F&E-Managern ergab, daß die Entwicklungszeit bereits für wichtiger angesehen wird, als Kosten- und Qualitätsparameter; vgl. Gupta, Brockhoff, Weisenfeld 1991, S. 15. Auch die Häufung von Artikeln über Zeitmanagment und Forschung und Entwicklung in praxisorientierten Zeitschriften deuten auf die zunehmende Bedeutung dieser Themenstellung hin: vgl. z.B. Fuchs 1990; O.V. 1990; Fuchs 1991; Bartosch 1992; Berner 1992; Bullinger 1992; Maier-Rothe, Bauer 1992; Mehdorn, Töpfer 1992; O.V. 1992; Seifert 1992; Burckhardt, Stelzer 1993.

1.1 Problemstellung und Zielsetzung

Als wichtigste Oberziele einer Entwicklungsdauerverkürzung werden die "Erreichung bzw. der Erhalt der F&E-Wettbewerbsfähigkeit" sowie die "Erringung der Technologieführerschaft" genannt.[10] Die bisherigen empirischen Ergebnisse über den Einsatz und die Wirkung von Konzepten zur effektiven und effizienten Verkürzung der Entwicklungsdauer sind jedoch lückenhaft:

- Die existierenden Angaben über reale Verkürzungspotentiale im Entwicklungsbereich beziehen sich auf einige ausgesuchte und zumeist extreme Fälle.[11] Eine empirische Untersuchung der Verkürzungspotentiale und ihrer Abhängigkeiten ist nicht bekannt.

- Zwar werden in der Literatur eine Vielzahl von Möglichkeiten genannt, mit denen die Entwicklungsdauer verkürzt werden kann, die Mehrzahl der Untersuchungen beschränkt sich jedoch auf die Darstellung von Erfahrungswerten.[12] Eine auf empirischen Ergebnissen basierende Strukturierung von Konzepten liegt bisher nicht vor.[13]

- Keine der bekannten Untersuchungen überprüft die tatsächliche Wirkung von zeitverkürzenden Maßnahmen auf erfolgsrelevante Faktoren wie Entwicklungsdauer, Entwicklungskosten und Produktqualität.[14]

- Die Mehrzahl der existierenden Untersuchungen über Entwicklungszeiten sind branchenübergreifend angelegt.[15] Die Entwicklungsstrukturen in verschiedenen Industriebereichen sind jedoch unterschiedlich.[16] Sie werden von Faktoren wie Fertigungsart,

---

10 Vgl. Bauer, Hannig, Mierzwa 1990, S. 24.
11 Vgl. z.B. Smith, Reinertsen 1991, S. 2; Rommel 1991, S. 48; Mabert, Muth, Schmenner 1992, S. 201 ff.; Burckhardt, Stelzer 1993, S. 122 und 124.
12 Eine umfangreiche Auflistung von in der Literatur genannten Maßnahmen zur Verkürzung von Entwicklungszeiten ist im Anhang I aufgeführt.
13 Vgl. Clark, Fujimoto 1989; Bauer, Hannig, Mierzwa 1990; Bullinger 1990; De Meyer, Van Hooland 1990; McDonough, Barczak 1991 und 1992; Karagozoglu, Brown 1993; Trygg 1993.
14 Eine Ausnahme bilden die Untersuchungen von De Meyer und Van Hooland sowie von Clark und Fujimoto, die signifikante Einflüsse einiger Variablen auf die Entwicklungszeit feststellen; vgl. De Meyer, Van Hooland 1990, S. 233 ff; Clark, Fujimoto 1989, S. 47. Auch Trygg überprüft die Wirkung einzelner Konzepte auf die Entwicklungszeit; vgl. Trygg 1993, S. 406. Signifikante Unterschiede sowie potentielle Auswirkungen auf andere abhängige Variablen werden aber nicht untersucht. So ist nicht eindeutig feststellbar, ob zugunsten der erreichten Zeitverkürzung nicht höhere Kosten und/oder eine geringere Qualität in Kauf genommen wurden.
15 Vgl. z.B. McDonough, Spital 1984; Gold 1987; Pantele, Lacey 1989; Bullinger 1990; Rosenau 1990; Bauer, Hannig, Mierzwa 1991; Cordero 1991; Gupta, Brockhoff, Weisenfeld 1991; Smith, Reinertsen 1991; Crawford 1992; Griffin 1993; Geschka 1993.
16 Verschiedene Industrien und Produktbereiche können stark unterschiedliche Produktlebenszyklen (vgl. Bullinger, Wasserloos 1990, S. 5), unterschiedliche F&E-Intensitäten (vgl. z.B. Stifterverband 1992, S. 21 u. S. 43), unterschiedliche Bedeutungen von einzelnen Innovationsquellen und unterschiedliche Verteilungen der Innovationskosten (vgl. Mansfield 1988, S. 48 ff.; Albach, de Pay, Raúl 1992, S. 311 ff.)

Produktart und staatlicher Reglementierung beeinflußt.[17] Bei einer vergleichenden Untersuchung von Entwicklungszeiten ist es sinnvoll, sich auf einen abgrenzbaren Industriebereich zu beschränken, um einige Einflüsse auf die Varianz besser kontrollieren
zu können.

Die vorliegende Arbeit konzentriert sich daher auf das *Zeitmanagement von Entwicklungs-*
bereichen im Maschinenbau.

Ziel der Arbeit ist es, geeignete Konzepte für eine Verkürzung der Entwicklungsdauer in
einem abgrenzbaren Industriebereich - dem Maschinenbau - zu entwickeln. Wichtige
Aspekte des Zeitmanagements und ihre Bedeutung für den Entwicklungsbereich sollen in
die Überlegungen einfließen. Mögliche Verkürzungspotentiale im Entwicklungsbereich sollen ermittelt und auf ihre Zusammenhänge hin untersucht werden. Die Entwicklung der
Konzepte soll auf der Grundlage einer empirischen Untersuchung erfolgen, die auch den Erfolg von Entwicklungsprojekten berücksichtigt. Um zu vergleichbaren und aussagekräftigen
Ergebnissen zu kommen, sollen spezifische Entwicklungsstrukturen des Maschinenbaus besonders berücksichtigt werden.

Der Maschinenbau wurde aus verschiedenen Gründen gewählt:

- Der Maschinenbau ist der größte deutsche Industriezweig mit hoher wirtschaftlicher
  Bedeutung für die Bundesrepublik Deutschland.[18]

- Der Maschinenbau ist eine mittelständisch geprägte Industrie.[19] Das Umfeld wird besonders durch einen starken Kundeneinfluß sowie durch einen internationalen Ange-
  bots- und Leistungswettbewerb geprägt. Hohe Flexibilität und Reaktionsgeschwindigkeit

---

etc. haben, die auch die Entwicklungszeiten beeinflussen (z.B. Automobil (General Motors)= 48 Monate, Telephon (Motorola)= 7 Monate); vgl. Smith, Reinertsen 1991, S. 2; Trygg 1993, S. 405.

17 Aufgabenstrukturen und Arbeitsintensitäten in der Entwicklung können beispielsweise von Unternehmensgröße und der Fertigungsart abhängen: Bei Massenfertigung spielt die Prozeßentwicklung eine
wichtige Rolle, bei Einzelfertigung liegt das Schwergewicht eher auf der Produktentwicklung. Vom Pro-
duktbereich hängt es ab, wie stark ein Unternehmen auf Forschung, Entwicklung oder Konstruktion ausgerichtet ist. Dementsprechend werden Ablaufstrukturen unterschiedlich gestaltet. Auch die Lebenszyklen
der Produkte sind in den Branchen unterschiedlich. Starke staatliche Reglementierungen wie beispielsweise langwierige und aufwendige Genehmigungsverfahren im Pharmabereich beeinflussen die
Entwicklungsorganisation und damit verbundene Entscheidungs- und Aktionsprozesse; etc.

18 Gemessen an der Beschäftigtenzahl ist der Maschinenbau der größte Industriezweig; vgl. z.B. Statistisches Jahrbuch 1992, S. 207. Traditionell gilt der Maschinenbau als "Exportweltmeister" - gemessen am
Umsatzvolumen für den Export; vgl. VDMA 1991, S. 4; Kriegbaum 1992, S. 18 ff. (siehe auch Kapitel
3.1.2).

19 Vgl. VDMA 1991, S. 5. Die wenigen empirischen Untersuchungen, die sich auf die Betrachtung eines
Industriebereiches beschränken, konzentrieren sich vor allem auf Branchen, in den Großunternehmen
vorherrschen (z.B. Automobilindustrie: vgl. Clark, Fujimoto 1989; Womack, Jones, Roos 1992, S. 109
ff.; Elektrotechnische Industrie: vgl. Fenneberg 1979, S. 98 ff.; Schmelzer, Buttermilch 1988; Dorbrandt
et. al. 1990).

im Entwicklungsbereich sind für die Wettbewerbsposition eines Maschinenbauunternehmens von entscheidender Bedeutung.[20]

- Der Maschinenbau umfaßt ein weites Produktspektrum, so daß keine zu starke Spezialisierung erfolgt und die Ergebnisse der Untersuchung breit angewendet werden können.[21] Aufgrund ähnlicher Produkt- und Fertigungsstrukturen innerhalb der Branche sind die Ergebnisse aber dennoch vergleichbar.

1.2 Strukturierung der Themenstellung

Die unterschiedlichen Aspekte der Themenstellung sollen im Rahmen der folgenden fünf Abschnitte analysiert und diskutiert werden.

Im zweiten Kapitel wird auf die Aspekte der *Zeit als Effizienz- und Wettbewerbsfaktor* eingegangen. Auf den Überlegungen aufbauend wird ein theoretisches Modell zur Bestimmung der optimalen Entwicklungsdauer diskutiert.

Das dritte Kapitel beschäftigt sich mit branchenspezifischen *Merkmalen des Maschinenbaus* und seines Entwicklungsbereiches. Zunächst wird kurz auf die Bedeutung des Maschinenbaus und auf seine Produkt- und Fertigungsstrukturen eingegangen. Die Beschreibung des *Entwicklungsprozesses* sowie der wichtigsten *Denk- und Handlungsabläufe* bei der Konstruktion von Maschinensystemen stehen im Mittelpunkt des Kapitels. Aus den theoretischen Überlegungen werden abschließend drei *Grundannahmen* zur Verkürzung der Entwicklungsdauer im Maschinenbau abgeleitet, welche die Grundlage für die folgenden empirischen Untersuchungen bilden.

Die Spezifizierung der *Forschungsfrage*, die Ableitung eines Untersuchungsmodells und seine Umsetzung in eine *Untersuchungskonzeption* stehen im Mittelpunkt des vierten Kapitels. Die empirische Untersuchung wird in zwei Stufen vorgenommen. Ziel der ersten Stufe ist es, Erkenntnisse über wesentliche, die Entwicklungsdauer beeinflussende Faktoren sowie über mögliche Verkürzungspotentiale im Rahmen von *explorativen Fallstudien* zu gewinnen. In der zweiten Stufe sollen die Ergebnisse der ersten Stufe auf der Basis einer *großzahligen Umfrage* spezifiziert und ausgewertet werden.

---

20 Vgl. Mock 1983, S. 42; Burkhardt, Stelzer 1993, S. 122. Zur Situation des Mittelstands und den Auswirkungen auf die betriebliche Forschung und Entwicklung, vgl. Ganter 1994.
21 Der VDMA unterscheidet 33 Fachzweige, denen unterschiedliche Produktgruppen zugeordnet werden (z.B. Armaturen, Baumaschinen, Druck- und Papiertechnik, Pumpen, Thermo Prozess und Abfalltechnik bis hin zu Werkzeugmaschinen und Fertigungssystemen); vgl. VDMA 1992a, S. 26 f.

Im fünften Kapitel werden zunächst die *Ergebnisse der explorativen Fallstudien* dargestellt und diskutiert. Dabei wird besonders auf mögliche *Verkürzungspotentiale* und die Spezifizierung der den Entwicklungsprozeß *beeinflussenden Größen* eingegangen.

Das sechste Kapitel umfaßt schließlich die Darstellung der *Ergebnisse der großzahligen Untersuchung*. Im Mittelpunkt dieses Kapitels steht die Analyse und Beurteilung von Faktoren und *Maßnahmen zur Verkürzung der Entwicklungsdauer* und ihres Einflusses auf den *Erfolg* der Entwicklungsprojekte.

Das letzte Kapitel dient der *Zusammenfassung* und abschließenden Beurteilung der wichtigsten Ergebnisse.

1.3   Abgrenzungen

Die vorliegende Untersuchung orientiert sich an einer praxisorientierten Fragestellung: Mit welchen Maßnahmen kann die Entwicklungsdauer im Maschinenbau verkürzt werden? Auf eine ausführliche Darstellung theoretischer Konzepte, die den Kern dieser Arbeit nicht unmittelbar berühren, wurde weitgehend verzichtet. Dies gilt insbesondere für die Organisation von Forschung und Entwicklung, die Personalführung, die Auswahl von Entwicklungsprojekten, die Verfolgung spezieller Wettbewerbs-, Produkt- oder Marketingstrategien und das Projektmanagement. Hierzu wird jeweils auf die Literatur verwiesen.

Aufgrund der gewählten Untersuchungskonzeption konzentriert sich die Analyse auf die Betrachtung des internen Entwicklungsprozesses. Die hier diskutierten Ansätze werden jeweils aus der Sichtweise der Entwicklung betrachtet. Möglichkeiten der Entwicklungsbeschleunigung durch die Nutzung externen Wissens oder externer Ressourcen werden nur insoweit untersucht, wie sie im Rahmen einer internen Entwicklung genutzt werden können. Darüberhinausgehende Möglichkeiten, wie zum Beispiel der Erwerb neuer Technologien durch Unternehmensakquisition,[22] die Bildung von Joint-Ventures oder Forschungs- und Entwicklungskooperationen,[23] die Lizenznahme oder die Abwerbung von Forschungs- und Entwicklungspersonal aus Konkurrenzunternehmen werden nicht untersucht.

---

[22] Vgl. Süverkrüp 1991; Gold 1987, S. 82 ff. Die Wahl externer Bezugsquellen für den Bezug neuer Technologien hängt besonders von der Wettbewerbsrelevanz der Technologie und von der eigenen Technologieposition des Unternehmens ab. Für weitere Aspekte einer Entscheidung über den Fremdbezug von Technologien, vgl. Hermes 1994, S. 141 ff.

[23] Vgl. Rotering 1990; Keussen 1993.

2. Die Bedeutung des Zeitfaktors im Innovationswettbewerb

Das Innovationsmanagement beschäftigt sich mit dem Prozeß der Entstehung und Markteinführung auf Forschung und Entwicklung (F&E) beruhender, neuer Produkte und Prozesse.[1] Neue Produkte und Prozesse werden durch die Verfügbarkeit neuer Technologien möglich.[2] In dem Ausmaß, in dem diese Produkte und Prozesse "besser" werden, d.h. einen höheren Kundennutzen bieten,[3] werden sie diejenigen ersetzen, die auf alten Technologien beruhen.[4] Durch die häufige Einführung neuer Technologien wird die Frequenz der Substitutionsprozesse erhöht und die Lebensdauer eines Produktes verkürzt: "Neue Technik führt zur Beschleunigung von Produktlebenszyklen".[5]

Die Steigerung der Innovationsfähigkeit von Unternehmen gehört zu den wichtigsten Managementherausforderungen.[6] Zahlreiche Untersuchungen in Praxis und Wissenschaft bemühen sich, diejenigen Faktoren zu identifizieren, die erfolgreichen Unternehmen in vielen industriellen Bereichen zu ihrem Innovationserfolg verhelfen.[7] Ein häufig hervorgehobener Erfolgsfaktor ist die Forcierung des Zeitwettbewerbs.[8] Die Zeit ist zu einem "strategischen Wettbewerbsfaktor"[9] bzw. zu einer neuen "Dimension des Wettbewerbs"[10] geworden.

---

1   Vgl. Albach, de Pay, Rojas 1991, S. 310. Grundsätzlich kann zwischen F&E-Management, Innovationsmanagement und Technologiemanagement unterschieden werden. Während sich die Aufgaben des F&E-Managements ausschließlich auf die Entstehung von Innovationen konzentrieren, beinhaltet das Innovationsmanagement zusätzlich noch Aktivitäten, die den Marktzyklus einer Innovation betreffen. Vom Technologiemanagement kann gesprochen werden, wenn die Produktionsseite (z.B. gekaufte Anlagen) miteinbezogen wird; vgl. IFO 1990, S. 21. Der Innovationsbegriff soll hier auf die Betrachtung technischer Innovationen beschränkt werden. Zum Innovationsbegriff, vgl. auch Hauschildt 1993, S. 3 ff.

2   Einige Untersuchungen unterscheiden weiter zwischen "Technologie" und "Technik". Nach Brockhoff umfaßt eine Technologie "eine Menge potentieller, nicht notwendig auch realisierter Techniken. ... Techniken sind angewandte Elemente einer Technologie"; Brockhoff 1981, S. 62. Für diese Untersuchung wird eine derartige Differenzierung jedoch nicht für notwendig erachtet.

3   Zum Kundennutzen industrieller Produkte, z.B. das "EVC (Economic Value to the Customer) Concept"; vgl. Forbis, Metha 1981, S. 36 ff.; vgl. auch Abernathy, Clark, Kantrow 1982, S. 13 ff.; Porter 1989, S. 178 ff.; Brockhoff 1993a, S. 42 ff.

4   Zu grundlegenden Modellen des technologischen Wandels und technologischer Substitutionsprozesse, vgl. z.B. Fischer, Pry 1971; Abernathy, Utterback 1978; Foster 1986; Benkenstein 1989.

5   Vgl. von Braun 1991, S. 51.

6   Vgl. Perillieux, Wittkemper 1991, S. 13. Zu diesem Ergebnis kommt eine Befragung der Unternehmensberatung Booz, Allen & Hamilton von 300 Führungskräften in Europa, den USA und Japan. Zur Befragung, vgl. Booz, Allen & Hamilton 1985.

7   Die Innovationsfähigkeit japanischer Unternehmen gilt allgemein als Vorbild. Eine Vielzahl von Untersuchungen bemüht sich, Erklärungsansätze für den Erfolg japanischer Unternehmen zu finden; vgl. z.B. Gerstenfeld, Sumiyoschi 1980; Abernathy, Clark, Kantrow 1982; Hull, Hage, Azumi 1985; Mansfield 1988; Clark, Fujimoto 1989; Bräuninger, Hasenbeck 1990; Nonaka 1990; Albach, de Pay, Raúl 1991; Pfeiffer, Weiß 1991; Bullinger 1992; Womack, Jones, Roos 1992.

8   "Toyota ist dabei den Autoverkauf zu revolutionieren: die Aufträge werden am selben Tag direkt an die Produktion weitergeleitet und jedes Modell wird jeden Tag produziert"; vgl. Hout, Stalk 1987, Sp. 4. Zur Bedeutung der Zeit als Wettbewerbsfaktor, vgl. auch Stalk 1988, S. 41; Mansfield 1988, S. 1160; Clark, Fujimoto 1989, S. 26; Simon 1989, S. 76; Albach, de Pay, Raúl 1991, S. 315.

9   Vgl. Simon 1989; vgl. auch Gemünden 1993, S. 73 f.

Im industriellen Bereich konzentriert sich der Zeitwettbewerb zunehmend auch auf die F&E-Bereiche der Unternehmen. Durch eine hohe Entwicklungsgeschwindigkeit können erfolgreiche Unternehmen häufiger neue Produkte auf den Markt bringen.[11] Sie können dadurch auch ihre Reaktionsgeschwindigkeit und Flexibilität erhöhen und schneller auf veränderte Marktanforderungen reagieren, als ihre langsameren Wettbewerber. Kurze Entwicklungszeiten sind eine wesentliche Voraussetzung für die Erreichung von Zeitvorteilen im Innovationswettbewerb.

Im folgenden soll näher auf die Bedeutung des Zeitfaktors im Entwicklungs- und Innovationswettbewerb eingegangen werden. Am Anfang steht eine einleitende Betrachtung über Zeitpunkte und Zeitdauer. Im zweiten Abschnitt werden einzelne Aspekte der Zeit als Erfolgsfaktor untersucht. Dabei wird zwischen der inputorientierten Betrachtung der Zeit als Ressource und der outputorientierten Betrachtung von Zeit als Wettbewerbsfaktor unterschieden. Am Schluß steht die Zusammenführung der Einzelaspekte in ein Zeitportfolio mit vier Feldern des strategischen Zeitwettbewerbs.

2.1   Zeitpunkt- und Zeitdauerbetrachtungen

Wir leben in der Zeit. "Was aber ist Zeit? Wenn ich selber darüber nachdenke, so weiß ich es. Wenn mich aber jemand fragt, um ihm die Zeit zu erklären, so weiß ich es nicht."[12] Dieser Ausspruch über die Zeit wird dem Kirchenvater Augustinus zugeschrieben. Albert Einstein soll auf die Frage, was die Zeit sei, geantwortet haben: "Zeit ist das, was man an der Uhr abliest."[13] Diese und andere Zitate belegen die Doppelsinnigkeit, die mit dem Phänomen Zeit verbunden ist: einerseits die unklare Vorstellung über das Wesen der Zeit und

---

10   Istvan bezeichnet die Zeit als "die vierte Dimension des Wettbewerbs". Da sich in vielen Bereichen ein Marktgleichgewicht eingestellt hat, verlagern sich Wettbewerbsschwerpunkte zu Bedürfnisaspekten, denen bisher weniger Beachtung geschenkt wurde. Daher verlieren die drei traditionellen Wettbewerbsarten (Kosten-/ Qualitätswettbewerb, Produktwettbewerb, Servicewettbewerb) an relativer Bedeutung; vgl. Istvan o.J., S. 1; vgl. auch Cordero 1990, S. 283 ff.

11   Zum Beispiel in der Automobilindustrie: Während die Durchlaufzeiten in der Entwicklung der europäischen Automobilhersteller durchschnittlich 28 Monate betragen, liegen sie in Japan bei nur 13,8 Monaten; vgl. Clark, Fujimoto 1989, S. 45. Besonders durch derartige Zeitvorteile konnten die japanischen Automobilhersteller ihren Anteil an der Weltmarktproduktion von ca. 5% im Jahr 1961 auf rund 30% im Jahr 1982 erhöhen; vgl. Womack, Jones, Roos 1992, S. 75.

12   Zitiert nach Haber 1989, S. 50.

13   Zitiert nach ebenda, S. 51.

andererseits die präzise Meßbarkeit der physikalischen Größe Zeit mit Hilfe des Meßinstrumentes Uhr.[14]

Bei aller Unterschiedlichkeit der Betrachtungen des Phänomens Zeit in den verschiedenen Wissenschaften[15] kann eine übereinstimmende Erkenntnis festgehalten werden, die auch für die folgenden Betrachtungen von Bedeutung ist. Bei einer Betrachtung des Phänomens Zeit, sind zwei Begriffe deutlich zu unterscheiden:[16]

1. *Der Zeitpunkt:* Er markiert einen unendlich fein gedachten Schnitt im Zeitablauf;
2. *Die Zeitdauer:* Sie wird auch als Zeitraum bezeichnet und durch den Abstand zwischen zwei Zeitpunkten bestimmt.

Während die menschliche Einschätzung eines Zeitpunktes offensichtlich weitgehend übereinstimmt,[17] ist die Einschätzung der Zeitdauer vom subjektiven Zeitbewußtsein abhängig. Verglichen mit der objektiven Zeitdauer schwankt die subjektive Einschätzung des Zeitablaufes erheblich.[18]

Die genannten Zeitaspekte finden auch Eingang in die betriebswirtschaftliche Forschung.[19] In nahezu allen Bereichen der Betriebswirtschaft werden zeitbezogene Kennziffern genutzt oder spielen zeitliche Größen eine Rolle. Auch im Innovationsmanagement ist eine Unterscheidung von Zeitdauer- und Zeitpunktbetrachtungen von Bedeutung. *Zeitdauer*betrachtungen betreffen zum Beispiel die Optimierung der Dauer von Entscheidungs- und Handlungsprozessen im Unternehmen, *Zeitpunkt*betrachtungen untersuchen die Wahl von optimalen Entscheidungs- und Handlungszeitpunkten (wie zum Beispiel Start der Entwicklung, end-

---

14 Time "is the most accurately measured physical quantity"; Encyclopedia Britannica 1990, S. 658. Die physikalische Basiseinheit der Zeitmessung ist die Sekunde. In der 13. Generalkonferenz für Maß und Gewicht 1967 wurde die Sekunde atomar definiert als das 9.192.631.770-fache der Periodendauer der dem Übergang zwischen den beiden Hyperfeinstrukturniveaus des Grundzustandes von Atomen des Nuklids 133-Cs entsprechenden Strahlung. Auf der 14. Versammlung (1970) wurde festgelegt, daß bei einem Unterschied von mehr als 0,7 Sekunden zwischen Erdstellung und Zeitzeichen nach Atomfrequenz eine "Schaltsekunde" eingeschoben wird; Brockhaus 1981, Bd. 10, S. 371.

15 Vgl. z.B. Brockhaus 1981, Bd. 12, S. 543 ff.

16 Vgl. Haber 1989, S. 51 f.

17 Psychologische Untersuchungen haben ergeben, daß der als Gegenwart empfundene Zeitpunkt lediglich um 2-12 Sekunden variiert; Brockhaus 1981, Bd. 12, S. 543.

18 "Zeit wird subjektiv unterschiedlich wahrgenommen ... Es ist deshalb grundsätzlich eine Fiktion, von 'gleichen' Perioden zu sprechen. Eine Zweijahresplanung ist eben nicht doppelt so lang wie eine Einjahresplanung"; Witte 1989, S. 353. Die Einschätzung eines Zeitraums knüpft an Erfahrungswerte an und ist z.B. vom Alter abhängig. Ein Zeitsinn ist im menschlichen Körper bisher nicht entdeckt worden; vgl. Brockhaus 1981, Bd. 12, S. 542 f.; Haber 1989, S. 53 ff.; Encyclopaedia Britannica 1990, S. 658.

19 Vgl. Simon 1989, S. 71 ff. Die fünfzigste wissenschaftliche Jahrestagung des Verbandes der Hochschullehrer für Betriebswirtschaft hatte 1988 ausschließlich betriebswirtschaftliche Zeitaspekte zum Thema; vgl. Hax, Kern, Schröder 1989.

gültige Fixierung der Produkteigenschaften, Projektabbruch, Serienfreigabe, Markteintritt, etc.) im Innovationsprozeß.[20]

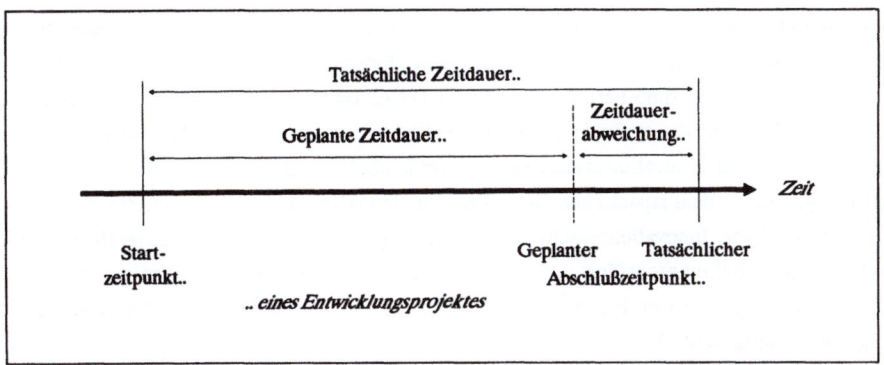

Abbildung 21-1: Zeitpunkt und Zeitdauer am Beispiel eines Entwicklungsprojektes

In Abbildung 21-1 sind wichtige Zeitpunkte und die Zeitdauer eines Entwicklungsprojektes schematisch dargestellt. Auf Schwierigkeiten bei der Messung von Zeitpunkten, Zeitdauer und Abweichungen wird später im Rahmen der empirischen Untersuchung genauer eingegangen.[21] Der hier verwendete Begriff der *Entwicklungsdauer* beschreibt die Durchlaufzeit in der Entwicklung.[22] In der Literatur wird häufig einfach von Entwicklungszeit gesprochen. Zeitdauerabweichungen kennzeichnen die Differenz von tatsächlicher und geplanter *Zeitdauer*. Unter *Entwicklungsgeschwindigkeit* ist die Geschwindigkeit zu verstehen, mit der die Entwicklungstätigkeiten durchgeführt werden. Je höher die Entwicklungsgeschwindigkeit, desto geringer ist dementsprechend die Entwicklungsdauer. Das Timing von einzelnen Aktivitäten bezieht sich auf die Wahl von Start- und Abschluß*zeitpunkten*.

Die *Innovationsdauer* umfaßt die Zeitdauer von Entwicklungs- und Markteinführungsaktivitäten. Sie erstreckt sich von der Ideenfindung bis zur Einführung des Produktes im Markt. Die *Innovationsgeschindigkeit* bezieht sich dementsprechend auf die Geschwindigkeit, mit der Entwicklungs- und Markteinführungsaktivitäten durchgeführt. Unter einem *Innovationszyklus* soll hier der zeitliche Abstand zwischen der Markteinführung zweier eigener, auf einen Markt zielenden Produkte oder Produktvarianten verstanden werden.

---

20 Vgl. Reichwald 1990, S. 11 ff.
21 Siehe Kapitel 5.1.3. Ebenso wie eine Verschiebung des Abschlußzeitpunktes ist auch eine Verschiebung des Startzeitpunktes möglich. Aus Gründen der Übersichtlichkeit wird dieser Fall hier jedoch nicht näher ausgeführt.
22 Zu den Tätigkeiten im Entwicklungsprozeß, siehe Kapitel 3.2.2.

2.2 Die Bedeutung der Zeit im Innovationswettbewerb

Ein wesentlicher Aspekt der betriebswirtschaftlichen Zeitforschung richtet sich auf die viel-fältigen Verknüpfungen zwischen Zeitdauer sowie Zeitpunkten und den unterschiedlichsten Einflußgrößen des Unternehmenserfolges (zum Beispiel Markteintritt, Innovationsge-schwindigkeit, Just-in-time-Fertigung).[23] Bevor auf einzelne Zusammenhänge näher einge-gangen wird, sei an dieser Stelle ein kurzes Fallbeispiel angeführt, um die Auswirkungen des Zeitfaktors im Innovationswettbewerb zu verdeutlichen (siehe Tabelle 22-1). Das Bei-spiel zeigt, wie es dem japanischen Hersteller von Heimklimaanlangen, Mitsubishi Electric, durch seine hohe Innovationsgeschwindigkeit gelingen konnte, eine wirtschaftliche und technologische Führungsposition unter den Herstellern von Heimklimaanlagen zu erringen und zu verteidigen.[24] Der Faktor Zeit wurde bei Mitsubishi zu einem "strategischen Er-folgsfaktor" ausgebaut.[25]

Im Beispiel Mitsubishi konzentriert sich der Zeitwettbewerb zum einen auf die kurzen Inno-vationszyklen und zum anderen auf die kurze Entwicklungsdauer. Weitere Beispiele zeigen, daß der strategisch genutzte Wettbewerbsfaktor Zeit auch in anderen Bereichen zu Erfolgen führen kann.[26] Panasonic zum Beispiel, ein japanischer Fahrradhersteller im Konzern Matsushita, konzentrierte sich auf die Optimierung des Zeitfaktors in der Fertigung und Logistik.[27] 1988 führte Panasonic in den Vereinigten Staaten das Panasonic Individual Cu-stom System (PICS) ein. Panasonic garantierte, daß jeder Kunde in den Vereinigten Staaten ein nach Maß gefertigtes Fahrrad innerhalb von maximal drei Wochen abholen kann. Dabei konnte der Kunde zwischen 4 Modellen, 41 Rahmengrößen und 35 Lackierungsmustern wählen, das sind insgesamt 11.655 Kombinationen. Er hatte somit eine vielfach größere Auswahl als bei den amerikanischen Konkurrenten, die in der Regel Standardfahrräder her-stellen, und das bei einem ähnlichen Preis und vor allem: bei gleicher Lieferzeit. Innerhalb eines Jahres erreichte Panasonic durch den Verkauf seiner "maßgeschneiderten" Fahrräder Platz zwei auf dem amerikanischen Markt. In diesem Geschäft hat es gegenüber der Kon-kurrenz aus den Vereinigten Staaten einen Vorsprung von zwei Jahren. Wie Mitsubishi hat sich auch Panasonic durch den gezielten Einsatz des Zeitfaktors einen strategischen Wett-bewerbsvorteil verschafft.

---

23 Vgl. Reichwald 1990, S. 9.
24 Während das japanische Unternehmen durch mehrere schnelle Innovationen seine Marktführerschaft auf-baute und verteidigte, versuchten die amerikanischen Konkurrenzunternehmen, die über deutlich längere Entwicklungszyklen verfügten, diesen Nachteil durch größere Innovationsschritte zu kompensieren. Die-ser Versuch mißlang, denn Mitsubishi war ihnen stets einen Schritt voraus; vgl. Stalk, Hout 1990, S. 139 f.
25 Vgl. ebenda, S. 307 f.
26 Vgl. Stalk 1988, S. 46 ff.; Stalk, Hout 1990, S. 265.
27 Für das Beispiel Panasonic vgl. Stalk, Hout, S. 307 f.

Zeit	EW *	Merkmale **	Bemerkung
1976	7,4		Ein US-Hersteller ist Branchenführer.
1977	7,8	Blechkapselung	Veränderung der Metallummantelung, um Materialkosten zu reduzieren und die Effizienz zu verbessern.
1979	7,8	Fernbedienung	Ansonsten keine wesentliche Weiterentwicklung.
1980	8,0	Integrierte Schaltkreise zur Steuerung und Anzeige	Steuerung des Pumpenumlaufes auf der Basis integrierter Schaltkreise, dadurch nachhaltige Verbesserung des Wirkungsgrades. Die amerikanische Konkurrenz setzt noch keine integrierten Schaltkreise ein.
1981	8,0	Einsatz von Mikroprozessoren	Der Einsatz von Mikroprozessoren bringt zwar keine Verbesserung des Wirkungsgrades, dient aber der Eliminierung der Distributionsebene. Das Produkt wurde so umkonstruiert, daß es leicht zu installieren und sehr zuverlässig war. Es konnte dann direkt über den Einzelhandel verkauft werden, die Wartung übernahmen Vertragsunternehmen vor Ort. Gesenkte Verbraucherpreise wirkten einer sinkenden Nachfrage entgegen.
1982	8,9	Rotationskompressor, durchbrochene Kühlrippen, integriertes Röhrensystem	Neue Version der Wärmepumpe mit einem Hochleistungs-Rotationskompressor. Dadurch wurde der überholte Kolbenkompressor ersetzt. Weitere konstruktive Verbesserungen erhöhten den Wirkungsgrad.
1983	9,9	Erweiterte elektronische Kreislaufsteuerung	Einbau von Sensoren und erhöhter Rechenkapazität, wodurch der Wirkungsgrad weiter gesteigert wurde.
1984	7,1-11,5	Wechselrichter	Verbesserte Steuerung der Geschwindigkeit des Elektromotors durch den Einsatz von Wechselgleichrichtern. Dadurch wird die Neukonstruktion der gesamten elektrischen Anlage notwendig. Im Ergebnis jedoch ein deutlich verbesserter Wirkungsgrad.
1985	8-12,5	Profilspeicherlegierung	Steuerung der Belüftungsklappen durch Profilspeicherlegierungen, dadurch Verbesserung der Luftzirkulation.
1986 1987	8-12,5	Steuerung durch optische Sensoren, "Persönliche Pyramide"	Einbau von Sensoren zur Tag/Nachtsteuerung der Pumpe. Entwicklung eines fernbedienten Steuergerätes zur individuellen Temperatur- und Luftfeuchtigkeitseinstellung.
1988	8-14	Intelligente Schaltkreise	Mit Hilfe von "intelligenten" Schaltkreisen registriert das Gerät Temperaturschwankungen und stellt sich darauf ein.
1989	8-14	Elektronische Luftfilter	Integration elektronischer Luftfilter.
* Energie-Wirkungsgrad ** Neue Merkmale / Merkmalsänderungen			*Das amerikanische Konkurrenzunternehmen konnte mit dem schnellen Entwicklungstempo von Mitsubishi Electric nicht Schritt halten. Inzwischen hat es seine technologische Führungspostion verloren - und bezieht Wärmepumpen und Bauteile von seinem schnelleren Konkurrenten.*

Tabelle 22-1: Fallbeispiel: Die 3-PS-Wärmepumpe von Mitsubishi Electric (Quelle: Stalk, Hout 1990, S. 135 ff.)

Die Innovationsgeschwindigkeit hat sich auch in der deutschen Industrie in den letzten Jahren wesentlich erhöht. Im Maschinenbau zum Beispiel verringerte sich die durchschnittliche Produktlebensdauer in den letzten zehn Jahren um rund 1/3.[28] Der Innovationswettbewerb wurde auch dadurch verschärft, daß immer mehr Unternehmen innovative Produkte auf den Markt brachten. Während zu Beginn der achtziger Jahre nur knapp zwei Drittel der Unternehmen Innovationen realisierten, stieg der Anteil der Innovatoren bis Mitte der achtziger Jahre auf rund 70%. Seit 1987 stabilisierte sich der Innovatorenanteil bei 75%.[29] Gleichzeitig stieg der Umsatzanteil der Produkte, die sich in der Markteinführungsphase befinden, gegenüber dem Anteil der Produkte in der Schrumpfungsphase seit 1982 nahezu kontinuierlich an.[30] Als Gründe für die Verkürzung der Innovationszyklen werden vor allem die Internationalisierung des Wettbewerbs, die Verfügbarkeit neuer Technologien und damit verbundene neue Marktanforderungen sowie die steigende Bedeutung der Innovationskraft eines Unternehmens im Wettbewerb genannt.[31]

Untersucht man die Auswirkungen der steigenden Innovationsgeschwindigkeit, so können drei Tendenzen festgestellt werden: Einerseits verspricht ein schnellerer Rhythmus bei der Einführung neuer Produkte zunächst neue Umsatzmöglichkeiten.[32] Andererseits werden die Innovationsaufwendungen aufgrund des schnelleren Innovationstaktes wachsen und das in

---

28 Vgl. Bullinger 1990, S. 34 (Auf der Basis von 31 Maschinenbauunternehmen). Aus der Darstellung der Untersuchungsergebnisse wird jedoch nicht deutlich, auf welcher Grundlage die Produktlebensdauer gemessen wurde. Es ist davon auszugehen, daß die Varianz der Daten (die in den Ergebnissen nicht dokumentiert wird) aufgrund des breiten Produktspektrums im Maschinenbau (siehe dazu Kapitel 3.1.3) sehr hoch ist.

29 Die Untersuchung umfaßt Produkt- und Prozeßinnovationen. Die Innovatorenanteile unterscheiden sich deutlich in den vier Unternehmensgrößenklassen. Während unter den großen Unternehmen (> 1000 Beschäftigte) 1989 83,6% (1979 68,6%) Innovatoren sind, haben nur 41,7% (36,9%) der kleinen Unternehmen (< 50 Beschäftigte) Innovationen realisiert. Die Quoten der Unternehmen mittlerer Größe (200-999 Beschäftigte) liegen bei 74,6% (60,4%) bzw. 64,2% (55%) (50-199 Beschäftigte); vgl. IFO 1990, S. 16.

30 Die Relation der Umsatzanteile von Produkten in den Lebenszyklusphasen gibt Aufschluß über die dauerhafte Wettbewerbsfähigkeit von Unternehmen. Um auch zukünftig international konkurrenzfähig zu bleiben, müssen am Ende des Lebenszyklus stehende Produkte durch neue ersetzt werden. In der bereits zitierten Umfrage des IFO-Instituts gaben die Unternehmen an, welcher Prozentanteil ihres Umsatzes in die Lebenszyklusphasen Markteinführung (ME), Wachstum, Stagnation und Schrumpfung (SU) fällt. Während der Umsatzanteil der Produkte in der SU-phase 1982 noch um 7,2% höher lag als der von Produkten in der ME-phase, lag der Anteil der Produkte in der ME-phase 1989 um rund 1% über denen in der SU-phase; vgl. ebenda, S. 17 f. Auf der Grundlage einer Analyse von Siemens-Produkten kommt Schmelzer zu ähnlichen Aussagen; vgl. Schmelzer 1990, S. 30.

31 Vgl. Gupta, Wilemon 1990, S. 29; Albach, de Pay, Rojas 1991, S. 310; Geschka 1993, S. 12 f.

32 Da häufig verbesserte Technologien zu besseren oder neuen Produkteigenschaften und/oder niedrigeren Preisen führen, ist der Kunde (im Rahmen seiner Kaufkraft) in der Lage, häufiger auf neue Produkte zurückzugreifen. Dadurch ist insgesamt zunächst mit einer Umsatzsteigerung zu rechnen. Langfristig ist allerdings zu bedenken, daß der Gesamtumsatz (Lebensumsatz) eines Produktes bei kürzeren Produktlebenszyklen nicht unveränderlich bleibt. Aufgrund einer großen Angebotsdynamik kann er in bestimmtem Maße zurückgehen, wodurch produktbezogen mit Umsatzeinbußen zu rechnen ist; vgl. von Braun 1991, S. 56 f.

einem Umfeld mit höherer Wettbewerbsintensität.[33] Darüberhinaus ist die hohe Innovationsgeschwindigkeit mit einem höheren Risiko verbunden.[34] Bei einem Produktfehlschlag konzentriert sich der resultierende Umsatzrückgang auf einen kürzeren Zeitraum, da die Produktlebensdauer verkürzt wird. Da das Maximum des Umsatzrückganges gleichzeitig ansteigt, erhöht sich das Risiko kurzfristiger Liquiditätsengpässe.

Eine Verkürzung von Innovationszyklen ist aber nicht beliebig fortsetzbar. Sie findet ihre Grenzen einerseits in den wachsenden Innovationskosten der Hersteller und andererseits in einer vom Markt geforderten "minimalen" Produktlebensdauer, in der erworbene Güter nicht durch Innovationen obsolet werden.

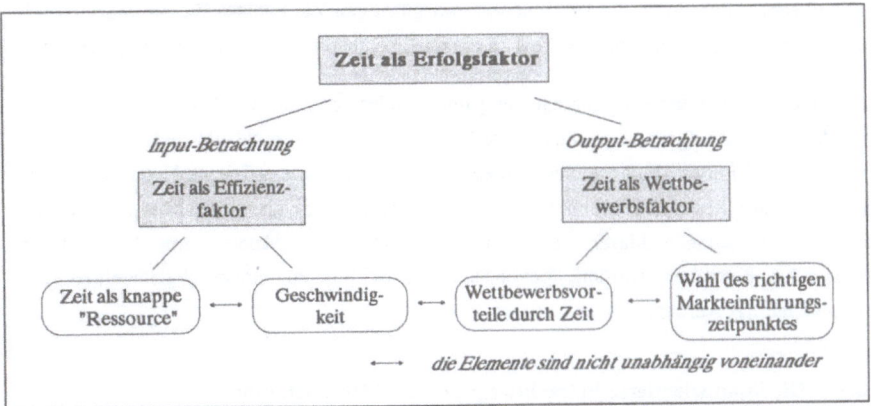

Abbildung 22-1: Aspekte der Zeit als Erfolgsfaktor (Quelle: eigene Darstellung; nach Simon 1989)

Die Frage, wie Zeitvorteile im Innovationswettbewerb prinzipiell erreicht werden können, soll im folgenden genauer untersucht werden. Die Ausführungen gelten prinzipiell für alle Bereiche des Innovationswettbewerbs. Für Entwicklungsbereiche sind sie jedoch in besonderer Weise relevant, da die Entwicklung als das zentrale Element der hier betrachteten

---

33 Vgl. ebenda, S. 54.
34 Die Simulation eines Produktfehlschlages zeigt, daß die Auswirkungen eines Produktfehlschlages bei 12-jähriger und bei 8-jähriger Produktlebenszyklusdauer bemerkenswert unterschiedlich sind, obwohl die absoluten Umsatzeinbußen gleich sind. Bei einem 12-jährigen Zyklus erstreckt sich der Umsatzrückgang über einen längeren Zeitraum und beträgt im Maximum ca. 15 % des Gesamtumsatzes. Im Falle des 8-jährigen Zyklusses liegt der Umsatzverlust im Maximum hingegen bei ca. 30 % und konzentriert sich auf einen erheblich kürzeren Zeitraum, da ungefähr 80 % des Gesamtumsatzes auf Produkten basiert, die in den letzten 5 Jahren eingeführt wurden. Beim 12-jährigen Zyklus liegt dieser Anteil nur bei ungefähr 50 %; vgl. ebenda, S. 67 ff.

technologischen Innovationsprozesse anzusehen ist.[35] Zwei Aspekte der Zeit lassen sich dabei grundsätzlich unterscheiden (siehe Abbildung 22-1):

1. *Die inputorientierte Betrachtung:* Dieser Aspekt konzentriert sich auf die Zeit als "Effizienzfaktor". Sie kann als Inputfaktor auf individueller und auf institutioneller Ebene betrachtet werden.[36] Dabei läßt sich die Zeit als eine besondere Art von nicht erneuerbarer "Ressource" beschreiben,[37] durch deren effizienten Einsatz Prozesse zeitlich optimiert werden können.

2. *Die outputorientierte Betrachtung:* Sie konzentriert sich auf Aspekte der Zeit als "Wettbewerbsfaktor". Durch den Ausbau von Zeitvorteilen zu Wettbewerbsvorteilen und schließlich durch die Erreichung eines günstigen Zeitpunktes für die Markteinführung neuer Produkte kann die Zeit zu einem Erfolgsfaktor im Wettbewerb werden.[38]

Die Betrachtungsweisen sind durchaus eng miteinander verzahnt: die Erreichung von Wettbewerbsvorteilen aufgrund von Zeitvorsprüngen ist in der Regel an die Steigerung der Innovations- und Entwicklungsgeschwindigkeit und damit an eine effiziente Nutzung von Zeit im Sinne einer Ressource geknüpft. Um die Bedeutung der einzelnen Komponenten des Faktors Zeit dennoch klarer herauszustellen, sollen die Aspekte zunächst losgelöst voneinander betrachtet werden, bevor sie am Schluß zu einem vollständigen Bild zusammengefügt werden.

2.2.1 Die inputorientierte Betrachtung: Zeit als Effizienzfaktor

Zunächst soll die Zeit als Inputfaktor von Prozessen betrachtet werden. Unterstellt man, daß effizientere Prozesse eine höhere Leistung erwirtschaften, so läßt sich die Bedeutung des Faktors Zeit bereits anhand des bekannten physikalischen Zusammenhanges ablesen, der die Leistung als die in einer bestimmten Zeit verrichtete Arbeit beschreibt.[39] Zwei Aspekte sollen hier unterschieden werden:

1. *Zeit als "Ressource":* Dieser Aspekt konzentriert sich auf die Betrachtung der Zeit im Sinne einer nicht erneuerbaren, knappen Ressource im Innovationsprozeß.

---

35 Die Entwicklung entscheidet weitgehend über Produktqualität und Produktkosten sowie über mögliche Markteinführungszeiten und damit über die Marktchancen eines Produktes (siehe auch Kapitel 1.1). Auf die Bedeutung der Entwicklungszeit im Innovationswettbewerb wird daher im Kapitel 2.2.4 noch gesondert eingegangen.
36 Vgl. Simon 1989, S. 72 ff.
37 Der Art nach unterscheidet sich die Ressource Zeit jedoch von anderen Ressourcen, wie z.B. Rohstoffen, deren Verbrauch theoretisch auf einen Wert Null reduziert werden könnte.
38 Vgl. ebenda, S. 79 ff.; Geschka 1993.
39 Leistung= Arbeit pro Zeit (in Watt= Joule pro Sekunde); vgl. z.B. Brockhaus 1979, S. 85.

2. *Geschwindigkeit:* Dieser Aspekt beleuchtet die Möglichkeiten der Umsetzung von Zeit-effizienz in Geschwindigkeit und ihrer Bedeutung im Innovationswettbewerb.

2.2.1.1 Zeit als "Ressource"

Die Zeit ist ein Inputfaktor, der den im Rahmen von Prozessen erzeugten Output beeinflußt. Neben der Zeit sind aber stets noch andere Inputfaktoren notwendig, um einen Output zu erzeugen. Aufgrund von einseitigen Kosten- und Qualitäts-Präferenzsystemen wurde der Zeit bisher häufig eine niedrigere Bedeutung beigemessen als anderen Ressourcen. Die unter dem relativ neuen Begriff des "Zeitmanagements" subsummierten Aktivitäten konzentrieren sich dementsprechend auf den Einsatz von Methoden zur optimalen Nutzung der zur Verfügung stehenden Zeit.[40]

Simon merkt an, daß sich die meisten Modelle des individuellen Zeitmanagements auf die Angebotsseite beschränken. Er schlägt daher ein Preissystem vor, das "die Opportunitätsko-sten der Managementzeit offenlegt."[41] Durch entsprechende Preissetzung könnte sich ein Ausgleich zwischen Zeitbudget und Zeitbedarf und dadurch auch eine bessere Allokation von individueller Managementzeit erreichen lassen.[42] Auch nicht monetäre Systeme wie etwa Punktesysteme wären denkbar.

Den Kosten für eine Allokation von Zeit für Managementaktivitäten und Entscheidungen müssen aber auch mögliche Opportunitätskosten einer Unterlassung von Aktivitäten gegen-übergestellt werden. So kann zum Beispiel die Investition zusätzlicher Zeit im Bereich der Planung dann sinnvoll sein, wenn dadurch die Wahrscheinlichkeit späterer Zeitverzögerun-gen eingeschränkt wird. Um die Zeiteffizienz in der Organisation zu erhöhen, schlägt Si-mon vor, adäquate Opportunitätskosten für zeitliche Verzögerungen im Unternehmen zu ermitteln und zu kommunizieren.[43] Diese sind auch für eine Beurteilung notwendig, ob durch die Allokation zusätzlicher Ressourcen (zum Beispiel zusätzliche Entwicklungs- oder Produktionskapazitäten) entsprechende Zeitvorteile erreicht werden können. Eine optimale Entscheidung über einen derartigen "Kauf von Zeit"[44] kann nur erfolgen, wenn die Kosten ebenso wie der dadurch erzielbare Nutzen quantifiziert werden können. Die Umsetzung der

---

40 Vgl. Vahlens 1987, S. 1003; Albach 1991, S. 49.
41 Simon 1989, S. 74 f.
42 Leistungsverluste durch Störungen und Unterbrechungen betragen ca. 28 % der persönlichen Arbeitszeit (zusätzliche Anlauf- und Einarbeitungszeiten, geringere Konzentration, häufigere Fehler); vgl. Vahlens 1987, S. 1003.
43 Vgl. Simon 1989, S. 79.
44 Smith und Reinertsen sehen auch in der Fähigkeit eines Unternehmens Zeit durch einen zusätzlichen, in-ternen oder externen Ressourceneinsatz zu erkaufen, einen besonderen Wettbewerbsvorteil; vgl. Smith, Reinertsen 1991, S. 190.

genannten Aspekte kann zum Beispiel durch Implementierung eines unternehmensweiten Zeitcontrollings erfolgen.[45]

2.2.1.2 Geschwindigkeit

Viele aktuelle betriebswirtschaftliche Untersuchungen zur Zeitthematik beziehen sich auf die Zeitdauer, d.h. den für die Durchführung von Aktivitäten benötigten Zeitraum und die Geschwindigkeit von Prozessen.[46] Grundsätzlich lassen sich zwei Möglichkeiten zur Steigerung der Prozeßgeschwindigkeit in einem Unternehmen unterscheiden:

1. *Die effizientere Nutzung der "Ressource" Zeit:* Wie im letzten Kapitel bereits erörtert, kann die Geschwindigkeit von Prozessen durch eine effiziente Nutzung der knappen Ressource Zeit direkt erhöht werden.[47]

2. *Die Parallelschaltung von unabhängigen Aktivitäten:*[48]
   Im Rahmen von Prozessen sind in der Regel mehrere Aktivitäten erforderlich. Die Geschwindigkeit kann deshalb durch die Parallelisierung von Aktivitäten gesteigert werden. Dabei handelt es sich um eine Art "Kauf von Zeit", um den Preis zusätzlich einzusetzender materieller oder humaner Ressourcen.[49] Im optimalen Fall läßt sich eine additive Verknüpfung der Parallelisierungs- und Effizienzwirkung erreichen.

Aufgrund von erhöhtem Koordinations- und Kommunikationsaufwand kann die Leistung jedoch nicht in gleichem Maße ansteigen, wie zusätzliche Ressourcen eingesetzt werden. Vielmehr existiert ein Maximum parallel zu bewältigender Tätigkeiten, bei dessen Überschreitung die Leistung nicht weiter ansteigt, sondern sogar abfällt. Das Brook'sche Gesetz (vgl. Abbildung 22-2) verdeutlicht diese Tatsache: Abhängig vom

---

45 Vgl. Simon 1989, S. 79; Schmelzer 1990, S. 51 ff.; Mattern 1991, S. 99 ff.; Reinhardt 1993, S. 109. Brockhoff und Urban geben ein Beispiel für Entwicklungszeitcontrolling im Entwicklungsbereich. Sie sehen vier wesentliche Punkte, die im Rahmen eines Zeitcontrollingsystems erforderlich sind, um eine kürzere Ressourcenbindung zu erreichen: *(1) Planzahlen,* um Soll-Größen vorzugeben, die die Basis für eine Soll-Ist-Überwachung von Prozessen bilden; *(2) Meßzahlen,* um die Ist-Situation transparent zu machen und die wesentlichen Zeitelemente aufzuzeigen; *(3) Kennzahlen,* um Veränderungen der Prozeßdauer sichtbar zu machen und die Wirkung von Maßnahmen zur Zeitoptimierung zu erkennen; *(4) Erfahrungsdaten,* um realistische Planvorgaben zu ermitteln und die Wirkung von Maßnahmen abzuschätzen; vgl. Brockhoff, Urban 1988, S. 40 f.
46 Vgl. Reichwald 1990, S. 11.
47 Vgl. Brockhoff, Urban 1988, S. 40; Rosenau 1990, S. 108 ff.; Schmelzer 1990, S. 28.
48 Vgl. Gold 1987, S. 85; Clark, Fujimoto 1989, S. 38 f.; Simon 1989, S. 81; Geschka 1990; Rosenau 1990, S. 132; Schmelzer 1990, S. 45 f.; Cordero 1991, S. 286 ff.; Smith, Reinertsen 1991, S. 153 ff.; Barclay 1992b, S. 309; Brockhoff 1992a, S. 269; Millson, Raj, Wilemon 1992, S. 63 f.
49 Im Entwicklungsbereich ist dies beispielsweise durch den Zukauf externer Entwicklungskapazitäten bzw. die Fremdvergabe von Entwicklungstätigkeiten möglich; vgl. z.B. Clark 1989, S. 1252 (Siehe auch Maßnahme R in Kapitel 5.5.1).

$$D = Y / M$$

D = Projektdauer
Y = Im Gesamtprojekt zu erbringende Mann-Monate
M = Anzahl der einzusetzenden Mitarbeiter

Die Dauer eines Projektes wird durch die zu erbringende Arbeit in Mann-Monaten und die Anzahl der eingesetzten Mitarbeiter bestimmt.

$$Y = Y_0 + K(M)$$

Y_0 = Zahl der Mann-Monate, die ein einzelner Mitarbeiter benötigen würde um das Projekt zu vollenden

$K(M)$ = Bei dem Einsatz von M Mitarbeitern bzw. bei der Durchführung von M parallelen Aktivitäten entstehender, in Mann-Monaten gemessener Kommunikationsbedarf

Der insgesamt zu erbringende Arbeitseinsatz hängt vom Kommunikationsbedarf ab, der bei der Parallelisierung von M Aktivitäten entsteht.

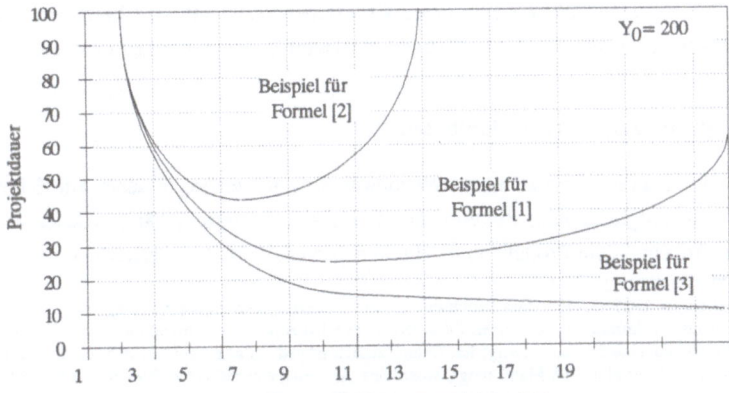

$[1] \quad K(M) = a * M * (M-1)$

Kommunikationsbedarf in einem Vollstruktur-Kommunikationsnetz, d.h. alle Mitarbeiter kommunizieren mit allen gleich intensiv.

$[2] \quad K(M) = b * M^2 * (M-1)$

Projekt mit gesteigertem Kommunikationsbedarf in einem Vollstruktur-Kommunikationsnetz.

$[3] \quad K(M) = c * (M-1)$

Nur linear ansteigender Kommunikationsbedarf ergibt sich, wenn in einem sternförmigen Netz paarweise kommuniziert wird.

Abbildung 22-2: Das Brook'sche Gesetz (Quelle: nach Knolmayer 1987, S. 454)

Kommunikationsbedarf steigt die Dauer eines Prozesses an, wenn eine bestimmte Anzahl von parallelen Aktivitäten überschritten wird.[50]

2.2.2 Die outputorientierte Betrachtung: Zeit als Wettbewerbsfaktor

Wird der Faktor Zeit genutzt, um daraus Wettbewerbsvorteile abzuleiten, so kann von einem Outputfaktor gesprochen werden. Bei einer outputorientierten Betrachtung der Zeit lassen sich zwei Aspekte unterscheiden:[51]

1. *Umsetzung von Zeitvorteilen in Wettbewerbsvorteile:* Zeitvorteile werden nur dann zu Wettbewerbsvorteilen, wenn sie am Markt umgesetzt werden können. Ein Wettbewerbsvorteil kann zum Beispiel aus einer höheren Reaktionsgeschwindigkeit und/oder einem Erfahrungsvorsprung resultieren.
2. *Wahl des richtigen Zeitpunktes:* Dieser Aspekt berücksichtigt, daß beispielsweise der Produkterfolg von der Wahl des richtigen Markteinführungszeitpunktes abhängt.

2.2.2.1 Wettbewerbsvorteile durch Zeit

Die Zeit kann nur in Märkten zu einem Wettbewerbsfaktor werden, in denen ein Zeitnutzen existiert.[52] Die Möglichkeiten, Zeitvorteile am Markt umzusetzen, hängen daher von der Branchenstruktur und dem Produkt ab.[53] Um Wettbewerbsvorteile zu erreichen, müssen die

---

50 Vgl. Knolmayer 1987, S. 454. Das Brooksche Gesetz beschreibt den Zusammenhang zwischen der Prozeßdauer und der Anzahl der beteiligten Personen. Hier wird zunächst die Annahme getroffen, daß an jeder Aktivität nur eine Person beteiligt ist. Grundsätzlich ist jedoch anzunehmen, daß der Kommunikationsaufwand nicht in gleichem Maße steigt, wenn eine Aktivität von mehreren Personen ausgeführt wird. Hier ergäbe sich eine verschachtelte Rechnung in zwei Ebenen: (1) Kommunikationsbedarf zwischen den Aktivitäten und (2) Kommunikationsbedarf zwischen den Personen, die an einer Aktivität beteiligt sind. Dadurch könnte die Anzahl der insgesamt beteiligten Mitglieder über der Anzahl liegen, die aus den einfachen Rechnungen bei Knolmayer (vgl. Abbildung 22-2) hervorgehen. Da dies jedoch nicht das Thema dieser Arbeit ist, soll der Gedanke hier nicht weiter verfolgt werden. Weiterhin ist anzumerken, daß nicht nur der Kommunikationsbedarf mit der Anzahl der parallelen Aktivitäten steigt, sondern ebenso der Koordinationsbedarf. Auch dies kann Auswirkungen auf die Projektdauer haben, wenn es z.B. durch einen erhöhten Bedarf an koordinierenden Absprachen zu Entscheidungsverzögerungen kommt; vgl. auch Schlicksupp 1977, S. 173 f.; Staehle 1991, S. 274 ff.
51 Simon führt ähnliche Aspekte zeitbezogener Wettbewerbsfaktoren auf, strukturiert sie jedoch anders; vgl. Simon 1989, S. 79.
52 Stalk und Webber machen deutlich, daß erst die Umsetzung der Zeitvorteile in Kundennutzen (schnellere Lieferung, schnellerer Service) zu Gewinnvorteilen führt. Sie steht am Ende eines dreistufigen Prozesses: (1) Erkennen der Zeit als Wettbewerbsfaktor, (2) Ausrichtung der Organisation auf Geschwindigkeit, (3) Umsetzung der Zeitvorteile in Kundennutzen; vgl. Stalk, Webber 1993, S. 100 ff.
53 Während der Computerhersteller IBM eine Reduzierung von Entwicklungszeiten um 2/3 erreichen mußte, um im Markt zu bleiben, hätte eine Entwicklungszeitverkürzung beim Flugzeughersteller Boing zu enormen Kostensteigerungen geführt, so daß es hier darauf ankam, alles beim ersten Mal richtig zu machen, anstatt es schnell zu machen; vgl. Krubasik 1988, S. 46. Für Beispiele aus verschiedenen Branchen: vgl. z.B. Simon 1989, S. 84 ff. (Pharma); Reichwald 1990, S.10 (verschiedene); Schirmer 1990 (Automobil); Schmelzer 1990, S. 30 (Elektro); Clark, Fujimoto 1991, S. 35 ff. (Automobil).

erzielten Zeitvorteile am Markt umgesetzt und die Bestandswerte für eine gewisse Zeit gesichert werden. Dadurch wird das Kriterium der "Dauerhaftigkeit" erfüllt.[54] Bestandswerte, deren Aufbau Zeit verbraucht, bieten insgesamt ideale Ansatzpunkte zur Schaffung und Verteidigung dauerhafter Wettbewerbsvorteile, da sie häufig nicht auf Wettbewerber übertragbar sind.[55]

Zwei sich ergänzende Möglichkeiten zur Erlangung zeitbegründeter Wettbewerbsvorteile können unterschieden werden:

1. *Wettbewerbsvorteile durch Erfahrungsvorsprung*: Erfahrung ist eine zeitabhängige Größe. Durch Erfahrungen können nicht nur Produktionsprozesse, sondern auch Innovationsprozesse effizienter werden.[56] Nach der Erfahrungskurventheorie sinken die Stückkosten komplexer Produkte um rund 20-30%, wenn sich die jeweils gesammelte Erfahrung verdoppelt.[57] Die höhere Effizienz beruht einerseits auf einer besseren Nutzung des Inputfaktors Zeit, andererseits auf den Erfahrungen beim Einsatz neuer Technologien:[58]

- Mitarbeiter und Management lernen, ihre Aufgaben rationeller zu lösen,

---

54 Vgl. Simon 1988, S. 465 ff.; Porter 1989, S. 31. Die Dauerhaftigkeit eines zeitlichen Wettbewerbsvorteils ist jedoch nur dann gegeben, wenn der jeweilige Erwerb der Bestandswerte ausschließlich durch den Verbrauch von Zeit möglich ist. Ist ein Erwerb des Bestandswertes auch anders, z.B. durch Know-How-Transfer, die Aquisition von Technologie oder die Abwerbung von Mitarbeitern möglich, so kann der Zeitvorsprung eingebüßt werden und ist somit nur ein vorübergehender Zeitvorteil; vgl. Simon 1989, S. 89 f.

55 Vgl. ebenda, S. 90.

56 Die wesentlichen Ansätze des Erfahrungskurvenkonzeptes basieren auf den klassischen Aussagen der Lerngesetze der industriellen Produktion (vgl. Baur 1979). Dennoch bestehen Unterschiede zwischen dem "Routinelernen" und dem "innovativen Lernen". Diesen Unterschieden kann durch eine "zweidimensionale Organisation" Rechnung getragen werden, in der nach Routine- und Innovationsaspekten differenziert wird. Auch zwischen individuellem Lernen und organisationalem Lernen ist zu unterscheiden. In organisationalen Lernprozessen geht es prinzipiell darum, das individuelle Wissen zu organisationalem Wissen zu verbinden; vgl. Reber 1992, Sp. 1247 ff. Abernathy und Wayne verweisen in diesem Zusammenhang jedoch auf die Gefahr, daß beim Durchlaufen der Lernkurve die Innovationsfähigkeit durch zunehmende Routine abnimmt; vgl. Abernathy, Wayne 1982, S. 112 ff. McKee unterscheidet zwischen drei Ebenen des Lernens innovativer Organisationen: "Meta"-Lernen bezieht sich z.B. auf das Lernen von Wandlungsprozessen von Organisationen. "Double-Loop"-Lernen bezieht sich auf die Veränderung innerhalb von Organisationen (z.B. Wandel von Standards, Technologien, etc.). "Single-Loop"-Lernen resultiert aus einfacher Wiederholung und Routinisierung von Abläufen innerhalb der Organisation; vgl. McKee 1993, S. 235 ff. Zu Lernprozessen in Organisationen vgl. auch Grochla 1978, S. 60 f.; Staehle 1991, S. 842 ff.; Wheelwright, Clark 1994, S. 386 ff.

57 Vgl. Stalk, Hout 1990, S. 19; vgl. auch Kloock 1989, Sp. 428; Porter 1989, S. 106 ff. Für Beispiele von Erfahrungskurven aus dem Innovationsbereich vgl. Stalk, Hout 1990, S. 20 ff. Ein Beispiel für eine Erfahrungskurve für Zeit- und Kostenschätzungen im Entwicklungsbereich zeigt Fenneberg; vgl. Fenneberg 1979, S. 75.

58 Vgl. Stalk, Hout 1990, S. 21. Maidique und Zirger sprechen von "Learning by Doing, Using and Failure"; Maidique, Zirger 1988, S. 329 ff. Schewe identifiziert den Faktor "Innovation Experience" als einen, für den Innovationserfolg wesentlich verantwortlichen Faktor; Schewe 1991, S. 17 f. und S. 20.

- verbesserte Prozeßmethoden erleichtern den Ablauf,
- verbesserte oder neue Produkt- und Fertigungstechnologien ermöglichen Zeiteinsparungen und/oder Kostensenkungen.

Gleichzeitig wirken Einflußfaktoren auf den Lernprozeß, die von der Arbeitsaufgabe (zum Beispiel Komplexität, Umfang anwendbarer Kenntnisse aus früheren Prozessen, Wiederholbarkeit, etc.) und vom eingesetzten Mitarbeiter (zum Beispiel Motivation, Lernfähigkeit, etc.) abhängen können.[59] Da es sich hier jedoch um "innovatives Lernen" im Gegensatz zu dem überwiegend auf "Routinelernen" gestützten Lernen in der Produktion handelt, ist mit einer unterschiedlichen Gewichtung dieser Faktoren zu rechnen. Während beispielsweise eine eher geringe Wiederholbarkeit einzelner Prozeßelemente bei innovativen Tätigkeiten zu erwarten ist, kann die Lernwirkung aus bereits erworbenen Erkenntnissen und aus vorangegangenen Innovationen sehr hoch sein. "Innovatives Lernen" wird besonders durch die Fähigkeit bestimmt, vorhandenes und neues Wissen zu assoziieren.[60]

Wettbewerbsvorteile durch Erfahrungsvorsprung kann ein Unternehmen dann erreichen, wenn es die Lernkurve als erstes durchläuft und sich dadurch Kosten- und Qualitätsvorteile verschaffen kann. Auch die Lerngeschwindigkeit kann in diesem Sinne zu Wettbewerbsvorteilen führen.[61] Die Wettbewerbsvorteile können verteidigt werden, wenn der Lernvorsprung gegenüber Wettbewerbern gehalten werden kann.

2. *Wettbewerbsvorteile durch höhere Reaktionsgeschwindigkeit*: Der Geschwindigkeitsaspekt kann direkt in einen Wettbewerbsvorteil umgesetzt werden, wenn ein Unternehmen den Innovationszyklus schneller in Gang setzen, durchführen und abschließen kann, als ein Wettbewerbsunternehmen.[62] Durch die höhere Reaktionsgeschwindigkeit steigert es seine Flexibilität und kann schneller auf sich ändernde Marktanforderungen reagieren.[63] Zeigt sich beispielsweise nach der Vorankündigung eines neuen Produktes durch einen Wettbewerber, daß eine hohe Nachfrage zu erwarten ist, so kann ein Folgerunternehmen mit hoher Reaktionsgeschwindigkeit ein gleiches oder auch ein bereits modifiziertes Produkt schnell auf den Markt bringen und an den Führer-Vorteilen par-

---

59 Dementsprechend kann man verschiedene Lerneffekte unterscheiden (z.B. aus dem "Lernen durch Übung" und "Lernen durch Reaktionen auf Reize"); vgl. Baetge 1974, S. 532 ff.; Baetge 1979, Sp. 1127.
60 Cohen und Levinthal sprechen diesbezüglich von einer "Absorptive Capacity": "... prior related knowledge confers an ability to recognize the value of new information, assimilate it, and apply it to commercial ends. These abilities collectively constitute what we call a firm's 'absorptive capacity'"; Cohen, Levinthal 1990, S. 128.
61 Vgl. Porter 1989, S. 135 u. S. 247.
62 Vgl. Rosenau 1990, S. 14.
63 Vgl. Schmelzer 1990, S. 31.

tizipieren, ohne die Markteröffnungsrisiken in gleicher Weise getragen zu haben. Gleichzeitig verringert es die Chance des Führers, hohe Markteintrittsbarrieren zu errichten und damit sein Folgerrisiko.[64]

In diesem Sinne stellen beispielsweise kurze Entwicklungszeiten auch unabhängig von der Optimierung einzelner Entwicklungsprojekte einen Wettbewerbsvorteil da. Sie können zu einer "Kern-Fähigkeit"[65] des innovativen Unternehmens werden, mit der es seine "Kern-Kompetenz"[66] gegenüber dem Wettbewerber verteidigen oder in "Kern-Kompetenzen" konkurrierender Unternehmen einbrechen kann.[67] Kurze Entwicklungszeiten können im Rahmen kurzer Innovationszyklen zu einem entscheidenden Wettbewerbsfaktor werden.

2.2.2.2   Wahl des richtigen Zeitpunktes

Alle bisher diskutierten Zeitaspekte sollen letztlich dazu dienen, die Innovation zum richtigen Zeitpunkt in Gang zu setzen und auf den Markt zu bringen. Produkte dürfen weder zu früh noch zu spät auf den Markt kommen, um optimale Renditen zu erwirtschaften. Abell spricht in diesem Sinne von einem "strategischen Fenster", das sich zu einem bestimmten Zeitpunkt öffnet und wieder schließt.[68] Smith und Reinertsen sprechen von der "Marktuhr", die die Zeitpunkte für das Öffnen und Schließen des strategischen Fensters bestimmt.[69]

Eine Schlüsselproblem für Unternehmen, die sich im Innovationswettbewerb behaupten müssen, ist zunächst die Entscheidung, ob im Verhältnis zu anderen Anbietern eine Innova-

---

64   Cordero plädiert dafür, Geschwindigkeit zu einem zentralen Unternehmensziel zu machen: "Managers must make speed a central objective of the firm. ... because the employees of the firm are the ones responsible for speeding the implementation of product strategies, they need to be managed for speed. ... The reward structure should support efforts to manage for speed. ... managing for speed calls for a significant departure from traditional management"; Cordero 1990, S. 292 f.; vgl. auch Gemünden 1993, S. 104.

65   Vgl. Stalk, Evans, Shulman 1992, S. 57 u. S. 63.

66   Kern-Kompetenzen können z.B. Produkttechnologien, die Nutzungsqualität besonderer Fertigungsprozesse, Qualitätsstandards von Produkten, etc. sein; vgl. Hamel, Prahalad 1990, S. 80; Stalk, Evans, Shulman 1992, S. 66.

67   Dies wird auch in dem Beispiel des japanischen Klimaanlagenstellers Mitsubishi Electric in Tabelle 22-1 deutlich. Durch die Fähigkeit von Mitsubishi Electric, neue Technologien schneller zu entwickeln als sein amerikanischer Konkurrent, konnte es zunächst in dessen Kern-Kompetenz einbrechen und diesen, da er die Bedeutung dieser Kern-Fähigkeit nicht erkannte, sogar aus dem Wettbewerb verdrängen.

68   The term 'strategic window' is used here to focus attention on the fact that there are only limited periods during which the 'fit' between the requirements of a market and the particular competencies of a firm competing in that market is an optimum."; Abell 1978, S. 21; vgl. auch Drucker 1986, S. 186.

69   Vgl. Smith, Reinertsen 1991, S. 47.

tions- bzw. F&E-Führer- oder -Folgerstrategie eingeschlagen werden soll.[70] Traditionell gelten die Führerstrategien als die erfolgversprechenderen.[71] Die Innovations-Führerstrategie erscheint deshalb besonders attraktiv zu sein, weil durch die Erreichung eines temporären Angebotsmonopols (zum Beispiel aufgrund einer technologischen Einzigartigkeit) die Möglichkeit besteht, hohe Markteintrittsbarrieren für die Folger zu errichten.[72] Der gezielte Einsatz von Produktvorankündigungen kann zusätzlichen Nutzen erbringen, wenn dadurch zum Beispiel eine Imageverbesserung des Früh-Anbieters, eine frühzeitige Nachfrageanregung oder eine Verminderung des Wettbewerbsdrucks erreicht werden kann.[73]

Zahlreiche empirische Studien zeigen,[74] daß ein früher Markteintritt jedoch keine hinreichende Bedingung für den Innovationserfolg ist.[75] Einige der Studien verweisen auf einen Zusammenhang zwischen Innovationserfolg, einem frühen Markteintritt und situativen Faktoren, wobei besonders bessere Produktqualität bzw. hohe Anwendungsorientierung, niedrige Kosten und Ähnlichkeit mit dem bestehenden Produktprogramm häufig erwähnt werden.[76] Die Folgerstrategie kann bei geeigneten situativen Bedingungen ebenfalls zum Erfolg führen. Folger scheinen besonders dann erfolgreich zu sein, wenn sie mit einem modifizierten Produkt auf den Markt kommen, das den Kundennutzen durch marginale technische Verbesserungen und/oder durch Preisvorteile gegenüber dem Führer-Produkt erhöht.[77]

---

70 Vgl. Perillieux 1991, S. 23. Perillieux unterscheidet in Führer- und Folgerstrategien bezüglich F&E und Innovation. "F&E-Führer" sind Unternehmen, die zuerst über eine neue Technologie verfügen, "Innovationsführer" bringen eine neue Technologie zuerst auf den Markt. "F&E-Führer" können also auch als "Innovationsfolger" agieren und umgekehrt; vgl. Perillieux 1987, S. 168 ff.

71 Vgl. Drucker 1986, S. 297 ff.; Rosenau 1990, S. 7 ff.; Smith, Reinertsen 1991, S. 3 ff.; Geschka 1993, S. 14 f. Drucker bezeichnet die Führerstrategie als die traditionelle unternehmerische Strategie des "Schnellstens und Stärkstens"; Drucker 1986, S. 298.

72 Vgl. Perillieux 1987, S. 125; Brockhoff 1993a, S. 257.

73 Vgl. dazu Eliashberg, Robertson 1988 für die USA und Preukschat 1992 für Deutschland. Durch die Vorankündigung können auch Nachteile (Kostenfaktoren) entstehen, z.B. Kannibalisierung, nachteilige Wettbewerbsreaktionen oder ein Imageverlust, wenn die Vorankündigung nicht eingehalten werden kann. Die Wahl des Zeitpunktes der Vorankündigung sowie der zu wählende Detaillierungsgrad spielen eine große Rolle. Bei der Entscheidung bezüglich einer Vorankündigung sind daher unterschiedliche Wirkungsspektren zu berücksichtigen; vgl. Preukschat 1992, S. 43 ff.

74 Vgl. Flaherty 1983; Spital 1983; Zörgiebel 1983, S. 207 ff.; Maidique, Zirger 1984; Urban et. al. 1986; Schnaars 1986; Perillieux 1987, S. 198 ff.; Buzzell, Gale 1987, S. 153; Robinson 1988; Lilien, Yoon 1990. Zur Diskussion der Untersuchungen vgl. auch Perillieux 1987, S. 158 ff.; Simon 1989, S. 86; Calatone, di Benedetto, 1990, S. 36, S. 76 ff.; Hauschildt 1992, S.18; Brockhoff 1993a, S. 257 ff.; Gemünden 1993, S. 86 ff.

75 Innovationserfolg wird häufig mit der Erreichung eines hohen Marktanteils gleichgesetzt. Hauschildt weist darauf hin, daß "ein Absatzerfolg allein noch keinen ökonomischen Erfolg verspricht." Innovationserfolg ist dann gegeben, wenn die Innovation "nachhaltig einen Gewinn erbringt, der über einem definierten Mindestmaß liegt"; Hauschildt 1992, S. 19. Technischer Erfolg ist nur eine notwendige, nicht aber eine hinreichende Bedingung. Viele der Untersuchungen summieren aber technischen und wirtschaftlichen Nutzen zu einem übergeordneten Maß des Gesamterfolges (Overall Success); vgl. ebenda, S. 5 f.

76 Vgl. z.B. Flaherty 1983; Urban et. al. 1986; Buzzell, Gale 1987; Perillieux 1987; Robinson 1988; vgl. auch die Übersicht in: Hauschildt 1992, S. 17 ff.

77 Vgl. Spital 1983; vgl. auch Fallbeispiele in Perillieux 1991, S. 29.

Ein verspäteter Markteintritt kann aber auch zu "Strafen" führen, zum Beispiel wenn damit ein Imageverlust verbunden ist.[78]

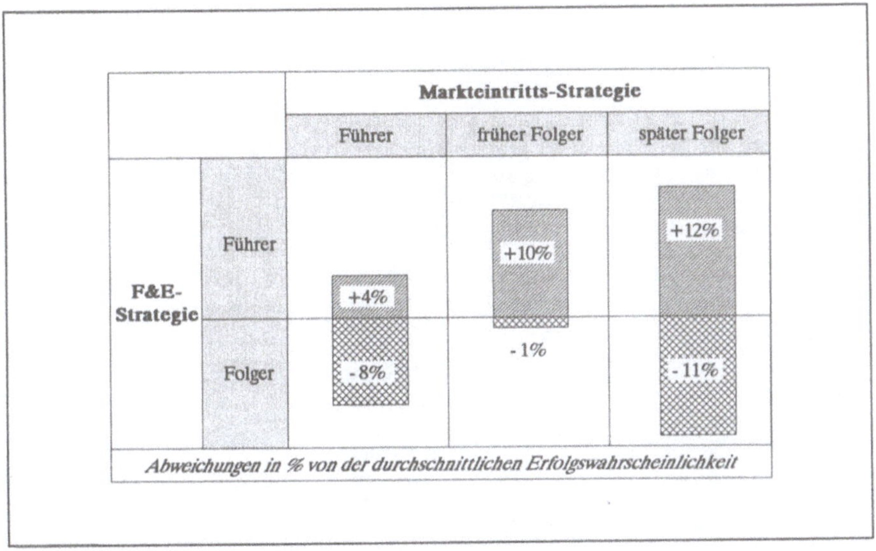

		Markteintritts-Strategie		
		Führer	früher Folger	später Folger
F&E-Strategie	Führer	+4%	+10%	+12%
	Folger	-8%	-1%	-11%
Abweichungen in % von der durchschnittlichen Erfolgswahrscheinlichkeit				

Abbildung 22-3: Erfolg von Führer- und Folgerstrategien im Maschinenbau (Quelle: Perillieux 1991, S. 38)

Die Bedeutung zusätzlicher Einflüsse auf den Innovationserfolg wird aus den Ergebnissen einer Untersuchung von Perillieux deutlich, die er 1987 im Maschinenbau durchführte.[79] Darin stellt er zunächst fest, daß erfolgreiche Maschinenbauunternehmen in der Regel "F&E-Führer" sind (siehe Abbildung 22-3). "Überraschend ist jedoch, daß die höchsten Erfolgsquoten[80] denjenigen F&E-Führern beschieden sind, die erst nach den Wettbewerbern als - frühe oder späte - Folger in den Markt eintreten. Diese Unternehmen nutzen ihre in der F&E gewonnene Zeit häufig, um ein vollkommen ausgereiftes Produkt auf den Markt zu bringen, oder um Wettbewerber die Marktöffnungskosten tragen zu lassen."[81]

---

78 Vgl. Urban et. al. 1986; Diese Strafen können sich z.B. negativ auf die zu erzielenden Marktanteile auswirken.

79 Vgl. Perillieux 1987; Perillieux 1991.

80 Perillieux verwendet als Erfolgsmaß die selbsteingestufte Beurteilung des wirtschaftlichen Erfolgs durch die Befragten (erfolgreich/nicht erfolgreich). Dabei wird davon ausgegangen, daß das Produkt bei einem wirtschaftlichen Erfolg auch technisch erfolgreich ist; vgl. Perillieux 1987, S. 181.

81 Perillieux 1991, S. 36; vgl. auch Wheelwright, Clark 1994, S. 35.

		Chancen	Risiken
Führer	kurzfristig	Vorteile aus zeitweiser monopolistischer Angebotssituation	Hohe Kosten und hoher Zeitaufwand für F&E Hohe Markteröffnungskosten Risiko eines zu frühen Markteintritts
		Beibehaltung bzw. Steigerung der Innovationsgeschwindigkeit	
		Errichtung von Markteintrittsbarrieren durch: - Etablierung von Produkt- und Industriestandards - Nutzung von Erfahrungsvorsprüngen zur Kostensenkung	Führerinnovation kann sich nicht als Standard durchsetzen. Imagenachteile bei nicht ausgereiften Innovationen
	langfristig	- Kontrolle knapper Inputfaktoren - Prägung eines Produktimages	
Folger	kurzfristig	Nutzung der Erfahrung des Führers zur: - Imitation - Modifikation	Risiko des zu späten Markteintritts: kurze Marktphase des Folgerproduktes Hohe Abnehmerpräferenzen für die Führerinnovation.
		Wettbewerbsvorteile durch Einsatz strategischer Maßnahmen: - Produktdifferenzierung - Preispolitik	
	langfristig	- Distribution - Werbung	Schwierige Überwindung der Markteintrittsbarrieren

Abbildung 22-4: Chancen und Risiken der Führer- und Folgerstrategie (Quelle: eigene Darstellung; nach Perillieux 1987, S. 123 ff.; Perillieux 1991, S. 34 f.; Brockhoff 1993, S. 257)

Der Erfolg der Führer- und Folgerstrategie ist von drei situativen Faktoren abhängig:[82] dem Synergiepotential, der Produktkomplexität und der Marktentwicklung. Die Führerstrategie (bei F&E und Markteintritt) erweist sich im Maschinenbau besonders dann als erfolgreich, wenn:

- die Synergie zu anderen im Unternehmen hergestellten Produkten hoch ist,
- die Produktkomplexität sehr hoch ist und frühzeitig Referenzen für eine erfolgreiche Produktanwendung gewonnen werden können, und
- der Markt sich rasch entwickelt und viele Anwender eine Innovation früh nach der Markteinführung akzeptieren.

Im Gegensatz dazu ist eine Folgerstrategie besonders bei niedrigem Synergiepotential, niedriger Produktkomplexität und langsamer Marktentwicklung vorteilhaft. Chancen und Risiken der Führer- und Folgerstrategie sind in Abbildung 22-4 gegenübergestellt.

Das Ziel der Entscheidung über die Markteintrittsstrategie ist die Erreichung eines optimalen Markteintrittszeitpunktes. Zur Bestimmung des optimalen Markteintrittszeitpunktes existieren verschiedene theoretische Modelle, auf die hier nicht im einzelnen eingegangen werden kann.[83] Lediglich auf die Annahmen und Ergebnisse einiger ausgesuchter Modelle sei kurz verwiesen, da sie für eine Entscheidung über den Markteintritt von grundsätzlicher Bedeutung sind. Demnach hängt der Zeitpunkt für die Markteinführung ab:[84]

- von der Höhe des für ein neues Produkt zu erzielenden Preises und der damit verbundene Renditeerwartung,
- vom Niveau der Marktkommunikation,
- vom erreichten Qualitätsniveau im Markt (grundsätzlich wird davon ausgegangen, daß sich dieses mit der Zeit verändert und dementsprechend die Nutzenerwartung beeinflußt),
- von dem mit der Markteinführung verbundenen Risiko.

In einem anderen theoretischen Modell zeigen Brockhoff und Urban, wie der optimale Zeitpunkt für den Markteintritt in Abhängigkeit von den zu erwartenden Gegenwartswerte der Bruttogewinne für ein neues Produkt bestimmt werden kann.[85] In Abbildung 22-5 sind drei

---

82 Vgl. ebenda, S. 39; vgl. auch Perillieux 1987, S. 267 ff.
83 Vgl. dazu besonders Kalish, Lilien 1986 und die dort angeführte Literatur. Auch für die Wahl eines optimalen Einsatzzeitpunktes für eine neue Technologie, z.B. in der Produktion und Logistik, lassen sich derartige Modelle entwickeln; vgl. Wildemann 1989, S. 135 ff. Simon gibt zu Bedenken, daß "der praktische Wert mathematischer Modelle, die der Bestimmung des optimalen Zeitpunktes dienen, als gering anzusehen" ist; Simon 1989, S. 88. Dennoch leisten diese Modelle zweifellos einen Beitrag zur Ableitung grundsätzlicher Gestaltungsempfehlungen.
84 Vgl. Kalish, Lilien 1986, S. 195 f.; Brockhoff 1993a, S. 259 ff.
85 Vgl. Brockhoff, Urban 1988, S. 2 ff.

Beispiele für Gewinnerwartungen möglicher Produkte in Abhängigkeit vom Markteintrittszeitpunkt dargestellt.[86]

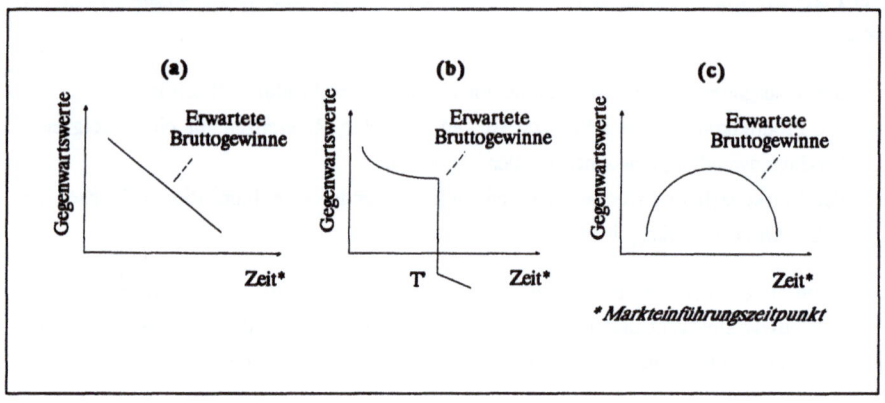

*Abbildung 22-5: Beispiele für mögliche Gewinnerwartungen in Abhängigkeit von der Zeit
(Quelle: Brockhoff, Urban 1988, S. 3)*

In Beispiel (a) führt jede Zeitverzögerung im Produktentstehungsprozeß zur Senkung der
Gewinngegenwartswerte. In dieser Situation kann eine Verkürzung der Entwicklungsdauer
direkt zu Bruttogewinnverbesserungen führen. Im Beispiel (b) hat die Zeit zunächst nur
geringe Auswirkungen auf die Bruttogewinnerwartungen. Erst wenn ein Zeitpunkt T'
überschritten wird, kommt es zu drastischen Verlusten. Das Beispiel (c) beschreibt eine
häufig zu erwartende Situation: Maximale Bruttogewinnerwartungen sind nur zu einem
bestimmten Zeitpunkt zu erzielen. Kommt das Produkt früher oder später auf den Markt, so
nehmen die Bruttogewinne mit zunehmender Entfernung von dem optimalen Zeitpunkt ab.

Neben der theoretischen Analyse der relevanten Zusammenhänge bieten hohe Markt- und
Kundennähe sowie frühzeitige Konkurrenzaufklärung die besten Möglichkeiten, den optimalen Zeitpunkt bzw. das strategische Fenster für den Markteintritt zu ermitteln.[87] Eine
hohe Innovationsgeschwindigkeit ist auch für die Frage des Markteintrittes von großer Be-

---

86 Erfahrungen mit einem von Braun und Brockhoff entwickelten Programm zur Ermittlung der optimalen
Entwicklungsdauer zeigen, daß solche Gewinnprognosen bei marktnahen Produktentwicklungen durchaus
möglich sind; vgl. Braun, Brockhoff 1988.

87 Vgl. Simon 1989, S. 89. Zur Einbeziehung von Kundenerfahrungen, vgl. v. Hippel 1988, S. 102 ff. Zur
Bedeutung der Konkurrenzanalyse, vgl. Porter 1990, S. 78 ff. In einer empirischen Untersuchung zur
Konkurrenzanalyse fand Brockhoff heraus, daß die Vorwarnzeit vor neuen Konkurrenzprodukten
(besonders in der Elektroindustrie und im Maschinenbau) bei dem Einsatz einer institutionalisierten Konkurrenzanalyse rund doppelt so lang ist wie bei nicht institutionalisierter Konkurrenzanalyse; vgl. Brockhoff 1991b, S. 95. Dabei trägt besonders die regelmäßige Analyse der Innovationsziele von Konkurrenzunternehmen zum Erfolg der Analyse bei; vgl. Lange 1993c, S. 258.

deutung, denn sie verhilft einerseits zu der "strategischen Option ..., je nach Situation früh oder spät in den Markt einzutreten"[88] oder sich andererseits schnell an veränderte Marktsituationen anpassen zu können.

2.2.3   Vier Zeitfelder im Innovationswettbewerb

Die Überlegungen haben gezeigt, daß Zeit sowohl als Inputfaktor als auch als Outputfaktor von Bedeutung ist. Gleichzeitig müssen zeitdauer- und zeitpunktbezogene Entscheidungs- und Handlungsaktivitäten unterschieden werden. Überlagert man diese Optionen in einer Matrix, so ergeben sich vier "Zeitfelder" des Innovationsmanagements (siehe Abbildung 22-6).

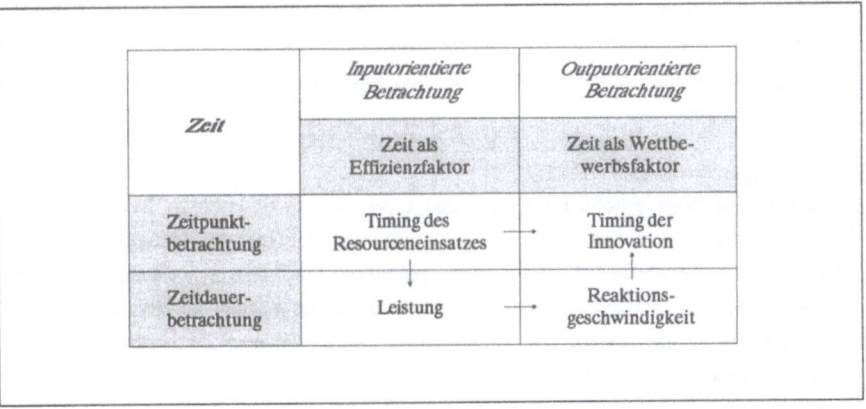

Abbildung 22-6: Vier Zeitfelder des Innovationswettbewerbs (Quelle: eigene Darstellung)

Die Felder "1" und "2" konzentrieren sich zunächst auf die Verbesserung des Inputfaktors Zeit bezüglich von Zeitpunkten und Zeitdauer. Sie berücksichtigen die Zeit als Effizienzfaktor.[89] Die Felder "3" und "4" beinhalten die Outputgröße Zeit und ihren Einfluß auf Innovationszeitpunkte und die Innovationsdauer. Sie zielen auf die Umsetzung von zeitlicher Effizienz in Wettbewerbsfaktoren ab.

---

88 Vgl. Simon 1989, S. 89.
89 Dies stellt einen Widerspruch zu den Ausführungen Schmelzers da, der Effizienzwirkungen allein den Aspekten der Zeitdauer zuordnet. Hier wird hingegen die Auffassung vertreten, daß auch die Wahl des optimalen Zeitpunktes des Ressourceneinsatzes die Effizienz des Innovationsprozesses beeinflußt; vgl. Schmelzer 1990, S. 27 f.

1. *Timing des Ressourceneinsatzes (Feld 1)*

    Das erste Feld konzentriert sich auf den Einsatz von humanen und materiellen Ressourcen zum richtigen Zeitpunkt. Besonders bei Engpaßressourcen ist dieser Aspekt von großer Bedeutung um Warte- und Stillstandszeiten zu vermeiden. Mit Hilfe von geeigneten Zeitplanungs- und Zeitcontrollinginstrumenten kann der zeitbewußte Einsatz von Ressourcen optimiert werden.[90] Zu diesem Aspekt gehört auch eine zeitbewußte Beendigung von Innovationsvorhaben, die nicht die erwarteten Ergebnisse zeigen.[91]

2. *Leistung (Feld 2)*

    Die Leistung ist in diesem Zusammenhang als Arbeit pro Zeiteinheit zu definieren. Die Erhöhung der Leistung steht in direktem Zusammenhang mit der Steigerung der Innovationsgeschwindigkeit. Eine Leistungsverbesserung kann dementsprechend durch die effizientere Nutzung von Zeit im Sinne einer nicht erneuerbaren "Ressource" und die Parallelisierung von Innovationsaktivitäten erreicht werden. Auch durch ein optimiertes Timing des Einsatzes humaner und materieller Ressourcen sind Leistungsverbesserungen zu erwarten.

3. *Reaktionsgeschwindigkeit (Feld 3)*

    Das Ergebnis einer erhöhten Leistung und eines zeitlich optimierten Ressourceneinsatzes ist die höhere Aktions- und Reaktionsgeschwindigkeit des Unternehmens am Markt. Auch die Flexibilität steigt, denn geänderte Anforderungen können schneller aufgenommen und umgesetzt werden. Planungshorizonte werden kürzer und vermindern gleichzeitig das Risiko. Das Unternehmen hat die Chance, Zeitvorteile zu Wettbewerbsvorteilen auszubauen und diese im Markt zu nutzen.

4. *Timing der Innovation (Feld 4)*

    Das Ziel der Innovationsanstrengungen eines Unternehmens ist die Markteinführung des "richtigen" Produktes zum "optimalen" Zeitpunkt. Die Vorraussetzung dafür ist, daß Produktentwicklung, Fertigung und die Vorbereitung der Markteinführung zum richtigen Zeitpunkt initiiert, mit der richtigen Geschwindigkeit durchgeführt, und zum richtigen Zeitpunkt beendet werden. Auch die vom Kunden zum Zeitpunkt des Markteintritts geforderten Produkteigenschaften müssen erreicht worden sein. Nicht nur für die Führerstrategie, sondern auch für die Strategie des schnellen Folgers sind diese Kriterien von großer Bedeutung.

Es wird deutlich, daß Aktivitäten in allen vier Feldern durchgeführt werden müssen, um die Zeit als strategischen Wettbewerbsfaktor zu nutzen. Die Inhalte der Felder sind prinzipiell

---

90 Vgl. Brockhoff, Urban 1988, S. 26 ff.; Mattern 1991; Pearson 1991; Hauschildt 1993, S. 300 ff.
91 Vgl. Balachandra 1984; Lange 1993a, S. 86 ff.

auf alle unternehmerischen Bereiche übertragbar. Sie können deshalb dazu dienen, die Zeitaspekte im Unternehmen zu strukturieren und zu bewerten. Neben der Optimierung der Inputgrößen ist besonders die Umsetzung von Inputvorteilen in Outputvorteile von Bedeutung. Zeitbezogene Wettbewerbsvorteile können nur dann erzielt werden, wenn jeder Einzelbereich für sich ebenso wie das Unternehmen insgesamt die Anforderungen der vier Felder erfüllt.

2.2.4 Die Bedeutung der Entwicklungsdauer im Innovationswettbewerb

Neben der Produktions- und Absatzzeit gilt die Entwicklungszeit als der wesentliche Zeitfaktor im Innovationsprozeß eines Unternehmens.[92] Viele Autoren betonen ihre herausragende Bedeutung für die zeitgerechte Markteinführung neuer Produkte und die damit verbundenen Ergebnisverbesserungen.[93]

Überschreitungen der geplanten Entwicklungsdauer und zu spät gestartete Entwicklungsprojekte werden allerdings immer wieder festgestellt.[94] Eine Untersuchung von Brockhoff zeigt, daß ein "Überziehen der Entwicklungsdauer" und der "Grad der Inneffizienz" in der Entwicklung einen signifikanten Zusammenhang aufweisen: "Die Inneffizienz nimmt zu, wenn ... die Entwicklungsdauer als zu lange gilt".[95] Indirekt erhöht eine zu lange Entwicklungsdauer ebenso wie ein verspäteter Entwicklungsstart den "zum Fenster hinaus geworfenen Budgetanteil".[96]

---

92 Vgl. Albach 1992, S. 131.
93 Vgl. z.B. Brockhoff, Urban 1988, S. 1 ff.; Rosenau 1990, S. 3 ff.; Bauer, Hannig, Mierzwa 1991, S. 4 ff.; Cordero 1991, S. 285 ff.; Smith, Reinertsen 1991, S. 1 ff.; Rommel 1991, S. 48; Millson, Raj, Wilemon 1992, S. 54; Soderberg, O'Halloran 1992, S. 3 f.; Griffin 1993, S. 113.
Ein häufig zitiertes Ergebnis einer Untersuchung der Unternehmensberatung McKinsey & Company Inc. zeigt die Auswirkungen einer zu langen Entwicklungsdauer. Bei Produkten mit relativ kurzer Lebensdauer kann eine Verzögerung der Entwicklungszeit um sechs Monate zu Ergebniseinbußen von 30-50 % führen. Preisverfall, verringerte Absatzmengen, schlechteres Produkt- bzw. Unternehmensimage oder verspätet nutzbare Produkt- und Markterfahrungen können zu diesen Einbußen beitragen. Werden hingegen die Entwicklungsaufwendungen um 50 % erhöht, um so die geplanten Entwicklungszeiten einzuhalten, so können die Ergebniseinbußen auf 5 % begrenzt werden. (Angaben über die Stichprobe und statistische Signifikanzen werden jedoch nicht gemacht); vgl. Dumaine 1989; vgl. auch Schmelzer, Buttermilch 1988, S. 46; Gerpott, Wittkemper 1991, S. 121. Über die grundsätzliche Ergebniswirkung der Entwicklungszeit besteht weitgehende Übereinstimmung. Auch andere Untersuchungen kommen diesbezüglich zu ähnlichen Ergebnissen; vgl. z.B. Schmelzer 1990, S. 29.
94 Vgl. Fenneberg 1979, S. 116; Brockhoff, Urban 1988, S. 11 ff.; Clark, Fujimoto 1989, S. 45; Brockhoff 1990, S. 30 u. S. 37; Gupta, Wilemon 1990, S. 28 f.; Albach, de Pay, Rojas 1991, S. 314; Anthony, McKay 1992, S. 140 ff.; Lange 1993a, S. 95.
95 Brockhoff 1990, S. 48 ff. Die Einschätzungen des Managements und der Entwickler stimmen in dieser Beurteilung weitgehend überein.
96 Ebenda.

Es ist bekannt, daß Abhängigkeiten zwischen den Faktoren Zeit, Kosten und Qualität bestehen.[97] Diese Abhängigkeiten lassen sich auch auf den Entwicklungsbereich übertragen, wie
sich an einem stark vereinfachten Modell deutlich machen läßt: Geht man davon aus, daß
der Kundennutzen eines Produktes durch eine (fiktive) Summe aus normierter Entwicklungsdauer, normierten Entwicklungsaufwendungen und einem normierten Produktqualitäts-
niveau gebildet wird,[98] so ergeben sich drei Möglichkeiten, den Kundennutzen zu erhöhen:

1. das Qualitätsniveau wird bei gleichen Entwicklungsaufwendungen, jedoch nach einer
   geringeren Entwicklungsdauer erreicht;

2. das Qualitätsniveau wird bei gleicher Entwicklungsdauer, jedoch zu geringeren Entwicklungsaufwendungen erreicht;

3. bei gleicher Entwicklungsdauer und gleichen Entwicklungsaufwendungen wird ein höheres Qualitätsniveau erreicht.

Die Entwicklungsdauer, in der eine marktoptimale Produktqualität[99] bei minimalen Aufwendungen erreicht wird, so daß am Ende ein maximaler Gewinnbarwert zu erwarten ist,
kann auch als "optimale" Entwicklungsdauer bezeichnet werden. Brockhoff und Urban zeigen in einem Modell, wie die optimale Entwicklungsdauer in Abhängigkeit von den Ge-
genwartswerten der Entwicklungsaufwendungen bestimmt werden kann.[100] In vereinfachter
Weise läßt sich der Zusammenhang zwischen der Entwicklungsdauer und den Entwicklungsaufwendungen in einem einzelnen Projekt als U-Funktion darstellen (vgl. Abbildung
22-7a).[101] Ausgehend von einer optimalen Entwicklungsdauer (t_{opt}) führt sowohl eine Ver-

---

97 Vgl. z.B. Schmelzer, Buttermilch 1988, S. 46 f; Smith, Reinertsen 1991, S. 20 ff. Bullinger bezeichnet
    die Zusammenhänge zwischen Zeit, Kosten und Qualität als "Triade" oder "magisches Dreieck"; Bullin-
    ger 1992.
98 Dieses Modell geht davon aus, daß der Preis für ein Produkt allein von der Entwicklungszeit, den Ent-
    wicklungskosten und der in der Entwicklung erreichten Qualität bestimmt wird. Alle übrigen Einflüsse
    werden vernachlässigt.
99 Die Produktqualität soll hier stets als die vollständige Erreichung der vom Kunden geforderten Pro-
    duktfunktionalität betrachtet werden. Bleiben die Produkteigenschaften hinter den Erwartungen des Kun-
    den zurück, so wurde die Qualität nicht erreicht. Diese Betrachtungsweise stimmt mit dem Begriff der
    "subjektiven Qualität" aus der Sicht des potentiellen Nachfragers überein; vgl. Brockhoff 1993a, S. 43.
    Ähnliche Definitionen finden sich auch in der Literatur: "Qualität muß als Erfüllung von Anforderungen
    definiert werden"; Crosby 1986, S. 69. "Qualität ist stets kundenbezogen. ... Qualitätsmängel haben den
    Verlust oder zumindest doch die Lockerung von Kundenbeziehungen zur Folge"; Albach 1993, S. 537.
    "Qualität bezeichnet die Eignung der Unternehmensgesamtleistung zur Erfüllung aller an sie gerichteten
    kundenbezogenen Erwartungen"; Fröhlich 1993, S. 545; vgl. auch Porter 1990, S. 282; Specht, Schmel-
    zer 1992, S. 531.
100 Vgl. im folgenden Brockhoff, Urban 1988, S. 3 ff.
101 Unter Entwicklungsdauer wird zunächst der Zeitraum vom Entwicklungsbeginn bis zur Markteinführung
    verstanden. (Die Entwicklungsdauer beihaltet hier dementsprechend die eigentliche Produktentwicklung
    und -konstruktion ebenso wie die Fertigung und Montage des Produktes.)

kürzung als auch eine Verlängerung der Entwicklung zu erhöhten Aufwendungen.[102] Überlagert man die Kurven der Gegenwartswerte der Bruttogewinnerwartungen (hier c) und der erwarteten Entwicklungsaufwendungen, so liegt die optimale Entwicklungsdauer t_{opt} dort, wo die Differenzkurve (= Nettogewinnkurve) aus Bruttogewinnen und Entwicklungsaufwendungen ihr Maximum hat (vgl. Abbildung 22-7b).[103]

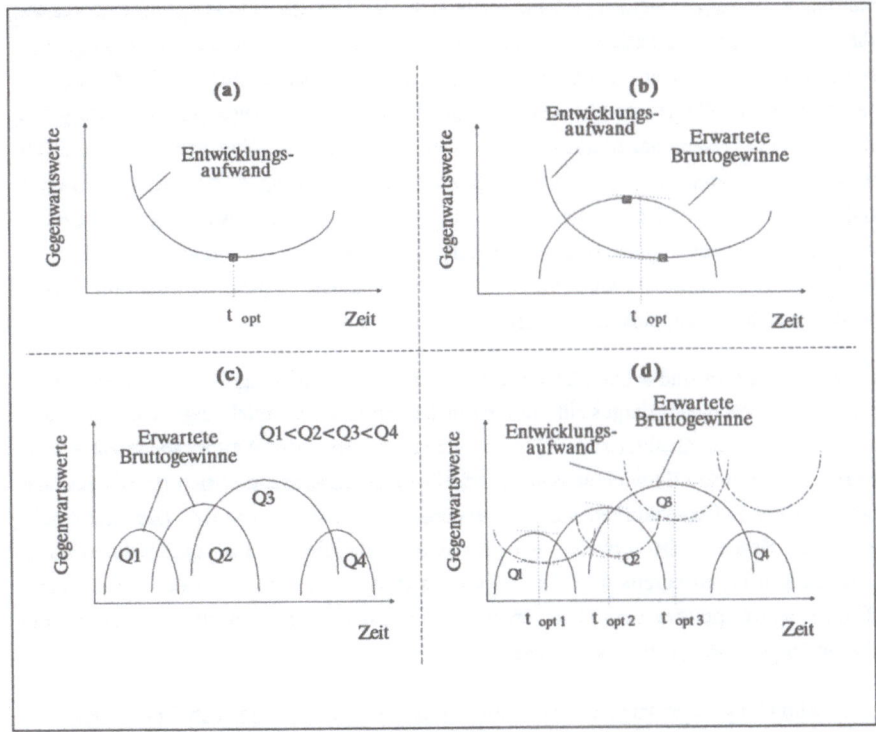

Abbildung 22-7: Modell zur Bestimmung der optimalen Entwicklungsdauer (Quelle: erweiterte Darstellung nach Brockhoff, Urban 1988, S. 4)

---

102 Bei einer Verkürzung, z.B. durch Parallelarbeit, entsteht zusätzlicher Koordinations- und Kommunikationsaufwand (siehe Brook'sches Gesetz, Kapitel 2.2.1.2), Überstunden und Wochenendarbeit verursachen Zusatzkosten, es muß auf weniger qualifizierte Mitarbeiter zurückgegriffen werden etc. Wird die Entwicklungsdauer verlängert, entstehen zusätzliche Anlaufkosten bei Wiederaufnahme der Arbeit, Know-How kann verloren gehen, Motivationsmängel treten auf, etc.; vgl. Brockhoff, Urban 1988, S. 4.

103 Hier wurde eine Bruttogewinnkurve gemäß Abbildung 22-5c zugrunde gelegt. Theoretisch sind auch andere Verläufe denkbar.

Es ist jedoch zu erwarten, daß die Gewinnkurve wesentlich von der zu einem Zeitpunkt erreichten Produktqualität abhängt.[104] Eine Steigerung der Produktqualität kann dementsprechend zu höheren Bruttogewinnerwartungen führen. Die Qualitätsverbesserung ist beispielsweise durch die Zuweisung zusätzlichen Know-Hows und damit verbundenen Ressourcen erreichbar. Dadurch würden die Entwicklungsaufwendungen ansteigen. Andererseits kann die Produktqualität beispielsweise aufgrund von Produktions- und Anwendungserfahrungen verbessert werden. Daraus ergibt sich, daß Qualität eine zeit- und eine kostenabhängige Komponente besitzt. In Abbildung 22-7c sind in Erweiterung des Modells von Brockhoff und Urban vier qualitätsabhängige Bruttogewinnkurven über der Zeit dargestellt. Die Qualitätsstufe Q3 hat die höchsten Bruttogewinnerwartungen. Diese sind die jedoch erst dann realisierbar, wenn der Markt für diese Qualitätsstufe reif ist. Gleichzeitig ist die Erreichung der Qualitätsstufe Q3 mit hohen Entwicklungsaufwendungen verbunden. Geringere Qualitätsstufen (Q1 und Q2), die mit niedrigeren Entwicklungsaufwendungen verbunden sind, lassen sich jedoch auch zu einem früheren Zeitpunkt Bruttogewinne erwarten. In der Qualitätsstufe Q4 ist das Produkt offensichtlich überqualifiziert, denn obwohl eine höhere Qualität erreicht wurde, sinken die Bruttogewinnerwartungen.[105]

In Abbildung 22-7d sind schließlich auch die für die vier Qualitätsstufen zu erwarteten Entwicklungsaufwendungen dargestellt. In diesem theoretischen Beispiel zeigt sich, daß durch die Einführung der Qualitätsstufe Q2 die Gegenwartswerte der Nettogewinne maximiert werden. Die optimale Entwicklungsdauer für jede Qualitätsstufe ergibt sich jeweils aus dem Maximum der Differenzkurven aus Aufwendungen und Bruttogewinnen. Die Einführung einer Qualitätsstufe Q4 erweist sich als unwirtschaftlich, denn die Entwicklungsaufwendungen liegen bereits über den erwarteten Bruttogewinnen. Nach der Qualitätsstufe Q3 sollte dementsprechend ein neues Produkt auf den Markt kommen, da offensichtlich die Schrumpfungsphase des Produktes einsetzt.[106]

Die in Abbildung 22-6 dargestellten Zeitfelder lassen sich auch auf den Entwicklungsbereich übertragen. Die Umsetzung der in den vier Feldern genannten Optionen ist eine Voraussetzung zur Erreichung der optimalen Entwicklungsdauer:

1. Durch optimales Timing des Einsatzes von Entwicklungsressourcen kann die Ressourcenbindung insgesamt reduziert werden.

---

104 Im Modell von Kalish und Lilien wird die Abnehmerreaktion beispielsweise auch in Abhängigkeit von der sich im Zeitablauf wandelnden Qualität des Produktes bestimmt; vgl. Kalish, Lilien 1986, S. 196.

105 Überqualifizierte Produkte können z.B. bei überperfektionierten Entwicklungen entstehen. Einen Hang zur Überperfektionierung ist bei deutschen Entwicklern durchaus festzustellen. Dieser steht häufig auch im Zusammenhang mit geringen Marktkenntnissen der Entwickler; vgl. Brockhoff 1990, S. 34 u. S. 53.

106 Eine derartige Konstellation könnte ein Anzeichen für den Beginn einer neuen Technologie und damit einer neuen S-Kurve sein; vgl. dazu Foster 1986, S. 95 ff.

2. Die Entwicklungsleistung kann durch ein verbessertes Ressourcentiming und die Steigerung der Entwicklungsgeschwindigkeit verbessert werden.

3. Durch die verbesserte Leistung wächst die Reaktionsgeschwindigkeit. Auf sich ändernde Anforderungen kann in der Entwicklung schneller reagiert werden. Dadurch lassen sich gegebenenfalls Konzeptionsänderungen auch kurzfristig in den laufenden Entwicklungsprozeß integrieren.

4. Durch ein gutes Timing des Einsatzes der Entwicklungsressourcen sowie durch die Steigerung von Leistung und Reaktionsgeschwindigkeit kann der optimale Markteintrittszeitpunkt auch in einem dynamischen Umfeld sicher erreicht werden.

Die Überlegungen zeigen, daß eine Verkürzung der Entwicklungsdauer zur Steigerung der Reaktionsgeschwindigkeit grundsätzlich wünschenswert ist. Die Grenze der sinnvollen Entwicklungszeitverkürzung wird bei Unterschreitung des Zeitpunktes der optimalen Entwicklungsdauer durch die wieder ansteigenden Entwicklungsaufwendungen markiert (siehe Abbildung 22-7a).

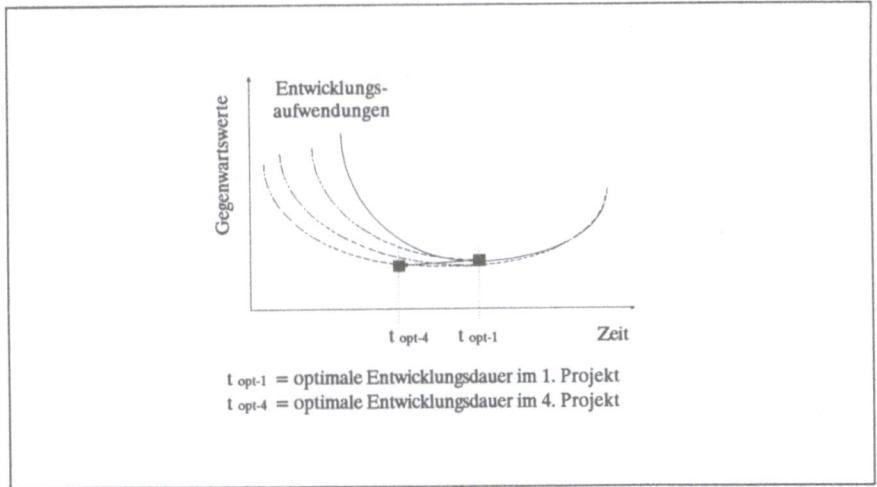

Abbildung 22-8: Die Verkürzung der optimalen Entwicklungsdauer durch Lerneffekte (Quelle: eigene Darstellung; nach Brockhoff, Urban 1988, S. 4)

Durch die Wirkung von Lerneffekten und Effizienzverbesserungen erscheint es jedoch möglich, daß auch eine weitere Verkürzung der Entwicklungsdauer nicht notwendigerweise zu höheren Entwicklungsaufwendungen führt. Abbildung 22-8 zeigt eine theoretische

Zeitreihenbetrachtung, bei der sich die optimale Entwicklungsdauer mit jedem Entwicklungsprojekt aufgrund zunehmender Erfahrung verringert.[107]

---

107 Dies gilt insbesondere für die Wiederholung gleichartiger Projekte. Aber auch bei verwandten oder ähnlich strukturierten Projekten erscheint eine Verringerung der optimalen Entwicklungsdauer aufgrund von Erfahrungen aus bereits erreichten Zeitverkürzungen plausibel.

3. Der Entwicklungsprozeß im Maschinenbau

Um einen Überblick über Entwicklungsprozesse im Maschinenbau zu gewinnen, soll auf einige wesentliche Merkmale genauer eingegangen werden. Drei Aspekte stehen im Vordergrund:

- ein genereller Überblick über die Bedeutung und die Struktur des Maschinenbaus, auch im Vergleich zu anderen Industriezweigen,
- die Beschreibung des Entwicklungsprozesses sowie der elementaren Denk- und Handlungsabläufe bei der Entwicklung und Konstruktion von Maschinensystemen,
- die Ableitung von Grundannahmen für die nachfolgenden empirischen Untersuchungen zur Entwicklungsdauer.

3.1   Überblick über den Maschinenbau

3.1.1   Historische Einführung

Das Wort Maschine entstammt dem griechischen Wort "mechane" und bedeutet im wesentlichen "Werkzeug".[1] Das daraus abgeleitete lateinische Wort "machina" wird aber vor allem mit "List", "Kunstgriff" oder "Mittel zum Zweck" und erst dann mit "Werkzeug" oder "Vorrichtung" übersetzt.[2] Maschinen, ob zunächst zur Überwindung menschlicher Kraft und später zur systematischen Mechanisierung der Arbeit, begleiten die Geschichte des Menschen.[3]

Während die altsteinzeitliche Tierfalle mit Auslösemechanismus als der Ursprung der Maschine angesehen wird,[4] zeigen sich erste Anzeichen industriellen Maschinenbaus erst zu Beginn des 18. Jahrhunderts in England. Dort beklagen die Unternehmer des britischen Textilgewerbes einen zunehmenden Mangel an Garn. Da die Wollverarbeitung bis dahin ausschließlich über Handspinnräder erfolgt, erscheint die notwendige Steigerung der

---

1   "Maschine" = jede Vorrichtung zur Erzeugung oder Übertragung von Kräften, die nutzbare Arbeit leistet oder die eine Energieform in eine andere umwandelt. Ihre Bestandteile werden als Maschinenelemente bezeichnet; vgl. Brockhaus 1979, S. 407.
2   Vgl. Fürstenau 1992, S. 7. Das Wort "mechane" stand in Mittelalter weniger für Arbeits-"Maschinen", sondern wurde vielmehr zur Betonung der Stabilität zusammengefügter Gebilde gebraucht. Erst in der frühen Neuzeit wurden damit Konstruktionen bezeichnet, "die unter Energiezufuhr selbständig Arbeitsgänge verrichteten", um so "die beeindruckenden Resultate der Ingenieure in einem Wort zusammenzufassen"; Popplow 1993, S. 7.
3   Zunächst Kraftübertragung: zum Beispiel durch Hebel, Rolle, Hebezeug, etc.; später Mechanisierung: zum Beispiel durch Maschinen bis hin zum elektronisch gesteuerten Roboter; vgl. Hanke 1992, S. 66.
4   Vgl. Brockhaus 1979, S. 407.

Garnproduktion besonders durch eine Mechanisierung des Spinnvorgangs möglich.[5] Ein ernster Wettbewerb um die Entwicklung der ersten Spinnmaschine beginnt. Lewis Paul meldet schließlich 1738 das erste Spinnmaschinenpatent an.[6] Auf seinem Prinzip aufbauend folgen weitere Patente in immer kürzer werdenden Abständen. Ausgehend von der Maschinisierung der Garnspinnerei beginnt um 1770 die industrielle Revolution. Die weitere Entwicklung vollzieht sich über die konstruktiv verwandten Wassermühlen, über die Dampfmaschine (1775) bis zur ersten Werkzeugmaschine, einer Drehmaschine von Henry Maudslay (1797).[7] Besser belastbare Werkstoffe wie Eisen und später auch härtbarer Stahl ersetzen zunehmend das in der vorindustriellen Zeit vorherrschende Holz.

Schon damals ließ sich der Maschinenbau durch Merkmale charakterisieren, die ihn auch heute noch kennzeichnen: "Produkte, die aus vielen verschiedenen, genau ineinander passenden Teilen einfacher oder komplizierter Gestalt zusammengebaut werden".[8] Auch einige charakteristische Merkmale des Entwicklungsprozesses sind erkennbar: die Entwicklungen beruhen im wesentlichen auf einer neuartigen Kombination von bereits vorhandenen Erkenntnissen und Lösungen. Die Möglichkeit, vorhandenes Wissen und daraus abgeleitete Anwendungen mit Hilfe von Patenten einem Erfinder zuzuschreiben, setzt auch die Konstrukteure der ersten Spinnereimaschinen einem wettbewerblichen Umfeld aus. Die Entwicklungsdauer und die erreichte konstruktive Qualität des Entwurfes spielen bereits in diesem frühindustriellen Wettbewerb eine gewisse Rolle.

Nach der Einführung von Maschinen in der Produktion erfordern zunehmende Engpässe bei vor- und nachgelagerten Arbeiten eine weitere Mechanisierung der Arbeitsprozesse.[9] Standardisierte Meßmethoden und Normungen beginnen sich zu verbreiten. Nicht mehr die isolierte Maschinenkonstruktion, sondern der Fabrikbetrieb als Ganzes wird zum Gegenstand technischer und ökonomischer Betrachtungen. In den USA hat Taylor bereits 1880 damit begonnen, Zerspanungsvorgänge systematisch zu untersuchen. Eine zunehmende Verwissenschaftlichung ist erkennbar. Rationelle Fertigungsmethoden werden durch die verstärkte Produktion von Rüstungsgütern in den Weltkriegen gefördert. Nach 1950 führt der Einsatz elektronischer Elemente in den Maschinen zu einer "zweiten industriellen Revolution"[10]. In den 50er Jahren werden in den USA (unter starker Beteiligung der Rüstungsindustrie) erste numerische Steuerungen entwickelt. Durch die Ausbreitung der Miniaturisierung enstehen neue Produktionszweige wie die Elektro- und Halbleitertechnik. Sie ergänzen die Automatisierungsmöglichkeiten des "klassischen" Maschinenbaus. Die Büro-

---

5   Vgl. Paulinyi 1991, S. 276.
6   Patent Nr. 562, wie damals üblich ohne Beigabe einer Zeichnung; vgl. ebenda, S. 286 ff.
7   Vgl. Benad-Wagenhoff 1992, S. 36 f.
8   Paulinyi 1991, S. 319.
9   Vgl. auch im folgenden Benad-Wagenhoff 1992, S. 49 ff.
10 Ebenda, S. 57.

und Informationstechnik, ein neuer Fachzweig des deutschen Maschinenbaus, verdrängt umsatzbezogen erstmals den Werkzeugmaschinenbau als traditionell größten Fachzweig des deutschen Maschinenbaus aus seiner Spitzenposition.[11]

3.1.2 Zur Bedeutung des deutschen Maschinenbaus

Branche	Betriebe Anzahl	Beschäftigte in Tsd.	Umsatz in Mrd. DM	Export- quote *	Lohn- summe **
Maschinenbau	6.062	1.075,4	210,21	44,1 %	57,44
Straßenfahrzeugbau	2.609	889,9	254,35	45,4 %	49,30
Elektotechnik	3.924	1.036,3	201,75	30,2 %	52,79
Chemie	1.601	592,4	195,67	42,0 %	37,33
			* Anteil des Auslandsumsatzes am Gesamtumsatz		
			** Bruttolohn- und Gehaltssumme in Mrd. DM		

Tabelle 31-1: Wirtschaftliche Kennzahlen ausgewählter Gewerbezweige 1990 (Quelle: IW 1991, S. 69)

Mit über einer Million Beschäftigten, ist der Maschinenbau der größte Wirtschaftszweig in Deutschland.[12] Gemessen an der Zahl der Betriebe ist der Maschinenbau, der 1990 mehr als 6000 Unternehmen umfaßt, der mit Abstand größte Wirtschaftszweig.[13] Beim Umsatz liegt er mit rund 210 Mrd. DM auf dem zweiten Rang hinter dem Straßenfahrzeugbau; 44.1 % des Umsatzes im Maschinenbau werden exportiert.[14] Damit liegt der Maschinenbau in dieser Statistik ebenfalls auf Rang zwei hinter dem Straßenfahrzeugbau. Einen Überblick über die statistischen Wirtschaftsdaten von 1990 gibt Tabelle 31-1. Auch im internationalen Vergleich nimmt der deutsche Maschinenbau 1990, gemessen am Anteil der Weltmaschi-

---

11 Vgl. Kriegbaum 1992, S. 22.
12 Das sind rund 14,5 % aller Beschäftigten im deutschen Gewerbe; vgl. IW 1991, S. 69. (Diese Aussage gilt auch bei Einbeziehung der fünf neuen Bundesländer; vgl. Statistisches Bundesamt 1992, S. 207). Etwas abweichende absolute Daten, jedoch mit der gleichen Tendenz zeigt die Statistik des VDMA (Verband Deutscher Maschinen- und Anlagenbau); vgl. VDMA 1991, S. 4. Sämtliche nachfolgenden Untersuchungen und Daten beziehen sich nur auf den westdeutschen Maschinenbau.
13 Gefolgt vom Ernährungsgewerbe mit 4.526 Betrieben; vgl. IW 1991, S. 69.
14 Vgl. IW 1991, S. 69; vgl. auch Statistisches Bundesamt 1992, S. 205. In einer vom VDMA veröffentlichten Statistik liegt der Maschinenbau (55,1 % Exportanteil am Umsatz) knapp vor dem Straßenfahrzeugbau (53,7 %); vgl. VDMA 1991, S. 4.

nenausfuhr den ersten Rang ein.[15] Aufgrund der sich besonders im Maschinenbau ver-
schlechternden Konjunktur ist jedoch mit zurückgehenden Werten zu rechnen.[16]

3.1.3 Branchenstruktur des Maschinenbaus

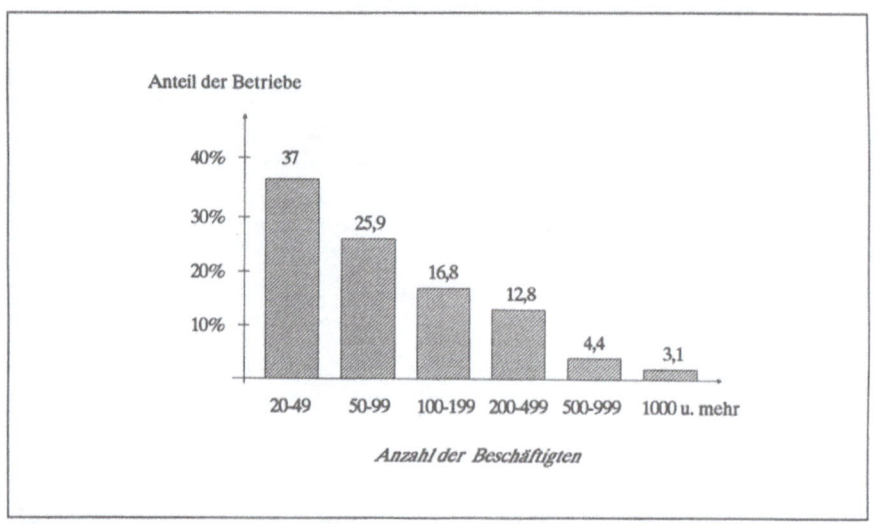

*Abbildung 31-1: Betriebsgrößenstruktur im deutschen Maschinenbau 1989 (Quelle: VDMA
1991, S. 5)*

Der Maschinenbau ist eine traditionell mittelständische Branche mit hoher Fertigungstiefe.
Die durchschnittliche Betriebsgröße lag 1990 bei 195 Beschäftigten.[17] 79% der Betriebe
hatten weniger als 200 und nur 3% hatten mehr als 1000 Beschäftigte. Abbildung 31-1 zeigt
die Betriebsgrößenstruktur im einzelnen. Die hohe Fertigungstiefe spiegelt sich besonders in
der Kostenstruktur des Maschinenbaus wider: während der Anteil der Personalkosten mit
36,9% vergleichsweise hoch ist,[18] beträgt der Materialkostenanteil nur 43,0%.[19] Der hohe

---

15 Zum Beispiel gemessen am Anteil der Weltmaschinenausfuhr 1990: (1) Deutschland 21,5%, (2) USA
    17,4%, (3) Japan 16,9%, (4) Großbritannien 8,5%. Die Daten beziehen sich auf die Ausfuhr der westli-
    chen Industrieländer (Deutschland ohne Ostdeutschland); vgl. Kriegbaum 1992, S. 24.
16 Diese Tendenz zeichnet sich bereits beim Vergleich der Daten von 1990 zu 1991 ab; vgl. Statistisches
    Bundesamt 1992, S. 205 u. 213 ff.
17 Vgl. Kriegbaum 1992, S. 29.
18 Vgl. VDMA 1992b, S. 69. Zum Vergleich: der Anteil der Personalkosten beträgt im Fahrzeugbau 24%,
    in der Chemie 23%; vgl. Kriegbaum 1992, S. 30. Die hohe Personalkostenintensität ist auch in Tabelle
    31-1 erkennbar: die Lohnsumme des Maschinenbaus liegt deutlich über der anderer Branchen.
19 Zum Vergleich: der Anteil der Materialkosten beträgt im Fahrzeugbau ca. 59%, in der Chemie ca. 49%;
    vgl. ebenda.

Anteil von Facharbeitern in der Fertigung (75,5%) deutet darauf hin, daß die komplexen Fertigungstrukturen im Maschinenbau einen wesentlichen Einfluß auf die Kostenstruktur haben.[20]

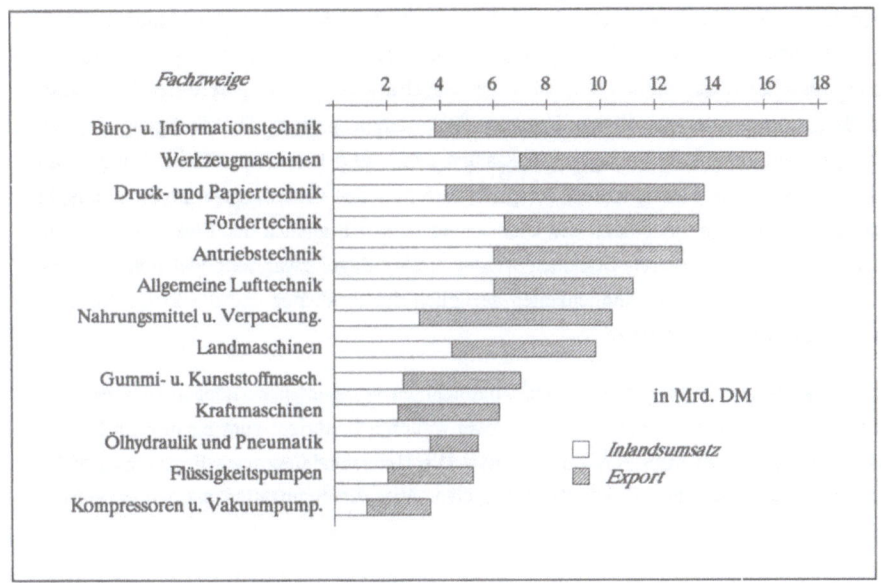

Abbildung 31-2: Produktionsvolumen ausgewählter Fachzweige des deutschen Maschinenbaus 1990 (Quelle: VDMA 1992a, S. 17)

Rund 3000 Maschinenbauunternehmen haben sich im Verband des Deutschen Maschinen- und Anlagenbaus (VDMA) zusammengeschlossen.[21] Der VDMA unterscheidet 33 Fachzweige, welche die unterschiedlichen Produkt- und Anwendungsstrukturen im Maschinenbau widerspiegeln. Sie reichen von "Allgemeiner Lufttechnik", "Bau- und Baustoffmaschinen", "Geldschränke und Tresoranlagen", "Montage, Handhabung und Industrieroboter" bis hin zu "Pumpen", "Reinigungssystemen" und "Werkzeugmaschinen und Fertigungssystemen". Die Aufzählung zeigt, welche Vielzahl von Produkten hier in einer Branche zusammengefaßt sind. In Abbildung 31-2 sind die ihrer Produktion nach größten Fachzweige dargestellt.

---

20 Vgl. VDMA 1992b, S. 135. Ein weiterer Hinweis: 60,8% aller Beschäftigten im Maschinenbau sind in der Fertigung tätig; vgl. ebenda, S. 51.
21 Vgl. VDMA 1992a, S. 23.

Inwieweit eine Unterscheidung nach Branchen für wissenschaftliche Untersuchungen grundsätzlich sinnvoll ist, kann hier nicht im einzelnen untersucht werden. Dennoch sei darauf hingewiesen, daß es in vielen Fällen zweckmäßiger sein kann, nach anderen Ähnlichkeitsmerkmalen zu suchen, als sie in der Untergliederung nach Branchen erfaßt werden. Zur Abgrenzung des Maschinenbaus gegenüber anderen Branchen können insbesondere zwei Kriterien angeführt werden: die Struktur des Produktes und die Struktur des Fertigungsprozesses. Maschinenbauprodukte werden in der Regel aus hochgenau gefertigten Einzelteilen und Baugruppen unterschiedlicher Komplexität zusammengesetzt. Die Fertigung der Einzelteile erfolgt zumeist in geringen Stückzahlen und häufig kundenspezifisch. Dadurch unterscheidet sich der Maschinenbau beispielsweise von der Chemie oder Pharmaindustrie. Nicht ganz so deutlich jedoch ist der Unterschied zu den Branchen der Elektrotechnik oder des Fahrzeugbaus. In diesen Branchen werden in der Regel zwar sehr viel höhere Stückzahlen produziert, gewisse Ähnlichkeiten bezüglich des Produktes und des Produktionsprozesses sind jedoch erkennbar.[22]

Um eine geeignete Differenzierung der Unternehmen vornehmen zu können, unterscheidet der VDMA neben den Fachzweigen nach zwei weiteren Kriterien: zum einen nach Erzeugnisarten, zum anderen nach Fertigungsarten.[23] Die Unterscheidung nach Erzeugnisarten basiert auf unterschiedlichen Produktkomplexitäten. Vier Erzeugnisarten werden unterschieden:

1. *Maschinenteile und Werkzeuge* (z.B. Zahnräder, Kugel- und Wälzlager),
2. *Aggregate und Baugruppen* (z.B. Getriebe, Kupplungen, Pumpen),
3. *Maschinen und Geräte* (z.B. Dreh-, Textil-, und Baumaschinen, Erntegeräte),
4. *Anlagen* (z.B. Produktions- und Förderanlagen, verkettete Maschinensysteme, Anlagen der Klima- und Kältetechnik).

Wesentliches Kriterium bei der Unterscheidung in vier Fertigungsarten ist die Losgröße, welche die Ablaufstrukturen in der Fertigung wesentlich beeinflußt:[24]

1. *Einzelfertigung,*   Losgröße: < 5 Stück/Los,
2. *Kleinserienfertigung,*   Losgröße: 5-100 Stück/Los,

---

22 Ein Beispiel für die schwierige Abgrenzung zwischen den Branchen sind die Unternehmen des Maschinenbau-Fachzweiges "Büro- und Kommunikationstechnik". Anhand der genannten Kriterien wären sie eher der Elektrobranche zuzuordnen. Da die Unternehmen dieses Fachzweiges jedoch Ende der 60iger Jahre aus traditionellen Maschinenbauunternehmen hervorgegangen sind, werden sie offiziell, quasi aus historischen Gründen, dem Maschinenbau zugerechnet. Einige der Unternehmen sind sowohl Mitglieder im VDMA wie auch im VDE (Verband der Elektrotechnischen Industrie).

23 Vgl. z.B. VDMA 1992c, S. 5 f. Diese Kriterien sind im Prinzip branchenneutral. Sie lassen sich in gleicher Weise auch für andere Branchen spezifizieren.

24 Die Losgrößenzuordnung zu den Fertigungsarten erfolgte aufgrund von mündlichen Angaben des VDMA; vgl. auch VDMA 1992c (Fragebogen, Frage 4).

| 3. | *Serienfertigung,* | Losgröße: | 100-500 Stück/Los, |
| 4. | *Großserienfertigung,* | Losgröße: | > 500 Stück/Los. |

Erzeugnis- und Fertigungsarten sind in der Regel nicht unabhängig voneinander. Während beispielsweise Anlagen vor allem kundenspezifisch in Einzelfertigung produziert werden, werden Kugellager eher als Serienprodukt in Serien- oder Großserienfertigung hergestellt. Erzeugnis und Fertigungsarten haben auch Einfluß auf die Entwicklung. Prozeßentwicklungen spielen vornehmlich in der Serien- und Großserienproduktion eine Rolle. Die Mehrzahl der Maschinenbauunternehmen fertigt jedoch in Einzel- oder Kleinserienfertigung.[25] In diesen Unternehmen liegt der Schwerpunkt auf der Produktentwicklung.

3.1.4   Forschungs- und Entwicklungsintensität im Maschinenbau

Nach der Betrachtung der Branchenstruktur im Maschinenbau sollen sich die weiteren Überlegungen auf den Forschungs- und Entwicklungsbereich (F&E) konzentrieren. Welche Inhalte mit der Forschung und Entwicklung im Maschinenbau verbunden sind, soll zu einem späteren Zeitpunkt genauer untersucht werden. Zunächst geht es um den rein statistischen Vergleich der F&E-Intensität des Maschinenbaus mit anderen Branchen.[26]

Die Beurteilung der F&E-Intensität kann mit Hilfe von unterschiedlichen Kennzahlen erfolgen. Zur Erhebung solcher Kennzahlen hat die OECD im sogenannten "Frascati Handbuch" allgemeine Richtlinien aufgestellt.[27] Bei jeder Kennzahl sind jedoch die Grundlagen zu berücksichtigen, auf der diese erhoben wurde. Trotz gewisser Einschränkungen der Aussagefähigkeit allgemeiner Kennzahlen,[28] soll im folgenden eine kurze Beurteilung der F&E-Intensität im Maschinenbau anhand veröffentlichter F&E-Daten erfolgen.

---

25 Nach einer Umfrage des VDMA produzieren rund 44 % der Unternehmen in Einzel-, 38 % in Kleinserien- und nur 17 % in Serien- oder Großserienfertigung (1 % ohne Angaben; Daten auf der Basis von 224 Unternehmen); vgl. VDMA 1992c, S. 6.

26 Die F&E-Intensität gibt lediglich eine grobe Annäherung für die F&E-Produktivität wieder. Um einen zuverlässigen Anhaltspunkt für die Produktivität von Forschung und Entwicklung zu erhalten, müßten Input-Output-Funktionen geschätzt werden, die auch die zeitliche Verzögerung der F&E-Wirkung berücksichtigen. Solche Schätzungen sind in der Praxis jedoch mit Problemen verbunden; vgl. Brockhoff 1986, S. 525 ff.; vgl. auch Hafter, Sparks 1986.

27 Vgl. OECD 1971. Zur Beurteilung der Richtlinien, vgl. Brockhoff 1992a, S. 52 ff.

28 Für Kriterien zur Beurteilung unterschiedlicher F&E-Kennzahlen, vgl. Brockhoff 1992c; vgl. auch OECD 1971, S. 39 ff.; Gierl, Kotzbauer 1992, S. 975 ff. Zum Beispiel ist (1) zu beachten, daß F&E in unterschiedlichen Unternehmen unterschiedlich abgegrenzt wird (zum Beispiel inklusive oder exklusive Prototypenbau). Dadurch kann es zu unterschiedlichen Zahlen für absolute F&E-Aufwendungen kommen. (2) Eine häufig verwendete Kennzahl für die F&E-Intensität ist der Anteil der F&E-Aufwendungen am Umsatz (vgl. z.B. Baden 1992, S. 144 ff.; Brockhoff 1992a, S. 69; Stifterverband div. Jg.) Die Aussagefähigkeit dieser Kennzahl kann jedoch aufgrund starker Umsatzschwankungen beeinträchtigt werden.

		Elektro-technik	Chemie	Straßenfahr-zeugbau	Maschinen-bau
F&E-Gesamt-aufwendungen in Mrd. DM	1979	6,0	5,1	3,4	3,4
	1987	12,5	9,4	7,0	4,6
	1989	13,5	10,6	8,4	5,2
Anteil der F&E-Aufwendungen am Umsatz *	1979	7,2 %	4,4 %	k.A.	2,9 %
	1989	9,3 %	6,3 %	k.A.	3,6 %
* Durchschnitt über alle Branchen 1979: 2,7% 1989: 3,9%					

Tabelle 31-2: F&E-Kennzahlen ausgewählter Branchen (Quelle: Stifterverband 1992, S.21, S.43; Stifterverband 1990, S. 18)

Wie aus Tabelle 31-2 hervorgeht, liegt der Maschinenbau beim Vergleich der absoluten F&E-Gesamtaufwendungen mit 5,2 Mrd. DM (1989) auf dem vierten Rang hinter der elektrotechnischen, der chemischen Industrie und dem Straßenfahrzeugbau. Während die F&E-Gesamtaufwendungen im Durchschnitt der Industrien 3,9% des Umsatzes ausmachen, beträgt der Umsatzanteil der F&E-Gesamtaufwendungen im Maschinenbau nur 3,6%.[29] Bei den 25 F&E-intensivsten Maschinenbauunternehmen machen die F&E-Gesamtausgaben hingegen durchschnittlich 5,2% des Umsatzes aus.[30] Während der Anteil der F&E-Gesamt-aufwendungen, der vom Wirtschaftssektor aufgebracht wird, im Durchschnitt der Branchen bei 87,2% liegt, macht er im Maschinenbau 95,2% aus. Die staatliche Finanzierungsquote liegt im Durchschnitt aller Branchen bei 9,7%, im Maschinenbau hingegen nur bei 4,4%.[31] Daraus läßt sich schließen, daß sich die F&E-Aktivitäten in den Branchen unterscheiden. Geht man davon aus, daß in erster Linie Projekte mit Grundlagenforschungscharakter staat-lich gefördert werden und diese im allgemeinen höhere F&E-Anstrengungen und damit hö-here F&E-Aufwendungen erfordern, so spielen grundlagenorientierte F&E-Aktivitäten im Maschinenbau offensichtlich eine geringere Rolle, als in anderen Branchen. Dementspre-chend ist auch die F&E-Intensität im Maschinenbau geringer als in anderen Branchen.

---

29 Vgl. Stifterverband 1992, S. 21, 43; wenn nicht anders genannt, beziehen sich alle Daten auf das Jahr 1989.
30 Bei dem Maschinenbauunternehmen mit der höchsten F&E-Intensität liegt der Anteil der F&E-Ausgaben am Umsatz bei immerhin 16,9%; vgl. Baden 1992, S. 144 ff. (eigene Berechnungen).
31 Vgl. Stifterverband 1992, S. 44.

Die F&E-Gesamtaufwendungen lassen sich grundsätzlich in interne und externe F&E-Auf-
wendungen unterteilen.[32] Während die externen F&E-Aufwendungen im Maschinenbau nur
4,3% der Gesamtaufwendungen ausmachen, sind es 8,7% im Durchschnitt des verarbeitenden Gewerbes. Dies zeigt die starke Konzentration auf interne F&E-Aktivitäten im Maschinenbau. Auch der allgemeine Trend, F&E-Aktivitäten stärker nach außen zu verlagern, ist
im Maschinenbau weniger stark ausgeprägt: während der Anteil der externen F&E-Auf-
wendungen im Durchschnitt des verarbeitenden Gewerbes von 1987 bis 1989 um 1,4% anstieg, wuchs der externe Anteil im Maschinenbau lediglich um 0,3%.[33]

Eine genauere Betrachtung der F&E-Personalaufwendungen zeigt, daß sich die bereits erwähnte hohe Fertigungstiefe und die damit verbundene hohe Personalintensität auch in den
F&E-Bereichen des Maschinenbaus widerspiegelt. Obwohl der Anteil der Wissenschaftler
und Ingenieure im F&E-Bereich des Maschinenbaus mit 36,7% unter dem Mittelwert aller
Branchen von 38,2% liegt, machen die Personalaufwendungen 70,1% der internen F&E-
Aufwendungen aus, während sie im Mittelwert aller Branchen bei 65,1% liegen. Der Anteil
der Techniker liegt dementsprechend im Maschinenbau mit 33,5% deutlich über dem Mittelwert aller Branchen von 29,7%.[34] Die höhere Technikerquote bei gleichzeitig geringerer
Wissenschaftlerquote erhärten die These, daß im Maschinenbau bei insgesamt hoher Personalintensität eher anwendungsorientierte F&E-Aktivitäten vorherrschen als in anderen Branchen.

Eine Untersuchung des VDMA zeigt weiterhin, daß eine Verlagerung des Personals vom
Fertigungs- in den Entwicklungsbereich stattfindet. Während 1980 noch 63% der Mitarbeiter der 224 untersuchten Maschinenbauunternehmen in der Fertigung beschäftigt waren,
waren es 1989 noch 59% und 1992 nur noch 57%. In der Entwicklungs und Konstruktion
ist die Tendenz hingegen umgekehrt. Dort waren 1980 10,5%, 1989 12,5% und 1992 13%
der Mitarbeiter beschäftigt.[35] Eine andere Statistik zeigt, daß die Zunahme des F&E-Perso-
nals im Maschinenbau von 1989 bis 1990 mit 5,2% weit über dem Mittelwert aller Branchen von 0,4% liegt.[36] Insgesamt läßt sich feststellen, daß zunehmende F&E-Anstrengun-
gen auch im Maschinenbau zu beobachten sind. Diese erstrecken sich besonders auf

---

32 Interne F&E-Aufwendungen fallen für F&E-Aktivitäten an, die innerhalb der Unternehmen durchgeführt
    werden externe F&E- Aufwendungen für Aufträge an andere Unternehmen oder sonstige F&E-Einrich-
    tungen, wie z.B. Hochschulen; vgl. OECD 1971, S. 30 ff.
33 Vgl. Stifterverband 1992, S. 42, 52; Stifterverband 1990, S. 46, 56. Weiterhin ist eine besonders starke
    Zunahme der externen F&E-Aufwendungen des Maschinenbaus im Ausland (1987-1989 +4,1%) zu be-
    obachten. Diese könnte in engem Zusammenhang mit der hohen Exportorientierung im Maschinenbau
    stehen.
34 Vgl. Stifterverband 1992, S. 53 und S. 63.
35 Vgl. VDMA 1992c, S. 23.
36 Zum Vergleich: Zu-/Abnahme des F&E Personals 1989-1990 in der Chemieindustrie -2,1%, im Kraft-
    fahrzeugbau 1,2%, in der Elektrotechnik 2,6%; vgl. Stifterverband 1992, S. 19.

anwendungsorientierte Bereiche und werden von einer Zunahme des F&E-Personals begleitet.

Betriebs-größe	relative Häufigkeit 1989	Anteil an den F&E-Gesamtaufwendungen			Anteil der F&E-Gesamtaufwendungen am Umsatz		
		1987	1989	relative Veränderung	1987	1989	relative Veränderung
< 100	62,9 %	14,4 %	12,1 %	- 19 %	6,4 %	5,9 %	- 8 %
100-499	29,6 %	16,6 %	16,7 %	+ 1 %	2,8 %	2,8 %	+- 0 %
500-999	4,4 %	10,1 %	10,1 %	+- 0 %	2,7 %	2,7 %	+- 0 %
> 999	3,1 %	58,9 %	61,1 %	+ 4 %	3,5 %	3,4 %	- 3 %

Tabelle 31-3: F&E-Intensität im Maschinenbau nach Betriebsgrößenklassen (Quellen: Stifterverband 1992, S. 51; Stifterverband 1990, S. 55)

Wie bereits gezeigt, prägen kleine und mittlere Unternehmen das Bild des Maschinenbaus (siehe Abbildung 31-1). Aus Tabelle 31-3 geht hervor, daß mehr als 60% der F&E-Gesamtaufwendungen von nur rund 3% der Unternehmen aufgebracht werden.[37] Umsatzbezogen sind die F&E-Anstrengungen jedoch in vielen kleinen Unternehmen höher.[38] Die Betrachtung der relativen Veränderungen der F&E-Gesamtaufwendungen deutet insgesamt darauf hin, daß die F&E-Aktivitäten in den kleineren Unternehmen zurückgehen, während sie in den großen Unternehmen eher verstärkt werden.[39] Aus dem Verhältnis zwischen der Größe der Unternehmen, ihrer relativen Häufigkeit im Maschinenbau und der Höhe ihrer F&E-Aufwendungen ergibt sich eine grundsätzliche Schwierigkeit für empirische Untersuchungen im F&E-Bereich des Maschinenbaus. Verfolgt man das Ziel, eine möglichst repräsentative Auswahl der Maschinenbauunternehmen zu untersuchen, so wäre die Betriebsgrößenverteilung als Auswahlkriterium heranzuziehen. Legt man den Schwerpunkt hingegen auf die Erforschung der F&E-Aktivitäten, so wäre eine Untersuchung von Unternehmen mit insgesamt höheren F&E-Anstrengungen sinnvoll. Strebt man beides an, so muß ein geeigneter Querschnitt aus beiden Bereichen gebildet werden. Welche Kriterien man auch immer heranzieht, die Auswahl wird nicht vollständig zufriedenstellend sein.

---

37 Vgl. VDMA 1991, S. 15; Stifterverband 1992, S.51.
38 Vgl. auch Brockhoff 1992a, S. 69.
39 Vgl. ebenda.

3.2 Der Entwicklungsprozeß

In den folgenden Abschnitten sollen Phasen und Struktur des Entwicklungsprozesses im Maschinenbau anhand der Literatur beschrieben werden, um daraus Anhaltspunkte für entwicklungsdauerbestimmende Faktoren zu gewinnen. Zunächst soll jedoch eine Klärung der Begriffe Forschung, Entwicklung und Konstruktion erfolgen.

3.2.1 Abgrenzung der Begriffe Forschung, Entwicklung und Konstruktion

Forschung und Entwicklung in dem hier betrachteten Sinne beschäftigt sich mit der Gewinnung von neuen Erkenntnissen im Bereich der Naturwissenschaft und Technik. Die Erkenntnisobjekte der Naturwissenschaft und Technik sind Phänomene der Natur.[40] Dabei lassen sich (1) theoretische, vermutete Phänomene, (2) beobachtbare, noch nicht experimentell darstellbare Phänomene und (3) experimentell darstellbare Phänomene unterscheiden.[41]

Überlegungen zur pragmatischen Abgrenzung von Forschung und Entwicklung stammen von der OECD (Organisation for Economic Cooperation and Development) und wurden im Frascati-Handbuch festgeschrieben.[42] Die Unterscheidung in Forschung auf der einen und Entwicklung auf der anderen Seite ist im wesentlichen eine Unterscheidung nach Erkenntnis- und Verwertungszielen. Die Betrachtung geht dabei von der reinen Grundlagenforschung aus und strebt einer zunehmenden praktischen bzw. anwendungsorientierten Zielsetzung zu.[43] Die Forschung wird weiter in Grundlagenforschung und angewandte Forschung unterteilt. Die Entwicklung beschränkt sich bei diesen Überlegungen zunächst auf die experimentelle Entwicklung.[44] Zur Erläuterung der drei Begriffe seien die Definitionen des Frascati-Handbuches genannt:

---

40 Vgl. Scholz 1976, S. 6. An Stelle der "Technik" kann auch die "Ingenieurwissenschaft" genannt werden. Sie wird allgemein als Teilmenge der Naturwissenschaften betrachtet, die sich mit dem "komplexen Zusammenwirken mehrer Naturgesetze in einem technischen Produkt oder Verfahren" beschäftigt. Durch ihren Bezug zur Technik hat sie ein starkes gestalterisches Moment; Bleicher 1979, Sp. 795 f. Die im Maschinenbau betrachteten Phänomene sind in der Regel physikalische Gesetzmäßigkeiten; vgl. Rodenacker 1984, S. 16.

41 Vgl. Scholz 1976, ebenda.

42 Die Überlegungen wurden erstmals im Entwurf für "Allgemeine Richtlinien für statistische Übersichten in Forschung und Entwicklung" aus dem Jahre 1962 festgehalten; vgl. OECD 1971, S. 7.

43 Vgl. OECD 1971, S. 12; Scholz 1976, S. 25; Brockhoff 1992a, S. 37; Warneke 1984, S. 173.

44 Häufig wird neben den drei genannten Unterscheidungen auch die Anwendungstechnik als vierter Begriff genannt; vgl. z.B. Schröder 1979, Sp. 630; Picot, Reichwald, Nippa 1988, S. 117 f.; Backhaus, de Zoeten, 1992, Sp. 2026 f.

- "*Grundlagenforschung* sind Forschungsarbeiten, die ausschließlich auf die Gewinnung neuer wissenschaftlicher Erkenntnisse gerichtet sind, ohne überwiegend an dem Ziel einer praktischen Anwendbarkeit orientiert zu sein.

- *Angewandte Forschung* umfaßt ebenfalls alle Anstrengungen, die ausschließlich auf die Gewinnung neuer wissenschaftlicher oder technischer Erkenntnisse gerichtet sind. Sie bezieht sich jedoch vornehmlich auf eine spezifische praktische Zielsetzung oder Anwendung.

- *Experimentelle Entwicklung* ist die Nutzung wissenschaftlicher Erkenntnisse, um zu neuen oder wesentlich verbesserten Materialien, Geräten, Produkten, Verfahren, Systemen oder Dienstleistungen zu gelangen."[45]

Entsprechend dieser Definitionen konzentrieren sich die Forschungsaktivitäten darauf, Realphänomene zu identifizieren,[46] experimentell darzustellen und prinzipielle Anwendungsmöglichkeiten und -bedingungen zu klären. Entwicklungsaktivitäten hingegen beschäftigen sich mit der Konstruktion der Einzelphänomene zu Phänomenenkomplexen.[47]

Die Konstruktion wird in den Definitionen nicht explizit berücksichtigt. Der Begriff "Konstruktion"[48] wird im Frascati Handbuch erstmals unter den Einordnungsvorschlägen für konkrete Grenzfälle genannt, ohne jedoch näher spezifiziert zu werden. Konstruktionstätigkeiten, welche für die Forschung und Entwicklung notwendig sind, sollen demnach in die Betrachtungen eingeschlossen werden. Konstruktionstätigkeiten, welche sich auf den Produktionsprozeß beziehen, sind hingegen auszuschließen.[49]

Zur Definition des Begriffes Konstruktion finden sich unterschiedliche Ansätze. Eine relativ weite Definition findet sich bei Scholz: "Unter Konstruktion soll jede Zusammenfügung von

---

45 OECD 1971, S. 11. Für weitere Definitionen, vgl. Brockhoff 1992b, Sp. 570. In allen hier zitierten Definitionen wird das Wort "neu" verwendet. "Neu" kann prinzipiell als objektiv neu (d.h. Weltneuheit) oder als subjektiv neu (d.h. neu aus der Sicht des jeweiligen Betrachters) aufgefaßt werden; vgl. Brockhoff 1992a, S. 35. Hauschildt zeigt, wie unterschiedlich der Begriff "neu" im Zusammenhang mit Innovationen ausgelegt werden kann und welche Konsequenzen sich daraus ergeben (z.B. hinsichtlich einer Vergleichbarkeit von Innovationsdaten); vgl. Hauschildt 1993, S. 3 ff.; vgl. auch Brockhoff, Zanger 1993. Ein Erzeugnis kann nach Scholz dann als "neu" (d.h. hier objektiv neu) angesehen werden, wenn es bislang nicht genutzte Realphänomene aufweist und/oder eine Kombination von Realphänomenen beinhaltet, die zuvor noch nicht realisiert worden ist; vgl. Scholz 1976, S. 18.
46 Als Realphänomene werden bereits beobachtete oder experimentell dargestellte Phänomene bezeichnet; vgl. Scholz, S. 6.
47 Solche Phänomenenkomplexe sind z.B. technische Erzeugnisse; vgl. Scholz 1976, S. 23.
48 Das lateinische Wort "constructio" bedeutet "Aufbau" bzw. "Zusammenfügung"; vgl. Brockhaus 1979, S. 423.
49 Die Grenzfälle betreffen im wesentlichen die Abgrenzung der F&E-Tätigkeiten gegenüber der Produktion und technischen Dienstleistungen; vgl. OECD 1971, S. 17 f.

Realphänomenen verstanden werden."[50] In dieser Definition ist die Konstruktion nicht auf technische Erzeugnisse beschränkt. Dabei können auch Realphänomene genutzt werden, für die es noch keine wissenschaftliche Erklärung gibt.[51] Eine andere, an die genannten Definitionen des Frascati-Handbuches anknüpfende Definition von Konstruktion findet sich bei Pahl: Die Konstruktion "bedient sich der Gesetze und Erkenntnisse der Naturwissenschaft und Technik und stellt die Lösung in eindeutig realisierbarer Form dar."[52] Daraus wird deutlich, daß das Ergebnis der Konstruktion ein konkretes, technisch realisierbares Produkt darstellt.

In der praktischen Umsetzung gehen die Tätigkeiten der experimentellen Entwicklung und der Konstruktion häufig ineinander über.[53] In den Unternehmen des Maschinenbaus ist daher der Bereich "Entwicklung und Konstruktion" (E&K) zu finden.[54] Aus rationellen Gründen soll hier stets der Begriff Entwicklung als Überbegriff für Entwicklungs- und Konstruktionstätigkeiten verwendet werden. Dabei wird unterstellt, daß jede Entwicklung auch konstruktive Tätigkeiten umfaßt.

Im E&K-Bereich der Maschinenbauunternehmen lassen sich prinzipiell drei Arten von Entwicklungen unterscheiden (siehe Abbildung 32-1):[55]

1. *Experimentelle Entwicklungen* oder *Neuentwicklungen*: Entwicklungen, die bisher noch nicht genutzte Phänomene beinhalten.

2. *Konstruktive Entwicklungen* oder *Weiterentwicklungen*: Entwicklungen, denen eine neue Kombination von bereits technisch genutzten Phänomenen zugrunde liegt.

---

50 Vgl. Scholz 1976, S. 20.
51 Vgl. ebenda, S. 23.
52 Vgl. Pahl 1979, S. 918.
53 In der Praxis wird die Unterscheidung zwischen Entwicklung und Konstruktion häufig nach der Unsicherheit, d.h. nach der Erfolgswahrscheinlichkeit einer Lösungsfindung vorgenommen. Entwicklungsaufgaben beinhalten dementsprechend ein höheres Risiko als Konstruktionsaufgaben. Eine andere Möglichkeit der Unterscheidung, die in der Praxis ebenfalls häufig anzufinden ist, bezieht sich auf die Kundennähe von E&K. Eine auftragsneutrale Entwicklung wird dementsprechend als Entwicklung, eine auftragsgebundene Produktgestaltung hingegen als Konstruktion bezeichnet; vgl. Warneke 1984, S. 172.
54 Die Umfragen des VDMA beziehen sich stets auf den Bereich E&K; vgl. VDMA 1992b, S. 52; VDMA 1992c, S. 4. Forschung im genannten Sinn wird in der Regel nicht betrieben, so daß Forschungsabteilungen in Maschinenbauunternehmen eine Ausnahme bilden.
55 Vgl. im folgenden Warneke 1984, S. 172 ff.; Scholz 1976, S. 17; Picot, Reichwald, Nippa 1988, S. 121; Nippa, Reichwald 1990, S.72 ff. Platz und Schmelzer unterscheiden zwischen "Forschungsprojekten", "Entwicklungsprojekten" und "Pionierprojekten"; Platz, Schmelzer 1986, S. 42 ff. Prizipiell ähnliche Unterscheidungen finden sich bei Schrader, Smith und Riggs. Hier bilden die Niveaus "Unsicherheit" und "Ambiguität" das Unterscheidungskriterium; Schrader, Smith, Riggs 1993, S. 77 f.

3. *Routineentwicklung* oder *Anpaßentwicklung*: Entwicklungen, denen eine neue Kombination von bereits technisch genutzten Phänomenen zugrundeliegt, und die in der Regel zum Standardwissen eines Konstrukteurs gehört.[56]

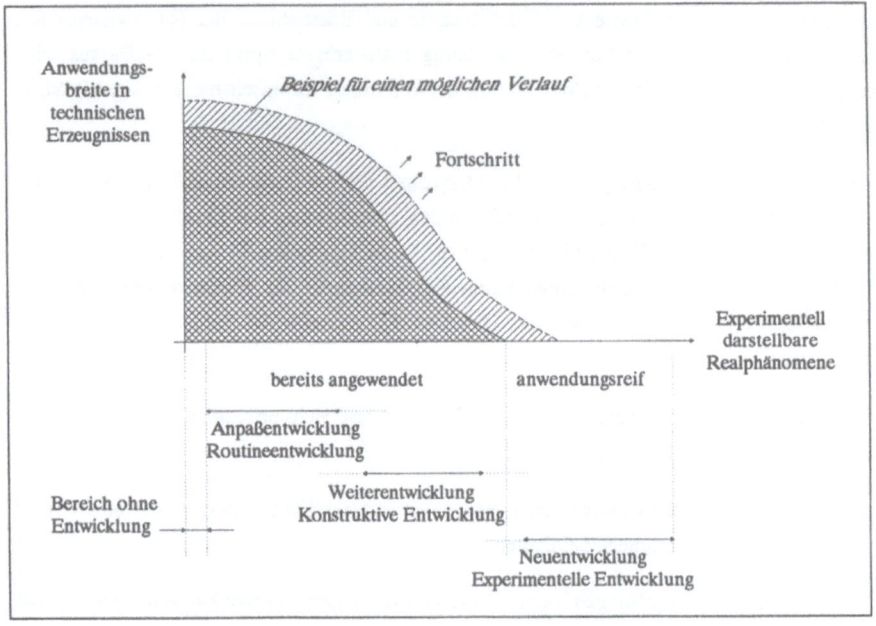

Abbildung 32-1: Abgrenzung der drei Entwicklungsarten (Quelle: Scholz 1976, S. 17)[57]

Diese Definitionen bilden die Grundlage für die weiteren Untersuchungen der Entwicklung im Maschinenbau. Wird generell von Entwicklung gesprochen, so sind alle drei Entwicklungsarten eingeschlossen. Im anderen Fall werden die speziell definierten (kursiv gedruckten) Begriffe verwendet. Alle im folgenden betrachteten Tätigkeiten und Prozesse beziehen sich insbesondere auf die Produktentwicklung, denn sie macht im Maschinenbau den überwiegenden Anteil der Entwicklungsaktivitäten aus.[58]

---

56 Diese Entwicklungen müßten strenggenommen als "Konstruktionen" bezeichnet werden.

57 Der "Bereich ohne Entwicklung" kennzeichnet solche experimentell darstellbaren Realphänomene, die angewendet werden ohne im oben genannten Sinne "entwickelt" worden zu sein (d.h. ohne die Nutzung wissenschaftlicher Erkenntnisse; z.B. frühe Keramik oder das Brauen von Bier).

58 Prozeßentwicklungen spielen eher bei Serien- und Großserienfertigern eine wichtige Rolle, die im Maschinenbau jedoch selten sind. Sie folgen in der Regel zeitlich auf die Produktentwicklung; vgl. auch Abernathy, Utterback 1982, S. 99. In den Unternehmen mit geringeren Stückzahlen werden Prozeß(orientierte)entwicklungen in der Betriebsmittelentwicklung bzw. Betriebsmittelkonstruktion durchgeführt, die üblicherweise nicht zum eigentlichen E&K-Bereich eines Maschinenbauunternehmens gehören;

3.2.2 Phasen des Produktentwicklungsprozesses

In diesem Abschnitt soll die Struktur des Entwicklungsprozesses für neue Produkte näher betrachtet werden, um daraus ein für die nachfolgende Untersuchung geeignetes Phasenschema abzuleiten. In der Literatur des Innovationsmanagements wird der Entwicklungsprozeß in verschiedene, aber nicht einheitlich abgegrenzte Phasen eingeteilt.[59] Die Spannbreite der Phasen reicht von zwei bis zu maximal dreizehn Phasen.[60] In Tabelle 32-1 ist eine Auswahl von Phasenmodellen zusammengestellt.[61] Die Anordnung der Phasen wurde so gewählt, daß sich inhaltlich ähnliche Phasen in einer Zeile befinden.

Bei der Betrachtung von Tabelle 32-1 fällt auf, daß die Gliederung der Phasen in den genannten Untersuchungen inhaltlich und strukturell unterschiedlich ist. Einige Phasengliederungen scheinen gar unvollständig zu sein. Es ist jedoch zu vermuten, daß einige der Phasen, die in den Modellen mit wenigen Phasen nicht explizit genannt werden, unter anderen Phasenbegriffen subsumiert werden.[62] Insgesamt besteht inhaltlich weitgehendes Einvernehmen über die Tätigkeiten des Innovationsprozesses. Hinsichtlich der Reihenfolge von

---

vgl. Warnecke 1984, S. 174; VDMA 1992b, S. 52. Da die Vorgehensweisen bei Produkt- und Prozeßentwicklungen jedoch ähnlich sind, können viele Aspekte übertragen werden.

59 Die im folgenden zu beschreibenden Phasenmodelle weisen gewisse Ähnlichkeiten zu dem von Witte diskutierten Phasenkonzept ("Phasentheorem") auf, das auch auf Innovationsprozesse angewendet wird. Unterschiedliche Varianten des Phasenkonzeptes wurden mehrfach empirisch überprüft. In keiner der Untersuchungen konnte die Existenz einer Phasengliederung nachgewiesen werden. Ungeachtet dieser Ergebnisse, wird in der Praxis von der Existenz einer Phasengliederung, wie sie nachfolgend beschrieben wird, ausgegangen. Eine Schließung der offensichtlichen Lücke zwischen Theorie und Praxis erscheint nicht ohne weiteres möglich. Hauschildt stellt die These auf, daß gleichartige Aktivitäten nicht, wie im Phasentheorem behauptet, ohne weiteres zu Bündeln zusammengefaßt werden können. Vielmehr "finden permanent Wiederholungen von Tätigkeiten statt, weil der Problemlösungsprozeß nicht linear, sondern in vielen rekursiven Schleifen verläuft". Angesichts der tatsächlichen Anwendung von Phasenkonzepten in der Praxis, (und unter dem Hinweis, daß es Alternativen zu diesem traditionellen Phasenkonzept gibt, die das tatsächliche Handeln in Entscheidungs- und Durchsetzungsprozessen besser abbilden) schlägt er daher vor, "die Akte über diese graue Theorie zu schließen"; Hauschildt 1993, S. 286. Zur Diskussion des Phasentheorems, vgl. Witte 1968.

60 Für mögliche Phaseneinteilungen: vgl. Booz, Allen, Hamilton 1982; Sommers 1982, S. 53 ff.; Cooper 1983, S. 2 ff.; Cooper, Kleinschmidt 1986, S. 74; Platz, Schmelzer 1986, S. 126 ff.; Cooper 1988, S. 238 ff.; Brockhoff, Urban 1988, S. 8 ff.; Johne, Snelson 1988, S. 118; Clark, Fujimoto 1989, S. 28; Nippa, Reichwald 1990, S. 75; Clark, Fujimoto 1991, S. 78; Anthony, McKay 1992, S. 146; Barclay 1992, S. 260; Rochford, Rudelius 1992, S. 288. Page stellt in seiner Untersuchung fest, daß nur 54 % der untersuchten Unternehmen bei der Neuproduktentwicklung einem definierten Prozeß folgen; vgl. Page 1993, S. 274.

61 Zu den zitierten Phasenmodellen, vgl. Booz, Allen & Hamilton 1982; Cooper, Kleinschmidt 1986, S. 75; Brockhoff, Urban 1988, S. 9; Clark, Fujimoto 1991, S. 99 ff.; Crawford 1992a, S. 45 ff.; Rochford, Rudelius 1992, S. 293; Karagozoglu, Brown 1993, S. 206; Page 1993, S. 281.

62 Crawford faßt zum Beispiel Punkte wie Ideengenerierung, Produktentwicklung, fortlaufende Marktanalysen, Prototypenbau, umfassende Wirtschaftlichkeitsanalyse, etc. (in der genannten Reihenfolge) sämtlich unter dem Stichwort Ideensuche zusammen. Rochford, Rudelius setzen die Durchführung einer Planungsstufe bei der Ideengenerierung implizit voraus.

Tabelle 32-1: Phasen des Produktentwicklungsprozesses

Hier verwendetes Phasenmodell	Cooper, Kleinschmidt 1986 (div. Industrien)	emp. Ergebnisse *	Rochford, Rudelius 1992 (div. Industrien)	emp. Ergebnisse *	Page 1993 (div. Industrien)	emp. Ergebnisse *	Booz, Allen & Hamilton 1982 (div. Industrien)	Brockhoff, Urban 1988 (Maschinenbau)	Clark, Fujimoto 1991 (Automobilind.)	Crawford 1991 (div. Industrien)	Karagozoglu, Brown 1993 (div. Industrien)
Konzeptions- und Planungsphase = Vorphase			Ideen-Generierung	100*	Konzept-findung [3,5]**	89,9*	Strategie-entwicklung			Strategische Planung	Ideen-Generierung
	Erstes Screening	92*	Erstes Screening	60	Konzept-Screening [3,0]	76,2	Ideen-Generierung		Konzept u. Koordination	Ideen-Generierung	Technik- und Marktbeurteilung
	Erste Markt-analysen	77	Erste Markt-analysen	58			Erstes Screening				Projektplanung
	Erste technische Beurteilung	85	Erste technische Beurteilung	87	Konzept-test [3,6]	80,4		Vor-entwicklung	Vor-entwicklung		
			Erste Produktionsbeurteilung	62							
	Markt-untersuchung	63	Erste Finanz-analysen	75	Geschäfts-analyse [2,6]	89,4	Geschäfts-analyse				
	Finanz-analyse	25	Markt-untersuchung	56			Markt-untersuchung				
Produktentwicklungs- und Testphase = Hauptphase	Produkt-entwicklung	89	Produkt-entwicklung	100	Produkt-entwicklung [14,4]	98,9	Produkt-entwicklung	Entwicklung	Komponenten-entwicklung	Produkt-entwicklung	Produkt-entwicklung
	Interner Produkttest	89	Interner Produkttest	98	Produkttest (intern u. extern) [6,0]	86,9			Prototypen-bau u. Test		Prototypen-bau u. Test
	Kunden-produkttest	66	Kunden-produkttest	80							
	Markttest	23	Markttest	38			Markttest				
	Versuchs-produktion	49									
	Einführungs-analyse	34	Abschließende Finanzanalyse	5			Einführungs-analyse				
Serienbetreuung = Nachphase	Produktions-start	56			Kommerzia-lisierung [6,5]	96,3	Markteinführung	Serien-betreuung	Produktions-begleitung	Kommer-zialisierung	Produktion
	Markt-einführung	68									

* Prozentualer Anteil der Projekte, in denen die Phase beobachtet wurde. (Insgesamt: Cooper, Kleinschmidt: 252 Projekte; Rochford, Rudelius: 73 Projekte; Page: 189 Projekte)   ** [Dauer der Phase in Monaten]

bestimmten Tätigkeiten und Phasen sind jedoch Abweichungen erkennbar.[63] Besonders der Start der Entwicklung wird unterschiedlich definiert. Während die meisten Studien die Ideengenerierung als Entwicklungsstart definieren, schalten Booz, Allen und Hamilton sowie Crawford eine Phase der strategischen Planung bzw. Strategieentwicklung vor.

Ein Vergleich der empirischen Daten zeigt auch, daß einzelne Phasen nur in sehr wenigen Projekten beobachtet wurden.[64] Ein Zusammenhang zwischen der Reihenfolge des Phasendurchlaufs und dem Erfolg der Produktentwicklung konnte empirisch nicht nachgewiesen werden.[65] Eine Untersuchung von Cooper und Kleinschmidt ergibt jedoch, daß die Durchführung bestimmter Kernelemente des Entwicklungsprozesses Einfluß auf den Projektverlauf und den Entwicklungserfolg hat.[66] Zusammenfassend bleibt festzuhalten, daß eine allgemeingültige und empirisch gestützte Phasengliederung des Produktentwicklungsprozesses nicht existiert. Die Nutzung von Phasenmodellen bleibt daher auf die weitgehend normative Beschreibung von Entwicklungsprozessen beschränkt.

Die von Page zusätzlich durchgeführte Analyse der Phasendauer zeigt, daß die Produktentwicklung mit durchschnittlich 14 Monaten den mit Abstand längsten Zeitraum in Anspruch nimmt.[67] Produkttests und Kommerzialisierung dauern durchschnittlich jeweils ca. 6 Monate, die konzeptionellen und planerischen Phasen nur jeweils ca. 3 Monate.

Ausgehend von der Analyse der Phasenmodelle und unter Berücksichtigung der genannten Einschränkungen sollen für die weitere Untersuchung drei Phasen unterschieden werden, die prinzipiell als Vor-, Haupt- und Nachphase bezeichnet werden können (siehe Tabelle 32-1).[68] Die Vorphase beinhaltet im wesentlichen planerische und konzeptionelle Tätigkeiten, die die eigentliche Entwicklung und Konstruktion vorbereiten. Sie soll daher als

---

63   Bei einem Vergleich der Modelle von Rochford, Rudelius und Cooper, Kleinschmidt fällt z.B. auf, daß die Phasen Finanzanalyse und Marktuntersuchung in umgekehrter Reihenfolge auftreten.

64   Zum Beispiel: "Abschließende Finanzanalyse" in nur 5% der Projekte (Rochford, Rudelius 1992), "Finanzanalyse" in nur 25%, "Einführungsanalyse" in nur 34% der Projekte (Cooper Kleinschmidt 1986).

65   Vgl. Rochford, Rudelius 1992, S. 288. Moore stellt fest, daß sich die Phasen häufig überlappen, wodurch eine konsistente Unterscheidung feingegliederter Abschnitte erschwert wird. Auch sei die Reihenfolge des Phasendurchlaufs in der Praxis häufig anders, als im Modell vorgegeben; vgl. Moore 1984.

66   Dies gilt besonders für die Phasen "Marktuntersuchungen", "Screening", und "Frühe Marktbeurteilung"; vgl. Cooper, Kleinschmidt 1986, S. 84 f; vgl. auch Cooper 1988, S. 243. Die Schlußfolgerung, nach der insbesondere die "Vollständigkeit" des Entwicklungsprozesses zum Erfolg führt (vgl. Cooper, Kleinschmidt 1986, S. 83 f.), wirft angesichts der Vielzahl von Prozeß- und Phasendefinitionen jedoch Probleme auf.

67   Da Page unterschiedliche Industrien in seiner Untersuchung berücksichtigt, ist die Aussagekraft der absoluten Werte eher gering, denn diese werden in unterschiedlichen Industrien stark schwanken. (Siehe dazu auch Kapitel 1 - Angaben über die Varianz dieser Werte im Sample werden von Page nicht gemacht; vgl. Page 1993). Interessant sind daher lediglich die relativen Unterschiede zwischen den einzelnen Phasen (auch diese dürften jedoch je nach Industrie stark schwanken).

68   Diese Dreiteilung findet sich auch in anderen Untersuchungen; vgl. Cooper, Kleinschmidt 1988, S. 253; auch Brockhoff 1992a, S. 282.

"Konzeptions- und Planungsphase" bezeichnet werden. Die Hauptphase umfaßt die eigentliche Entwicklung und Konstruktion des Produktes. Der Bau eines Prototypen sowie Komponenten- und Produkttests begleiten die Entwicklung in dieser Phase. Mit dem Start der (Serien-)Fertigung[69] ist die Hauptphase, die im folgenden als "Produktentwicklungs- und Testphase" bezeichnet werden soll, beendet. Clark und Fujimoto führen an, daß die unterschiedlichen Denk- und Ablaufstrukturen der Problemlösungsprozesse das wesentliche Unterscheidungsmerkmal zwischen der Vor- und der Hauptphase ausmachen. Während in die Planung (Vorphase) in der Regel die Lösung eines horizontalen Problemnetzwerkes erfordert, herrschen bei der Realisierung (Hauptphase) in erster vertikale Problemstrukturen vor.[70]

Die Fertigung und der Vertrieb der Produkte bilden aus der Sicht der Entwicklung die Nachphase. In ihr fallen in erster Linie produkt- und fertigungsbetreuende Aufgaben an. Teile einzelner Entwicklungen müssen nachgebessert oder an veränderte Bedingungen angepaßt werden. Die Nachphase soll dementsprechend als "Fertigungs- und Produktbetreuungsphase" bezeichnet werden.[71] Grundsätzlich sind auch Überlappungen zwischen den Phasen möglich.

3.2.2.1 Die Konzeptions- und Planungsphase (Vorphase)

Das erste und wesentliche Element der Konzeptions- und Planungsphase ist die Zielbildung. Der innovative Zielbildungsprozeß wird besonders durch technische Unsicherheiten und die Produktkomplexität beeinflußt.[72] Das aufzustellende Zielsystem umfaßt zeitliche, ressourcen- und kostenorientierte sowie technische Ziele, die für alle Phasen des Entwicklungspro-

---

69 Da im Maschinenbau neben der Serienfertigung auch die Einzelfertigung vorkommt, soll generell nur von der Fertigung gesprochen werden.

70 Dieses Modell setzt einen weitgehend modularen Produktaufbau voraus (Die Überlegungen wurden in der Automobilindustrie angestellt). Unter einem horizontalen Problemnetzwerk verstehen die Autoren die gleichzeitige Planung verschiedener Komponenten (Motor, Chassis, Innenraum) hinsichtlich von Zeit, Kosten und Qualität. Bei der Realisierung werden die einzelnen Komponenten in der Regel parallel weiterverfolgt. Jede Komponente durchläuft die Hauptphase zunächst unabhängig von den anderen. Das Problemnetzwerk ist daher vertikal; vgl. Clark, Fujimoto 1989, S. 31 ff.; vgl. auch Dorbrandt et. al. 1990, S. 161.

71 Cooper, Kleinschmidt differenzieren den Entwicklungsprozeß in einer späteren Studie ebenfalls in drei Phasen, die mit den hier genannten weitgehend übereinstimmen: (1) Vorentwicklung, (2) Produktentwicklung und Test, (3) Kommerzialisierung; vgl. Cooper, Kleinschmidt 1988, S. 254.

72 Hauschildt spricht von der "Barriere der Komplexität" die durch die "Unklarheit der Problemstruktur", die "Ungewißheit der Erwartungen", die "Unabsehbarkeit der Problemkomponenten" und dem "Konfliktgehalt des Entscheidungsproblems" bestimmt wird; Hauschildt 1977, S. 64.

zesses spezifiziert werden.[73] Die Ziele sind jedoch in der Regel nicht statisch, sondern verändern sich im Verlauf von Entscheidungsprozessen und werden von neu auftretenden Alternativen beeinflußt.[74]

Die Planung des Entwicklungsablaufes ist eng mit der Zielbildung verbunden. Empirische Ergebnisse zeigen, daß der Schwerpunkt der Vorphase auf der Ideengenerierung und einer ersten technischen Beurteilung liegt (siehe Tabelle 32-1).[75] Weiterhin nehmen Marketingaktivitäten einen breiten Raum ein, deren Häufigkeit in den Untersuchungen jedoch sehr unterschiedlich ist.[76] Aus der vertikalen Problemstruktur in der Planungsphase resultiert die Forderung nach einer intensiven Koordination, besonders der Marketing- und Entwicklungsaktivitäten.[77] Ein Instrument zur zielgerichteten Zusammenführung von Marketing- und Entwicklungsaktivitäten, dessen Anwendung zunehmende Verbreitung findet, ist die Methode des "Quality Function Deployment" (QFD).[78] Sie umfaßt einen schematischen, matrizenförmig aufgebauten Anforderungsplan, in den alle notwendigen Marketing- und technische Informationen einfließen. Die Anwendung setzt allerdings erste Ideenfindungsaktivitäten voraus, die in der folgenden Entwicklungs- und Testphase fortgeführt werden.

Wie die Zielbestimmung, so ist auch die Planung im Entwicklungsbereich mit Unsicherheit behaftet.[79] Technische Probleme, sich verändernde Ziele und Prioritäten, Kapazitätsengpässe, mangelnde Plandaten, etc. verlangen eine stetige Anpassung der Planung an aktuelle

---

73 Die Ziele müssen vollständig, eindeutig, verständlich, machbar und kontrollierbar sein; vgl. Platz, Schmelzer 1986, S. 92. Im Rahmen der strategischen Produktplanung empfiehlt Crawford die Anwendung der "Produkt-Innovations-Charter", in der Hintergründe, Schwerpunkte, kurz- und langfristige Ziele sowie Richtlinien systematisch bestimmt und festgelegt werden; vgl. Crawford 1980; Crawford 1984; Crawford 1992a, S. 66 ff. Wheelwright und Clark sprechen vom Entwicklungtrichter, in den eine Reihe von Ideen eingehen, von denen jedoch nur wenige in einen neuen Produktkonzept verwirklicht werden; vgl. Wheelwright, Clark 1994, S. 156 ff.

74 Vgl. Hamel 1988, S. 94; vgl. auch Hauschildt 1993, S. 212. In der Praxis werden sich verändernde Ziele auch als "Moving Targets" bezeichnet; Platz, Schmelzer 1986, S. 105.

75 Ideengenerierung und erstes Screening: I=92%, II=100% bzw 60%, III= 90% bzw. 76%; technische Beurteilung I=85%, II=87%, III= 80% (I= Cooper, Kleinschmidt 1986, II= Rochford, Rudelius 1992, III= Page 1993). Für ähnliche Ergebnisse, vgl. auch Cooper 1983, S. 4; Cooper, Kleinschmidt 1988, S. 253.

76 Erste Marktanalysen, erste Finanzanalysen, Marktuntersuchungen: zwischen 25% und 77% der Unternehmen.

77 Vgl. Dorbrandt et. al. 1990, S. 161.

78 Vgl. Hauser, Clausing 1988; Specht, Schmelzer 1991, S. 16; Griffin 1992; Wheelwright, Clark 1994, S. 314 ff. Zur Anwendung von QFD in der Entwicklung, vgl. Hjort, Hananel, Lucas 1992.

79 Die Unsicherheit wird auch als "herausragendes Merkmal von F&E-Aktivitäten" bezeichnet. Dabei kann zwischen der Unsicherheit bezüglich der Gewinnung von Erkenntnissen und der Unsicherheit bezüglich der Verwertung von Erkenntnissen unterschieden werden; Schröder 1979, Sp. 628.

Gegebenheiten.[80] Die Planungsaktivitäten überspannnen daher den gesamten Entwicklungsprozeß.[81] Generell kann die Schlußfolgerung gezogen werden, daß eine verbesserte Planungsphase zur Vermeidung von Fehlern in den späteren Phasen beiträgt.[82]

3.2.2.2   Die Entwicklungs- und Testphase (Hauptphase)

Zentrales Element der Hauptphase ist die Produktentwicklung. Dies geht auch aus den empirischen Daten in Tabelle 32-1 hervor.[83] Mehr als 60 % aller im Laufe des Entwicklungsprozesses benötigten Kapazitäten werden in dieser Phase beansprucht.[84] Während der
Hauptphase kommen daher eine Vielzahl von Methoden zur Projektüberwachung und Koordination zur Anwendung.[85] Die Ideengewinnung zur konstruktiven Problemlösung wird als
wichtiges Merkmal der Produktentwicklung genannt.[86]

Um die eigentliche Entwicklung terminologisch deutlich vom gesamten Produktentwicklungsprozeß, der sich von der Vorphase bis zur Nachphase erstreckt, zu trennen, soll sie im
folgenden als "elementarer Konstruktionsprozeß" bezeichnet werden. Da dieser Prozeß und
die damit verbundene konstruktive Vorgehensweise von zentraler Bedeutung für die weiteren Untersuchungen dieser Arbeit ist, soll ihm im nächsten Abschnitt ein eigenes Kapitel
gewidmet werden.

---

80 Vgl. Pearson 1991, S. 573. Die Planung nimmt im Bereich der Produktentwicklung eine wichtige Stellung ein. Auf einzelne Aspekte der Planung wird im Rahmen der empirischen Untersuchung noch genauer einzugehen sein. An dieser Stelle sei zunächst auf eine Auswahl der vielfältigen Literatur zu theoretischen wie auch praktischen Aspekten verwiesen: vgl. Kern, Schröder 1977, S. 267 ff.; Warneke
1980; Feldman, Page 1984, S. 44 ff.; Popp 1988; Kezsbom, Schilling, Edward 1989, S. 58 ff., S. 95
ff.; Engelhardt 1989 Sp. 1621 ff.; Seibt 1989 Sp. 1667 ff.; Schirmer 1990, S. 896 ff.; Brockhoff 1992a,
S. 247 ff. Zur Unsicherheit in der Produktplanung, vgl. Koch 1989, Sp. 2060 ff.; Pearson 1990, S. 186
ff. Zu Aspekten einer flexiblen Planung, vgl. Dinkelbach 1989, Sp. 510 ff.; Schneeweiß 1989, S. 9 ff.
Zur Risikobewertung, vgl. Abetti, Stuart 1988.
81 Vgl. Seibt 1989, Sp. 1667.
82 Vgl. Brockhoff 1993a, S. 9.
83 I=89 %, II= 100 %, III= 99 % (I= Cooper, Kleinschmidt 1986, II= Rochford, Rudelius 1992, III=
Page 1993). Die Produktentwicklung nimmt mit durchschnittlich mehr als 14 Monaten den längsten Zeitraum in Anspruch; vgl. Page 1993, S. 283.
84 Vorentwicklungsaktivitäten 16,4 %, Produktentwicklung und Test 61,1 %, Kommerzialisierung 22,5 %.
Betrachtet man hingegen die finanziellen Aufwendungen über die genannten Phasen, so ergibt sich ein
etwas anderes Bild: Vorentwicklungsaktivitäten 7,1 %, Produktentwicklung und Test 39,0 %, Kommerzialisierung 53,9 %; vgl. Cooper, Kleinschmidt 1988, S. 255 f.
85 Für den Maschinenbau sind hier z.B. die Strukturierung von Arbeitspaketen, die Projektverfolgung mit
Strukturplänen, die Kontrolle von Ergebnisfortschritten und Terminen (z.B. mit Hilfe von Meilensteinplänen oder Meilensteintrendanalysen), etc., von Bedeutung. Zu einzelnen Methoden vgl. z.B. Hirzel
1985; Brockhoff, Urban 1988, S. 21 ff.; Pearson 1991, S. 577 ff.; Brockhoff 1992a, S. 329 ff.
86 Vgl. Hayes, Wheelwright, Clark 1988, S. 312 ff.; Clark, Fujimoto 1990, S. 205 ff.; Crawford 1992a, S.
97 ff. Ideenfindungsaktivitäten finden auch bereits im Rahmen der Konzeptions- und Planungsphase statt.
Während dort jedoch vor allem konstruktive Ansatzpunkte festgelegt und ihre Machbarkeit grob geprüft
wird, erfolgt im Rahmen der Entwicklungsphase die Ideenfindung zur konstruktiven Umsetzung möglicher Konzepte.

Den technischen Produkttests kommt ebenfalls eine wichtige Rolle zu. Sie können intern oder extern durchgeführt werden und der Überprüfung von technischen Funktionen oder von Fertigungseigenschaften dienen.[87] Die Entwicklung und Fertigung von Prototypen zu Testzwecken kann dabei zu einer eigenständigen Phase ausgeweitet werden.[88] Durch marktbezogene Tests wird außerdem überprüft, inwieweit die Bedürfnisse des angetrebten Zielmarktes durch das Produkt tatsächlich erfüllt werden. Durch die Anwendung von Simulationen können wichtige Erkenntnisse über Technik, Fertigung und Marktverhalten bereits im Vorfeld gewonnen werden.[89] Grundsätzlich ist damit zu rechnen, daß aus den Tests Änderungen hervorgerufen werden.[90] Nahezu alle der in den beiden dargestellten empirischen Untersuchungen dargestellten Unternehmen führen interne Produkttests durch.[91] Die Häufigkeit von Markt- und Kundentests liegt hingegen teilweise deutlich darunter.

3.2.2.3   Die Serienbetreuung (Nachphase)

In der Nachphase ist die eigentliche Produktentwicklung weitgehend abgeschlossen. Dennoch können sich externe Produkttests und damit verbundene Änderungen in diese Phase hineinziehen. Der Schwerpunkt dieser Phase liegt jedoch im wesentlichen auf der Überwachung der Produktion und der Markteinführung.[92] Produktänderungen im Laufe des Produktlebenszyklusses können zu Anpaß- und Änderungsentwicklungen führen und damit fließend in die Vorphase eines neuen Entwicklungsprozesses überleiten.[93]

---

87   Zu einer allgemeinen Typisierung von Produkttests, vgl. Brockhoff 1993a, S. 198.

88   Vgl. z.B. Clark, Fujimoto 1991, S. 119 ff, S. 177 ff; Slade 1993, S. 92 ff. Der Einsatz von Prototypen erfordert eigene Koordinationsmechanismen zwischen Entwicklungs- und Fertigungsbereichen in der Entwicklungsphase; vgl. Burgelmann, Maidique 1988, S. 281 f. Der Prototyp kann gleichzeitig als planbares Zwischenergebnis der Entwicklung genutzt werden; vgl. Hauschildt 1993, S. 281.

89   Sie dienen der Risikominimierung, vgl. Baetge, Fischer 1989, Sp. 1782; vgl. auch Koller 1979, Sp. 1857 ff. Häufig können durch die Simulation physikalischer und technischer Vorgänge (z.B. durch Simulation des Strömungsverhaltens in einem fluidischen System) auch Entwicklungszeiten und -kosten gespart werden; vgl. Haas 1992.

90   Vgl. Clark, Fujimoto 1990, S. 121.

91   I= 89%, II= 98%, III= nicht differenzierbar: 87% führen interne und/oder externe Tests durch (I= Cooper, Kleinschmidt 1986, II= Rochford, Rudelius 1992, III= Page 1993).

92   Zur Markteinführungsüberwachung vgl. Crawford 1991, S. 262 ff.

93   Vgl. Burgelmann, Maidique 1988, S. 284 f. Produktänderungen oder -variationen können entweder durch einen Wandel der Bedürfnisstruktur der Nachfrager, durch einen Wandel der Angebotsstruktur der Konkurrenten (vgl. Brockhoff 1993a, S. 269), oder durch die Verfügbarkeit neuer Produkt- oder Prozeßtechnologien hervorgerufen werden.

3.2.3 Denk- und Handlungsabläufe bei der Entwicklung und Konstruktion von Maschinensystemen - Der elementare Konstruktionsprozeß

Die Entwicklung ist ein "Element des komplexen Prozeßsystems der Entstehungs- ... phasen des Produktes."[94] Kernstück dieses Elements ist der eigentliche Konstruktionsvorgang, der zur besseren Abgrenzung im folgenden als *elementarer Konstruktionsprozeß* [95] bezeichnet werden soll. Dieser Prozeß ist eine besondere Form eines allgemeinen Problemlösungsprozesses.[96] Informationen über die Anforderungen an ein zu entwickelndes Produkt dienen als Input, Informationen zur Beschreibung und Umsetzung der Funktionsanforderungen sind der Output dieses Prozesses.[97] Aufgabenstellung und Objekt des Konstruktionsprozesses bestimmen seinen Charakter und Verlauf.

In der folgenden Analyse des elementaren Konstruktionsprozesses sollen drei, sich gegenseitig beeinflussende, Aspekte näher beleuchtet werden. Sie können auch als Stellgrößen angesehen werden, die auf den elementaren Konstruktionsprozeß wirken und damit den gesamten Entwicklungsprozeß beeinflussen:

1. das Entwicklungsobjekt (Maschinensysteme),
2. die Vorgehensweise und Systematik bei der Konstruktion (Konstruktionsmethodik),
3. die Randbedingungen (Hilfsmittel, Gestaltungszwänge und Motivation).

3.2.3.1 Das Entwicklungsobjekt

Entwicklungsobjekte des Maschinenbaus sind Maschinen, Anlagen und deren Teile. Grundsätzlich läßt sich ein systematischer Produktaufbau erkennen, der mit Hilfe der Systemtheorie abstrahiert und strukturiert werden kann: "Die Theorie der Maschinensysteme liefert die wissenschaftliche Grundlage für das Herausfinden von Gesetzmäßigkeiten, die allgemein-

---

94 Hubka 1976, S. 3.
95 Während der Entwicklungsprozeß, wie er in Kapitel 3.2.2 beschrieben wurde, den gesamten Produktentstehungsprozeß umfaßt, der von der Zielbildung bis zur Serienbetreuung reicht, wird der "elementare Konstruktionsprozeß" hier als wesentliches Element der Hauptphase betrachtet, in dem die eigentliche Entwicklungsarbeit geleistet wird. Der Begriff "Konstruktion" wird hier verwendet, um eine bessere Zuordnung zum ingenieurwissenschaftlichen Fachbereich der Konstruktionslehre zu erreichen, dem sämtliche, in diesem Kapitel verwendeten Methoden zuzuordnen sind. (Gemäß der Definition in Kapitel 3.2.1 wäre die Verwendung des Ausdrucks "elementarer Entwicklungsprozeß" an dieser Stelle ebenso möglich.) Zum Konstruktionsprozeß, vgl. auch Bullinger 1976, S. 29 ff.; Warneke 1984, S. 183 ff.
96 Zu Problemlösungsprozessen in der Entwicklung, vgl. Schlicksupp 1977, S. 51 ff.; Kern 1979, Sp. 1436 ff.; VDI-2221 1986, S. 32; Pahl, Beitz 1986, S. 38, 42; Clark, Fujimoto 1989, S. 28; Clark, Fujimoto 1991, S. 206 ff.; Nagel 1992, Sp. 2015 ff.
97 Vgl. Hubka 1976, S. 7; Allen 1977, S. 4; Clark, Fujimoto 1989, S. 29; Die herausragende Bedeutung der Information für den konstruktiven Problemlösungsprozeß wird an verschiedenen Stellen betont, vgl. z.B. Hubka 1976, S. 47 ff.; Pahl 1979, Sp. 920; Allen 1977, S. 99 ff.; VDI-2221 1986, S. 3 f.; Dylla 1991, S. 19 f.; vgl. auch Hauschildt 1993, S. 244.

gültig sind für alle Maschinenbauprodukte. ... Die Systemtechnik zwingt dazu, das Problem in seiner Ganzheitlichkeit zu behandeln."[98]

Die Betrachtung der Theorie der Maschinensysteme soll sich hier auf wesentliche, den elementaren Konstruktionsprozeß bestimmende Aspekte, beschränken. Die prinzipielle Struktur von Maschinensystemen ist in Abbildung 32-2 dargestellt. Die höchste hier betrachtete Systemebene ist die Maschine.[99] Sie kann sich aus verschiedenen Subsystemen zusammensetzen, die wiederum aus einer Anzahl von Elementen bestehen können. Jedes Element wird durch seine individuellen Eigenschaften charakterisiert.[100] Neben Eigenschaftsklassen wie Betriebseigenschaften, Lieferungs- und Planungseigenschaften, Fertigungseigenschaften, wirtschaftlichen Eigenschaften, etc., unterscheidet Hubka sieben elementare Konstruktionseigenschaften. Sie sind "die Mittel des Konstrukteurs, mit denen er alle anderen Eigenschaften erzielt."[101] Es sind:

1. *Strukturen*: Sie beziehen sich auf die Kopplungen (d.h. Beziehungen) zu anderen Elementen (zum Beispiel die thermische Kopplung: wärmeübertragend oder wärmeisolierend);

2. *Gestalt*: Sie bezieht sich auf die geometrische Form des Elementes (zum Beispiel das Profil eines Turbinenrades);

3. *Abmessungen*: Sie beziehen sich auf die Dimension des Elementes (zum Beispiel Kolbendurchmesser);

4. *Werkstoffe*: Sie beziehen sich auf das Material des Elementes (zum Beispiel Stahl oder Aluminium);

5. *Oberflächen*: Sie beziehen sich auf die Beschaffenheit der Oberfläche (zum Beispiel geschliffen);

6. *Toleranzen*: Sie beziehen sich auf die Raumrelation zwischen den Elementen (zum Beispiel Rundlauftoleranz zwischen Welle und Nabe);

7. *Herstellungsarten*: Sie beziehen sich auf die Möglichkeit, bestimmte Eigenschaften mit unterschiedlichen Mitteln zu erreichen (zum Beispiel durch gießen oder schweißen).

---

98 Hubka 1973, S. 4. Diese Sichtweise ist eng mit dem von Zwicky entwickelten morphologischen Ansatz verknüpft. Auch dieser Ansatz betont die ganzheitliche Sichtweise und die systematische Problemstruktur; vgl. Zwicky 1967.

99 Bei Hubka stets als "Maschinensystem" bezeichnet; vgl. Hubka 1973. Sie kann Bestandteil eines übergeordneten Systems sein. Beispielsweise ist ein Roboter in einer Montagelinie, ein System, das seine Funktion (zum Beispiel die Montage von Radfelgen) in die übergeordnete Funktion eines übergeordneten Systems (zum Beispiel die Montage von Autos) einbringt. Die Ebene der Betrachtung hängt jeweils von der untersuchten Funktion ab. Für weitere Betrachtungen, vgl. Hubka 1973, S. 23.

100 Eine Eigenschaft ist alles, was aufgrund von Beobachtungen, Meßergebnissen, allgemein akzeptierten Aussagen, etc. von einem Produkt festgestellt werden kann. Besonders wichtige Eigenschaften werden auch als Produktmerkmale bezeichnet; vgl. z.B. Hubka 1973, S. 46 ff.; DIN 2330, S. 6; Koller 1987, S. 70 ff.

101 Hubka 1973, S. 67; vgl. im folgenden ebenda, S. 66 ff.; Hubka 1987, S. 40 ff.

58

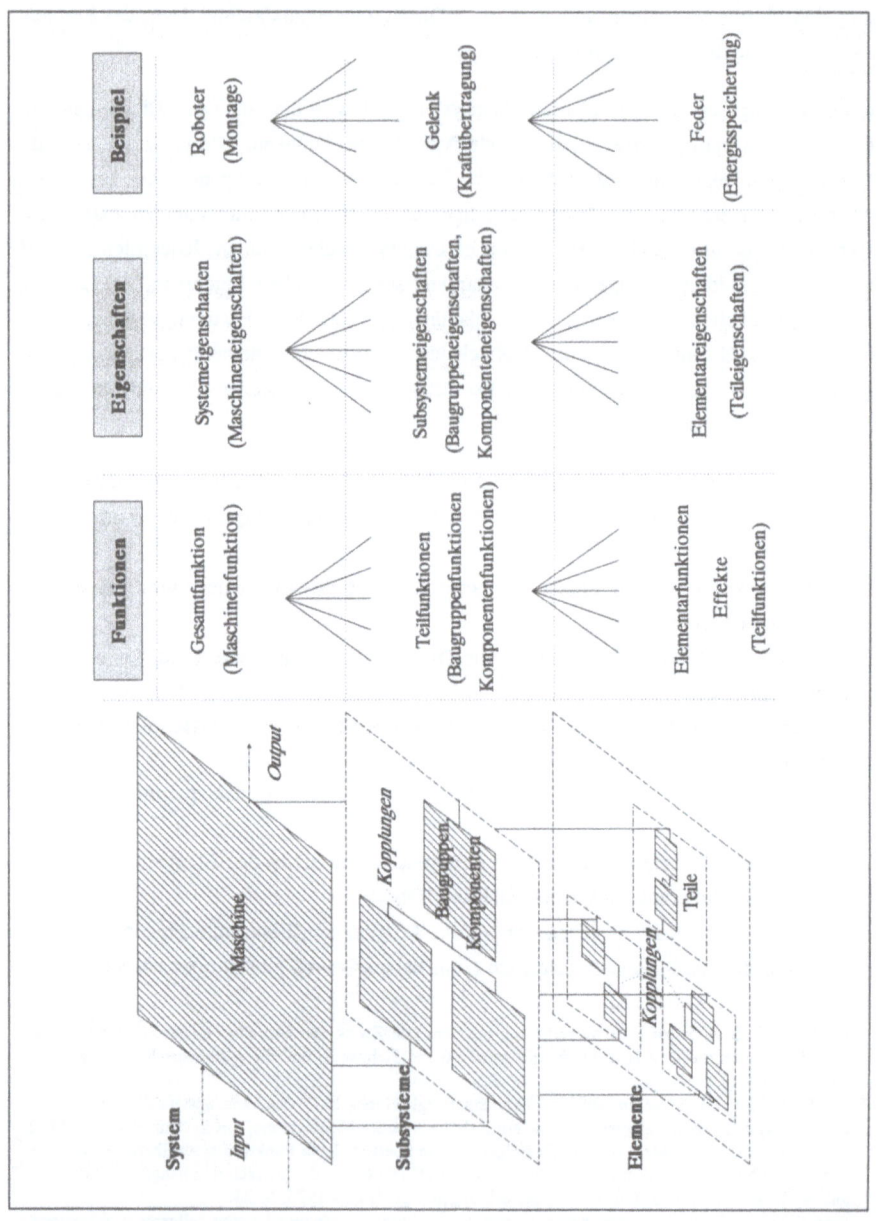

Abbildung 32-2: Systematische Struktur von Maschinensystemen (Quelle: eigene Darstellung, nach Patzak 1982, S. 51)

Die Eigenschaften eines Elementes können genutzt werden, um eine (oder auch mehrere) Elementarfunktion zu erfüllen.[102] Durch die Kombination von Eigenschaften und Funktionen mehrerer Elemente können übergeordnete Funktionen erfüllt werden. Dies erfolgt durch die Kopplung der einzelnen Elemente zu einem System. Die gewünschte Gesamtfunktion eines Systems kann erreicht werden, wenn alle Elemente und Subsysteme in bestimmter Weise miteinander gekoppelt werden.

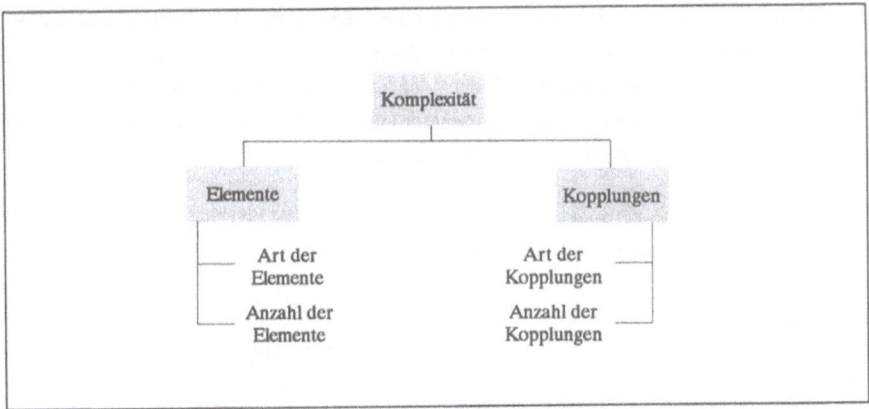

Abbildung 32-3: Komplexität von Maschinensystemen (Quelle: in Anlehnung an Patzak 1982, S. 22)

Die Art und Anzahl der Elemente sowie die Art und Anzahl der Kopplungen bestimmen die Komplexität eines Maschinensystems (siehe Abbildung 32-3). Eine Reduzierung der Komplexität ist entsprechend über die Veränderung dieser Stellgrößen möglich. Sie beeinflussen den Entwicklungsprozeß auf unterschiedliche Art und Weise:[103]

-   Die *Art der Elemente* und die *Art der Kopplungen* bestimmen die Schwierigkeit und den potentiellen Aufwand des elementaren Konstruktionsprozesses.

---

102 Die hier "Elementarfunktion" genannten Funktionen werden häufig auch als "Effekte" bezeichnet, da sie sich häufig direkt aus den physikalischen Effekten ableiten lassen (z.B. eine Elementarfunktion zur Kraftübertragung aus dem Coulomb'schen Reibungsgesetz (Reibeffekt)); vgl. Pahl, Beitz 1986, S. 28 ff.; Roth 1982, S. 2 ff. Jede Funktion ist ein System von Teilfunktionen. Die elementare Funktion eines (aktiven) Elementes oder eines Systems besteht in der Veränderung des Zustandes eines (sogenannten passiven) Elementes bzw. Objektes. Diese Zustandsveränderung erfolgt mit Hilfe eines technischen Prozesses, bei dem ein Input in einen Output verwandelt wird. Dabei werden Materie, Stoff und Energie umgesetzt. Es können Hauptfunktionen (z.B. drehen, fräsen, montieren) und Nebenfunktionen (z.B. Werkstück spannen, Information verarbeiten) unterschieden werden; vgl. Koller 1985, S. 25 ff.; Hubka 1973, S. 18 ff., S. 50 ff.; Pahl, Beitz 1986, S. 23 ff.

103 Schrader, Riggs und Smith sprechen in diesem Sinne von der Ambiguität der Entwicklung, die durch die Bekanntheit der Elemente und der Struktur beeinflußt wird und die sich auf die Effizenz und das Ergebnis des Entwicklungsprozesses auswirkt; vgl. Schrader, Riggs, Smith 1993, S. 88 ff.

- Die *Anzahl der Elemente* und die *Anzahl der Kopplungen* hingegen bestimmen den Ko-ordinations- und Kommunikationsaufwand zwischen mehreren elementaren Konstrukti-onsprozessen.

Es ist plausibel, daß die Komplexität des Entwicklungsobjektes auch die Entwicklungsart beeinflußt. Neuentwicklungen zeichnen sich durch eine höhere Komplexität aus, als Wei-terentwicklungen und Anpaßentwicklungen: Bei Neuentwicklungen ist die Anzahl der zu entwickelnden Elemente und Kopplungen höher und/ oder die Art der Elemente und Kopp-lungen weniger bekannt, als bei Weiterentwicklungen oder Anpaßentwicklungen. Picot, Reichwald und Nippa zeigen darüber hinaus, daß ein Zusammenhang zwischen der Ent-wicklungsart und der Entwicklungsaufgabe besteht (siehe Abbildung 32-4). Sie untersuchen die Entwicklungsaufgabe anhand von vier Merkmalen:[104]

1. *Komplexität der Entwicklungsaufgabe*: Sie bestimmt sich aufgrund der Anzahl und Verknüpfung der einzelnen Aufgabenmerkmale.

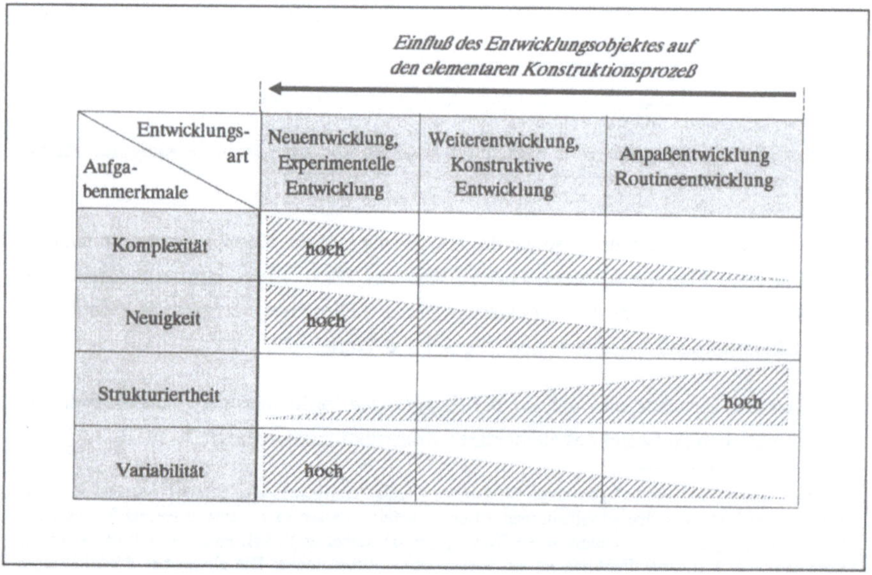

Abbildung 32-4: Zusammenhänge zwischen Entwicklungsaufgabe und Entwicklungsobjekt (Quelle: eigene Darstellung, nach Picot, Reichwald, Nippa 1988, S. 121)

---

104 Vgl. Picot, Reichwald, Nippa 1988, S. 119 ff.; vgl. auch Nippa, Reichwald 1990, S. 68 ff.

2. *Neuigkeit der Entwicklungsaufgabe*: Sie läßt sich anhand der Anzahl, dem Ausmaß und der Unvorhersehbarkeit von Abweichungen gegenüber vorliegenden Erkenntnissen und Erfahrungen feststellen.

3. *Strukturierbarkeit der Entwicklungsaufgabe*: Sie ist als die sachliche und zeitliche Bestimmbarkeit des Entwicklungszieles und des Entwicklungsprozesses zu verstehen.

4. *Variabilität der Entwicklungsaufgabe*: Sie kann als Ausmaß der Aufgabenänderung im laufenden Entwicklungsprozeß definiert werden.

Insgesamt läßt sich ein Zusammenhang zwischen Entwicklungsaufgabe und Entwicklungsobjekt feststellen: Je höher die Komplexität des Entwicklungsobjektes, desto höher sind Komplexität, Neuigkeit und Variabilität der Entwicklungsaufgabe und desto geringer ist ihre Strukturierbarkeit. Eine Verringerung der Komplexität des Entwicklungsobjektes führt dementsprechend zu einer Vereinfachung der Entwicklungsaufgabe.[105]

3.2.3.2 Zur Konstruktionsmethodik

Die Konstruktion von technischen Systemen ist in der Regel ein systematischer Vorgang, der auf den Strukturen der Theorie der Maschinensysteme aufbaut. Das Ziel der Konstruktion ist die Erreichung einer Funktion mit Hilfe zur Verfügung stehender Erkenntnisse. Die Konstruktion bedient sich dazu neuer bzw. veränderter Kombinationen bereits vorhandener Erkenntnisse und Erfahrungen. Die wissenschaftlichen Grundlagen bilden naturwissenschaftliche (besonders physikalische) Gesetzmäßigkeiten, denen durch Experimente logische Funktionen zugeordnet werden können. Die Aufgabe des Konstrukteurs ist es, die naturwissenschaftlichen Wirkungszusammenhänge mit konstruktiven Mitteln in konstruktive Wirkungszusammenhänge zu transformieren, um so eine gewünschte Funktion zu realisieren.[106] Intuitionen spielen in der Konstruktionsmethodik eine eher untergeordnete Rolle.[107]

---

105 Vgl. auch Fenneberg 1979, S. 37.
106 Zu den Grundlagen der Konstruktionsmethodik vgl. Hubka 1976, S. 3 ff.; Pahl 1979, Sp. 919 f.; Rodenacker 1984, S. 13 ff.; Koller 1985; Pahl, Beitz 1986, S. 35 ff.; VDI-2221 1986; Beitz 1991, S. K14 ff.
107 Dennoch werden durch Intuition eine Vielzahl von guten und sehr guten Lösungen gefunden; vgl. Pahl, Beitz 1986, S. 36. Unter intuitivem Denken versteht man ein stark einfallsbetontes Denken; bei dem die Erkenntnis plötzlich ins Bewußtsein fällt und kaum nachvollziehbar ist. Eine bewußte Vorgehensweise, die schrittweise zu einer Lösung führt, wird hingegen als diskursives Denken bezeichnet. Dieses Denken wird durch die Konstruktionsmethodik gefördert; vgl. ebenda, S. 36 ff.; Hauser 1991, S. 14 f.; Beitz 1991, S. K17.

Der elementare Konstruktionsprozeß stellt einen Problemlösungs- und Entscheidungsprozeß dar,[108] bei dem "ein ständiger Informationsbedarf besteht".[109] Die Komplexität dieses Entscheidungsprozesses ergibt sich daraus, daß eine Vielzahl alternativer Lösungsvarianten denkbar ist.[110] Der aus der Systemtechnik abgeleitete Problemlösungsprozeß läßt sich in vier Phasen unterteilen.[111] In jeder dieser Phasen werden zusätzliche Infomationen gewonnen und verarbeitet.[112]

1. *Problemanalyse und -formulierung*: Die Problemanalyse dient der Informationsgewinnung und Anforderungsermittlung.[113] Dazu gehört in der Regel auch die Analyse konstruktiv verwandter Produkte, des Vorgängerproduktes oder von Konkurrenzprodukten. Zur Systematisierung der Analyse stehen verschiedene Methoden zur Verfügung (zum Beispiel Strukturanalyse, Schwachstellenanalyse, etc.[114]). Am Schluß der Problemanalyse steht die Formulierung des Problems, bei der "der Wesenskern der Aufgabe und zu beachtende Anforderungen ohne Vorfixierung einer Lösung" formuliert werden.[115] Die Problemanalyse und -formulierung gehören "zu den wichtigsten Schritten methodischen Arbeitens".[116]

---

108 Da eine detaillierte Ableitung konstruktiver Entscheidungsfindung aus der Sicht der betriebswirtschaftlichen Entscheidungsforschung über den Rahmen dieser Arbeit hinausgeht, sei an dieser Stelle auf die geeignete Literatur verwiesen: vgl. Witte 1972; Grün 1973; Bronner 1973; Hamel 1974; Hauschildt 1977; Witte, Hauschildt, Grün 1988. (Auf Zusammenhänge zwischen der ingenieurwissenschaftlichen Erforschung konstruktiver Problemlösungsprozesse und der betriebswirtschaftlichen Entscheidungsforschung wird in der genannten Literatur an keiner Stelle hingewiesen. Eine gewisse Zusammenführung von betriebswirtschaftlicher und ingenieurwissenschaftlicher Forschung wäre an dieser Stelle allerdings sinnvoll. Untersuchungen von Entscheidungsprozessen in der Konstruktionsforschung (vgl. z.B. Dylla 1991; Fricke 1994) können für die betriebswirtschaftliche Forschung ebenso nützlich sein wie umgekehrt (vgl. z.B. Crawford 1992a, S. 121; Brockhoff 1993a, S. 111 ff.). Hier besteht offensichtlich Integrationspotential.)

109 Pahl, Beitz 1986, S. 43.

110 Vgl. Hauschildt 1988, S. 61

111 Teilweise wird in sechs Phasen unterschieden; vgl. VDI-2221 1986, S. 3 f.; Dylla 1991, S. 20. Dabei werden Problemanalyse und Problemformulierung sowie Beurteilung und Entscheidung getrennt betrachtet. Für die Zwecke dieser Arbeit erscheint jedoch eine Unterscheidung in die genannten vier Phasen ausreichend zu sein. Neben dem dargestellten Phasenmodell existieren auch andere Modelle zur Problemlösung in der Konstruktion: z.B. (1) Konfrontation (2) Information (3) Definition (4) Kreation (5) Beurteilung (6) Entscheidung; vgl. Pahl, Beitz 1986, S. 48.

112 Zur Schematisierung der in den einzelnen Phasen gewonnenen Informationen vgl. Dylla 1991, S. 19 f.; Für eine weitere Untergliederung der Phasen vgl. ebenda, S. 156 ff.

113 Einige Untersuchungen bezeichnen diese Phase auch als Zielanalyse, um auf die Problematik der Zielbildung hinzuweisen (siehe dazu Kapitel 3.2.2.1); vgl. z.B. Fricke 1994, S. 11.

114 Bei der Strukturanalyse werden Eigenschaften einzelner Elemente und ihre Zusammenhänge strukturiert und systematisch geordnet. Sie ist dadurch der morphologischen Vorgehensweise verwandt. Die Schwachstellenanalyse geht davon aus, daß jedes System Schwachstellen und Fehler aufweist. Zur Erkennung und Bewertung von Schwachstellen und Fehlern gibt es ebenfalls unterschiedliche Methoden (z.B. Fehlerbaumanalyse); vgl. Pahl, Beitz 1986, S. 38 und 351 ff. Für weitere Techniken vgl. z.B. Nagel 1992, Sp. 2019 ff.

115 Vgl. VDI-2221 1986, S. 3.

116 Vgl. Pahl, Beitz 1986, S. 38.

2. *Systemsynthese*: In der Synthese werden Lösungsideen erarbeitet und konkretisiert.[117] Wesentliches Merkmal ist die Entwicklung alternativer Lösungen. In dieser Phase des Problemlösungszyklusses spielt die Kreativität des Konstrukteurs eine besondere Rolle.[118] Zur Verbesserung der Ideenfindung stehen ebenfalls verschiedene Methoden zur Verfügung, die allgemein als "Kreativitätstechniken" bezeichnet werden.[119] Mit Hilfe analytischer Methoden wird das Problem zunächst abstrahiert und in geeignete Teilprobleme differenziert. Im Rahmen der Konkretisierung werden unter Anwendung geeigneter Elementarfunktionen (z.B. Kraft übertragen) technische Einzelteile gestaltet und zu einer Gesamtlösung zusammengeführt.[120]

3. *Systemanalyse*: In einer erneuten Analyse wird das Lösungsfeld hinsichtlich der Eigenschaften seiner Lösungen analysiert, um die für die Lösungsauswahl erforderlichen Lösungen zu gewinnen. Dabei müssen die entwickelten Einzel- und Teillösungen zu (mindestens) einer Gesamtlösung des Gesamtproblems verknüpft werden.[121]

4. *Beurteilung und Entscheidung*: Die Beurteilung der Lösungseigenschaften in Bezug auf die zu erzielende Funktion führt zu einer Entscheidung. Diese ist grundsätzlich auf die Lösung des Gesamtproblems ausgerichtet, zu der die entwickelten Teil- und Einzellösungen in unterschiedlicher Form beitragen. Die Entscheidung führt (1) zur Auswahl einer der alternativen Lösungen, (2) zur Rückkehr und erneutem Durchlaufen einer der vorherigen Phasen, oder (3) zum Abbruch der Entwicklung. Die Anwendung systematischer Methoden in den ersten Phasen kann die Tätigkeiten in den Phasen Systemanalyse sowie Beurteilung und Entscheidung sehr erleichtern.[122]

---

117 Koller unterscheidet bei der Synthese zwischen qualitativer und quantitativer Synthese. Zur qualitativen Synthese gehört z.B. die Zuordnung verschiedener physikalischer Effekte zu Grundfunktionsstrukturen oder die Variation und Zuordnung von Effektträgern. Die quantitative Annalyse erfolgt z.B. durch Berechnungen oder experimentelle Untersuchungen und Erprobungen; vgl. Koller 1985, S. 23. Für ein praktisches Beispiel der methodischen Lösungssuche, vgl. Ehrlenspiel, John 1987.
118 Zum Begriff und zur Bedeutung der Kreativität, vgl. Bendixen 1989.
119 Für eine Auswahl der wichtigsten Kreativitätstechniken zur Alternativenfindung, vgl. Schlicksupp 1977, S. 94 ff.; Ackhoff 1978, vgl. Pahl, Beitz 1986, S. 102 ff.; Geschka 1989; Schlicksupp 1989, Sp. 933 ff.; Hauschildt 1993, S. 250 ff.
120 Vgl. dazu VDI-2221 1986, S. 4 f.; Pahl, Beitz 1986, S. 38 f., S. 75 ff.; Dylla 1991, S. 22 ff.; Beitz 1991, S. K15 ff. Eine weit verbreitete Methode zur systematischen Lösungsfindung ist die morphologische Analyse. In einer Matrix (dem morphologischen Kasten) werden die Teilfunktionen systematisch untereinander angeordnet und ihnen mögliche Lösungen (zunächst sämtliche realisierbare Effekte und später die konstruktiven Gestaltungslösungen) zugeordnet. Der morphologische Kasten bildet eine wesentliche Grundlage zur Aufstellung von Konstruktionskatalogen, die dem Konstrukteur Lösungsvorschläge auf der Grundlage bekannter und bewährter Lösungen anbieten. Zur morphologischen Systematik, vgl. Zwicky 1967; Pahl, Beitz 1986, S. 131; Beitz 1991, S. K16; Hauschildt 1993, S. 262 ff. Zur Konstruktion mit Konstruktionskatalogen, vgl. Roth 1982.
121 Vgl. VDI-2221 1986, S. 4; Pahl, Beitz 1986, S. 131 ff.
122 Vgl. VDI-2221 1986, ebenda; Pahl, Beitz 1986, S. 142 ff.

Ausgehend von dem aufgezeigten Phasenschema der systemorientierten Problemlösung wird in der Konstruktionsmethodik ein Phasenschema abgeleitet, das als VDI-Richtlinie veröffentlicht wurde und generell für die praktische Anwendung in der Entwicklung und Konstruktion verwendet werden soll.[123] Darin wird der elemantare Konstruktionsprozeß in sieben generelle Arbeitsabschnitte untergliedert, "die das Vorgehen beim Entwickeln und Konstruieren überschaubar, rationell und branchenunabhängig machen".[124] Die Arbeitsabschnitte und die zugeordneten Arbeitsergebnisse für ein Gesamtprojekt mit unabhängigen aber koordinierten Teilprojekten sind in Abbildung 32-5 dargestellt. Es wird empfohlen die ersten beiden Arbeitsschritte für die Gesamtaufgabe durchzuführen, ehe die übrigen Arbeitsabschnitte parallel ablaufen. Nach Konkretisierungsfortschritten sollen die Arbeitsergebnisse zusammengefaßt werden, um ihre gegenseitige Verträglichkeit zu prüfen. Abstimmungen der Teilprojekte sollen in Teamarbeit erfolgen.[125]

Die Teilaufgaben beinhalten in der Regel unterschiedliche Komponenten und Elemente eines Maschinensystems. Prinzipiell umfaßt jeder der Arbeitsschritte sämtliche Phasen des beschriebenen Problemlösungszyklusses, wenn auch einzelne phasenspezifische Elemente überwiegen können. Dadurch ist mit vielschichtigen Iterationen im elementaren Konstruktionsprozeß zu rechnen:[126]

1. Iterationen und Wiederholungen von Phasen des Problemlösungsprozesses,[127]
2. Iterationen und Wiederholungen von Arbeitsschritten des elementaren Konstruktionsprozesses,[128]
3. Iterationen zwischen koordinierten Teilaufgaben,[129]
4. Unterschiedliche Kombinationen der Iterationen und Wiederholungen aus 1., 2. und 3.

123 Vgl. VDI-2221 1986. Daneben existieren auch andere Phasenmodelle; vgl. z.B. Hubka 1976, S. 9.
124 VDI-2221 1986, S. 7.
125 Vgl. ebenda, S. 10. Gemäß der Einteilung von Hauschildt ist das empfohlene Prozeßschema "objektorientiert"; Hauschildt 1993, S. 289 ff.
126 Ein iteratives Vorgehen als schrittweise Optimierung kommt insbesondere bei der Lösung von unbestimmten Problemen zur Anwendung; vgl. Dylla 1991, S. 24.
127 Z.B. Problemanalyse > Systemsynthese > Systemanalyse > > *Lösungen der Systemanalyse sind unbefriedigend* > > erneute Systemsynthese > erneute Systemanalyse > Bewertung
128 Z.B. ... > Gliedern der Module > Gestalten der Module > Gestalten des Produktes > > *Funktion wird nicht hinreichend erfüllt* > > erneutes Gliedern der Module > erneutes Gestalten der Module > ...
129 Z.B. ... > Suchen nach Lösungen (Objekt 1) +parallel+ Suchen nach Lösungen (Objekt 2) > > *Prinzipielle Lösung: schlechte Kopplung Objekt 1 und 2* > > Gliederung der Module (Objekt 1) +parallel+ 2. Suchen nach Lösungen (Objekt 2) > ...

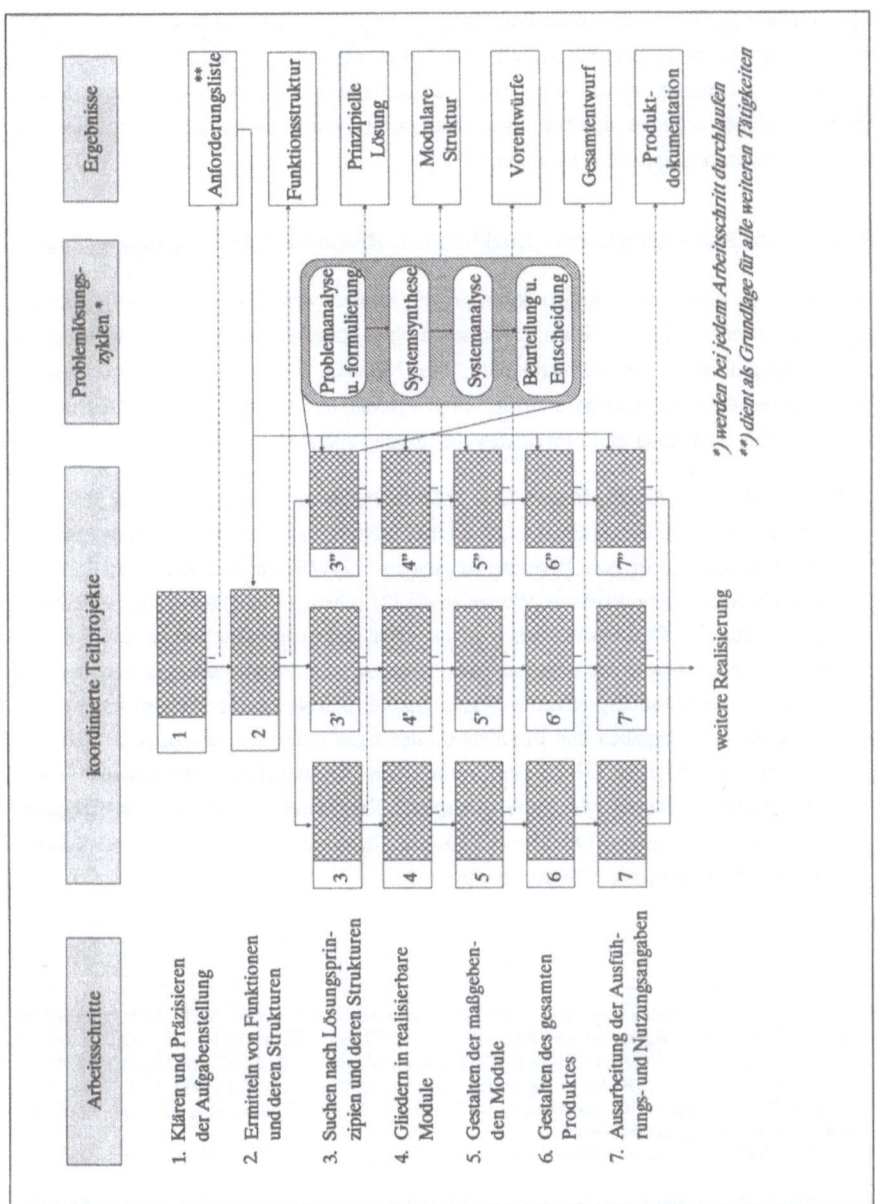

Abbildung 32-5: Phasen des elementaren Konstruktionsprozesses (Quelle: eigene Darstellung, nach VDI-2221 1986, S. 10)

Insgesamt ist der elementare Konstruktionsprozeß ein geschachtelter Prozeß von systematischen Problemlösungszyklen und Arbeitsfortschritten der aufgrund unterschiedlicher Iterationen beliebig komplex werden kann. Durch zusätzliche Informationen aus anderen Unternehmensbereichen kann es darüber hinaus zu übergreifenden Iterationen kompletter elementarer Konstruktionsprozesse kommen.

3.2.3.3 Die Randbedingungen - Qualifikation, Hilfsmittel und Gestaltungszwänge

Die Abläufe im elementaren Konstruktionsprozeß werden wesentlich durch die gegebenen Randbedingungen bestimmt. Neben organisatorischen Randbedingungen spielen insbesondere die Qualifikation des Konstrukteurs, die Nutzung methodischer und technischer Hilfsmittel bei der Konstruktion und die durch externe und interne Einflüsse bestimmten Zwänge bei der Gestaltung eines Produktes eine große Rolle.[130]

1. *Qualifikation des Konstrukteurs:* Die Anforderungen an die Qualifikation des Konstrukteurs, die für die optimale Durchführung einer Konstruktionsaufgabe benötigt werden, lassen sich in zwei Bereiche aufgliedern: (1) Wissen, bestehend aus Fachwissen und bereichsübergreifendem Wissen sowie (2) sonstige Fähigkeiten und persönliche Eigenschaften.[131] Das Fachwissen wird in erster Linie zur Generierung und Beurteilung von Ideen sowie zur angemessenen Nutzung von Problemlösungsmethoden gebraucht.[132] Bereichsübergreifendes Wissen ist beispielsweise für die Beurteilung von wirtschaftlichen Vorgaben und Produktanforderungen oder von quantitativen Produktionsvorteilen erforderlich.[133] Zu den persönlichen Eigenschaften und sonstigen Fähigkeiten gehören Faktoren wie Auffassungsgabe, Kreativität, Kommunikationsfähigkeit, Entscheidungsfreudigkeit, Lernbereitschaft, etc. Sie werden zur Steuerung und Koordination des Konstruktionsprozesses benötigt.[134]

---

130 Auf spezifische Organisationsformen der Entwicklung kann hier aus Kapazitätsgründen nicht eingegangen werden. Dies wäre ein eigenständiges Thema. An dieser Stelle sei daher auf einige ausgewählte Literatur verwiesen; vgl. z.B. Bullinger 1976, S. 35 ff.; Tushman, Moore, 1982, S. 151 ff.; Brecht 1991, S. 78 ff.; Kilian 1991, S. 45 ff.; Backhaus, de Zoeten 1992, Sp. 2030 ff.; Crawford 1992a, S. 289 ff. Auf einige spezifische Elemente, die das hier erörterte Thema berühren, soll im Rahmen der empirischen Untersuchung näher eingegangen werden.
131 Für Anforderungen an einen "idealen" Konstrukteur vgl. Hubka 1976, S. 32; vgl. auch Fricke 1994, S. 16.
132 Vgl. Dylla 1991, S. 146 f. Fachwissen umfaßt z.B. Wissen über Konstruktionslehre, Werkstofftechnik, Strömungsmechanik, Thermodynamik, etc.; vgl. Hubka 1976, S. 33.
133 Vgl. z.B. Ehrlenspiel 1985, S. 3 f. Fachübergreifendes Wissen umfaßt z.B. Wissen über Managementmethoden, Fertigungsmethoden, Marketing, Fremdsprachen, Kostenrechnung, etc.; vgl. Hubka 1976, S. 33.
134 Vgl. ebenda.

2. *Hilfsmittel des Konstrukteurs:* Neben der beschriebenen Ablaufsystematik stehen dem Konstrukteur eine Reihe weiterer analytischer Methoden zur Strukturierung und Systematisierung des Konstruktionsprozesses zur Verfügung.[135] Mit Hilfe von Konstruktionskatalogen können beispielsweise systematisch Kombinationen bereits vorhandener Lösungen für neue Anwendungen gefunden werden.[136] Die Wertanalyse kann zur gezielten Kostensenkung in der Konstruktion herangezogen werden.[137] Die FMEA ist eine Methode zur systematischen Fehlererkennung in der Konstruktion.[138]

Weiterhin stehen dem Konstrukteur verschiedene computergestützte Werkzeuge zur Verfügung.[139] Der Einsatz der CAD-Technik in der Konstruktion spielt dabei die herausragende Rolle.[140] Diese Technik hat sich in den letzten Jahren stark ausgeweitet. Seit 1986 ist der Anteil der Anwender von CAD im Maschinenbau von 40% auf annähernd 90% gestiegen.[141] Die Anwendung von CAD ist jedoch grundsätzlich auf eindeutig algorithmierbare Arbeitsaufgaben beschränkt. Kreative Tätigkeiten, wie sie beispielsweise bei der Beurteilung und Auswahl von Lösungen für komplexe Anforderungsprofile anfallen, sind bisher nur begrenzt auf den Rechner übertragbar.[142] Die Vorteile von CAD-Systemen liegen besonders in der Beherrschbarkeit komplexer Produkte, der systembedingten Fehlervermeidung und der daraus resultierenden höheren Entwurfsqualität sowie in der Beschleunigung der nicht kreativen Entwicklungstätigkeiten.[143] Der Nutzen von CAD kommt deshalb vor allem bei Anpaß- und Weiterentwicklungen zum Tragen. Bei Neuentwicklungen beschränkt sich die Unterstützung

---

135 In der aktuellen Literatur werden die Methoden besonders auf ihre Eignung zur Qualitätsverbesserung (Design for Quality DfQ) untersucht; vgl. Hubka 1992, S. 9 ff.; Swift, Allen 1992, S. 81 ff.

136 Vgl. Roth 1982.

137 Zur Wertanalyse, vgl. Buksch, Rost 1985, S. 351 ff.; Pahl, Beitz 1986, S. 514; DIN-69910 1987; Händel 1989.

138 FMEA = Fehler-Möglichkeits-und-Einfluß-Analyse; vgl. Berens 1989, S. 15 ff.; Specht, Schmelzer 1991, S. 15. Für weitere Methoden vgl. z.B. Pahl, Beitz 1986, S. 102 ff.

139 Viele der genannten Methoden sind auch computerunterstützt anwendbar. Einige können mit CAD-Systemen gekoppelt werden.

140 Zur CAD- (Computer-Aided-Design) Technik und ihrem Einsatz in der Konstruktion vgl. z.B. Pahl, Beitz 1986, S. 519 ff.; Bullinger 1990, S. 57 ff.

141 Die verbleibenden 10% sind vor allem kleinere Unternehmen und Teilefertiger. Die Anzahl der mit CAD erzeugten Zeichnungen stieg von 22,4% (1986) auf 52,6% (Grundlage: 224 befragte Maschinenbauunternehmen); vgl. VDMA 1992c, S. 31.

142 CAD-Systeme können allenfalls zur Unterstützung der kreativen Phasen dienen, z.B. durch die Integration rechnergestützte Konstruktionskataloge; vgl. Roth 1982, S. 329 ff.

143 Vgl. Schmelzer, Buttermilch 1988, S. 65; Cordero 1991, S. 290 f. Als konkrete Vorteile von CAD-Systemen werden z.B. genannt: schnellere Durchführung von Entwurf, Konstruktion, Berechnung und Simulation von Einzelteilen, Baugruppen, Systemen; schnellere Durchführung von technischen Änderungen; automatische Zeichnungsverwaltung; schnellerer Zugriff auf ähnliche Teile, Wiederhol- und Normteile; automatische Generierung von Stücklisten, Arbeitsplänen, NC-Programmen, Dokumentationen; etc.; vgl. Schmelzer, Buttermilch 1988, ebenda.

68

weitgehend auf Berechnungen, da die Konzipierungsschritte die Kreativität des Konstrukteurs erfordern.[144]

3. *Gestaltungszwänge*: Der Ablauf des Konstruktionsprozesses wird nicht nur durch die Anforderungen an das Produkt selbst, sondern auch durch allgemeine interne und externe Zwänge beeinflußt. Interne Zwänge resultieren aus unternehmensinternen Auflagen, wie beispielsweise der Standardisierung und Modularisierung der Produkte. Unternehmensexterne Gestaltungszänge beziehen sich auf das Unternehmensumfeld, zum Beispiel Einschränkungen durch Lieferantenverträge oder gesetzliche Auflagen. Der kreativen Freiheit des Konstrukteurs bei der Gestaltung von Produkten und Elementen werden durch solche Gestaltungszwänge häufig enge Grenzen gesetzt. Ein technisches Produkt kann daher auch als konstruktive Teilmenge von technischen Möglichkeiten und Gestaltungszwängen angesehen werden. Typische Beispiele für Gestaltungszwänge sind in Abbildung 32-6 dargestellt.[145] Da die interne Standardisierung der Produkte ein zunehmend wichtiges Instrument zur Reduzierung der Teilevielfalt in den Unternehmen darstellt, soll auf sie kurz gesondert eingegangen werden.

Produktstandardisierung und Modularisierung: Das wesentliche Instrument zur Standardisierung der Produkte ist die Entwicklung von Baureihen. Als Baureihe bezeichnet man eine Gruppe von Produkten, die (1) dieselben Funktionen, (2) die gleichen Lösungsstrukturen aufweisen, (3) unter gleichen Fertigungsgesichtspunkten und (4) in mehreren Größenstufen produziert werden.[146] Die Vorteile der Baureihenkonstruktion wirken sich im Konstruktionsbereich (die konstruktive Arbeit muß nur einmal unter den aufgestellten Ordnungsprinzipien geleistet werden) und im Fertigungsbereich (die Fertigung bestimmter Losgrößen wiederholt sich und wird dadurch wirtschaftlicher) aus.

---

144 Vgl. Pahl, Beitz 1986, S. 526 ff. und S. 564 ff. Neben der reinen CAD-Anwendung bestehen Möglichkeiten einer Kopplung des CAD-Systems mit computerunterstützten Werkzeugen aus anderen Unternehmensbereichen. Bei 54,5 % der CAD-Anwender im Maschinenbau ist ein Datenaustausch mit der Produktionsplanung möglich: CAM Kopplungen (Computer-Aided-Manufacturing) für den Datenaustausch mit NC-gesteuerten (Numerical-Control) Maschinen und Kopplungen mit PPS- (Produktionsplanung und -steuerung) und CAP-Systemen der Arbeitsvorbereitung (Computer-Aided-Planning); vgl. VDMA 1992c, S. 33. Eine umfassende Daten-Vernetzung von Entwicklung, Produktion und anderen Bereichen, wie sie mit der CIM-Idee (Computer-Integrated-Manufacturing) verfolgt wurde, hat sich bisher nicht durchgesetzt. Dennoch sind die Erwartungen an die umfassende Integration sämtlicher im Unternehmen nutzbaren Informationssysteme nach wie vor hoch; vgl. De Meyer, Van Hooland 1990, S. 238. Zur CIM-Idee und ihrer Auswirkung auf den Entwicklungs- und Produktionsprozeß, vgl. z.B. Ayres 1992. Projektmanagementsysteme zur Termin- und Arbeitsplanung und -überwachung in der Entwicklung sind in der Regel nur als Insellösungen verfügbar und nicht mit den CAD-Systemen koppelbar. Die relevanten Programme bleiben häufig hinter den Anforderungen zurück; vgl. Schmidt 1992. Zu Projektplanungssystemen, vgl. z.B. Seibt 1989, Sp. 1672 ff.; Stahlknecht 1989.
145 Vgl. dazu Koller 1985, S. 14 f.; Pahl, Beitz 1986, S. 250 ff.; VDI-2221 1986, S. 6.
146 Vgl. Pahl, Beitz 1986, S. 411.

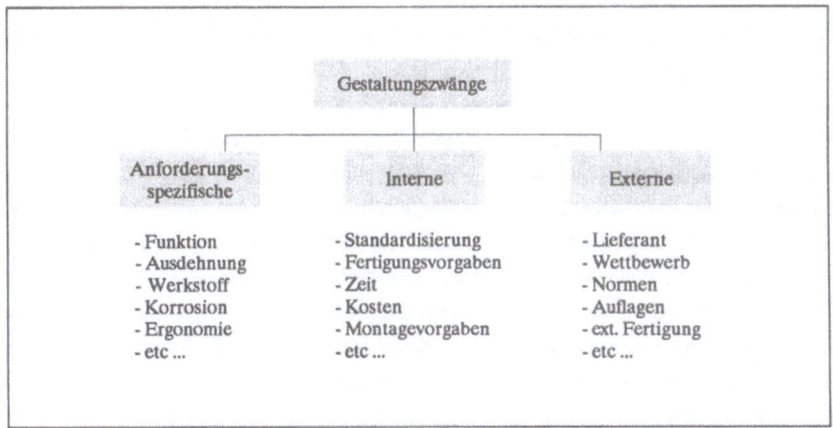

Abbildung 32-6: Gestaltungszwänge bei der Konstruktion neuer Produkte (Quelle: eigene Darstellung, nach Koller 1985, S. 14 f.; VDI-2221 1986, S. 6; Pahl, Beitz 1986, S. 250 ff.)

Neben den Baureihen werden auch modularisierte Baukastensysteme entwickelt. Ein Baukastensystem kann durch Kombination verschiedener Bausteine bzw. Module, die häufig unterschiedliche Lösungsstrukturen aufweisen, verschiedene Gesamtfunktionen erfüllen. Damit kommt es dem in der Theorie der Maschinensysteme aufgestellten Produktmodell sehr nahe (siehe Abbildung 32-2). Zur Systematisierung der verschiedenen Bauelemente und Baugruppen werden Ähnlichkeitsgesetze aufgestellt.[147] Neben den zahlreichen Vorteilen einer solchen Systematik[148] ergeben sich jedoch für den Konstrukteur zusätzliche Schwierigkeiten bei der Produktgestaltung: Anpassungen an Kundenwünsche sind häufig mit erheblichem Konstruktionsaufwand verbunden, die Konstruktion eines Baukastenelementes erfordert eine intensive Planung und große Weitsicht, Änderungen der Baukastenelemente sind aufwendig und werden häufig dem Konstrukteur angelastet, etc.[149]

---

147 Zum Beispiel geometrische Ähnlichkeit, kinematische Ähnlichkeit, etc.; vgl. Pahl, Beitz 1986, S. 412 ff. Damit eng verbunden ist die Aufstellung einer generellen Ordnungssystematik für Bauteile, die insbesondere für Datenbanken und die Verwendung von Sach- und Zeichnungsnummernsystemen von hoher Bedeutung ist; vgl. z.B. Koller 1987; Warneke 1984, S. 211 ff. Zu Baureihen und Baukastensystemen, vgl. auch Beitz 1991, S. K24 ff.; Warneke 1984, S. 217 ff.

148 Z.B. einfachere Kalkulation, einmaliger Konstruktionsaufwand für die Baukastenelemente, vereinfachte Arbeitsvorbereitung, günstigere Fertigungs- und Montagebedingungen, etc.

149 Vgl. Pahl, Beitz 1986, S. 439 ff. Zu Vor- und Nachteilen von Baukastensystemen, vgl. auch Ropohl 1979, Sp. 299 ff.

3.3 Grundlegende Annahmen zur Verkürzung der Entwicklungsdauer im Maschinenbau

Kombiniert man die Überlegungen der Kapitel 2 (Zeit) und 3 (Entwicklungsprozeß), so lassen sich Grundannahmen ableiten, die erste wesentliche Ansatzpunkte für eine empirische Untersuchung der Entwicklungsdauer im Maschinenbau liefern: Um Wettbewerbsvorteile zu erreichen, muß das strategische Innovationsfenster getroffen werden: das Produkt muß zur richtigen Zeit, zum richtigen Preis und mit den geforderten Eigenschaften auf den Markt gebracht werden. Die für den Entwicklungsprozeß benötigte Zeit spielt dabei eine herausragende Rolle. Durch eine kurze Entwicklungsdauer erhöht sich die Reaktionsgeschwindigkeit und damit auch die Chance, das strategische Innovationsfenster in einem dynamischen Wettbewerbsumfeld zu treffen. Drei, die Entwicklungsdauer beeinflussende Grundelemente lassen sich charakterisieren:

1. *Das Entwicklungsobjekt*: Die Entwicklungsdauer wird durch die Komplexität des Entwicklungsobjektes beeinflußt. Entwicklungsaufgabe und Entwicklungsobjekt stehen in einem engen Zusammenhang.

2. *Der Entwicklungsprozeß*: Die Entwicklungsdauer hängt davon ab, wie schnell funktionsfähige Lösungen entwickelt werden können. Da der Entwicklungsprozeß ein Informationsprozeß ist, kommt es darauf an, daß die benötigten Informationen schnell verfügbar sind und umgesetzt werden können. Die Effizienz kann durch die Anwendung systematischer Konstruktionsmethoden erhöht werden.

3. *Die Erfahrung*: Die Entwicklungsdauer wird durch die Erfahrung beeinflußt. Die Erfahrungshöhe wird durch die Erfahrungen im Umgang mit neuen Produkt- und Prozeßtechnologien und die Erfahrungen mit den dafür geeigneten Prozessen bestimmt. Erfahrungen können in Maßnahmen umgesetzt werden, um zukünftige Prozesse zu beschleunigen.

Obwohl die drei Bereiche nicht unabhängig voneinander sind, unterscheiden sie sich im Ansatz ihrer Wirkung auf die Entwicklungsdauer.

3.3.1 Die Beeinflussung der Entwicklungsdauer durch das Entwicklungsobjekt

Die Entwicklungsdauer wird durch die Komplexität des Entwicklungsobjektes beeinflußt (siehe Kapitel 3.2.3.1). Die Komplexität ist eine Funktion der Art und Anzahl der zu entwickelnden Elemente sowie der Art und Anzahl ihrer Kopplungen. Die Entwicklungsdauer wird dementsprechend umso kürzer sein,

- je weniger Elemente das Entwicklungsobjekt umfaßt,
- je weniger anspruchsvoll bzw. je weniger neu die Art der zu entwickelnden Elemente ist,
- je geringer die Anzahl der Kopplungen zwischen den Elementen ist,
- je weniger anspruchsvoll bzw. neu die Art der zu berücksichtigenden Kopplungen ist.

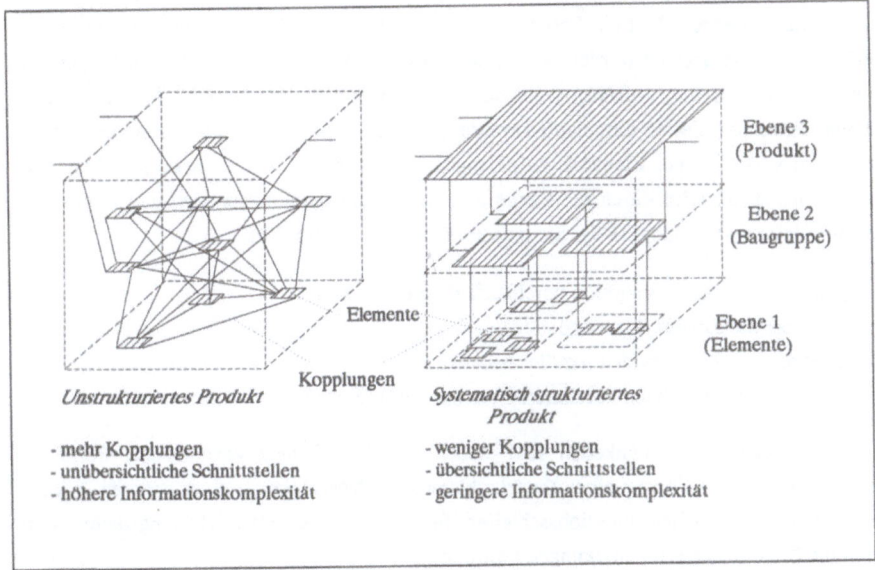

Abbildung 33-1: Gegenüberstellung eines strukturierten und eines unstrukturierten Entwicklungsobjektes (Quelle: eigene Darstellung)

Die Art und Anzahl der Kopplungen kann auch als Indikator für die Informationskomplexität einer Entwicklung angesehen werden.[150] Die Anzahl der Kopplungen wird insbesondere durch die Struktur des Entwicklungsobjektes bestimmt. Je höher die Anzahl der Kopplungen ist, desto höher ist die Zahl der notwendigen Informationsbeziehungen im Entwicklungsprozeß. Je einfacher ein Objekt strukturiert ist, umso weniger Kopplungen werden benötigt, um die gewünschten Funktionen zu erfüllen. Können bereits entwickelte Elemente verwendet

---

[150] Mit der Informationskomplexität ist die Entscheidungskomplexität eng verbunden; vgl. dazu Hauschildt 1988, S. 61. Griffin unterscheidet die Komplexität in Funktionskomplexität und Managementkomplexität. Die Managementkomplexität wird dabei durch die Anzahl der Experten bestimmt, die zur Entwicklung benötigt werden. Der hier angeführte Gedanke der Informationskomplexität geht noch darüber hinaus, da nicht nur die Anzahl der Personen, sondern auch die indivuell benötigte Informationsinput berücksichtigt wird. Die Funktionskomplexität wird durch die Anzahl der zu erzielenden Produktfunktionen bestimmt. Diese hängt jedoch von der Anzahl und Art der Elemente und Kopplungen ab; vgl. Griffin 1993, S. 115 f.

werden, so verringert sich der potentielle Entwicklungsaufwand weiter. In Abbildung 33-1 ist ein unstrukturiertes Entwicklungsobjekt einem systematisch strukturierten gegenüberge- stellt.

3.3.2 Die Beeinflussung der Entwicklungsdauer durch den Entwicklungsprozeß

Der Entwicklungsprozeß ist ein System von Problemlösungszyklen, in denen Informationen geschaffen und verarbeitet werden. Ziele, besonders Funktionsziele, oder Probleme sind der Input solcher Prozesse, zufriedenstellende Lösungen bilden den Output.[151] In der Regel müssen Iterationsschleifen durchlaufen werden, um zur optimalen Kombination von Einzel- funktionen verschiedener Elemente zu gelangen, die das Gesamtfunktionsziel erfüllen. Die Entwicklungsdauer wird durch die Länge und die Anzahl der Einzelzyklen und Iterationen bestimmt (siehe Abbildung 33-2). Sie ist ceteris paribus umso kürzer,

1. je weniger Iterationsschleifen durchlaufen werden müssen,
2. je kürzer die Einzelzyklen sind,
3. je stärker die Einzelzyklen parallel ablaufen,
4. je weniger Einzelzyklen durchlaufen werden müssen.

Die vier genannten Möglichkeiten sind jedoch nicht unabhängig voneinander. Beispiels- weise kann die Eliminierung eines Einzelzyklusses zur Verlängerung eines anderen Zyklus- ses oder zu zusätzlichen Iterationsschleifen führen. Die Gesamtentwicklungsdauer wird durch die Summe der Einzelwirkungen bestimmt.

Betrachtet man die Wirkungszusammenhänge, so sind zwei unterschiedliche Effekte er- kennbar. Zunächst sei angenommen, daß für jeden Einzelzyklus und jede Iteration eine Res- sourceneinheit, zum Beispiel ein Entwickler erforderlich sei. Die Möglichkeiten eins, zwei und vier führen dann zu einer mit der Zeiteinsparung verbundenen Einsparung von Res- sourcen. Die Zeitverkürzung wird durch Effizienzverbesserungen erreicht, denn mit gerin- gerem Input wird dasselbe Ergebnis erzielt. Anders bei der Parallelisierung (Möglichkeit drei). Nach dem Brook'schen Gesetz führt die Parallelisierung von Einzelaktivitäten zu ei- nem erhöhten Kommunikationsbedarf.[152] Bei der Parallelisierung von Einzelzyklen oder ganzen Entwicklungsabschnitten kann es daher zu einem erhöhten Ressourceneinsatz kom- men.

Inwieweit eine Parallelschaltung von Entwicklungsaktivitäten tatsächlich möglich ist, wird auch durch die Produktstruktur bestimmt. Eine Parallelisierung kann nur dann erfolgen,

151 Vgl. Clark, Fujimoto 1989, S. 29.
152 Zum Brook'schen Gesetz, siehe Abbildung 22-2 in Kapitel 2.2.1.2.

wenn die erforderlichen elementaren Konstruktionsprozesse einzelner Elemente oder Subsysteme weitgehend unabhängig voneinander durchgeführt werden können. Ein unstrukturiertes Produkt mit komplizierten Kopplungen der Einzelelemente erhöht die Gefahr von Iterationen, da der Informationstransfer aufgrund zu vieler Schnittstellen unübersichtlich und schwer koordinierbar wird. Produkt- und Prozeßstrukturen können daher nicht gänzlich unabhängig voneinander betrachtet werden.

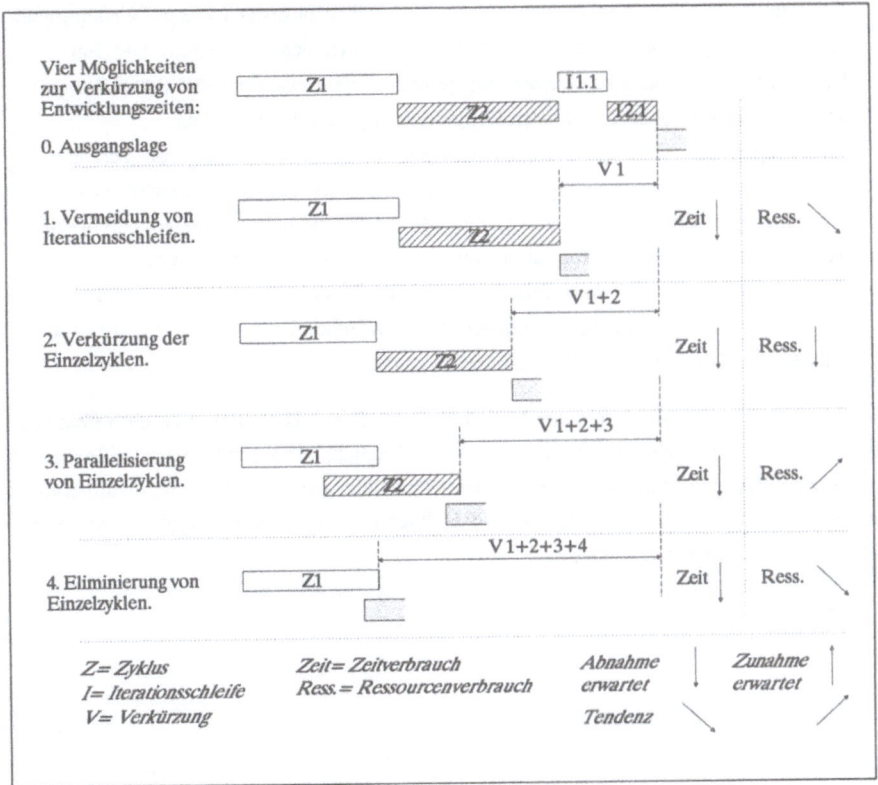

Abbildung 33-2: Theoretische Möglichkeiten zur Zeitverkürzung von Entwicklungszyklen (Quelle: eigene Darstellung; nach Clark, Fujimoto 1989, S. 29)

3.3.3   Die Beeinflussung der Entwicklungsdauer durch Erfahrung

Im Kapitel 2.2.2.1 wurde auf die Möglichkeit eingegangen, zeitlich begründete Wettbewerbsvorteile durch die Nutzung von Erfahrung zu erreichen. Dieses läßt sich auch auf den

Entwicklungsbereich übertragen.[153] In dem Maße wie sich Erfahrungen in der Produktentwicklung kumulieren, können auch Entwicklungszeiten verringert werden.[154] Die Wirkung der Erfahrung auf die Entwicklungsdauer hängt eng mit den vorangenannten Aspekten zusammen: Erfahrung kann zur Verkürzung bzw. Elimierung von Einzelzyklen, zur Vermeidung von Iterationen und zur stärkeren Parallelisierung führen. Es lassen sich drei grundsätzliche Erfahrungsbereiche unterscheiden:

- Erfahrungen mit dem *Entwicklungsobjekt*: Sie beruhen in erster Linie auf Erfahrungen mit den Wirkprozessen und Eigenschaften von einzelnen Elementen. Die Entwicklungsdauer wird dabei umso kürzer sein, je mehr Erfahrungen mit den Einzelelementen des Entwicklungsobjektes und ihren Kopplungsmöglichkeiten vorliegen.

- Erfahrungen mit dem *Entwicklungsprozeß*: Sie verringern die Gefahr von Verzögerungen aufgrund von prozeßbedingten Störungen. Die Entwicklungsdauer wird umso kürzer sein, je größer die Routine ist, mit der die Problemlösungszyklen durchgeführt werden und je besser der Informationstransfer zwischen den Einzelzyklen ist.

- Erfahrungen mit den *Wechselwirkungen* zwischen Produkt und Prozeß: Sie verringern die Unsicherheit über mögliche Abhängigkeiten zwischen Produktkomplexität und Prozeßkomplexität und vermindern die Iterationsgefahr.

Die Umsetzung von Maßnahmen zur Verkürzung der Entwicklungsdauer ist ein effektives Instrument zur systematischen Nutzung von Erfahrungen. Die Maßnahmen reflektieren Verzögerungsfaktoren, die in vorangegangenen Entwicklungen wahrgenommen wurden und die zukünftig vermeidbar sind. Das Ziel der Maßnahmen ist es, zeitbedingte Wettbewerbsvorteile zu erreichen und auszubauen.

---

153 Bisgaard beschreibt die Entwicklung "as a cyclic incremental improvement process"; Bisgaard 1992, S. 37 ff.
154 Slade spricht vom Lernen als "key to shorter product cycles"; Slade 1993, S. 138 ff.

4. Forschungsfragestellung und Untersuchungskonzeption

Die empirische Untersuchung erfolgt auf der Grundlage der aus den theoretischen Überlegungen abgeleiteten Grundannahmen zur Verkürzung der Entwicklungsdauer im Maschinenbau und konzentriert sich auf folgende Grundfragestellung:

Mit welchen Maßnahmen kann die Entwicklungsdauer im Maschinenbau sinnvoll verkürzt werden?

Im Gegensatz zu anderen Untersuchungen in diesem Bereich liegt der Schwerpunkt nicht auf einer qualitativen Beurteilung allgemeiner Instrumente zur Entwicklungsdauerverkürzung.[1] Das Ziel dieser Untersuchung ist vielmehr die quantitative Beurteilung geeigneter Maßnahmen, die den spezifischen Anforderungen des Maschinenbaus Rechnung tragen.[2] Am Schluß der Untersuchung soll eine fundierte und differenzierte Aussage über geeignete Instrumente zur Entwicklungsdauerverkürzung im Maschinenbau stehen.

Der Untersuchung liegt die Annahme zugrunde, daß die optimale Entwicklungsdauer im Maschinenbau in der Regel überschritten wird und eine Verkürzung von Entwicklungszeiten daher grundsätzlich anzustreben ist. Diese Annahme wird durch die Feststellungen anderer Untersuchungen gestützt.[3]

Die Untersuchung der Grundfragestellung soll in einem zweistufigen Prozeß erfolgen:

1. Stufe: Die erste Stufe hat einen explorativen Charakter. Sie konzentriert sich auf die Analyse konkreter Entwicklungsprojekte des Maschinenbaus, die als Fallstudien betrachtet werden sollen. Ziel der Analyse ist es, relevante Variablen zu identifizieren

---

1   Vgl. z.B. Rosenau 1988; Picot, Reichwald, Nippa 1988; Schmelzer, Buttermilch 1988; Cordero 1991; Anthony, McKay 1992; Barclay 1992; Crawford 1992; Millson, Ray, Wilemon 1992; Soderberg, O'Halloran 1992.

2   Die existierenden quantitativen Untersuchungen sind in der Regel branchenübergreifend und betrachten häufig spezielle Fragestellungen. Branchenspezifische Aspekte, die sich aus den Strukturen des Produktes und der Entwicklungsaufgaben ergeben, bleiben weitgehend unberücksichtigt; vgl. Fenneberg 1979; Gold 1987; De Meyer, Van Hooland 1990; Gupta, Wilemon 1990; Bullinger 1990; Bauer, Hannig, Mierzwa 1991; Karagozoglu, Brown 1993. Die Branchenuntersuchung von Clark und Fujimoto bildet eine Ausnahme. Sie erklärt spezifische Einflüsse auf die Entwicklungszeit in der Automobilindustrie; vgl. Clark, Fujimoto 1989; Clark 1989.

3   Fenneberg stellt in seiner Untersuchung von 81 Projekten fest, daß die Entwicklungszeiten im Vergleich zur 1. Schätzung um den Faktor 2,8 und im Vergleich zur 2. Schätzung immer noch um den Faktor 1,4 über den geplanten Werten liegen; vgl. Fenneberg 1979, S. 116. Brockhoff kommt zu dem Schluß, daß dem "Zeitmanagement in der Forschung und Entwicklung deutlich mehr Aufmerksamkeit geschenkt werden muß, als dem Kostenmanagement". Die Variablen "die geplante Entwicklungsdauer wird regelmäßig überzogen" und "F&E-Arbeiten ziehen sich regelmäßig zu lange hin" zeigen hohe Ausprägungen; Brockhoff 1990, S. 30 f. Eine Untersuchung des VDMA hat ergeben, daß die Verkürzung der Durchlaufzeit zu den drei wichtigsten strategischen Zielen in der Entwicklung zählt (neben der Verbesserung der internen Organisation und dem Erreichen einer Technologieführerschaft); vgl. VDMA 1992c, S. 28.

und zu spezifizieren. Gleichzeitig soll ein Überblick über die Problemstellungen gewonnen werden, die mit einer Verkürzung der Entwicklungsdauer im Maschinenbau verbunden sein können. Dazu sollen zunächst praktische Problemlösungen ermittelt werden, die gleichzeitig als Hypothesen für die weitere Untersuchung dienen.

2. *Stufe*: Die zweite Stufe konzentriert sich auf eine großzahlige Untersuchung. Sie dient der empirischen Prüfung der in der ersten Stufe identifizierten Variablen. Die in den Fallstudien ermittelten Einflußfaktoren und Maßnahmen sollen bezüglich ihrer erwarteten Wirkung auf die Entwicklungsdauer bewertet werden. Dabei soll auch eine Erfolgsbetrachtung durchgeführt werden.

4.1 Ableitung eines Untersuchungsmodells

Nach den dargestellten Grundannahmen hängt die für eine Entwicklung benötigte Zeit von der Struktur des Entwicklungsobjektes, von der Struktur des Entwicklungsprozesses und von den in der Vergangenheit gewonnen Erfahrungen ab.[4] Angewandt auf die hier verfolgte Grundfragestellung läßt sich ein zyklisches Modell zur Beschreibung des Entwicklungsprozesses entwerfen. Spezifiziert man dieses Modell für ein konkretes Entwicklungsprojekt, so ergibt sich das in Abbildung 41-1 dargestellt Bild. Es enthält bereits operationalisierbare Größen:

- Die Struktur des Entwicklungsobjektes kann durch spezifische *Produktcharakteristika* beschrieben werden (z.B. Anzahl der Teile, Anteil der Risikoteile, Anteil der fremdentwickelten Teile, etc.),[5] die des Entwicklungsprozesses durch spezifische *Projektcharakteristika* (z.B. Unsicherheit bezüglich der Zeitzielerreichung, Kundennähe, etc.). Produkt- und Projektcharakteristika werden in der Regel extern vorgegeben und sind im Rahmen eines Projektes kaum zu beeinflussen.
- Bedingt durch die spezifischen Produkt- und Projektcharakteristika und durch zusätzliche situationsgebundene Ereignisse können im Verlauf des Projektes *Einflußgrößen* auftreten, die zu einer Abweichung des Entwicklungsergebnisses vom geplanten Ergebnis führen.
- Das *Entwicklungsergebnis* kann anhand von Outputgrößen nach Abschluß des Projektes gemessen werden (z.B. anhand von Zeit-, Kosten- und Qualitätsparametern zum Zeitpunkt t).

---

4   Siehe Kapitel 3.3.
5   Clark untersucht den Einfluß diese Elemente im Automobilbau unter dem Stichwort "project scope"; vgl. Clark 1989, S. 1248 ff.; vgl. auch Clark, Fujimoto 1989, S. 42.

- Aufgrund der gewonnenen Erfahrungen können *Maßnahmen* ergriffen werden, von denen ein positiver Einfluß auf das Entwicklungsergebnis eines zukünftigen Projektes erwartet wird. Sie wirken auf die Produkt- und Projektcharakteristika des zukünftigen Projektes und damit indirekt auf das Entwicklungsergebnis.

- Das Modell wird bei jedem neuen Entwicklungsprojekt durchlaufen. Das Entwicklungsergebnis kann jeweils gemessen werden (Zeitpunkt t_k, t_{k+1}, t_{k+2}, etc.). Unter der Annahme eines konstanten situativen Rahmens kann die Ergebniswirkung der Maßnahmen direkt anhand der Ergebnisveränderungen gegenüber dem vorigen Projekt abgelesen werden.[6]

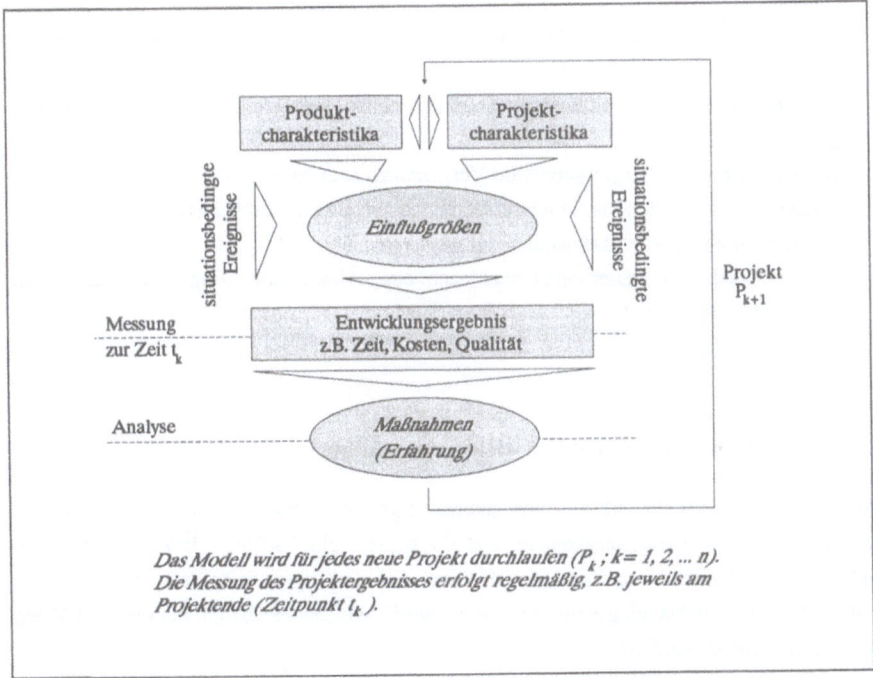

Abbildung 41-1: Graphische Darstellung des Untersuchungsmodells (Quelle: eigene Darstellung)

Situationsgebundene Ereignisse und Produkt- sowie Projektcharakteristika können auch als situative Faktoren interpretiert werden. Sie beschreiben die Rahmenfaktoren eines konkreten

---

6 In der Regel ist jedoch von zeitlich bedingten, veränderten situativen Ereignissen auszugehen. Ihre Wirkung auf das Entwicklungsergebnis muß dann bei der Beurteilung der Maßnahmen berücksichtigt werden.

Entwicklungsprozesses. Die hier verfolgte Untersuchungskonzeption ist daher der pragmatischen Variante des situativen Ansatzes in der Organisationstheorie verwandt.[7] Dieser Ansatz geht davon aus, daß eine Organisation grundsätzlich von zwei Faktoren bestimmt wird: den Eigenschaften der Situation und den Eigenschaften der Struktur. Sollen bestimmte Wirkungen (z.B. die Steigerung der organisatorischen Effizienz) erzielt werden, so muß bei gegebenen situativen Randbedingungen zwischen unterschiedlichen Strukturalternativen ausgewählt werden.

Aus dem dargestellten Untersuchungsmodell lassen sich weitere Fragestellungen ableiten, deren Untersuchung zur Beantwortung der Grundfragestellung notwendig erscheint:

- Welche Produkt- und Projektcharakteristika beeinflussen die Entwicklungsdauer im Maschinenbau?
- Welche potentiellen Einflußgrößen bewirken eine Verzögerung der Entwicklungsprojekte?
- Wie ist das Entwicklungsergebnis im Vergleich zu anderen Projekten zu beurteilen?
- Lassen sich erfolgreiche und nicht erfolgreiche Projekte unterscheiden?
- Wie wirken potentielle Maßnahmen auf das Ergebnis?
- Welche Ergebnisverbesserungen sind nach einer Umsetzung geeigneter Maßnahmen insgesamt zu erwarten?

4.2   Zur Beurteilung des Entwicklungserfolges

Ein wichtiger Aspekt des Vergleiches unterschiedlicher Projekte ist die Beurteilung und Bewertung der Entwicklungsergebnisse. Die Konsequenz einer solchen Bewertung kann die Einteilung in erfolgreiche und nicht erfolgreiche Entwicklungsprojekte sein, die besonders in der zweiten Untersuchungsstufe angestrebt wird. Welche meßbaren Parameter können dafür herangezogen werden?

---

7   Vgl. Kieser, Kubicek 1983, S. 63 f.; vgl. auch Staehle 1991, S. 47 ff. Die pragmatische Variante des situativen Ansatzes der Organisationstheorie basiert auf dem "erweiterten Grundmodell der analytischen Variante des situativen Ansatzes"; Kieser, Kubicek 1983, S. 61. Dieses Modell geht davon aus, daß (1) unterschiedliche Ausprägungen der strukturellen Organisationsmerkmale und des Verhaltens der Organisationsmitglieder auf Unterschiede der Situation zurückzuführen sind, in der sich die betrachtete Organisation befindet und (2), daß Organisation und Verhaltensweisen der Organisationsmitglieder situationsgebunden unterschiedlich effizient sind. Die Effizienz einer Organisation wird dementsprechend von der Situation der Organisation, der formalen Organisationsstruktur und dem Verhalten der Organisationsmitglieder bestimmt; vgl. Ebers 1992, Sp. 1818.

In der Literatur finden sich zahlreiche Untersuchungen, die sich mit der Identifikation von Erfolgsfaktoren technologischer Innovationen beschäftigen.[8] Die Ansätze zur Messung des Innovationserfolges sind jedoch sehr unterschiedlich. Einige Untersuchungen messen technischen Erfolg beispielsweise anhand des Innovationsgrades[9], andere messen wirtschaftlichen Erfolg[10] oder eine Mischung aus technisch-wirtschaftlichem Erfolg[11], wieder andere benutzen nicht näher spezifizierte Erfolgsmaße.[12] Aufgrund der unterschiedlichen Maße ist ein direkter Vergleich der einzelnen Erfolgsfaktoren nicht immer möglich. Hauschildt gibt daher zu Bedenken, daß unterschiedliche Aspekte bei der Messung des Innovationserfolges zu berücksichtigen sind.[13]

Das hier zu verwendende Erfolgsmaß soll sich am "Gesamtnutzen" des Entwicklungsprojektes orientieren, der sich aus "wirschaftlichem", "technischem" und "sonstigem Nutzen" zusammensetzt.[14] Gleichzeitig soll sich das Erfolgsmaß auf solche Meßgrößen konzentrieren, die weitgehend im Rahmen eines Entwicklungsprojektes beeinflußt werden können. Die Messung und der Vergleich von Entwicklungsdauer, Entwicklungskosten und der erzielten Qualität erscheinen daher besonders geeignet. Entwicklungserfolg ist nicht zuletzt ein kombinierter Zeit-, Kosten-, und Qualitätserfolg.[15] Der Entwicklungsdauer kommt entsprechend der hier verfolgten Fragestellung eine besondere Bedeutung zu. Als Referenzgrößen für die Erfolgsmessung können die angestrebten Planziele dienen, als Meßzeitpunkt

---

8   Vgl. z.B. Rothwell et. al. 1974; von Hippel 1976; Rubenstein et. al. 1976; Cooper 1979, 1980, 1988; Hopkins 1981; Maidique, Zirger 1984; Cooper, Kleinschmidt 1986, 1987, 1988; Link 1987; Griffin, Page 1993; Page 1993, S. 282 ff.; vgl. auch die Übersichten bei Schewe 1991, S. 2 ff. und Hauschildt 1992, S. 11 ff.
9   Dies sind in erster Linie ältere Studien: vgl. z.B. von Hippel 1976.
10   Vgl. z.B. Rubenstein et. al. 1976; Cooper 1979, 1980, 1988; Maidique, Zirger 1984; Cooper, Kleinschmidt 1986, 1987, 1988.
11   Vgl. z.B. Perillieux 1987.
12   Vgl. z.B. Rothwell et. al. 1974; Hopkins 1981; Link 1987.
13   Folgende Aspekte sollten berücksichtigt werden: Meßbereich, Meßdimension, Referenzgrößen der Messung, Meßzeitpunkt und Meßsubjekt; vgl. Hauschildt 1991, S. 466 ff.; vgl auch Hauschildt 1993, S. 320 ff.
14   Vgl. Hauschildt 1993, S. 323. Grundsätzlich wird hier die Ansicht von Hauschildt vertreten, nach der "aus betriebswirtschaftlicher Sicht .. eine Innovation (und damit auch eine Entwicklung) letztlich erst dann erfolgreich (ist), wenn sie nachhaltig einen Gewinn erbringt, der über einem definierten Mindestausmaß liegt. Technische Erfolge sind allenfalls notwendige, nicht aber hinreichende Zwischenresultate auf dem Weg zu diesem wirtschaftlichen Erfolg"; Hauschildt 1992, S. 5. Der Erfolg eines Entwicklungsprojektes ist in diesem Sinne ebenfalls ein notwendiges, nicht aber ein hinreichendes Zwischenresultat. Die Mehrheit der in der Literatur angeführten Erfolgsfaktoren geht dementsprechend über den unmittelbaren Gestaltungszugriff des Entwicklungsmangements der Projektebene hinaus. (Die am häufigsten genannten Erfolgsfaktoren sind: Starke Marketingorientierung, starke Markteinführung und ein gutes Verständnis der Kundenbedürfnisse; vgl. Cooper 1988, S. 238).
15   Zeit, Kosten und Qualität sind abhängige Größen; vgl. Smith, Reinertsen 1991, S. 19 f.; Siehe auch Kapitel 2.2.4. Auch Schewe stellt in seiner Untersuchung von 88 Innovationsprojekten fest, daß die Entwicklungszeit und die Entwicklungskosten zusammen einen unabhängigen Erfolgsfaktor bilden, der den Innovationserfolg signifikant beeinflußt. (Vom Entwicklungsbereich beeinflußbare Qualitätsaspekte wurden in der Untersuchung nicht berücksichtigt); vgl. Schewe 1991, S. 13 und S. 17.

bietet sich das Projektende an. Je geringer die Abweichungen der drei Erfolgsgrößen von den geplanten Werten sind, desto erfolgreicher ist das Entwicklungsprojekt.[16] Eine detaillierte Operationalisierung der Erfolgsgrößen und möglicher Erfolgsgrenzen soll zu einem späteren Zeitpunkt auf der Grundlage erster Erkenntnisse aus den Fallstudien erfolgen.[17]

4.3   Stufe 1: Explorative Fallstudien

Ziel der ersten Stufe ist es, anhand von konkreten Beispielen Erkenntnisse und erste Daten über die Stellgrößen der Entwicklungsdauer im Maschinenbau zu gewinnen, um daraus konkrete Hypothesen über ihre Verkürzung abzuleiten. Die Durchführung von Fallstudien erscheint für diese Fragestellung besonders geeignet zu sein.[18] Sie bieten die Möglichkeit, Einflußgrößen und Maßnahmen mit konkretem Projektbezug zu ermitteln und zu beurteilen. Darüber hinaus gewährleisten sie einen guten Einblick in den Entwicklungsprozeß des Maschinenbaus.

Die Durchführung der Fallstudien erfolgte im Rahmen eines Arbeitskreises, an dem sich unterschiedliche Unternehmen des Maschinenbaus beteiligt haben. Der Zeitrahmen für die Durchführung der Fallstudien betrug ein Jahr. Um eine solide Datenbasis gewährleisten zu können, wurden die Daten auf der Grundlage von konkreten Entwicklungsprojekten erhoben. Diese wurden so ausgewählt, daß sie den Entwicklungsprozeß des betreffenden Unternehmens angemessen repräsentieren. Um eine möglichst hohe Validität der Ergebnisse zu erreichen, wurden sie in zwei unterschiedlichen iterativen Prozessen gewonnen und überprüft:

- Im Rahmen von Projektanalysen wurden zunächst geeignete Daten über die Entwicklungsdauer und ihre Abhängigkeiten ermittelt. Die Durchführung erfolgte gemeinsam mit den zuständigen Projektleitern im Entwicklungsbereich der beteiligten Unternehmen.

- Die Diskussion der Ergebnisse aus den Projektanalysen erfolgte im eigentlichen Arbeitskreis. Diesem gehörten die zuständigen Entwicklungsleiter der Unternehmen sowie ein Vertreter des VDMA an. Der Arbeitskreis trat regelmäßig zusammen.

Die Diskussion im Arbeitskreis hat sich besonders für die Formulierung und Abgrenzung einzelner Variablen als sinnvoll erwiesen. Während in den Projektanalysen jeweils pro-

---

16 Hauschildt spricht von einer Erfolgsmessung "dem Grade nach"; Hauschildt 1993, S. 328.
17 Siehe Kapitel 6.3.
18 "Case studies dealing with empirical topics are implemented in order to discover relevant variables and relations within these variables. The study itself is set up as a process of learning."; Boos 1992, S. 8; vgl. auch Eisenhardt 1989, S. 534 f.

jektspezifische Variablen gebildet wurden, konnten diese im Arbeitskreis zu projektübergreifenden Aussagen zusammengeführt werden, die dann in der großzahligen empirischen
Untersuchung der zweiten Stufe verwendet wurden.

4.3.1 Auswahl der Unternehmen für die Fallstudien

Da die Aussagefähigkeit der Ergebnisse maßgeblich durch die Zusammensetzung des Arbeitskreises bestimmt wird, sollte er ein möglichst exaktes Spiegelbild der Maschinenbauindustrie darstellen. Die Auswahl der Unternehmen mußte sich daher an den Charakteristika
der Branche orientieren. Folgende Gesichtspunkte waren zu berücksichtigen:[19]

- die Verteilung der Produktstrukturen,
- die Verteilung der Fertigungsstrukturen im Maschinenbau,
- die Verteilung der Betriebsgrößen im Maschinenbau,
- die Verteilung der Entwicklungsintensitäten und des Anteils an den Gesamt-F&E-Auf-
  wendungen der Branche über die Betriebsgrößen.

Aus diesen Kriterien ergab sich folgendes Zielfeld für die Unternehmen im Arbeitskreis:[20]

- Unternehmen vorwiegend aus dem Bereich Maschinen und Geräte sowie Aggregate und
  Baugruppen und einige aus dem Bereich Anlagenbau,
- Unternehmen vorwiegend aus dem Bereich Einzel- und Kleinserienfertigung sowie einige Serienfertiger,
- ein ausgewogenes Verhältnis von kleineren Unternehmen (hoher Anteil an den Gesamtunternehmen im Maschinenbau) und größeren Unternehmen (hoher Anteil an den
  gesamten F&E-Aufwendungen im Maschinenbau).

Um eine hohe Effektivität im Arbeitskreis zu gewährleisten, mußten die beteiligten Unternehmen darüber hinaus zusätzliche Kriterien erfüllen:

- Um den Reise- und Koordinationsaufwand im Arbeitskreis zu begrenzen, sollte der
  Entwicklungsschwerpunkt der Unternehmen im Raum Schleswig-Holstein oder Hamburg liegen.
- Die Entwicklungsleiter der beteiligten Unternehmen sollten grundsätzlich bereit sein,
  die Ergebnisse aus den Projektanalysen, die in der Regel anonymisiert vorgestellt wurden, im Arbeitskreis offen zu diskutieren.

---

19 Siehe dazu auch Kapitel 3.1.3 und 3.1.4.
20 Dies entspricht in etwa der Zielgruppe der Umfragen des VDMA im Entwicklungsbereich; vgl. VDMA
    1992c, S. 6.

- Die Unternehmen sollten gewährleisten, daß die zur Durchführung der Projektanalysen benötigten Mitarbeiter (besonders die jeweiligen Projektleiter) und Daten tatsächlich für die Analyse zur Verfügung stehen.

Gemeinsam mit dem VDMA wurde eine Liste von Unternehmen erstellt, die für die Untersuchung aufgrund ihrer Entwicklungs- und Produktstrukturen besonders interessant erschienen.[21] Von zwölf angeschriebenen Unternehmen konnten in neun Unternehmen Gespräche geführt werden. Diese neun Unternehmen zeigten Interesse an der Untersuchung, die übrigen drei führten Kapazitätsprobleme in der Entwicklung als wesentlichen Grund für ihre Ablehnung an. Zwei von ihnen gehörten zu der Gruppe der kleineren Unternehmen.[22] Nach den einführenden Gesprächen erklärten acht Unternehmen ihre Bereitschaft, aktiv im Arbeitskreis mitzuwirken. Die Unternehmen waren auch bereit, einen Anteil der für die Durchführung der Projektanalysen anfallenden Kosten zu tragen. Ein weiteres Unternehmen war an der Durchführung von Projektanalysen nicht interessiert, erklärte sich aber bereit, beratend an den Arbeitskreistreffen teilzunehmen und gegebenenfalls als Ansprechpartner zur Verfügung zu stehen.[23]

4.3.2   Untersuchungskonzeption für die Fallstudien

Die Untersuchungskonzeption für die Fallstudien resultiert aus dem aufgestellten Untersuchungsmodell (siehe Abbildung 41-1). Neben den angestrebten qualitativen Erkenntnissen bieten die Fallstudien die Möglichkeit, einen quantitativen Überblick über die Entwicklungsphasen, die Dimensionen bisheriger Entwicklungsdauer- und Kostenüberschreitungen sowie über die Höhe potentieller Einsparungen zu erhalten. Aus diesem Grund sollten außer den bereits genannten einige weitere konkrete Fragestellungen untersucht werden:

- Welche Phasen bestimmen den Entwicklungsprozeß im Maschinenbau?

---

21 Der Gründung des Arbeitskreises gingen Gespräche mit dem VDMA-Nord (Verband des Deutschen Maschinen- und Anlagenbaus, Regionalverband Nord, Hamburg) voraus. Da im VDMA zu dieser Zeit keinerlei aktive Fachgremien existierten, die sich explizit mit Problemen im Entwicklungsbereich beschäftigten, wurde Interesse an der Mitwirkung in dem geplanten Arbeitskreis signalisiert. Dabei zeigte sich, daß insbesondere die Analyse in kleineren Unternehmen (< 100 Mitarbeiter) mit Schwierigkeiten verbunden sein würde, da hier häufig nur sehr kleine Entwicklungsgruppen existieren und wenig Eigenentwicklungen, in der Regel ohne Projektcharakter durchgeführt werden. Die damit verbundenen potentiellen Meß- und Abgrenzungsprobleme und die möglicherweise kritische Vergleichbarkeit der Daten führten zu dem Schluß, sich auf mittlere (100-999 Mitarbeiter) und wenige größere (> 1000 Mitarbeiter) Unternehmen zu konzentrieren.

22 In den Gesprächen mit Vertretern der kleinen Unternehmen bestätigte sich die Befürchtung, daß Entwicklungen dort nur selten budgetiert und Abläufe nicht dokumentiert werden, was eine Analyse der Entwicklungstätigkeiten zusätzlich erschwert hätte.

23 In den einleitenden Gesprächen äußerte das Unternehmen, daß es bereits intern ähnliche Analysen erstellt hatte und daher keine Notwendigkeit für weitere Analysen sah.

- Inwiefern wurden die geplanten Zeit- und Kostenziele in den zu untersuchenden Entwicklungsprojekten eingehalten?
- Welche produkt- und projektspezifischen Größen haben die Entwicklungsdauer beeinflußt?
- Welche konkreten Einflußgrößen führten zu Verzögerungen in den Entwicklungsprojekten?
- In welchem Maße ist eine Verkürzung der Entwicklungsdauer in den zu untersuchenden Projekten möglich und wovon ist diese abhängig?
- Welche konkreten Maßnahmen lassen eine Beschleunigung der Entwicklung in den untersuchten Projekten erwarten?

Die Vorgehensweise zur Durchführung der Fallstudien lehnt sich an die von Schmelzer vorgeschlagene Konzeption an, die vier Phasen vorsieht:[24]

1. Phase - Vorbereitung:
In dieser Phase wurden die für eine Analyse geeigneten Projekte gemeinsam mit den Entwicklungsleitern ausgewählt. Sie sollten eine für das jeweilige Unternehmen charakteristische Struktur aufweisen und für eine Analyse geeignet sein. Wenn möglich sollte ein größeres und ein kleineres Projekt bzw. ein komplexeres und ein weniger komplexes Projekt ausgewählt werden.[25] Für die Analyse der Projekte wurden geeignete Gesprächspartner im Unternehmen identifiziert. Gemeinsam mit ihnen wurde das Analysekonzept erörtert und ein Terminplan für die Analyse festgelegt.

2. Phase - Analyse:
Die Analyse wurde gemeinsam mit den Projektleitern und sonstigen Gesprächspartnern vor Ort in den Unternehmen durchgeführt. Das Analysekonzept umfaßt sechs Schritte:

A. Phasenbestimmung
Um eine differenzierte Messung der Ergebnisparameter zu ermöglichen, wurde jedes Projekt zunächst in die individuellen Projektphasen und Teilaufgabenkomplexe untergliedert.

---

24 Vgl. Schmelzer 1990, S. 56 f. Die vierte Phase der von Schmelzer vorgeschlagenen Vorgehensweise beinhaltet die Umsetzung der ermittelten Konzepte. Diese ist jedoch nicht Bestandteil der Fallstudien. Dementsprechend ist auch die Aufteilung der Phasen an die hier verfolgte Zielsetzung angepaßt worden.

25 Wie in Kapitel 3.2.3.1 erläutert, wird ein Einfluß der Produktkomplexität auf die Entwicklungsaufgabe erwartet; vgl. dazu auch Picot, Reichwald, Nippa 1988, S. 119 ff.; Clark 1989; Dorbrandt et. al. 1990, S. 175 f.; Griffin 1993. Da eine differenzierte Operationalisierung der Komplexität vor dem Start der Projektanalysen nicht sinnvoll erschien, wurde in der Vorbereitungsphase zunächst mit den qualitativen Begriffen gearbeitet.

B. Ermittlung von Plan- und Ist-Werten
Dieser Schritt umfaßt die phasenweise Bestimmung der ursprünglich geplanten und tatsächlich benötigten Inputfaktoren. Diese Daten werden im folgenden als "Planwerte" oder "Istwerte" bezeichnet. Das Verhältnis von Plan- zu Istwerten wird "Plan-Ist-Abweichung" genannt.

C. Ermittlung der Einflußfaktoren
Projektspezifische Einflußfaktoren, die zu meßbaren Planabweichungen geführt haben, wurden identifiziert.

D. Soll-Planung
Das untersuchte Projekt sollte als fiktives Projekt neu geplant werden, wobei für die erwarteten Ergebnisparameter jeweils Sollwerte anzugeben waren, die aus aktueller Sicht als "realistisch" angesehen wurden. Als "realistisch" sollten die Soll-Werte jedoch nur dann gelten, wenn ihre Erreichung weitgehend projektintern, das heißt im Rahmen des Projektes und der Kompetenzen des Projektleiters, sichergestellt werden kann. Die Werte werden im folgenden als "Sollwerte" bezeichnet.[26] Das Verhältnis von Ist- zu Sollwerten wird "Ist-Soll-Abweichung" genannt.

E. Optimum-Planung
Um die Optimierungsreserven in den Projekten aufzudecken, sollten auch Optimumwerte angegeben werden, die bei "weitgehend optimalem" Projektverlauf erreicht werden könnten. Dazu sollten sowohl projektinterne als auch projektexterne Verbesserungsmöglichkeiten ausgeschöpft werden. Die "optimalen" Sollwerte werden im folgenden als "Optimumwerte" bezeichnet. Das Verhältnis von Soll- zu Optimumwerten wird "Soll-Optimum-Abweichung", das Verhältnis von Ist- zu Optimumwerten "Ist-Optimum-Abweichung" genannt.

F. Ermittlung von Maßnahmen
Im letzten Analyseschritt wurden projektspezifische Maßnahmen ermittelt, mit denen die zu erwartenden Soll- und Optimumwerte erreicht werden sollen.

Das dargestellte Analysekonzept lehnt sich zum Teil an das von Brockhoff vorgeschlagene Konzept für ein Entwicklungscontrolling an.[27] Brockhoff schlägt vor, mögliche Differenzbildungen zwischen Plan-, Ist- und Sollgrößen zu unterscheiden. In Tabelle

---

26 Obwohl es sich um die Planung eines (wenn auch fiktiven) zukünftigen Projektes handelt, sind die "Sollwerte" als ex-post Einschätzung zu interpretieren, da sie auf der Grundlage des festgestellten Ist-Verlaufes bestimmt werden sollten.

27 Vgl. Brockhoff 1992a, S. 334. Die Bezeichnungen in den Feldern sind so dargestellt, wie sie in der Analyse verwendet wurden. Brockhoff benutzt teilweise andere Begriffe.

43-1 sind die Differenzbildungen dargestellt, die in den Projektanalysen verwendet werden.

		Istwerte	Ex-Post Sollwerte	
			Soll-Planung	Optimum-Planung
		I'	S	O
Istwerte	I	Ist-Vergleich der Projekte = I' - I	Ist-Soll-Abweichung = S - I	Ist-Optimum-Abweichung = O - I
Ex-Ante Planwerte	P	Plan-Ist-Abweichung = I' - P	Plan-Soll Abweichung = S - P	Plan-Optimum-Abweichung = O - P

Im weiteren benutzte Differenzbildungen sind schraffiert unterlegt.

Tabelle 43-1: Differenzbildungen zur Analyse der Entwicklungsprojekte (Quelle: nach Brockhoff 1992a, S. 344)

Neben den genannten Daten wurden auch Daten zu den spezifischen Projekt- und Produktcharakteristika erhoben. Mit Hilfe dieser Daten sollte insgesamt eine bessere Vergleichbarkeit der Projekte erreicht werden.

3. Phase - Prüfung der Ergebnisse
Die Prüfung der Ergebnisse erfolgte zunächst im Rahmen der Analysen mit den zuständigen Projektleitern. Die Prüfung galt besonders der Beurteilung der Einflüsse und Maßnahmen und ihrer eingeschätzten Wirkung auf die Entwicklungsdauer. Im Rahmen der, parallel zu den Projektanalysen stattfindenden Zusammenkünfte des Arbeitskreises, wurden die zunächst projektspezifisch erhobenen Einflüsse und Maßnahmen in Absprache mit den Entwicklungsleitern zu allgemein verwendbaren Variablen zusammengefaßt, um sie in vergleichbarer Weise bewerten zu können.

4. Phase - Bewertung der Ergebnisse
Zur Bewertung der Ergebnisse wurden die im Arbeitskreis standardisierten Variablen der Einflüsse und Maßnahmen in einem kurzen Fragebogen von den Projektleitern bewertet. Das Ziel der Bewertung war es, die Wirkung der einzelnen Maßnahmen unter der Annahme einer vollständigen Umsetzung grob abzuschätzen.

Parallel zu den Phasen wurden die aktuellen Ergebnisse im Arbeitskreis diskutiert. Änderungsvorschläge zur Vorgehensweise oder zum Konzept konnten so jeweils in die Projektanalysen einfließen. Die Vorgehensweise ist in Tabelle 43-2 zusammenfassend dargestellt.

Phasen	Projektanalysen	Arbeitskreissitzungen
1. Vorbereitung	- Projektauswahl - Erörterung des Untersuchungskonzeptes - Timing	
2. Analyse	1. Phasenbestimmung 2. Ermittlung der Plan- und Istwerte 3. Ermittlung der Einflußfaktoren 4. Ermittlung der Sollwerte 5. Ermittlung der Optimumwerte 6. Ermittlung der Maßnahmen - parallel: Ermittlung relevanter Produkt- und Projektcharakteristika	- Diskussion und Überprüfung aktueller Ergebnisse
3. Prüfung	- Überprüfung der eingeschätzten Wirkung von Einflüssen und Maßnahmen	- Standardisierung der Einflußgrößen und Maßnahmen
4. Bewertung	- Bewertung der standardisierten Einflußgrößen und Maßnahmen	- Diskussion und Bewertung der Ergebnisse

Tabelle 43-2: Vorgehensweise bei den Fallstudienanalysen (Quelle: eigene Darstellung)

4.4 Stufe 2: Großzahlige empirische Untersuchung

Zur quantitativen Beurteilung der Ergebnisse aus der ersten Stufe wurde eine großzahlige empirische Untersuchung im Maschinenbau durchgeführt. Obwohl die Durchführung von schriftlichen Befragungen im Entwicklungsbereich nicht unproblematisch ist,[28] erschien ihre

---

28 Brockhoff führt wesentliche Probleme der schriftlichen Befragung an: (1) die Fragebögen werden von solchen Personen bevorzugt beantwortet, die die Thematik für besonders interessant halten, was zu Verzerrungen führen kann, (2) die Möglichkeiten der Erläuterungen vorgegebener Antwortkategorien sind begrenzt, was zu Mißverständnissen führen kann, (3) fehlerhafte Antworten können nur im Falle offensichtlicher Unplausibilitäten ausgemacht werden, (4) die Konstruktion der Fragen und Antwortskalen kann Einfluß auf die Antwortverteilungen haben, etc.; vgl. Brockhoff 1990, S. 6. Zu Vor- und Nachteilen schriftlicher Befragungen vgl. auch Wilk 1975, S. 187 ff.; Bortz 1984, S. 180 ff.

Durchführung auf der Grundlage der durchgeführten Fallstudien und bei den gegebenen Rahmenbedingungen hier sinnvoll zu sein:

-   Die Fragestellungen und Formulierungen der Variablen wurden im Arbeitskreis diskutiert und abgestimmt.
-   Es waren keine in besonderem Maße vertraulichen Angaben erforderlich.
-   Andere Möglichkeiten der Erhebung, wie zum Beispiel persönliche Interviews wären mit deutlich höherem Aufwand verbunden gewesen.

4.4.1 Auswahl der Unternehmen für die großzahlige Untersuchung

Die Auswahlkriterien für die Unternehmen der Umfrage entsprechen im wesentlichen denen des Arbeitskreises. Es wurde angestrebt, die Struktur der Maschinenbauunternehmen auch in der großzahligen Untersuchung angemessen abzubilden.

Mit der Durchführung einer empirischen Untersuchung sind gewisse Anforderungen an die Datenerhebung verbunden. Um aussagekräftige Ergebnisse erzielen zu können, ist eine gewisse Stichprobengröße erforderlich.[29] Die Grundgesamtheit der Untersuchung bilden alle deutschen Maschinenbauunternehmen, in denen Entwicklungsprojekte durchgeführt werden. Ihre genaue Anzahl ist jedoch nicht unmittelbar bestimmbar. Geht man für eine grobe Abschätzung davon aus, daß in 100% der Unternehmen mit 100 und mehr Mitarbeitern Entwicklungsprojekte durchgeführt werden, so würde die Grundgesamtheit von etwa 2200 Unternehmen gebildet.[30]

4.4.2 Untersuchungskonzeption für die großzahlige Untersuchung

Das Untersuchungskonzept für die Umfrage stützt sich auf das der Fallstudien. Die endgültigen Fragestellungen und der Aufbau des Fragebogens ergeben sich dementsprechend aus den Ergebnissen der ersten Stufe. Während die Fallstudien auch die Analyse der Projektphasen und die differenzierte Bestimmung möglicher Verkürzungspotentiale in den Phasen

---

29 Die Stichprobengröße soll in der Regel wenigstens doppelt so groß sein wie die Anzahl der jeweils zu Untersuchenden Merkmalsvariablen (vgl. Backhaus et. al. 1990, S. 41 und S. 213). Da sämtliche in den Fallstudien ermittelten Maßnahmen sowie einige weitere Variablen statistisch untersucht werden sollen, ist mit rund 20 Variablen zu rechnen. Daher sollten rund 50 auswertbare Fragebögen zur Auswertung vorliegen. Die Stichprobe soll als Zufallsstichprobe behandelt werden. Beim Anspruch der Repräsentativität würde sich (bei einem 10%igen Konfidenzintervall und einem Konfidenzkoeffizienten von 5% unter Annahme einer "großen" Grundgesamtheit) eine Stichprobengröße von rund 400 ergeben. Bei einem Konfidenzkoeffizienten von 10% würde sie immer noch 200 Antwortende erfordern. Da diese Größenordnungen hier jedoch nicht für realistisch gehalten werden, ist nicht mit repräsentativen Aussagen zu rechnen. Zur Stichprobengröße vgl. z.B. Kaplitza 1975, S. 170 ff.; Bortz 1989, S. 136 ff.

30 1992 wurden rund 6000 Maschinenbauunternehmen statistisch erfaßt. Ca. 63% der Unternehmen haben weniger als 100 Mitarbeiter (Siehe Tabelle 31-1 und Abbildung 31-1).

umfaßt haben, sollte sich die großzahlige Untersuchung im wesentlichen auf die quantitative Bewertung geeigneter Instrumente zur Entwicklungsdauerverkürzung sowie möglicher Einflußgrößen beschränken. Auch eine Erfolgsbetrachtung, die eine Differenzierung der Ergebnisse nach erfolgreichen und nicht erfolgreichen Projekten ermöglicht, wurde angestrebt. Folgende Teilfragestellungen sollten in der zweiten Stufe besonders untersucht werden:

- Welche der in den Projektanalysen ermittelten Produkt- und Projektcharakteristika zeigen einen statistisch meßbaren Einfluß auf den Entwicklungserfolg?

- Welche der in den Projektanalysen ermittelten Einflußgrößen sind für Verzögerungen der Entwicklungsprojekte besonders verantwortlich?

- Welche der in den Fallstudien ermittelten Maßnahmen zur Verkürzung der Entwicklungsdauer wurden von den Unternehmen bisher besonders eingesetzt?

- Welche Maßnahmen sollen in zukünftigen Entwicklungsprojekten verstärkt umgesetzt werden?

- Welche Einzelbedeutung wird den Maßnahmen für die Verkürzung der Entwicklungsdauer, die Verringerung der Entwicklungskosten und die Verbesserung der Produktqualität beigemessen?

- Inwieweit lassen sich Unterschiede zwischen erfolgreichen und nicht erfolgreichen Entwicklungsprojekten feststellen?

Um einerseits eine konkrete Datenbasis für die Bewertung zu haben und andererseits eine möglichst gute Vergleichbarkeit der Daten zu gewährleisten, erfolgte auch die großzahlige Erhebung auf der Grundlage konkreter Entwicklungsprojekte.[31] Zielgruppe des Fragebogens waren die Entwicklungsleiter.[32] Sie treffen wesentliche Entscheidungen über die Umsetzung und Aussetzung der Maßnahmen und sie haben gleichzeitig Einblick in die Problemstellungen der Projekte, ohne unmittelbar betroffen zu sein. Ihre Perspektive ist daher für die Beantwortung der genannten Fragestellungen von herausgehobener Bedeutung. Die einseitige Ausrichtung auf die Sichtweise der Entwicklung ist allerdings auch mit Nachteilen verbunden. So ist es denkbar, daß anderere Bereiche eine grundsätzlich andere Bewertung einzelner Maßnahmen vornehmen würden. Diese Einschränkung ist bei der Interpretation der Ergebnisse stets zu berücksichtigen. Grundsätzlich ist jedoch davon auszugehen, daß die Entwicklungsleiter aufgrund ihrer Situationskenntnis und ihres Überblicks die kompetentesten Ansprechpartner für die gegebene Fragestellung sind.

---

31 Johne und Snelson heben hervor, daß die Betrachtung des Erfolges auf Projektebene (Mikroebene) robuster ist, als die auf Programmebene (Makroebene), bei der mehrere Projekte zusammengefaßt werden; vgl. Johne, Snelson 1988, S. 116.

32 Ihre hierarchische Stellung in den Unternehmen kann unterschiedlich sein. Die Entwicklung (selten F&E) kann eine Abteilung, eine Hauptabteilung, in größeren Unternehmen auch ein Geschäftsführungs- bzw. Vorstandsressort sein; vgl. z.B. VDMA 1992a.

Die Untersuchungskonzeption und ihre wichtigsten Ziele in den Stufen 1 und 2 sind in Abbildung 44-1 noch einmal im Überblick dargestellt.

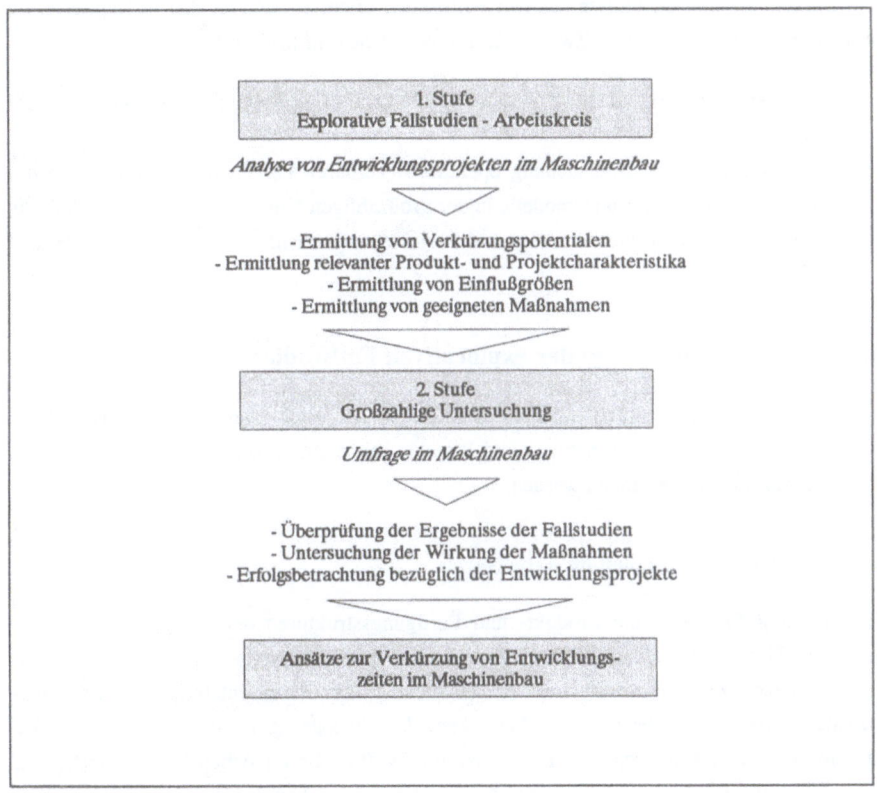

Abbildung 44-1: Überblick über die Untersuchungskonzeption

Im folgenden wird auf die Ergebnisse der beiden Stufen der Untersuchung eingegangen. Da die beiden Stufen zeitlich aufeinander folgten und ihre Ergebnisse aufeinander aufbauen, werden sie getrennt dargestellt.

5. Ergebnisse der explorativen Fallstudien

Die Darstellung der Ergebnisse aus den Fallstudien orientiert sich an den in Kapitel 4.3.2 aufgeführten Fragestellungen. Zwei Schwerpunkte stehen im Mittelpunkt:

- Die Analyse der Entwicklungsphasen und die Quantifizierung möglicher Verkürzungspotentiale.
- Die Ermittlung und Untersuchung operationalisierbarer Variablen zur Anwendung des aufgestellten Untersuchungsmodells in der großzahligen Untersuchung. Dies umfaßt die Identifizierung relevanter Produkt- und Projektcharakteristika sowie Einflußgrößen und Maßnahmen.[1]

5.1 Zur Durchführung der explorativen Fallstudien

Bevor die Ergebnisse der ersten Stufe im einzelnen dargestellt werden, soll kurz auf die Auswahl der beteiligten Unternehmen und Projekte sowie auf einige Aspekte der Durchführung der Analysen eingegangen werden.

5.1.1 Die Unternehmen im Arbeitskreis

In Abbildung 51-1 sind die Produkt- und Fertigungsstrukturen der acht am Arbeitskreis beteiligen Unternehmen dargestellt. Die Mehrzahl der Unternehmen gehört der Größenklasse mit mehr als 500 Mitarbeitern an. Hinsichtlich der Repräsentativität der Unternehmen des Arbeitskreises ist daher zu bemerken, daß, bezogen auf die Unternehmensgröße nach Mitarbeitern, keine repräsentative Auswahl der Branche im Arbeitskreis vertreten ist. Hinsichtlich des relativen Anteils an den Gesamt-F&E-Ausgaben der Branche erscheint die

Auswahl der Firmen hingegen eher repräsentativ.[2] Die mittlere F&E-Intensität bezüglich Mitarbeiter der beteiligten Unternehmen liegt eher unter dem Branchendurchschnitt.[3]

---

1   Siehe Abbildung 41-1 in Kapitel 4.1.
2   Die Unternehmen mit mehr als 500 Mitarbeitern machen zwar nur rund 7 % der Gesamtunternehmen im Maschinenbau aus, bringen aber über 70 % der F&E-Aufwendungen der Branche auf (siehe Tabelle 31-3).
3   Eine Untersuchung des VDMA zeigt eine durchschnittliche F&E-Mitarbeiter-Intensität von 13 % im Maschinenbau (bei 224 Maschinenbauunternehmen); vgl. VDMA 1992c, S. 7. Eine andere VDMA-Untersuchung zeigt 11,9 %; vgl. VDMA 1992b, S. 53. In einer Untersuchung von Bullinger (31 Maschinenbauunternehmen und 10 gesondert betrachtete Anlagenhersteller) liegt die durchschnittliche F&E-Intensität bezüglich Mitarbeiter im Maschinenbau bei nur 6,5 %, im Anlagenbau sogar noch deutlich darunter; vgl. Bullinger 1990, S. 27.

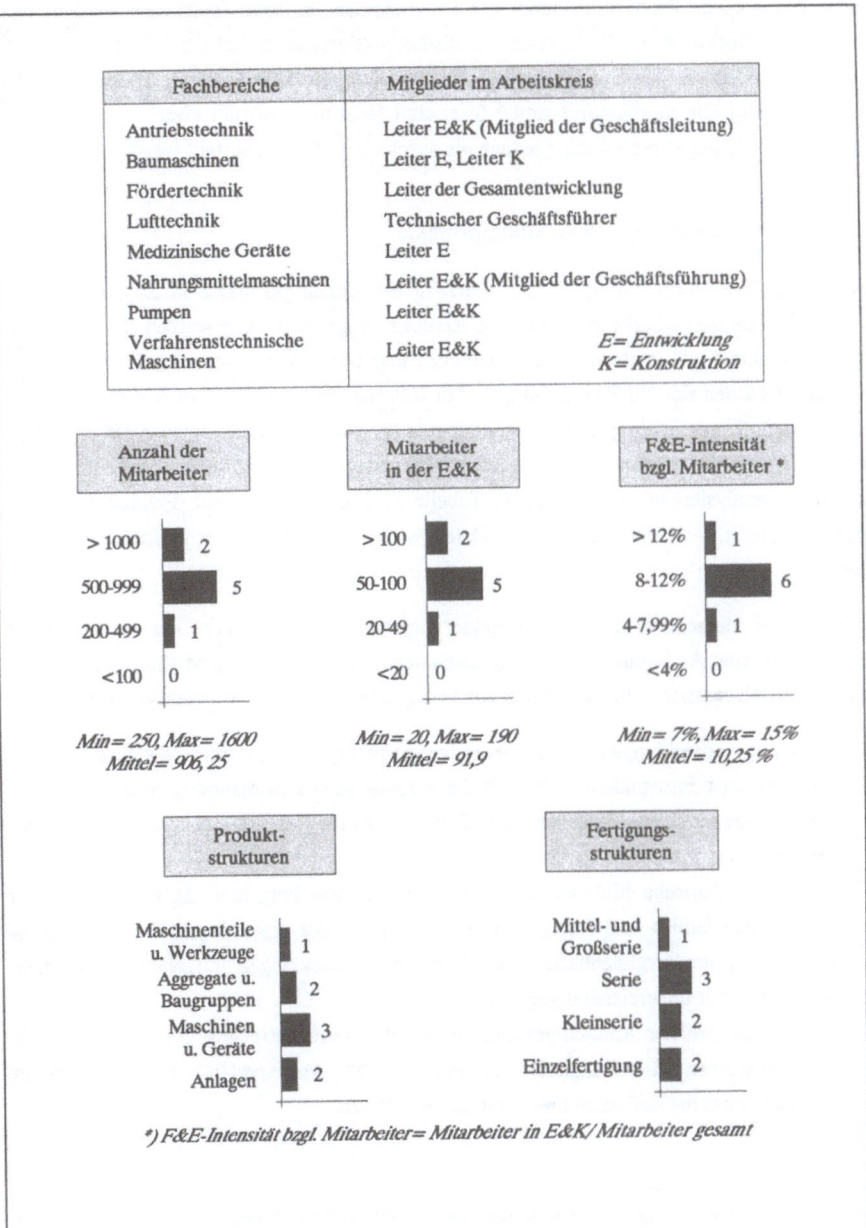

Abbildung 51-1: Die Unternehmen im Arbeitskreis

Betrachtet man die Produktstrukturen der Unternehmen, so kann festgestellt werden, daß das gesamte Spektrum der Branche im Arbeitskreis vertreten ist und die Verteilung als zufriedenstellend anzusehen ist. Hinsichtlich der Fertigungsstrukturen ist zu erkennen, daß die Serienhersteller überrepräsentiert sind.[4] Insgesamt kann die Auswahl zwar nicht als repräsentativ, für die angestrebten Ziele jedoch als durchaus geeignet beurteilt werden.

5.1.2 Zur Auswahl der Entwicklungsprojekte

Im Rahmen der Vorbereitung wurden vierzehn Entwicklungsprojekte in Zusammenarbeit mit den zuständigen Mitgliedern des Arbeitskreises ausgewählt. Alle wurden für das jeweilige Unternehmen als in etwa typisch angesehen und waren kurz zuvor abgeschlossen worden oder befanden sich im Endstadium. In den Unternehmen, in denen zwei Projekte analysiert wurden, wurde je ein größeres und kleineres Projekt ausgewählt. In zwei Unternehmen erstreckten sich die größeren Projekte jedoch über mehrere Baugrößen, so daß nur jeweils ein Projekt analysiert werden konnte. In Tabelle 51-1 sind die vierzehn Projekte im Überblick dargestellt. Auf die aufgeführten Daten wird im folgenden noch näher einzugehen sein.

Dreizehn der vierzehn analysierten Projekte waren Neuentwicklungen, nur in einem Fall (P13) wurde eine Änderungsentwicklung analysiert. Eine grundsätzliche Konzentration der Analyse auf Neuentwicklungen erschien aus verschieden Gründen zweckmäßig zu sein:[5]

- Änderungsentwicklungen werden überwiegend unter dem Stichwort "Serienbetreuung" von einzelnen Entwicklern außerhalb der eigentlichen Entwicklungsprojekte, häufig in regelmäßigen Zyklen, vorgenommen. Teilweise handelt es sich nur um minimale Veränderungen.

- Die organisatorische Einbindung der Änderungsentwicklung bzw. Serienbetreuung ist sehr unterschiedlich und erfolgt teilweise außerhalb der eigentlichen Entwicklungsabteilungen. Eine Vergleichbarkeit der Änderungsentwicklungen mit Neuentwicklungen wäre daher nur unzureichend gegeben.

- Die im Rahmen der Änderungsentwicklung bzw. Serienbetreuung durchgeführten Tätigkeiten werden selten budgetiert oder dokumentiert, was eine Untersuchung allein auf die Wahrnehmung der Ausführenden beschränkt hätte.

---

4 Die genannte Untersuchung des VDMA weist einen Anteil von 13 % Serienherstellern auf; vgl. VDMA 1992c, S. 6. Die Bedeutung fertigungsbedingter Restriktionen für die Produktentwicklung könnte dadurch höher sein, als im Branchendurchschnitt (siehe auch Kapitel 3.1.3).
5 Diese Entscheidung wurde jedoch erst nach dem Beginn der Analyse der ersten Änderungsentwicklung im Arbeitskreis gefällt.

NR	Anzahl der Teile	Anzahl der Neu-Teile	Entwick-lungszeit [1]	Entwicklungs-ressourcen [2]	Parallelisie-rungsgrad [3]	Projekt-größe [4]
P1	700	400	53	171	3,2	Mittel
P2	1000	800	155	1703	11,0	Groß
P3	4	2	41	6	0,15	Klein
P4	15	15	34	95	2,8	Klein
P5	5	3	112	63	0,6	Klein
P6	100	10	103	153	1,5	Mittel
P7	75	20	50	89	1,8	Klein
P8	30	6	185	670	3,6	Groß
P9	1200	720	352	n.v.	n.v.	Groß
P10	1600	160	48	n.v.	n.v.	Mittel
P11	8000	6800	228	1931	8,5	Groß
P12	3000	2300	198	594	3,0	Groß
P13	9	5	73	74	1,0	Klein
P14	13	13	138	150	1,1	Mittel

[1] Tatsächlich benötigte Entwicklungsdauer (Wochen)
[2] Tatsächlich benötigte Entwicklungsressourcen (Mann-Wochen MW)
[3] Parallelisierungsgrad = Entwicklungsressourcen / Entwicklungsdauer
[4] Kriterium: Ressourcenbeanspruchung
Klein (<100 MW); Mittel (100-500 MW); Groß (>500 MW)
n.v.: Daten nicht verfügbar

Tabelle 51-1: Übersicht über die vierzehn Entwicklungsprojekte

- Die Mitglieder des Arbeitskreises äußerten ein besonderes Interesse an der Analyse von Neuentwicklungen, da sie hier ein deutlich höheres Verbesserungspotential vermuteten und darüber hinaus eine Verbesserung als besonders dringlich ansahen. Durch die aus-schließliche Betrachtung von Neuentwicklungen konnte zudem eine höhere Anzahl vergleichbarer Projekte analysiert werden, was angesichts der Produktvielfalt im Arbeitskreis als durchaus sinnvoll erachtet wurde.

Wie aus der Tabelle 51-1 hervorgeht, sind die zu untersuchenden Entwicklungsprojekte sehr unterschiedlich. Sie betreffen grundverschiedene Produkte (z.B. Magnetventile, hydrostatische Getriebe, medizinische Geräte, etc.), erfordern unterschiedliches Know-How, sollen kundenspezifisch in Einzelfertigung (Fischverarbeitungsmaschine) oder als Serienprodukt (Flurförderfahrzeug) gefertigt werden. Vergleichbare Elemente zeigen sich jedoch, wenn man die verschiedenen Entwicklungen bis auf ihre Grundstrukturen zurückverfolgt. Eine vergleichende Analyse muß sich auf diese Elemente konzentrieren:

- Es werden stets Maschinensysteme entwickelt, die aus einer Anzahl von Elementen bestehen.
- Zur Entwicklung der Maschinensysteme müssen stets neue Informationen und vorhandenes Wissen zusammengeführt werden.
- Es müssen stets Problemlösungsprozesse in geeigneter Weise aneinandergereiht und ineinander verschachtelt werden.

5.1.3 Zur Durchführung der Analysen

Alle Analysen wurden gemeinsam mit den zuständigen Projektleitern durchgeführt. Darüber hinaus wurden bei Bedarf auch Daten aus anderen Unternehmensbereichen herangezogen und die Meinung anderer beteiligter Personen gehört. Die Analysen wurden im Rahmen von 36 Sitzungen durchgeführt, die je nach Projekt zwischen zwei und sieben Stunden in Anspruch nahmen. Parallel zu den Projektanalysen fanden vier halbtägige Sitzungen des Arbeitskreises in vier der Mitgliedsunternehmen statt. Auf Vorschlag des VDMA und einzelner Unternehmensvertreter wurden zu den beiden letzten Sitzungen zusätzliche Vertreter anderer Unternehmen eingeladen. Insgesamt nahmen an den Arbeitskreissitzungen Entwicklungsleiter und Geschäftsführer aus vierzehn verschiedenen Maschinenbauunternehmen teil.

Ein wichtiger Aspekt des in Kapitel 4.1 abgeleiteten Untersuchungskonzeptes ist die Messung des Entwicklungsergebnisses. Die Entwicklungsdauer, die Entwicklungskosten und die Qualität der Entwicklung sollen dazu als Meßgrößen herangezogen werden.[6] Da eine geeignete Operationalisierung dieser Größen auch für die Durchführung der Projektanalysen entscheidend ist, wurden sie im Rahmen der Vorbereitungsphase im Arbeitskreis wie folgt festgeschrieben:

---

6   Siehe auch Kapitel 4.2.

1. Die Messung der Entwicklungsdauer

Die Schwierigkeit bei der Messung der Entwicklungsdauer besteht vor allem in der Bestimmung des Entwicklungsbeginns und des Entwicklungsendes.[7] Wie bereits bei der grundsätzlichen Betrachtung der Phasen des Entwicklungsprozesses gezeigt wurde, beginnt der Entwicklungsprozeß in der Regel mit der Ideengenerierung.[8] Die "zündende Idee" kann aber bereits im Vorfeld des "offiziellen" Entwicklungsprozesses entstanden sein und zunächst inoffiziell entwickelt werden, bevor sie ein Entwicklungsprojekt auslöst.[9] Smith und Reinertsen beschreiben dieses Problem als "the fuzzy front end".[10] Auch im Arbeitskreis wurde die Messung dieses Zeitpunktes als problematisch angesehen. Aus Datenerhebungsgründen wurde schließlich entschieden, den "Projektstart" als Anfangspunkt für die Entwicklung festzulegen.[11] Eventuell vorausgehende Tätigkeiten wurden, soweit meßbar, im Rahmen der Vorphase berücksichtigt.

Die Bestimmung des Entwicklungsendes ist weniger problematisch. Der Endpunkt wird in der Regel durch einen Zeitpunkt bestimmt, der inhaltlich die Freigabe einer Entwicklung in der Fertigung markiert. Nach der Freigabe sind Änderungen nur noch im Rahmen einer expliziten Änderungsentwicklung möglich, die außerhalb des eigentlichen Entwicklungsprojektes budgetiert wird. Sind alle Teile für die Fertigung freigegeben, ist die Entwicklung beendet.[12] Meßprobleme können entstehen, wenn sich eine Serienbetreuung anschließt, in der entwicklungsbedingte Änderungen vorgenommen werden müssen, die eigentlich dem Entwicklungsprojekt zuzurechnen wären. Solche Meßfehler sind jedoch nur schwer erfaßbar.

Im folgenden soll *die Entwicklungsdauer als die Dauer der Entwicklung vom Projektstart bis zur Freigabe in der Fertigung* betrachtet werden. Tätigkeiten die im Vorfeld der Entwicklung oder nach der Fertigungsfreigabe eine Rolle spielen, werden gegebenenfalls gesondert betrachtet.

---

7   Griffin führt an, daß die Vergleichbarkeit verschiedener Studien häufig durch eine unscharfe Messung der Entwicklungsdauer beeinträchtigt wird; vgl. Griffin 1993, S. 114.
8   Siehe dazu Tabelle 32-1 in Kapitel 3.2.2.
9   Brockhoff bezeichnet diese als Projekte mit "U-Boot-Charakter"; vgl. Brockhoff 1990, S. 33 ff.
10 In vier der von Smith und Reinertsen untersuchten Projekte wurde zwischen 40% und 56% der Zeit verbraucht, ehe ein budgetiertes Projekt initiiert wurde. Die Autoren vermuten in diesem vorgelagerten Bereich ein besonders hohes Verbesserungspotential; vgl. Smith, Reinertsen 1991, S. 43 ff.
11 Fenneberg wählt in seiner Untersuchung über Entwicklungsdauerüberschreitungen die erste Belastung eines Projektkontos als Startzeitpunkt. Projektstart und die erste Belastung eines Projektkontos dürften in der Regel übereinstimmen; vgl. Fenneberg 1979, S. 105. Smith and Reinertsen erwähnen die Teambildung als Kriterium für den Beginn eines Entwicklungsprojektes. In kleineren Unternehmen werden Teams jedoch erst zu einem späteren Zeitpunkt oder möglicherweise gar nicht gebildet. Daher kommt diese Möglichkeit hier nicht in Betracht; vgl. Smith, Reinertsen 1991, S. 45.
12 Fenneberg wählt die letzte Belastung des Projektkontos als Endpunkt; vgl. Fenneberg 1979, ebenda. Diese dürfte in der Regel mit der Fertigungsfreigabe übereinstimmen.

2. Die Messung der Kosten

Die Probleme der Entwicklungsdauermessung lassen sich auf die Bestimmung der Kosten übertragen. Zunächst gilt die qualitative Maßgabe, daß alle im Rahmen eines Projektes während der Entwicklungsdauer anfallenden Kosten als Entwicklungskosten aufzufassen sind.[13] Aufgrund unterschiedlicher Kostenrechnungssysteme in den Unternehmen des Arbeitskreises war eine einheitliche Erfassung dieser Daten jedoch nicht möglich. Unter der Annahme, daß die Entwicklungskosten im wesentlichen durch die Kosten für eingesetzte Personalressourcen bestimmt werden, wurde der Verbrauch der personellen Ressourcen als Indikator für die Entwicklungskosten gewählt.[14] Es handelt sich also nicht um bewerteten Faktoreinsatz im üblichen betriebswirtschaftlichen Sinne. Dies muß auch später beachtet werden, wenn Zeit- und "Kosten-" bzw. Ressourcenabweichungen aufeinander bezogen werden.

Meßfehler können prinzipiell dann auftreten, wenn nicht alle genutzten Personalressourcen erfaßbar sind. Die Bestimmung der genutzten Personalressourcen war jedoch in den meisten Projekten anhand vorliegender Kapazitätsplanungen möglich. Die Analysen haben weiterhin gezeigt, daß Projektleiter sehr viel besser in der Lage sind, Ressourcennutzungen abzuschätzen als Kosten.

Neben den Entwicklungskosten werden auch die Herstellkosten von der Entwicklung in hohem Maße beeinflußt.[15] Ein Trade-off zwischen Entwicklungsdauer und Herstellkosten ist plausibel, denn eine Verkürzung der Entwicklungsdauer ist auch auf Kosten einer Erhöhung der Herstellkosten erreichbar.[16] Eine Messung dieses Einflusses in den Projektanalysen (z.B. durch Schätzung von Opportunitätsherstellkosten) erwies sich jedoch als unzuverlässig. Aus diesem Grund wurden mögliche zeitbedingte Einflüsse auf die Herstellkosten lediglich qualitativ berücksichtigt.

---

13 Diese könnten z.B. in einer Funktions-Kosten-Matrix erfaßt werden; vgl. Dorbrandt. et. al. 1990, S. 179.

14 Die Annahme wird durch die Analysen von Fenneberg gestützt. 87 % der Gesamtentwicklungskosten fallen demnach durch den Einsatz der Personalressourcen an. Die Stoffkosten machen nur rund 11 % aus; vgl. Fenneberg 1979, S. 115 (Variablen V101 - V106); Bei außergewöhnlich hohen Stoffkosten, z.B. hervorgerufen durch die Notwendigkeit besonders aufwendiger Entwicklungs- oder Testsysteme, kann dies allerdings zu Verfälschungen führen. In den analysierten Projekten konnte ein solcher Fall jedoch nicht festgestellt werden.

15 Eine Faustregel geht davon aus, daß ca. 80 % der Herstellkosten in den ersten 20 % der Entwicklungsdauer bestimmt werden; vgl. Dixon, Duffey 1990, S. 9; vgl. auch Ehrlenspiel 1980; Brockhoff 1992a, S. 332 f. Zur Beeinflussung der Herstellkosten durch das gewählte Konstruktionsprinzip, vgl. Pahl, Beitz 1986, S. 488 ff.

16 Z.B. bei Nicht-Verwendung neuer kostengünstigerer Werkstoffe; vgl. auch Smith, Reinertsen 1991, S. 19 f.

3. *Die Berücksichtigung der Qualität*

Neben der Entwicklungsdauer und den Kosten soll die Qualität als dritte Meßgröße des Entwicklungsergebnisses herangezogen werden.[17] Ihre Messung ist jedoch mit großen Schwierigkeiten verbunden. Zunächst ist festzustellen, daß im Rahmen der Entwicklung nur Einfluß auf die "objektive Produktqualität", daß heißt auf die objektiven Produkteigenschaften, genommen werden kann.[18] Inwieweit diese objektiven Produkteigenschaften auch diejenigen sind, die den Abnehmerbedürfnissen gerecht werden und damit zu "subjektiver Qualität" aus Abnehmersicht führen, kann nur in Zusammenarbeit mit anderen Unternehmensbereichen und dem Kunden ermittelt werden. Grundsätzlich ist davon auszugehen, daß der Entwicklungsprozeß ein iterativer Prozeß ist, bei dem "objektive" und "subjektive" Qualitätsmerkmale abgeglichen werden. Die Qualitätsanforderungen werden vom Kunden vorgegeben und lassen sich in andere Bereiche projezieren.[19] Eine potentielle Überperfektionierung der Produkte kann sich negativ auf die Entwicklungsdauer auswirken.[20]

Eine quantitative Messung der von der Entwicklung beeinflußbaren Qualität war im Rahmen der Projektanalysen nicht möglich.[21] Die Analyse mußte sich daher zunächst auf eine qualitative Einschätzung des Einflusses der zu ermittelnden Maßnahmen auf die Qualität beschränken.

---

17 Zum Trade-off zwischen Entwicklungszeit, Kosten und Qualität, vgl. Smith, Reinertsen 1991, S. 19 f. Siehe auch Abbildung 22-8 in Kapitel 2.2.4.

18 Zur Produktqualität, vgl. Brockhoff 1993, S. 42 ff.; Fröhlich 1993, S. 545 ff. Für die Entwicklung kann daher ein Qualitätsbegriff verwendet werden, wie er in der DIN vorgesehen ist: Qualität betrifft die "Beschaffenheit eines Gegenstandes im Blick auf seine Eignung ..., festgelegte und vorausgesetzte Erfordernisse zu erfüllen"; DIN 55350 1987, Teil 11; Zum Qualitätsbegriff vgl. Hubka 1992, S. 7 ff.; Specht, Schmelzer 1992 , S. 531 f.

19 So betrifft die Produktqualität z.B. auch die Funktionsqualität, Entwicklungsqualität, Fertigungsqualität, Materialqualität, etc.; In einer Untersuchung von Bullinger werden hohe Zuverlässigkeit, hohe Betriebssicherheit und hohe Fertigungsqualität als die wichtigsten Produkteigenschaften genannt (es wird allerdings nicht deutlich von wem die Bewertung vorgenommen wurde.); vgl. Bullinger 1990, S. 44.

20 Brockhoff stellt fest, daß der Hang zur Überperfektionierung in der Entwicklung zu Effizienzverlusten führt; vgl. Brockhoff 1990, S. 34 f. Eine zu geringe Entwicklungsqualität kann andererseits zu Iterationen und Folgekosten führen; vgl. Chen, Tang 1992, S. 149 ff.

21 Die Messung von "Entwicklungsfehlern" oder "entwicklungsbedingten Fehlern" in der Fertigung wurde von den Projektleitern nicht als sinnvoll angesehen, da sie von zu vielen Einflüssen verfälscht werden kann. Besonders die Abgrenzung entwicklungsbedingter Fehler ist mit Schwierigkeiten verbunden. Auch eine Gleichbehandlung von unterschiedlich schwerwiegenden Fehlern würde zu Verfälschungen führen, so daß eine subjektive Gewichtung vorgenommen werden müßte. Auch Handfield, der eine ähnliche Qualitäts-Meßgröße benutzt, räumt Meßfehler ein; vgl. Handfield 1994, S. 11.

5.2   Zeit- und Ressourceneinsparungen in den Entwicklungsprojekten

Ausgehend von den beiden Grundannahmen, nach denen die Entwicklungsdauer vom Entwicklungsobjekt und vom Entwicklungsprozeß beeinflußt wird, liegt die Hypothese nahe, daß die Projektgröße die Entwicklungsdauer ebenfalls beeinflußt.[22] Sie wurde in den Projektanalysen durch die Anzahl der benötigten Ressourcen und die jeweilige Dauer ihrer Beanspruchung in einem Projekt (z.B. in Mann-Wochen) definiert:

$$G = \sum_{i=1}^{K} D_i$$

G = Projektgröße (= nicht bewerteter Personaleinsatz im Projekt)

D_i = Nutzungsdauer der Ressource i (Ressourcen = eingesetztes Personal)

i = 1, 2, ... k

Unter der Annahme, daß die Größe eines Projektes durch die Komplexität des Entwicklungsobjektes[23] und der damit eng verknüpften Komplexität des Entwicklungsprozesses bestimmt wird,[24] lassen sich zwei Arten von (Projekt-) Komplexität unterscheiden:

1. *Managementkomplexität*: Es wird eine hohe Zahl *K* verschiedener Ressourcen *i* benötigt. In diesem Fall kann man auch von einer hohen "Managementkomplexität"[25] des Projektes sprechen. Die Entwicklungsdauer steigt aufgrund des mit der Anzahl der Beteiligten zunehmenden Kommunikationsbedarfes.[26]

2. *Problemkomplexität*: Es werden nur wenige Ressourcen *i* benötigt, diese aber über einen längeren Zeitraum D_i gebunden. In diesem Fall kann von einer hohen "Problemkomplexität"[27] gesprochen werden, da ein komplexes, nicht teilbares, technisches

---

22 Das Ergebnis der Untersuchung von Clark, in der ein signifikanter Einfluß des Aufgabenumfanges auf die Entwicklungsdauer festgestellt wird, läßt eine Bestätigung der Hypothese erwarten; vgl. Clark 1989, S. 1257 ff.

23 Siehe dazu Abbildung 32-3 bzw. Abbildung 33-1.

24 Die Untersuchungen von Fenneberg ergeben u.a.: "Die ... Variable 'Komplexität' oder 'Aufgabenumfang' scheint die eigentliche Komponente der Einflußvariablen 'Größenklasse' zu sein - gleich, woran auch Projektgröße gemessen wird"; Fenneberg 1979, S. 134 und S. 36; vgl. auch Clark 1989, S. 1254.

25 Dieser Begriff wird auch von Griffin gebraucht; vgl. Griffin 1993, S. 116.

26 Siehe dazu Brooksches Gesetz in Abbildung 22-2. Mit hoher Managementkomplexität ist beispielsweise zu rechnen, wenn das Enwicklungsobjekt eine hohe Anzahl verschiedener Elemente und Kopplungen umfaßt. Clark stellt dementsprechend fest: "given what is known about coordination costs, it seems reasonable that adding a given increment of engineering work to a complex project would have a grater impact on manhours than adding the same increment to a simpler project"; Clark 1989, S. 1254 f.

27 Griffin spricht hier von "Produktkomplexität". Dieser Begriff erscheint insofern nur begrenzt geeignet, als eine hohe Produktkomplexität grundsätzlich auch mit einer hohen Managementkomplexität verbunden sein kann. Die Problemkomplexität soll jedoch nur auf ein spiezielles Problem gerichtet sein; vgl. Griffin 1993, S. 116.

Spezialproblem gelöst werden muß. Die Entwicklungsdauer steigt mit der Dauer des Prozesses zur Lösung des Spezialproblems.[28]

Unterscheidet man die Projekte nach dem Kriterum des Personalressourceneinsatzes in drei Größenklassen, so ergibt sich der in Abbildung 52-1 dargestellte Zusammenhang.[29] Grundsätzlich ist festzustellen, daß große Projekte signifikant länger dauern als kleine Projekte.[30] Das bedeutet, daß schnelle Projekte in der Regel auch kleine Projekte mit überschaubarer Management- und Problemkomplexität sind. Diese Feststellung ist für die Entscheidung, ob ein großes Projekt mehreren kleinen vorzuziehen ist, von großer Bedeutung. Sie ist auch davon abhängig, inwieweit kleinere Projekte unabhängig voneinander und parallel ablaufen können.

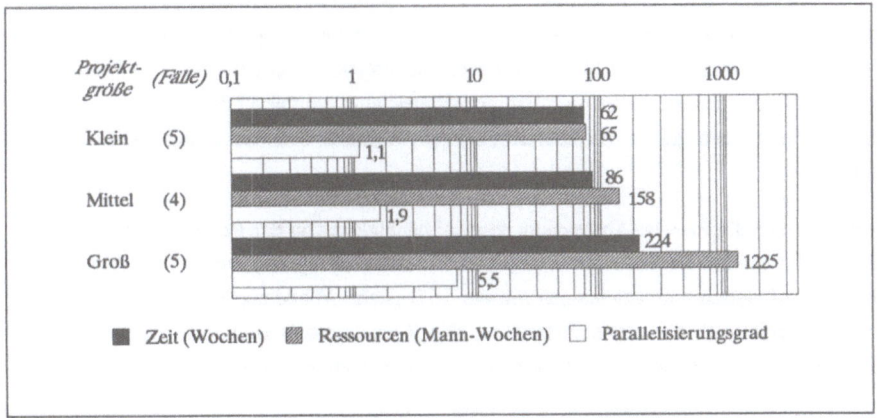

Abbildung 52-1: Zeit und Ressourcenbedarf in drei Projektgrößenklassen

---

28 Während die Managementkomplexität insbesondere von der Anzahl der Elemente und Kopplungen des Entwicklungsobjektes beeinflußt wird, hängt die Problemkomplexität von der Art der Elemente und Kopplungen ab (siehe Abbildung 32-3).

29 Da der Versuch, die Projektgrößenklassen mit Hilfe einer Clusteranalyse zu bestimmen, zu keiner sinnvollen Lösung führte (1 Cluster mit zwei Projekten P2 und P11 und ein Cluster mit den übrigen 12 Projekten - der Schnittpunkt liegt unterhalb des Distanzwertes 5 der normierten Skala der Clusterdistanzen) wurde eine Dreiteilung in drei annähernd gleichgroße Gruppen vorgenommen (siehe auch Tabelle 51-1: fünf kleine Projekte (< 100 Mann-Wochen): P3, P4, P5, P7, P13; vier mittlere Projekte (100-500 Mann-Wochen): P1, P6, P10, P14; fünf große Projekte: P2, P8, P9, P11, P12; (Daten der Ist-Ressourcen in P9 und P10 waren nicht verfügbar. Die Zuteilung in die Projektgrößenklassen für diese Projekte erfolgte aufgrund geschätzter Werte.)) Eine Verfälschung der Ergebnisse durch die manuelle Dreiteilung kann nicht gänzlich ausgeschlossen werden. Die großen Unterschiede der Ressourcenbeanspruchung in den Projekten sprechen jedoch für die Dreiteilung.

30 Die Unterschiede zwischen den Größenklassen 1 bzw. 2 und 3 erweisen sich als signifikant (Varianzanalyse-Analyse, $p < .05$, Scheffé-Test). Der Korrelationskoeffizient zwischen der Projektgröße und der Entwicklungsdauer ist signifikant ($r = .74$, $p < .01$).

Wie aus Abbildung 52-1 hervorgeht, laufen in großen Projekten sehr viel mehr Arbeits-gänge parallel ab. Während in den großen Projekten im Durchschnitt 5,5 Personen gleich-zeitig, also parallel beschäftigt waren, waren es in den mittleren nur 1,9 Personen, in den kleinen Projekten gar nur 1,1 Personen.[31] Ein hoher Parallelisierungsgrad kann sich auf die Entwicklungsdauer positiv auswirken. Gleichzeitig erfordert er jedoch einen optimalen In-formations- und Wissenstransfer zwischen den parallelen Problemlösungszyklen, um zu-sätzliche Iterationen zu vermeiden.[32]

5.2.1 Plan-Ist-Abweichungen in den Entwicklungsprojekten

In Abbildung 52-2 sind die festgestellten Plan-Ist-Abweichungen bezüglich der Zeiten und Ressourcen dargestellt.[33] Die ermittelten Zeit- und Ressourcen-Abweichungen in den unter-suchten Projekten sind sehr unterschiedlich. Sie liegen zwischen 0% (P4) und mehr als 160% (P1, P10 und P2). Der Median der vierzehn Projekte liegt bei einer Zeitabweichung von 23,5%. Die durchschnittliche Ressourcenabweichung beträgt 17%. Auch andere aktu-elle Untersuchungen zeigen Zeitüberschreitungen in dieser Größenordnung (siehe Tabelle 52-1).

Betrachtet man die Plan-Ist-Abweichungen in Abhängigkeit von der Projektgrößenklasse, so ist festzustellen, daß die Zeitabweichungen in den kleinen Projekten mit 24% deutlich höher sind als die Ressourcenabweichungen mit nur 10% (siehe Abbildung 52-3). Bei den großen Projekten ergibt sich ein umgekehrtes Bild. Die Ressourcenabweichungen liegen mit 15% über den Zeitabweichungen von 10%.[34] Eine höhere Planungsunsicherheit, hervorgerufen

---

31 Der Korrelationskoeffizient zwischen Parallelisierungsgrad und Projektgröße (r=.94) ist signifikant (r= .94, p <.001).

32 Ein direkter Zusammenhang zwischen Parallelisierungsgrad und Entwicklungsdauer ist hier statistisch je-doch nicht festzustellen. Dies spricht dafür, daß der Parallelisierungsgrad allein nicht zu einer Beschleu-nigung führt.

33 Für den Vergleich der drei Projektgrößenklassen wurde jeweils der Median herangezogen. Vom Median weichen alle übrigen Werte in der Weise ab, daß die Summe der Absolutbeträge der Abweichungen ein Minimum ergibt. Der Median ist demnach derjenige Wert, der die Häufigkeitsverteilung halbiert. Ge-genüber dem (arithmetischen) Mittelwert besitzt der Median den Vorteil, daß er weniger empfindlich ge-genüber Ausreißern ist. Dies ist besonders bei einer geringen Fallzahl von Bedeutung. Zum Median, vgl. z.B. Brosius 1988, S. 199 ; Bortz 1989, S. 47 ff.

34 Ähnliche Ergebnisse zeigt auch die Studie von Fenneberg; vgl. Fenneberg 1979, S. 124 ff. Für die au-ßerordentlich hohen Abweichungen in den mittleren Projekten P1 und P10 konnte keine systematische Erklärung gefunden werden. Die Einflüsse unterscheiden sich nicht von denen der anderen Projekte. Beide Projekte zeichnen sich in der ex-post-Beurteilung lediglich durch besonders unrealistische Planvor-gaben aus.

durch den längeren Planungshorizont,[35] die höhere Anzahl von Tätigkeiten und Einzelzyklen und der damit verbundene Koordinationsaufwand werden als die wesentlichen Ursachen für die hohen Ressourcenüberschreitungen in den großen Projekten angesehen.

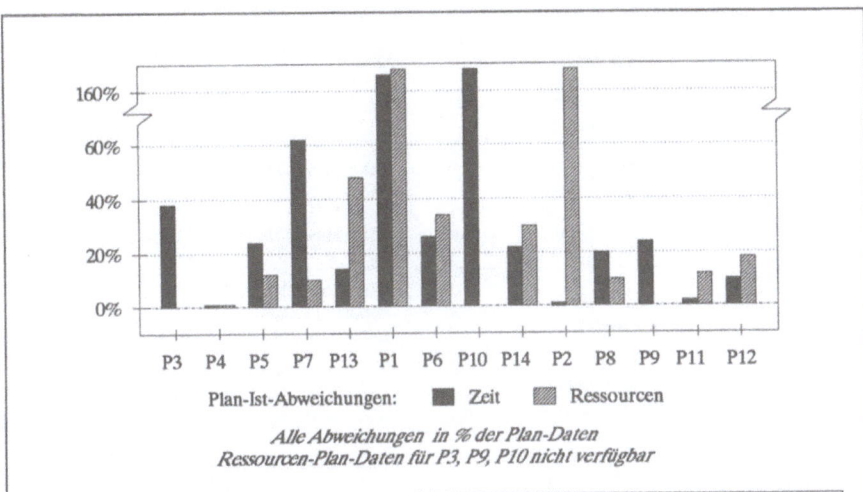

	ZEIT				RESSOURCEN			
Abweichung	Plan-Ist-Abweichung				Plan-Ist-Abweichung			
Projektgröße	Alle	Klein	Mittel	Groß	Alle	Klein	Mittel	Groß
Mittelwert	40.8	27.2	95.2	10.8	45.2	17.0	76.6	49.7
Median	23.5	24	95.5	10	17	10	34	15
Std.Abw.	55.4	23.2	81.7	10.7	60.0	21.2	78.2	73.5
Fälle	14	5	4	5	11	4	3	4

Kleine Projekte: < 100 Mann-Wochen (P3, P4, P5, P7, P13)
Mittlere Projekte: 100-500 Mann-Wochen (P1, P6, P10, P14)
Große Projekte: > 500 Mann-Wochen (P2, P8, P9, P11, P12)

Abbildung 52-2: Plan-Ist-Abweichungen in den Entwicklungsprojekten

---

35 "Pläne basieren auf Hypothesen, deren Gültigkeit erst nachträglich beurteilt werden kann. Mit fortschreitender Zeit wird sich aber in der Regel der Informationsstand des Planers so verändern, daß er eine Revision der Hypothesen für notwendig hält ...''; Zwicker 1989, Sp. 2248. Zu Hypothesen über den Zusammenhang von Planungsgenauigkeit und dem Zeithorizont der Planung vgl. z.B. Epton 1972, S. 141; Green 1973, S. 9.

Untersuchung	Stichprobe	Zeitab-weichungen	Bemerkungen
Mansfield 1971	5 Projekte, Maschinenbau	+ 70%	"Optimale"/ geschätzte Zeitdauer
Norris 1971	50 Projekte Maschinenbau	+140%	Tatsächliche/ geschätzte Zeitdauer
Fenneberg 1979	81 Projekte Elektrotechnik	+ 180%	Tatsächliche Dauer/ 1. Schätzung
	32 Projekte	+40%	Tatsächliche Dauer/ 2. Schätzung
Brockhoff, Urban 1988	31 Projekte Elektroindustrie	+15%	Kurze Projekte: +7% Mittlere Projekte: +14% Lange Projekte: +41%
Dorbrandt et. al. 1990	keine Angaben, Elektroindustrie	+ 26,5% bis +40,6%	Hohe Komplexität: +26,5% * Mittlere Komplexität: +40,6% Niedrige Komplexität: +32,1%
Brockhoff 1990	253 Personen verschiedene Branchen		"Die geplante Entwicklungsdauer wird regelmäßig überzogen" (Bewertung 1-7 Skala) Manager: Mittelwert 4,01 Entwickler: Mittelwert 3,46
Gupta, Brock-hoff, Weisenfeld 1991	23 Unternehmen versch. Branchen	13,5%	Kostenabweichung 20,0%
Lange 1992	80 Unternehmen versch. Branchen	11,7%	Erfolgreiche 10,0% (Kosten 33,6%) Erfolglose 25,0% (Kosten 35,2%)

*) in Abhängigkeit einer nicht näher spezifizierten Baugruppenkomplexität

Tabelle 52-1: Zeitabweichungen in der Entwicklung in anderen Untersuchungen [36]

36 Zur Tabelle, vgl. Übersicht in Fenneberg 1979, S. 94 und S. 116; Brockhoff, Urban 1988, S. 13; Brockhoff 1990, S. 30; Dorbrandt et. al. 1990, S. 175; Gupta, Brockhoff, Weisenfeld 1991, S. 9; Lange 1992a, S. 95. Es fällt auf, daß die Zeitüberschreitungen in den neueren Studien eher geringer werden, was die zunehmende Bedeutung einer termingerechten Projektdurchführung signalisiert (vgl. auch Lange 1992a, S. ebenda). Ähnliches gilt auch für die Ressourcen- bzw. Kostenabweichungen, die jedoch nicht in allen Studien in vergleichbarer Weise angegeben werden. Fenneberg ermittelt Abweichungen von In-genieur- und Konstrukteurkosten von rund 120% zur 1. und 32% zur 2. Schätzung; vgl. Fenneberg 1979, S. 116.

Der hohe Parallelisierungsgrad in den großen Projekten legt die Vermutung nahe, daß dadurch zusätzliche Iterationsschleifen durchlaufen werden müssen, die mit weiterem Ressourcenaufwand verbunden sind.[37] Die hohe Planungssicherheit und der geringe Parallelisierungsgrad in den kleinen Projekten verursachen dementsprechend geringere Ressourcenüberschreitungen.

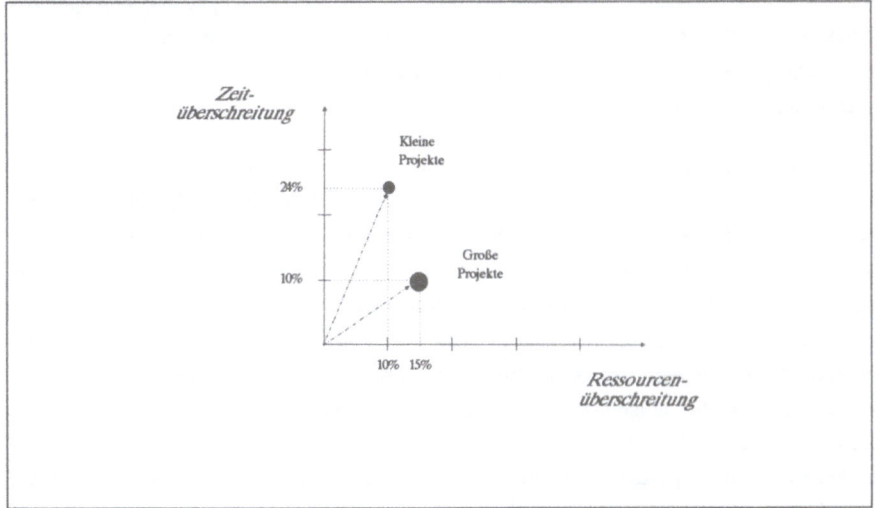

Abbildung 52-3: Gegenüberstellung der Plan-Ist-Abweichungen in großen und kleinen Projekten [38]

Die hohen Zeitabweichungen in denen kleinen Projekten resultieren in erster Linie aus ihrer häufig geringeren Priorität gegenüber den großen Projekten.[39] Die großen Projekte sind zumeist mit hohen Zeitrestriktionen verbunden.[40] In dem Moment, in dem Zeitüberschrei-

---

37 Clark stellt fest, daß kleine Änderungen in großen Projekten eine sehr viel stärkere Auswirkung auf die Ressourcennutzung haben, als dies zu erwarten wäre. Er unterstellt daher einen nicht linearen Zusammenhang zwischen dem Ressourcenverbrauch und der Anzahl von Änderungen in großen Projekten; vgl. Clark 1989, S. 1254 u. 1260.

38 Die Unterschiede erweisen sich in einer Varianz-Analyse nicht als signifikant (Die Fallzahlen sind sehr gering).

39 Fenneberg stellt in Ergänzung dazu fest, daß Schätzer dazu neigen, kleinere Projekte als "zu überschaubar" einzustufen und diese daher als mit wenig zeitlichem Aufwand lösbar ansehen. Tatsächlich weisen diese kurzen Projekte jedoch auch in seiner Untersuchung besonders hohe Zeitüberschreitungen auf; vgl. Fenneberg 1979, S. 134.

40 Diese Aussage wird durch die Tatsache unterstützt, daß 100% der großen Projekte von den Projektleitern als eher zeit- denn kostenkritisch eingestuft werden (zeitkritisch, d.h. die Erreichung der Zeitziele hat höhere Priorität als die Erreichung der Kostenziele). Bei den kleineren Projekten werden hingegen 50% als eher kostenkritisch eingestuft, so daß Zeitüberschreitungen in diesen Projekten eher wahrscheinlich sind.

tungen drohen, werden zusätzliche Ressourcen für die großen Projekte angefordert, die aus den kleineren Projekten abgezogen werden. Zeitüberschreitungen in den kleinen und Ressourcenüberschreitungen in den großen Projekten sind die Folge.

Die Ergebnisse deuten darauf hin, daß eine unzureichende Ressourcenplanung in besonderem Maße für die hohen Zeitüberschreitungen verantwortlich ist. Während die Zeitabweichungen in den Projekten, in denen eine differenzierte Ressourcenplanung durchgeführt wurde, auf durchschnittlich 22% begrenzt werden konnten, weisen die Projekte, in denen keine oder nur eine äußerst grobe Ressourcenplanung vorgenommen wurde, eine mittlere Zeitabweichung von 60% auf.[41]

Bezieht man den Parallelisierungsgrad der großen (5,5) und kleinen Projekte (1,1) mit in die Überlegungen ein, so zeigt sich ein anderer interessanter Aspekt. Dividiert man die gemessenen Zeit- und Ressourcenüberschreitungen durch den jeweiligen Paralleliserungsgrad, so erhält man die Überschreitungen je parallel eingesetzter Ressource (Einzelüberschreitung). In den großen Projekten ergeben sich Zeit- und Ressourcen-Einzelüberschreitungen von rund 2% bzw. 3%.[42] In den kleinen Projekten liegen diese Werte mit 22% bzw. 9% hingegen deutlich höher. Unterstellt man eine vergleichbare Ergebnisqualität, so war die Effizienz pro parallel eingesetztem Mitarbeiter in den Projekten mit hohem Parallelisierungsgrad offensichtlich höher. Die Gründe für dieses Ergebnis können beispielsweise in der höheren Anzahl parallel erarbeiteter Entwicklungsergebnisse liegen. Bei geringerem Parallelisierungsgrad liegen diese möglicherweise später vor und erzeugen dadurch längere Iterationsschleifen. Auch eine geringere Neigung zur Überperfektionierung durch die unter höherem Zeitdruck und parallel ablaufenden elementaren Konstruktionsprozesse könnte zu einer höheren Effizienz geführt haben.

5.2.2 Erwartete Zeiteinsparungen in den Entwicklungsprojekten

Um die Zeitverkürzungspotentiale in den untersuchten Projekten zu ermitteln, wurden die Projektleiter gebeten, die untersuchten Projekte in zweierlei Hinsicht neu zu planen. Die "realistische Soll-Planung" erfolgte unter der Maßgabe, alle Verbesserungspotentiale auszuschöpfen, die im Einflußbereich des Projektes liegen. Diese Variablen können auch als "interne" Potentiale bezeichnet werden. Die "Optimum-Planung" hingegen sollte sowohl in

---

[41] In vier Projekten (P3, P7, P9, P10) wurde keine differenzierte Ressourcenplanung durchgeführt. Die Unterschiede der Zeitabweichungen zu den Projekten mit Ressourcenplanung erweisen sich jedoch nicht als signifikant.

[42] Große Projekte: Zeit-Einzelüberschreitung: 10%/ 5,5= 1,8%; Ressourcen-Einzelüberschreitung: 15%/ 5,5= 2,7%. Kleine Projekte: Zeit-Einzelüberschreitung: 24%/ 1,1= 21,8%; Ressourcen-Einzelüberschreitung: 10%/ 1,1= 9,1%.

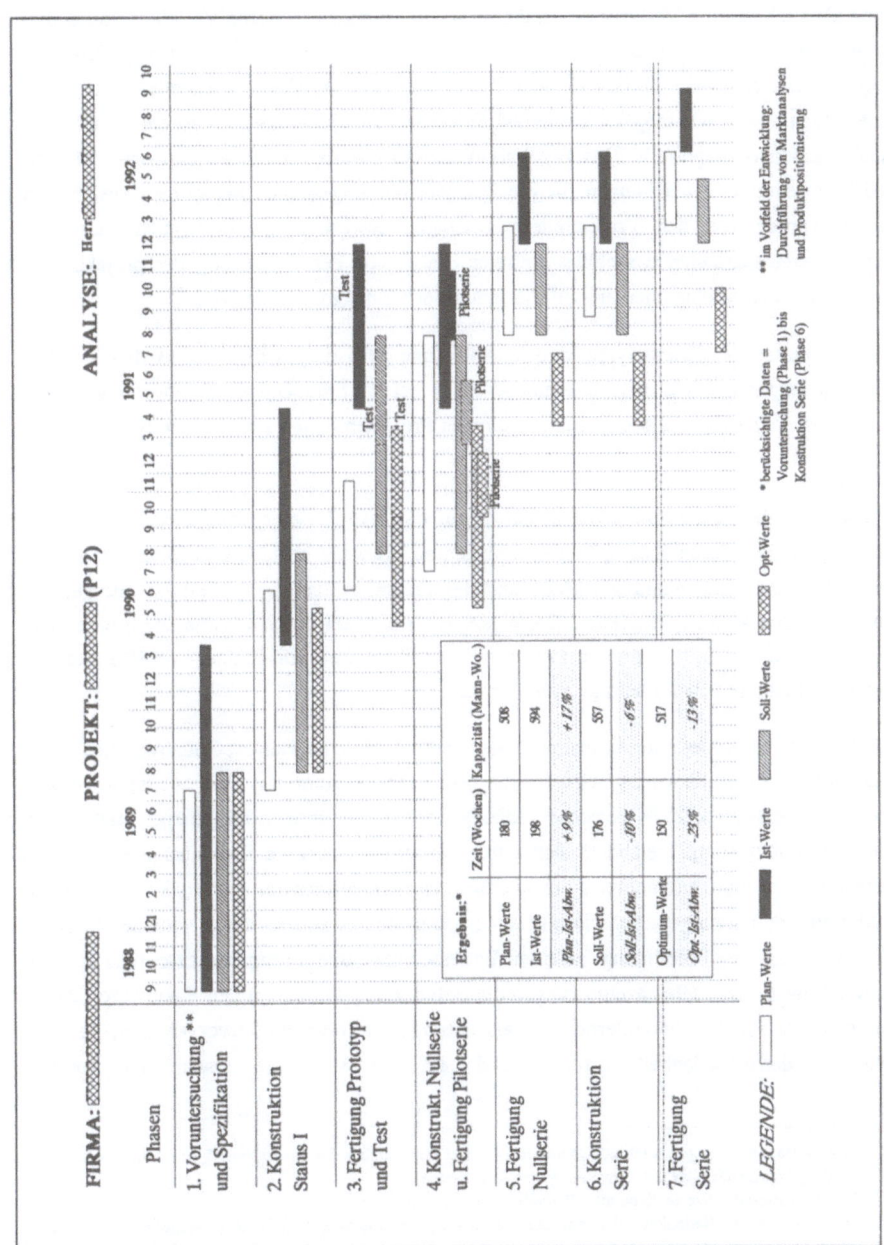

Abbildung 52-4: Beispiel für eine Zeitanalyse: Analyseplan des Projektes 12

terne als auch externe Verbesserungsmöglichkeiten umfassen. Externe Variablen sollen diejenigen Potentiale berücksichtigen, die nicht im Rahmen des eigentlichen Projektes liegen.[43] Die Analysen wurden für jede Projektphase durchgeführt. Parallelisierungspotentiale sollten soweit wie möglich ausgeschöpft werden. In Abbildung 52-4 ist ein Beispiel des Analyseschemas dargestellt. Das Ergebnis weist die jeweils ermittelten Plan-Ist-, Ist-Soll- und Ist-Optimum-Abweichungen für die Zeit und die eingesetzten Ressourcen aus.[44] Alle Werte wurden von den Projektleitern geschätzt. Inwieweit die erwarteten Zeit- und Ressourceneinsparungen tatsächlich eintreten, hängt von der Umsetzung der projektspezifisch ermittelten Maßnahmen ab, auf die später noch einzugehen sein wird.[45]

Die Ergebnisse der Zeitanalysen sind in Abbildung 52-5 dargestellt. Der Median der Ist-Soll-Zeiteinsparung (realistische Planung) liegt bei 17,5%. Die Optimum-Planung läßt Zeiteinsparungen über 30% erwarten. In einigen Projekten liegen sie gar über 50% (P5, P8, P14).

Die Analyse der Zeiteinsparungen deutet darauf hin, daß Zeiteinsparungen in großen Projekten besonders durch interne Verbesserungen zu erwarten sind. Die Differenz zwischen der realistischen Soll-Planung (-26%) und der Optimum-Planung (-31%) ist nur gering. Anders in den kleinen Projekten. Diese können besonders durch externe Stellgrößen beschleunigt werden. Die Differenz zwischen der realistischen Soll-Planung (-18%) und der Optimum-Planung (-38%) beträgt 20%-Punkte.

Das Projekt P10 bildet eine Ausnahme. Nachdem bereits eine Plan-Ist-Zeitabweichung von über 160% festgestellt wurde, wird für die realistische Planung mit einer weiteren Verlängerung um zusätzlich 25% gerechnet. Dieses Projekt, im übrigen die einzige untersuchte Änderungsentwicklung, zeichnete sich durch besonders unsichere Plandaten aus. Obwohl diesem Projekt im Unternehmen die höchste Priorität eingeräumt wurde, kam es immer wieder zu Verzögerungen. Schwierigkeiten ergaben sich besonders durch veränderte Spezifikationen und die Einbindung externer Entwicklungs- und Fertigungsressourcen in den Entwicklungsprozeß. Gleichzeitig stiegen die Entwicklungskosten um den Faktor drei. Zwar wurde dieses Projekt im Unternehmen als besonders erfolgreich hervorgehoben, da eine hohe Kundenzufriedenheit erreicht und ein neuer Markt erschlossen werden

---

43 Externe Potentiale liegen auch außerhalb des Kompetenzbereiches des Projektleiters (z.B. die Festsetzung der Projektpriorität oder die Zuweisung von Ressourcen).

44 Zur Definition der Werte siehe auch Tabelle 43-1 in Kapitel 4.3.2.

45 Crawford gibt zu Bedenken, daß mit der Verkürzung der Entwicklungsdauer verschiedene Typen von "verdeckten Kosten" verbunden sein können, die ex-ante nur schwer abschätzbar sind. Unerwartete Informationsengpässe können zu Verzögerungen führen, unerwartete Ineffizienzen können auftreten, wenn die Entwicklung unter Zeitdruck gerät, Ressourcenengpässe können auftreten, wenn mehrere Projekte gleichzeitig beschleunigt werden, usw.; vgl. Crawford 1992b, S. 189 ff.

konnte, gleichzeitig wurden die Zeit- und Kostenparameter paralleler Entwicklungsprojekte jedoch in hohem Maße beeinträchtigt. Die Steuerung und Durchführung in diesem Projekt kann daher als eine Ausnahme angesehen werden, wie sie in besonderen Situationen erforderlich sein kann.

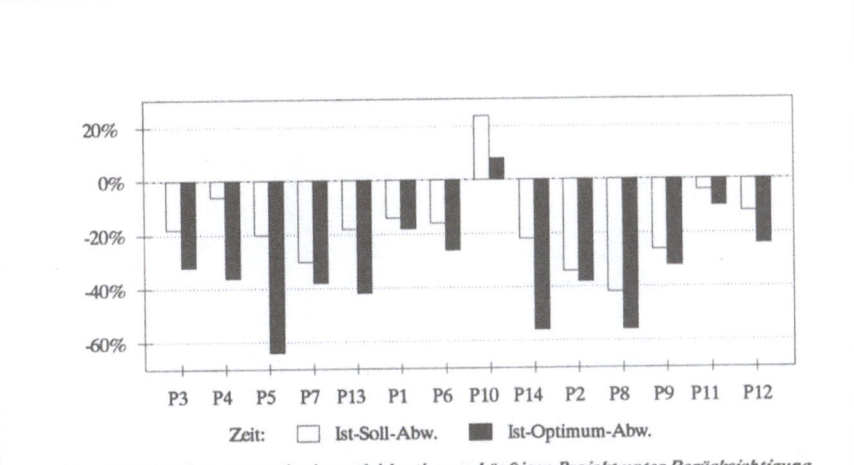

Erwartete Zeiteinsparungen in einem gleichartigen, zukünftigen Projekt unter Berücksichtigung der ermittelten Maßnahmen. Alle Abweichungen in % der Ist-Daten

	ZEIT							
Abweichung	Ist-Soll-Abweichung				Ist-Optimum-Abweichung			
Projektgröße	Alle	Klein	Mittel	Groß	Alle	Klein	Mittel	Groß
Mittelwert	-16.6	-18.2	-6.2	-23.4	-32.8	-42.2	-22.5	-31.8
Median	-17.5	-18	-14	-26	-33.5	-38	-21	-31
Std.Abw.	16.1	8.5	21.2	16.4	19.3	13.2	26.4	17.4
Fälle	14	5	4	5	14	5	4	5

Kleine Projekte: < 100 Mann-Wochen (P3, P4, P5, P7, P13)
Mittlere Projekte: 100-500 Mann-Wochen (P1, P6, P10, P14)
Große Projekte: > 500 Mann-Wochen (P2, P8, P9, P11, P12)

Abbildung 52-5: Erwartete Zeiteinsparungen in den Entwicklungsprojekten

108

5.2.3 Erwartete Ressourceneinsparungen in den Entwicklungsprojekten

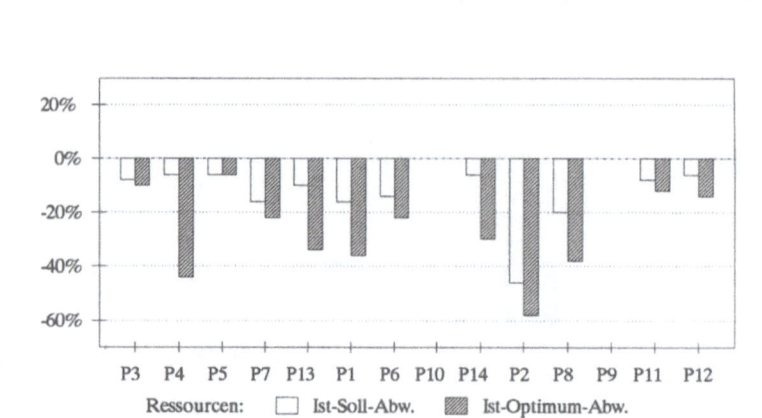

Erwartete Ressourceneinsparungen in einem gleichartigen, zukünftigen Projekt unter Berücksichtigung der ermittelten Maßnahmen. Alle Abweichungen in % der Ist-Daten. Keine Daten für P9, P10.

Abweichung	RESSOURCEN							
	Ist-Soll-Abweichung				Ist-Optimum-Abweichung			
Projektgröße	Alle	Klein	Mittel	Groß	Alle	Klein	Mittel	Groß
Mittelwert	-13.0	-8.6	-11.3	-20	-26.9	-23	-29	-30
Median	-8	-7	-13	-13.5	-26	-22	-30	-25.5
Std.Abw.	11.8	4.3	5.6	19.1	15.8	16.1	7.5	22
Fälle	12	5	3	4	12	5	3	4

Kleine Projekte: < 100 Mann-Wochen (P3, P4, P5, P7, P13)
Mittlere Projekte: 100-500 Mann-Wochen (P1, P6, P10, P14)
Große Projekte: > 500 Mann-Wochen (P2, P8, P9, P11, P12)

Abbildung 52-6: Erwartete Ressourceneinsparungen in den Entwicklungsprojekten

Neben den für die einzelnen Phasen benötigten Zeiten wurden auch die Ressourcen neu geplant.[46] Wie aus Abbildung 52-6 hervorgeht, liegen der Median der geschätzten Ressour-

---

46 Für zwei Projekte waren keine Ist-Daten verfügbar (P9, P10).

ceneinsparungen in der realistischen Soll-Planung bei 8%, in der Optimumplanung bei 26%.

Betrachtet man die kleinen und großen Projekte gesondert, so ergibt sich ein ähnliches Bild wie bei den Zeitanalysen. Die Ressourceneinsparungen in den kleinen Projekten werden besonders durch die Beeinflussung externer Stellgrößen erreicht. Die Spanne zwischen Soll-Planung (-7%) und Optimum-Planung (-22%) beträgt 15%-Punkte und macht damit rund 2/3 der erwarteten Gesamteinsparungen aus. In den großen Projekten hingegen werden mehr als die Hälfte der Einsparungen durch interne Verbesserungen erwartet. Die Differenz zwischen Soll-Planung (-13,5%) und Optimum-Planung (-25,5%) beträgt nur 12%-Punkte. Insgesamt sind in den großen Projekten offensichtlich höhere Ressourceneinsparungen möglich als in den kleinen Projekten.

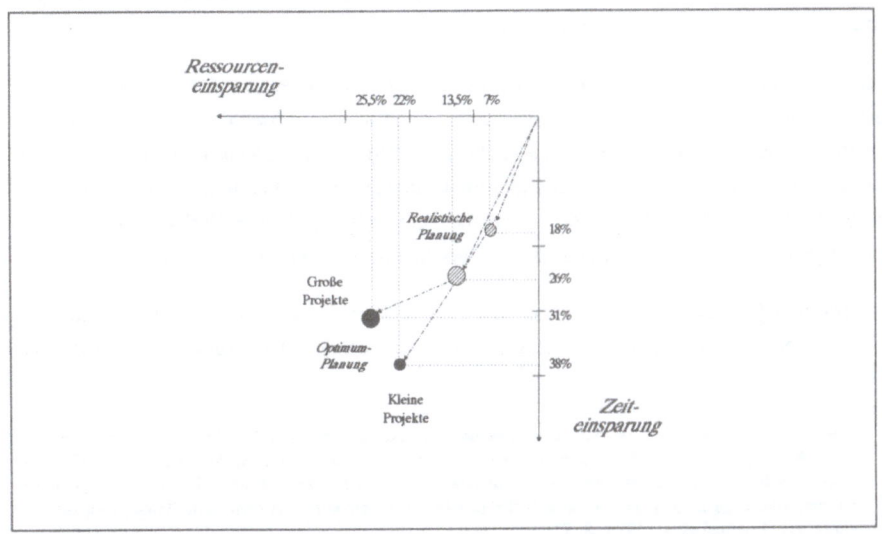

Abbildung 52-7: Gegenüberstellung der erwarteten Zeit- und Ressourceneinsparungen in kleinen und großen Projekten [47]

Zum Vergleich sind die Zeit- und Ressourceneinsparungen in kleinen und großen Projekten in Abbildung 52-7 gegenübergestellt. Es ist zu erkennen, daß in den kleineren Projekten besonders hohe Zeiteinsparungen möglich sind. Die großen Projekte weisen hingegen in etwa gleichem Maße Ressourcen- und Zeiteinsparungspotentiale auf.

---

47   Die dargestellten Unterschiede zwischen den Projektgrößenklassen erweisen sich nicht als signifikant.

5.2.4 Zusammenhänge zwischen Zeit- und Ressourceneinsparungen in den Entwicklungsprojekten

Grundsätzlich kann festgestellt werden, daß eine Verkürzung der Entwicklungsdauer nicht notwendigerweise mit einem höheren Ressourcenverbrauch verbunden ist und dadurch zu höheren Kosten führt.[48] Dies steht im Gegensatz zu den gängigen Erwartungen.[49] In einer Umfrage ermittelten Albach, de Pay und Raúl beispielsweise, daß die Innovationskosten im Maschinenbau um 16,4% erhöht werden müßten, um 10% Innovationszeit einsparen zu können.[50] Betrachtet man das von Brockhoff und Urban aufgestellte Modell für die Ermittlung einer optimalen Entwicklungsdauer,[51] so kann die Schlußfolgerung gezogen werden, daß sich nahezu alle der hier untersuchten Entwicklungsprojekte auf dem rechten Ast der U-Funktion befinden und daher über der optimalen Entwicklungsdauer liegen. Dieses Ergebnis unterstützt auch die ex-ante getroffene Annahme, daß eine Verkürzung der Entwicklungsdauer in den Projekten grundsätzlich sinnvoll ist.

Vergleicht man die erwarteten Zeit- und Ressourceneinsparungen in den Projekten, so ist festzustellen, daß die relativen Zeiteinsparungen in einigen Projekten deutlich höher sind als die Ressourceneinsparungen (z.B. in P3, P5, P14, P8).[52] Eine Erklärung dafür findet sich bei der Betrachtung der grundsätzlichen Möglichkeiten zur Verkürzung der Entwicklungsdauer. In Kapitel 3.3.2 wurde die Annahme hergeleitet, daß eine Verkürzung der Entwicklungsdauer grundsätzlich durch zwei unterschiedliche Effekte erreicht werden kann:

1. *Durch Effizienzeffekte*: Sie können durch eine Verringerung der Anzahl notwendiger Iterationsschleifen, eine Verkürzung von einzelnen Problemlösungszyklen oder gar

---

48 Ergebnisse von Rommel et. al. aus dem Maschinenbau zeigen gar, daß mögliche Zeitverkürzungen von 50-80% bei gleichzeitiger Kostensenkung von 35% und vermindertem Qualitätsaufwand von 30% erreicht werden können (nähere Angaben zu den betrachteten Unternehmen bzw. Entwicklungsprojekten werden allerdings nicht gemacht, so daß die Ergebnisse möglicherweise nicht unmittelbar vergleichbar sind); vgl. Rommel et. al. 1993, S. 77.

49 In einer Analyse verschiedener Studien stellen z.B. De Meyer und Van Hooland fest: Die Ergebnisse der Studien "seem to strongly support the resources/time tradeoff, and one might conclude that it requires more money and people to shorten design cycle times"; De Meyer, Van Hooland 1990, S. 230. Auch andere Untersuchungen gehen davon aus, daß eine Verkürzung der Entwicklungsdauer (z.B. um 6 Monate) durch erhöhte Entwicklungskosten (um ca. 50%) "erkauft" werden müsse; vgl. z.B. Schmelzer, Buttermilch 1988, S. 46; Dumaine 1989; Gerpott, Wittkemper 1991, S. 121; vgl. auch die Trade-Off-Berechnungen bei Smith, Reinertsen 1991, S. 34 ff. (Siehe auch Kapitel 2.2.4.)

50 Zur Ermittlung des Zeit-Kosten-Trade-Offs errechnen Albach, de Pay und Raúl eine Elastizität E, die durch einen Punkt der Zeit-Kosten-Funktion einer Innovation und der Steigung in diesem Punkt bestimmt wird: $E = dK/K : dT/T$ (dK = Kostenerhöhung, K = Innovationskosten, dT = Zeiteinsparung, T = Innovationszeit). Für den Maschinenbau ermitteln sie eine Elastizität von 1,64; vgl. Albach, de Pay, Raúl 1991, S. 320.

51 Siehe Abbildung 22-8 in Kapitel 2.2.4.

52 Bei der Beurteilung der Ergebnisse ist zu berücksichtigen, daß hier Personalressourcen als Indikator für die Entwicklungskosten gemessen wurden (siehe Kapitel 5.1.3).

durch die Einsparung kompletter Problemzyklen erreicht werden.[53] Mit Effizienzeffekten sind Ressourceneinsparungen (Inputeinsparungen) ebenso wie Zeiteinsparungen
(Outputverbesserungen) verbunden.

2. *Durch Parallelisierungseffekte*: Sie werden durch eine Parallelisierung und Überlap-
    pung von Problemlösungszyklen hervorgerufen und bewirken im wesentlichen Zeitein-
    sparungen (Outputverbesserungen). Ressourceneinsparungen sind aufgrund des mit dem
    Parallelisierungsgrad ansteigenden Kommunikationsbedarf kaum möglich.

In Abbildung 52-8 sind die Zeit- und Ressourcenbweichungen in den Entwicklungsprojekten
zueinander ins Verhältnis gesetzt worden.[54] Die drei Analyseniveaus (Plan-Ist-, Ist-Soll-
und Ist-Optimum-Abweichung) sind auf den drei untereinander angeordneten Achsen dargestellt. Im linken Teil der Grafik ist das Verhältnis "V" von Ressourcen- zu Zeitabweichung
>1, d.h. die Ressourcenabweichung ist größer als die Zeitabweichung. Die jeweiligen
Verhältnisfaktoren "V" sind auf den Achsen abgetragen. Im rechten Teil ist es umgekehrt,
dort ist "V" <1, d.h. die Zeitabweichungen sind größer als die Ressourcenabweichungen.

In der Abbildung ist an der hohen Zahl der nach rechts laufenden strichpunktierten Linien
zwischen der Plan-Ist-Achse und der Ist-Soll-Achse zu erkennen, daß der Verhältnisfaktor
"V" in den meisten Projekten abnimmt (z.B. P2, P11, P13, P12, P6, P5). Bei der realistischen Soll-Planung werden demnach besonders Parallelisierungseffekte wirksam, denn die
erwarteten Zeiteinsparungen übertreffen die Ressourceneinsparungen. Betrachtet man den
Übergang von der Ist-Soll-Achse zur Ist-Optimum-Achse, so ist festzustellen, daß die Verhältnisfaktoren der meisten Projekte erneut ansteigen, denn viele strichpunktierte Linien
laufen nach links. Durch Effizienzeffekte werden hier zunehmend Ressourceneinsparungen
erreicht (z.B. P14, P8, P13, P4, P1).[55] Insgesamt nähert sich der Verhältnisfaktor in vielen
Projekten dem Wert 1. In einigen Projekten werden weitere Parallelisierungseffekte wirksam (z.B. P5, P3, P11).

---

53 Siehe Abbildung 33-2 in Kapitel 3.3.2.
54 Es muß berücksichtigt werden, daß ein direkter Vergleich von Zeitabweichungen und (Personal-) Res-
    sourcenabweichungen grundsätzlich problematisch ist. Bei einem Vergleich müßte unterstellt werden, daß
    beide Faktoren unabhängig voneinander sind. Tatsächlich ist jedoch davon auszugehen, daß Zeitabwei-
    chungen auch von Ressourcenabweichungen beeinflußt werden: die Zeitabweichung ist dann eine Funk-
    tion von unterschiedlichen Faktoren (z.B. von Qualität, Herstellkosten, Ressourceneinsatz, Parallelisie-
    rungsgrad, etc.). Für den hier verfolgten Zweck der qualitativen Analyse des Zusammenhangs von Zeit
    und Ressourcen erscheint ein Vergleich dennoch zulässig zu sein (- die unmittelbare Abhängigkeit der
    Zeitabweichungen von den Ressourcenabweichungen wird dazu vernachlässigt). Quantitative Aussagen
    können jedoch nicht abgeleitet werden.
55 Diese Tendenz wird bereits in Abbildung 52-7 deutlich. Dort werden, insbesondere in den großen Pro-
    jekten, bei externen Verbesserungen hohe Ressourceneinsparungen erwartet.

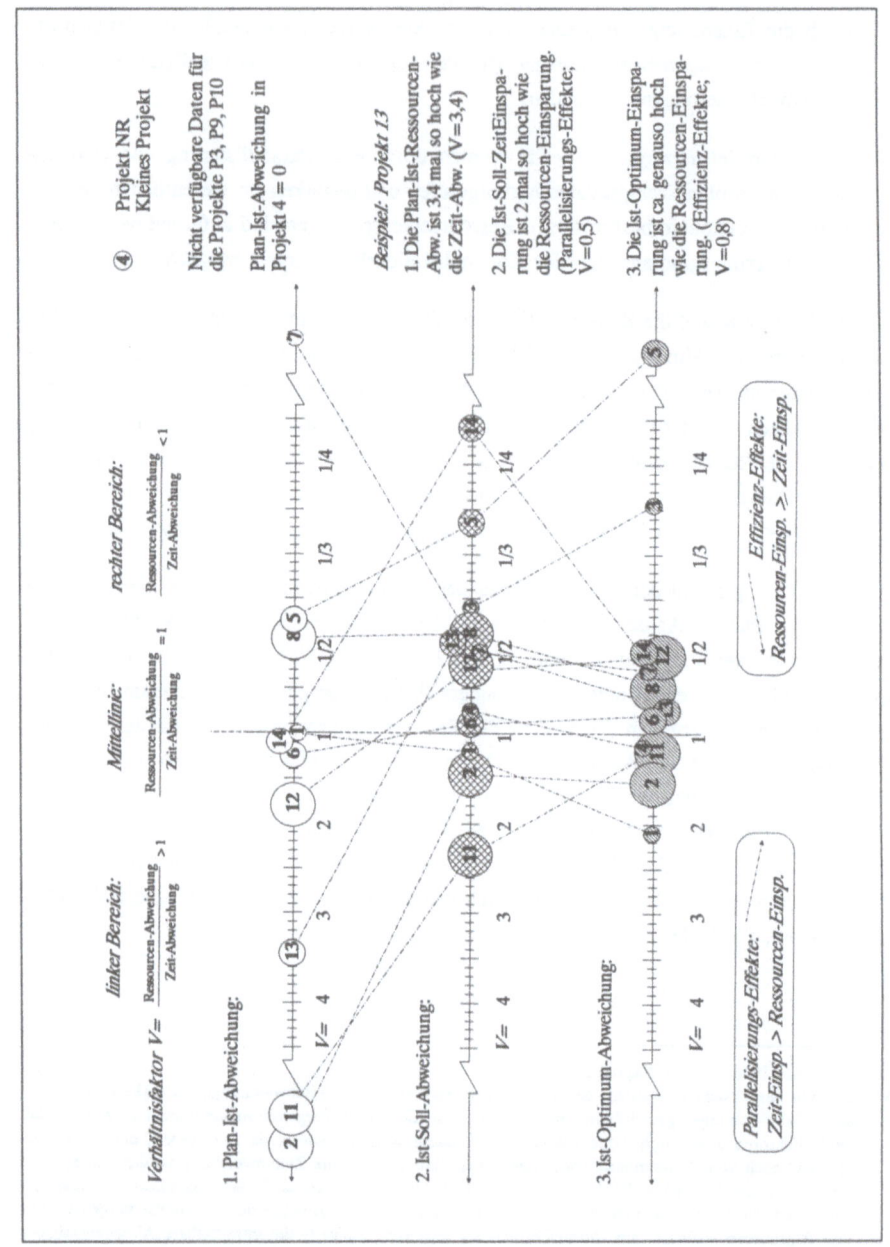

Abbildung 52-8: Relationen von Zeit- und Ressourcenabweichungen in den Projekten

Aufrund der geringen Fallzahlen müssen Schlußfolgerungen mit Vorsicht gezogen werden. Insgesamt deuten die Ergebnisse darauf hin, daß:

- die im Rahmen der realistischen Soll-Planung berücksichtigten internen Verbesserungen insbesondere Parallelisierungseffekte hervorrufen, die mit hohen Zeiteinsparungen verbunden sind;
- durch die Verbesserung externer Stellgrößen besonders Effizienzeffekte auftreten, die mit zunehmenden Ressourceneinsparungen verbunden sind. In einigen Fällen sind auch weitere Zeiteinsparungen möglich.

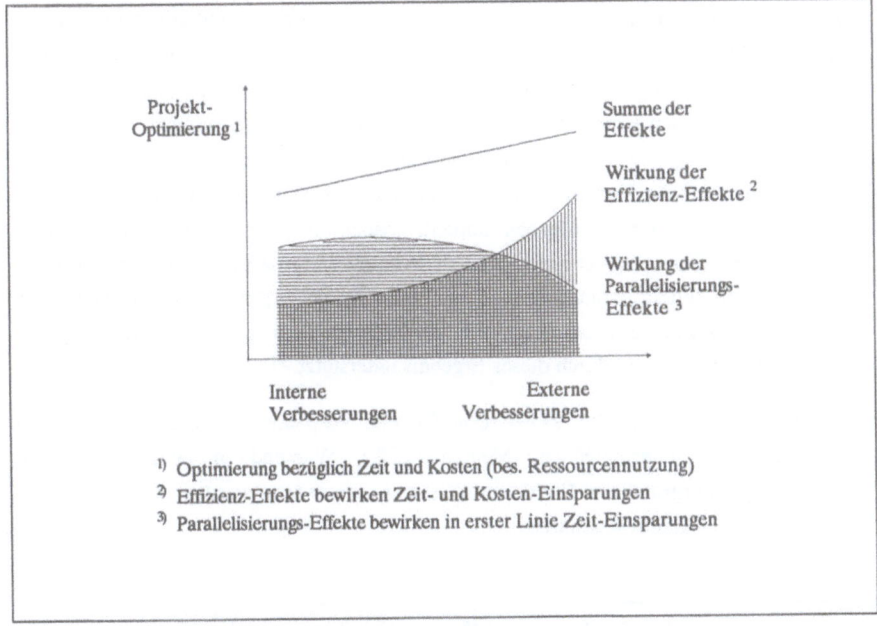

Abbildung 52-9: Zeit- und Ressourcenoptimierungen durch Parallelisierungs- und Effizienzeffekte

Eine Verallgemeinerung dieser Aussagen kann zu den in Abbildung 52-9 dargestellten Trade-Offs führen. Die Wirkung der mit internen Stellgrößen verbundenen Verbesserungen ist besonders mit Parallelisierungseffekten verknüpft. Sie ist jedoch begrenzt. Erst durch externe Stellgrößen bewirkte Verbesserungen führen zu Effizienzeffekten und den damit verbundenen Ressourceneinsparungen. Eine Gesamtoptimierung hinsichtlich der Entwicklungsdauer und der Ressourcennutzung ist nur durch die Kombination von internen und

externen Verbesserungen und unter der Ausnutzung der damit verbundenen Parallelisie-
rungs- und Effizienzeffekte möglich.

5.2.5   Betrachtung der möglichen Zeit- und Ressourceneinsparungen nach Phasen

Differenziert man die ermittelten Zeitabweichungen nach den Phasen, so ergibt sich das in
Abbildung 52-10 dargestellte Bild. Die Phaseneinteilung entspricht der in Kapitel 3.2.2
erörterten Einteilung. In der Hauptphase wurde hier weiter nach Entwicklungs- und Testak-
tivitäten differenziert.[56]

1. *Vorphase:* Die Vorphase beinhaltet im wesentlichen planerische und konzeptionelle Tätigkeiten. Die durchschnittliche Dauer der Vorphase macht mit 34 Wochen nur rund
   1/4 der gesamten Entwicklungsdauer aus.[57] In den größeren Projekten ist sie tendenziell länger als in den kleineren Projekten. Der Median der festgestellten Plan-Ist-Zeit-
   abweichungen liegt bei 0%, der Mittelwert allerdings bei rund 40%. Dies deutet auf
   sehr unterschiedliche Vorphasen hin. In vielen Projekten wurde die Vorphase, die in
   erster Linie planerische Aufgaben umfaßt, jedoch nur mit geringem Engagement
   durchgeführt. Dementsprechend werden hier hohe Verbesserungspotentiale vermutet.
   Das erwartete Zeiteinsparungspotential beträgt immerhin 48,5%.[58] Die von Smith und
   Reinertsen aufgestellte These, nach der besonders zu Beginn einer Entwicklung viel
   Zeit verloren wird, wird durch dieses Ergebnis unterstützt.[59]

   Die Optimum-Planung der Ressourcen für die Vorphase ist in den betrachteten
   Projekten sehr unterschiedlich (Median -15%). Während in einigen Projekten
   Einsparungen aufgrund von Effizienzverbesserungen erwartet werden, wird in anderen
   Projekten eine stärkere Ressourcen

---

56   In einigen der untersuchten Projekte waren die Phasen nicht eindeutig abgrenzbar. Um das Ergebnis nicht
     zu beeinträchtigen, wurden diese Projekte in die Ermittlung der Durchschnittswerte nicht einbezogen.
     Besonders die phasenweise Bestimmung des Ressourcenverbrauchs war in vielen Fällen nicht möglich.
     Dies hat zur Folge, daß die Fallzahlen für die einzelnen Berechnungen unterschiedlich sind. Die statisti-
     schen Kennzahlen wurden nur für solche Variablen errechnet, für die mindestens 4 vergleichbare Fälle
     existierten. Eine Differnzierung nach Projektgröße ist aufgrund der geringen Fallzahlen nicht sinnvoll.
     Die hier festgestellten phasenbezogenen Plan-Ist-Abweichungen sind höher als die von Brockhoff und
     Urban ermittelten Abweichungen (31 Projekte eines Elektrounternehmens). Diese betragen in der Ent-
     wurfsphase +26%, Erprobung -4%, Abschlußtest +11% und Serienfreigabe +18%. Aufgrund unter-
     schiedlicher Produktstrukturen in den verschiedenen Industrien sind die Daten möglicherweise jedoch
     nicht unmittelbar vergleichbar; vgl. Brockhoff, Urban 1988, S. 13.
57   In der Automobilindustrie macht die Vorphase mehr als 1/3 der Entwicklungsdauer aus; vgl. Clark, Fu-
     jimoto 1989, S. 45.
58   Auch Dorbrandt et.al. halten Zeiteinsparungen von ca. 50% in der Planungsphase für möglich; vgl. Dor-
     brandt et. al. 1990, S. 164.
59   "The fuzzy front end"; Smith, Reinertsen 1991, S. 43 ff.

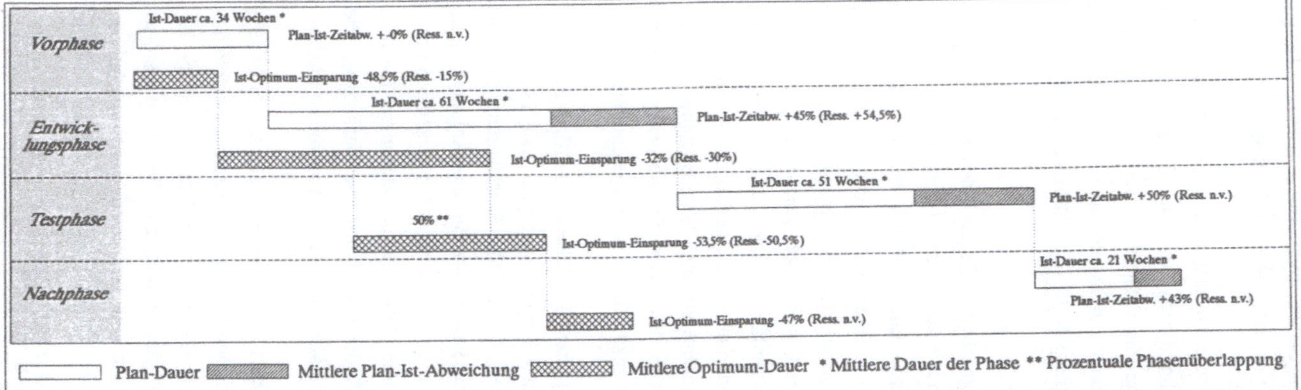

Gantt-Diagramm:

Vorphase
- Ist-Dauer ca. 34 Wochen *
- Plan-Ist-Zeitabw. +0% (Ress. n.v.)
- Ist-Optimum-Einsparung -48,5% (Ress. -15%)

Entwicklungsphase
- Ist-Dauer ca. 61 Wochen *
- Plan-Ist-Zeitabw. +45% (Ress. +54,5%)
- Ist-Optimum-Einsparung -32% (Ress. -30%)

Testphase
- Ist-Dauer ca. 51 Wochen *
- 50% **
- Plan-Ist-Zeitabw. +50% (Ress. n.v.)
- Ist-Optimum-Einsparung -53,5% (Ress. -50,5%)

Nachphase
- Ist-Dauer ca. 21 Wochen *
- Plan-Ist-Zeitabw. +43% (Ress. n.v.)
- Ist-Optimum-Einsparung -47% (Ress. n.v.)

Legende: Plan-Dauer ▫　Mittlere Plan-Ist-Abweichung ▨　Mittlere Optimum-Dauer ▓　* Mittlere Dauer der Phase　** Prozentuale Phasenüberlappung

statistische Kennzahlen [1]	Vorphase Plan-Ist-Abw. Zeit	Ress.	Vorphase Ist-Opt.-Abw. Zeit	Ress.	Entwicklungsphase Plan-Ist-Abw. Zeit	Ress.	Entwicklungsphase Ist-Opt.-Abw. Zeit	Ress.	Testphase Plan-Ist-Abw. Zeit	Ress.	Testphase Ist-Opt.-Abw. Zeit	Ress.	Nachphase Plan-Ist-Abw. Zeit	Ress.	Nachphase Ist-Opt.-Abw. Zeit	Ress.	Parallelisierung der Phasen [2] Vorphase-Entwicklung Ist	Opt.	Entwicklung-Testphase Ist	Opt.
Arith. Mittel	+39,9	n.v	-47,1	+15,7	+42,7	+54,3	-36,3	-33,6	+75,8	n.v.	-51,4	-42,8	+75,7	n.v.	-44,8	n.v.	21,7	20,7	36,9	50
Median	0,0	n.v	-48,5	-15	+45	+54,5	-32	-30	+50	n.v.	-53,5	-50,5	+43	n.v.	-47	n.v.	0,0	0,0	0,0	50
Std.-Abw.	54,5	n.v	16,9	87,5	36,4	29,9	16,3	22,2	76,3	n.v.	19,3	24,2	75,1	4	39,5	n.v.	40,4	34,1	45,4	42,4
Fälle	7	3	10	10	9	4	12	10	5	1	8	6	4	1	4	3	7	10	6	9

[1] Arith. Mittel u. Median jeweils in %; n.v. = Daten nicht verfügbar bzw. Fallzahl <4　　[2] Die Parallelisierung gibt an, wieviel Prozent der Phasen überlappen

Abbildung 52-10: Phasenweise Betrachtung der Zeit und Ressourceneinsparungen

konzentration in der Planung als erforderlich angesehen. Insgesamt scheint eine Steigerung des Parallelisierungsgrades innerhalb der Vorphase um 30-50% möglich zu sein.

2. *Die Entwicklungsphase*: Die Entwicklungsphase sollte erst dann einsetzen, wenn die Vorphase abgeschlossen ist. Mit einer durchschnittlichen Dauer von 61 Wochen ist die Entwicklungsphase erwartungsgemäß die längste Phase. Durch Effizienzverbesserungen wird eine Reduzierung von Ressourcenverbrauch und Dauer um rund 1/3 in dieser Phase für möglich gehalten. Eine stärkere Parallelisierung der Aktivitäten innerhalb der Entwicklungsphase ist offensichtlich möglich.

3. *Die Testphase*: Die Testphase beinhaltet hier gegebenenfalls auch den Bau eines Prototypen. Zeiteinsparungen sind besonders durch eine stärkere Überlappung der Entwicklungs- und Testphase in Höhe von durchschnittlich 50% (Ist-Median 0%) zu erwarten.[60] Durch frühzeitige Tests wird mit einer Verringerung und Verkürzung der Iterationsschleifen gerechnet, wodurch zusätzliche Effizienzverbesserungen möglich sind. Bisher war es in dieser Phase zu hohen Zeitabweichungen gekommen. Eine unzureichende Koordination der verfügbaren Testkapazitäten wurde häufig als Begründung genannt. Externe Tests sollen in vielen Fällen zukünftig stark verkürzt bzw. außerhalb des betrachteten Entwicklungsprojektes weitergeführt werden. Neue Erkenntnisse wurden nach Angaben der Projektleiter besonders in den ersten Testwochen gewonnen. Langzeittests dienen besonders der Optimierung zukünftiger Produktgenerationen.

4. *Die Nachphase*: Die Nachphase gestaltete sich je nach Produkt- und Fertigungsstruktur verschieden. Vergleichbare Daten waren für nur 4 Projekte verfügbar. Die Tätigkeiten in der Nachphase dieser Projekte konzentrierten sich auf die Einsteuerung der Entwicklungsergebnisse in die Fertigung und auf die Dokumentation. Die Anknüpfung an die Entwicklungs- und Testphase war sehr unterschiedlich, so daß hier keine prozentuale Phasenüberlappung ermittelt werden konnte. Hohe Zeitabweichungen (Median +43%) resultierten häufig aus verschleppten Änderungen bis in die Nachphase. Die erwarteten Zeiteinsparungen liegen bei rund der Hälfte der Gesamtdauer dieser Phase.

Betrachtet man die Plan-Ist-Abweichungen, so zeigen sich besonders in den späten Phasen hohe Zeit- und Ressourcenabweichungen. Gleichzeitig wird in diesen Phasen mit einem hohen Einsparungspotential gerechnet. Der Grundstein dafür wird in der Vorphase gelegt. Innerhalb dieser Phase soll der Anteil paralleler Arbeitsgänge um bis zu 50% erhöht werden. Durch Verbesserungen in der Anfangsphase sollen hohe Zeit- und Ressourcenabweichungen

---

60 In Abhängigkeit von der Komplexität erwarten Dorbrandt et. al. eine Verkürzung der "Realisierungsphase" (d.h. Entwicklungs- und Testphase) von nur 20-40%. (20% in Projekten mittlerer Komplexität, 40% in Projekten geringer und hoher Komplexität); vgl. Dorbrandt et. al. 1990, S. 186.

in den späteren Phasen vermieden werden. Die erwarteten Einsparungen in diesen Phasen liegen zwischen 30% und mehr als 50%.

Aus der Phasenanalyse geht hervor, daß Einsparungen durch Effizienzeffekte besonders in den Phasen Entwicklung und Test zu erwarten sind. Hinsichtlich der Parallelisierung müssen zwei verschiedene Arten unterschieden werden:

-   die Parallelisierung innerhalb der Phasen,
-   die Parallelisierung der Phasen selbst.

Die Parallelisierung bzw. Überlappung von Aktivitäten und Phasen setzt grundsätzlich voraus, daß weitgehend unabhängige Tätigkeiten existieren. Die Parallelisierung von Aktivitäten innerhalb einer Phase ist besonders in Phasen mit hoher Managementkomplexität, wie zum Beispiel in der Vorphase umsetzbar. Eine Parallelisierung von Phasen ist besonders beim Übergang von der Entwicklungs- in die Testphase möglich. Bei genauer Analyse dieser Phasen zeigt sich, daß Entwicklung und Tests häufig iterativ ablaufen. Es entsteht eine kontinuierlicher Prozeß von Entwicklung - Test - Entwicklung - Test, wobei die Aktivitäten zunehmend überlappen.

Insgesamt zeigt die Untersuchung der Projektphasen mehrere Quellen für Verbesserungspotentiale. In der Vor- und Entwicklungsphase sind Zeiteinsparungen besonders durch die Parallelisierung von Aktivitäten möglich. Dazu müssen in vielen Projekten in der Vorphase zusätzliche Ressourcen eingesetzt werden. Weitere Zeiteinsparungen können durch eine deutlich stärkere Überlappung von Entwicklungs- und Testphase erreicht werden. In diesen Phasen werden darüber hinaus Potentiale zur Effizienzverbesserung vermutet, die bei konsequenter Nutzung hohe Ressourceneinsparungen erwarten lassen.

5.3   Untersuchung relevanter Produkt- und Projektcharakteristika

Im folgenden soll untersucht werden, inwieweit bestimmte Produkt- und Projektcharakteristika einen Einfluß auf den Verlauf der Entwicklung haben. Die Komplexität des Entwicklungsobjektes und seine Wirkung auf den Entwicklungsprozeß soll dabei im Vordergrund stehen.[61] Zur Bestimmung der Komplexität wurden im Rahmen der Projektanalysen drei objektorientierte Variablen verwendet:

1. *Anzahl der Teile*: Es ist zu erwarten, daß die Komplexität der Entwicklungsaufgabe mit der Anzahl der Teile eines Maschinensystems zunimmt (Managementkomplexität). Je mehr Teile ein Maschinensystem umfaßt, desto mehr Wechselwirkungen müssen berücksichtigt und koordiniert werden.[62]

2. *Anzahl der Neuteile*: Die Neuigkeit der Entwicklungsaufgabe ist eng mit der Art und Anzahl der neu zu entwickelnden Teile eines Maschinensystemes verknüpft. Jedes neue Teil erfordert mindestens einen Problemlösungsprozeß (Problemkomplexität) sowie die Lösung mindestens eines Schnittstellenproblems (Managementkomplexität).

3. *Modularität des Maschinensystems*: Durch die Modularisierung eines Maschinensystems kann die Komplexität der Entwicklung reduziert werden. Teile können aus anderen Maschinensystemen konzeptionell oder direkt entnommen werden.[63] Gleichzeitig sind jedoch die Anforderungen an die Entwicklung eines neuen Teils in einem modularen System höher, denn es muß nicht nur für einen Anwendungsfall, sondern für alle vorgesehenen Anwendungsfälle des Moduls ausgelegt werden.

---

61 Zur theoretischen Bedeutung der Komplexität des Entwicklungsobjektes, siehe Kapitel 3.2.3.1 und 3.3.1. Zur Analyse der Fallstudiendaten wurden in begrenztem Umfang auch statistische Verfahren eingesetzt. Da ihre Aussagefähigkeit aufgrund der geringen Fallzahlen jedoch nicht immer unproblematisch ist, kann eine Generalisierung auch solcher Ergebnisse, die hier als signifikant gekennzeichnet sind, nur in sehr beschränktem Maße erfolgen. Es sei daher nochmals darauf verwiesen, daß im Rahmen der explorativen Projektanalysen lediglich hypothetische Ansatzpunkte für die großzahlige Untersuchung gefunden werden sollten. (Auf die Besonderheiten der einzelnen statistischen Verfahren soll daher auch erst im Rahmen von Kapitel 5.2 eingegangen werden).

62 Unter einem Teil soll hier stets ein Konstruktionsteil verstanden werden, also ein Teil, welches eine Zeichnung erfordert. DIN-Normteile, wie z.B. Schrauben sind keine Teile in diesem Sinne. Zwar kann auch die Anzahl der Normteile einen Einfluß auf Komplexitätsaspekte eines Maschinensystems haben (z.B. auf die Montagekomplexität und die damit verbundene Anforderung an das montagegerechte Gestalten einer Konstruktion), diese sollen hier jedoch aus Erfassungs- und Übersichtlichkeitsgründen vernachlässigt werden.

63 Konzeptionelle übernommene Teile sind solche Teile, die zwar neu konstruiert und an neue konstruktive Gegebenheiten angepaßt, nicht aber neu konzipiert werden müssen. Direkt übernommene Teile können auch als Wiederverwendungsteile bezeichnet werden.

5.3.1 Der Einfluß der Teilezahl

Es ist zu erwarten, daß die Entwicklungsdauer mit ansteigender Teilezahl überproportional zunimmt.[64] Geht man davon aus, daß jedes Teil direkten und indirekten Wechselwirkungen mit den anderen Teilen des Systems ausgesetzt ist, so steigen besonders die indirekten Wechselwirkungen mit zunehmender Teilezahl überproportional an. Die Anzahl der direkten Wechselwirkungen läßt sich zum Teil durch eine Produktmodularisierung begrenzen.[65] Für den Entwicklungsprozeß bedeutet dies einen Anstieg des Koordinationsbedarfes und damit eine zunehmende Managementkomplexität. Je nach Schwierigkeit der Wechselwirkungen steigt auch die Problemkomplexität.

Aus diesen Überlegungen lassen sich einige Hypothesen zum Einfluß der Teilezahl auf den Entwicklungsverlauf ableiten, die im folgenden näher untersucht werden sollen. Zur Überprüfung der Hypothesen wurden die Projekte in zwei Cluster mit hoher und geringer Teilezahl unterteilt.[66] Die Mittelwertunterschiede wurden mit einer Oneway-Varianzanalyse auf ihre Signifikanz überprüft.[67] Die Ergebnisse sind in Tabelle 53-1 dargestellt.

T1: Je höher die *Anzahl der Teile* in einem Entwicklungsprojekt ist, desto mehr *Ressourcen* müssen eingesetzt werden.

T2: Je höher die *Anzahl der Teile* in einem Entwicklungsprojekt ist, desto *länger* dauert das Projekt.

Die Hypothesen werden durch die Analyse grundsätzlich bestätigt.[68] Berücksichtigt man die drei bisher betrachteten Projektgrößenklassen, so weisen die großen Projekte signifikant mehr Teile auf als die kleinen Projekte. Die mittleren Projekte liegen tendenziell dazwischen.[69] Aus Tabelle 52-1 ging hervor, daß große Projekte signifikant länger dauern als kleine Projekte. Berücksichtigt man die in der Tabelle dargestellte Clusterung nach der

---

64 Vgl. Clark 1989, S. 1254; Smith, Reinertsen 1991, S. 62.
65 Siehe Abbildung 33-1.
66 Dazu wurde eine Clusteranalyse mit der Ward-Methode durchgeführt. Das Projekt 11 (8000 Teile) wurde nicht berücksichtigt, da es bei einer 2-Clusterlösung zunächst allein ein Cluster bilden würde; vgl. dazu (auch im folgenden) Brosius 1989, S. 175 ff.; Backhaus et. al. 1990, S. 115 ff. (Zur näheren Erläuterung der statistischen Verfahren, siehe auch Kapitel 5.2).
67 Die Signifikanzen wurden jeweils mit Scheffé- und LSD-Test geprüft; vgl. dazu (auch im folgenden) Brosius 1988, S. 280; Backhaus et. al. 1990, S. 45 ff.
68 Popper macht in seinen wissenschaftstheoretischen Analysen deutlich, daß Hypothesen auch mit wissenschaftlich einwandfreien Methoden nicht verifiziert, sondern allenfalls falsifiziert werden können; vgl. Popper 1935. Die "Bestätigung" einer Hypothese bedeutet hier, daß die Nullhypothese mit einer hohen Wahrscheinlichkeit verworfen wird. Von "tendenzieller Bestätigung" wird gesprochen, wenn die Mittelwerte zwar tendenziell stark auf die "Bestätigung" einer Hypothese hindeuten, eine Signifikanz in den hier gewählten Grenzen jedoch nicht nachzuweisen ist.
69 Eine Oneway-Varianzanalyse zeigt signifikante Unterschiede zwischen den großen Projekten (im Mittel 2646 Teile) und den kleinen Projekten (22 Teile) auf dem 0.1 Niveau (LSD-Test; Scheffé-Test nicht signifikant). Die mittleren Projekte haben durchschnittlich 603,25 Teile (Unterschiede nicht signifikant).

Teilezahl, so ergibt sich das gleiche Bild. Projekte mit hoher Teilezahl benötigen signifikant mehr Ressourcen, als Projekte mit geringerer Teilezahl. Darüber hinaus dauern Projekte mit hoher Teilezahl tendenziell länger, der Unterschied ist allerdings nicht signifikant.

Hypothesen			*T1*	*T2*	*T3*	*T4*	*T5*	*T6*	*T7*	*T8*
Cluster Teilezahl	Fälle	mittlere Teilezahl	Ist-Zeit	Ist-Ress.	neue Teile	unsichere Teile	Zeit-unsich.	Kosten-unsich.	Zeit-Abw.	Ress.-Abw.
1	5	1500	161,2	822,7	834,2	612,0	66,0	40,0	73,0	114,7
2	8	31,4	92,0	162,5	9,3	6,5	37,5	26,9	25,5	20,0
		Signifikanz	n.s	p< .1	p<.05	p< .1	n.s	n.s	n.s	p< .05

Signifikanzen einer Oneway-Varianzanalyse (Scheffé-Test; n.s.= nicht signifikant)

Tabelle 53-1: Einfluß der Teilezahl auf ausgewählte Projektparameter

T3: Je höher die *Anzahl der Teile* in einem Entwicklungsprojekt, desto mehr Teile müssen *neu konzipiert* werden.

T4: Je höher die *Anzahl der Teile* in einem Entwicklungsprojekt, desto größer wird die *technische Unsicherheit.*

Die Hypothesen werden bestätigt. Es zeigt sich, daß Projekte mit hoher Teilezahl nicht nur viele neue Teile, sondern auch viele technisch unsichere Teile haben.[70] Eine Korrelationsanalyse zeigt durchweg signifikante Ergebnisse zwischen den drei Variablen.[71]

T5: Je höher die *Anzahl der Teile* in einem Entwicklungsprojekt ist, desto höher ist die Wahrscheinlichkeit, daß die *Zeitziele* nicht erreicht werden.

T6: Je höher die *Anzahl der Teile* in einem Entwicklungsprojekt ist, desto höher ist die Wahrscheinlichkeit, daß die *Kostenziele* nicht erreicht werden.

Die Hypothesen werden nur tendenziell bestätigt. Die Wahrscheinlichkeit, daß Zeit- und Kostenziele nicht erreicht werden, wurde von den Projektleitern zwar in Projekten mit hoher Teilezahl höher eingestuft, die Unterschiede sind jedoch nicht signifikant.

---

70 Als technisch unsichere Teile wurden solche Teile definiert, deren technische Machbarkeit nicht von Beginn des Projektes an klar war, so daß sie als risikobehaftet bezeichnet werden konnten. Der Anteil der unsicheren Teile an den Neu-Teilen lag durchschnittlich bei rund 65%.
71 Für alle Korrelationskoeffizienten gilt: r >.98, p <.001.

T7: Je höher die *Anzahl der Teile* in einem Entwicklungsprojekt ist, desto höher sind dementsprechend die *Zeit- und Ressourcenabweichungen* in den Entwicklungsprojekten.

T8: Je höher die *Anzahl der Teile* in einem Entwicklungsprojekt ist, desto höher sind dementsprechend die *Zeit- und Ressourcenabweichungen* in den Entwicklungsprojekten.

Die Hypothese T7 wird bestätigt. Projekte mit hoher Teilezahl weisen signifikant höhere Plan-Ist-Ressourcenüberschreitungen auf, als Projekte mit geringerer Teilezahl. Hypothese T8 wird nur tendenziell bestätigt: die Zeitüberschreitungen sind tendenziell höher, aber nicht signifikant.

Insgesamt bestätigt die Analyse den Einfluß der Teilezahl auf den Entwicklungsverlauf. Besonders stark beeinflußt die Teilezahl den Ressourcenverbrauch. Projekte mit hoher Teilezahl sind unsicherer und haben signifikant höhere Ressourcenüberschreitungen. Ein Einfluß auf die Entwicklungsdauer ist zwar tendenziell erkennbar, erweist sich allerdings nicht als signifikant.[72] Durch eine hohe Parallelisierung der Aktivitäten lassen sich Entwicklungsdauer und Zeitüberschreitungen offensichtlich begrenzen. Aus den Daten der Hypothese T1 in Tabelle 53-1 geht hervor, daß in Projekten mit höherer Teilezahl durchschnittlich 5,1 Personen gleichzeitig tätig waren. In den Projekten mit geringerer Teilezahl waren es lediglich knapp 1,8 Personen. Auch dieser Unterschied erweist sich als signifikant.[73] Insgesamt ist eine hohe Abhängigkeit zwischen der Teilezahl, dem Ressourcenbedarf und dem Parallelisierungsgrad festzustellen, die bei der Planung eines Entwicklungsprojektes zu berücksichtigen ist.

5.3.2   Der Einfluß der Neu-Teilezahl

Neu-Teile sind Teile, die im Rahmen des Entwicklungsprojektes neu konzipiert und neu konstruiert werden müssen. Die Neuheit einer Entwicklungsaufgabe ist daher eng mit der Anzahl der neu zu entwickelnden Teile verknüpft. Jedes neue Teil erfordert prinzipiell mindestens einen Problemlösungsprozeß. Weiterhin ist mindestens ein Koordinationsprozeß zur Schnittstellenabstimmung mit den zu verknüpfenden Teilen erforderlich. Die Schwierigkeit

---

72 Die Annahme, daß hohe Zeit- bzw. Kostenunsicherheit auch tatsächlich zu hohen Zeit- bzw. Ressourcenabweichungen führt, erweist sich nicht als zutreffend. Mehrere Gründe können zu diesem Ergebnis führen. Einerseits wurde die Unsicherheitswahrnehmung ex-post beobachtet: die Projektleiter wurden im nach Abschluß des Projektes befragt, wie hoch sie die Wahrscheinlichkeit einer Zeit- und Kostenüberschreitung zu Beginn des Projektes eingeschätzt hätten. Diese Sichtweise kann zu Verzerrungen geführt haben. Andererseits wurden möglicherweise nur solche Einflüsse berücksichtigt, die im Einschätzungsbereich des Projektleiters liegen. Externe Einflußfaktoren könnten vernachlässigt worden sein. Auch die Länge des Schätzzeitraumes und die Projektgröße kann einen Einfluß gehabt haben.

73 Oneway-Varianzanalyse; Signifikanzniveau des Scheffé-Tests $=0.1$ (LSD-Test$= 0.05$). Die Korrelationsanalyse zeigt einen starken Zusammenhang zwischen dem Ressourcenbedarf (Plan-, Ist-, Soll-, und Optimum-Werte) und dem Parallelisierungsgrad ($r > .74$; signifikant auf dem 0.01 Niveau). Dieses Ergebnis stimmt mit den Aussagen des Brook'schen Gesetzes überein (siehe dazu Abbildung 22-2).

des Problemlösungsprozesses bestimmt die Problemkomplexität. Die Anzahl und Art der Schnittstellen bestimmen die Managementkomplexität, die mit dem Neu-Teil verbunden ist.

Zur Prüfung der Hypothesen wurde eine Clusterung der Entwicklungsprojekte in drei Gruppen mit unterschiedlicher Neu-Teilezahl vorgenommen.[74] Die Hypothesen wurden wiederum durch Oneway-Varianzanalysen überprüft. Die Ergebnisse sind in Tabelle 53-2 dargestellt.

N1: Je mehr *Neu-Teile* eine Entwicklung umfaßt, desto mehr *Ressourcen* müssen eingesetzt werden.

N2: Je mehr *Neu-Teile* eine Entwicklung umfaßt, desto *länger* dauert das Projekt.

Die Hypothesen werden bestätigt. Die Projekte mit hoher Neu-Teilezahl dauern signifikant länger als die Projekte mit geringer Anzahl neuer Teile. Auch die Ressourcenbeanspruchung ist in den Projekten mit hoher Neu-Teilezahl signifikant höher. Insofern könnte vermutet werden, daß es einen Schwellenwert der Neu-Teilezahl gibt, bei dessen Überschreitung besonders die Managementkomplexität so stark ansteigt, daß mit einer signifikant längeren Dauer und stärkerer Ressourcenbeanspruchung zu rechnen ist.

Hypothesen			N1	N2	N3	N4	N5	N6	N7
Cluster Neue Teile	Fälle	Neue Teile	Ist-Zeit	Ist-Ress.	unsichere Teile	Zeit-unsich.	Kosten-unsich.	Zeit-Abw.	Ress.-Abw.
1	2	4525	213,0	1262,5	3300	75,0	55,0	6,0	15,0
2	3	635	186,7	937,0	420	50,0	46,7	62,7	163,5
3	9	10	87,1	162,5	6	42,2	29,4	41,2	20,0
Signifikanz 1:2			n.s.	n.s.	p< .01*	n.s.	n.s.	n.s.	p< .01*
		1:3	p< .1**	p< .1*	p< .01*	n.s.	n.s.	n.s.	n.s.
		2:3	p< .1**	p< .1*	n.s.	n.s.	n.s.	n.s.	p< .01*

Signifikanzen einer Oneway-Varianzanalyse (*Scheffé- und **LSD-Test; n.s.= nicht signifikant)

Tabelle 53-2: Einfluß der Neu-Teilezahl auf ausgewählte Projektparameter

74 Die Clusterung wurde hier manuell vorgenommen. Eine Clusteranalyse (Ward-Methode) führte hier zu keiner sinnvollen Einteilung (es ergibt sich eine 3-Clusterlösung, bei der 2 Cluster mit nur je einem Fall besetzt sind: P11, P12). Eine 2-Clusterlösung ohne diese beiden Fälle ergibt die gezeigten Cluster 2 und 3. Die beiden herausgelösten Fälle bilden zusammen das Cluster 1. Das Cluster 1 hat mehr als 1000 Neu-Teile (P11, P12), das Cluster 2 zwischen 100 und 1000 (P1, P2, P9) und das Cluster 3 weniger als 100. Bei der Betrachtung der Ergebnisse ist zu berücksichtigen, daß die Fallzahl gering und in den Gruppen sehr unterschiedlich ist; vgl. hier und im folgenden Backhaus et. al. 1990, S. 154.

N3: Je mehr *Neu-Teile* eine Entwicklung umfaßt, desto größer ist die *technische Unsicherheit.*

Die Hypothese wird bestätigt. Die Projekte mit hoher Neu-Teilezahl haben besonders viele unsichere Teile. Insgesamt zeigt sich ein starker Zusammenhang zwischen der Teilezahl, der Neu-Teilezahl und der Anzahl unsicherer Teile. Grundsätzlich gilt für die untersuchten Projekte, daß mit zunehmender Teilezahl auch die Zahl der Neu-Teile und die Zahl der unsicheren Teile ansteigt.[75]

N4: Je mehr *Neu-Teile* eine Entwicklung umfaßt, desto höher ist die Wahrscheinlichkeit, daß die *Zeitziele* nicht erreicht werden.

N5: Je mehr *Neu-Teile* eine Entwicklung umfaßt, desto höher ist die Wahrscheinlichkeit, daß die *Kostenziele* nicht erreicht werden.

Die Hypothesen werden nicht bestätigt. Tendenziell zeigen sich zwar bestätigende Ergebnisse, eine Signifikanz zwischen den Gruppen ist aber nicht erkennbar. Die Zeit- und Kostenunsicherheit hängt offensichtlich weniger von der Teile- oder Neu-Teilezahl als vielmehr von anderen Projekteinflüssen, wie z.B. der Projektpriorität, der Lieferantenzuverlässigkeit oder organisatorischen Schwächen ab.

N6: Je mehr *Neu-Teile* eine Entwicklung umfaßt, desto höher sind dementsprechend die *Zeitabweichungen* in den Entwicklungsprojekten.

N7: Je mehr *Neu-Teile* eine Entwicklung umfaßt, desto höher sind dementsprechend die *Ressourcenabweichungen* in den Entwicklungsprojekten.

Die Hypothesen werden nicht bestätigt. Betrachtet man zunächst nur die Cluster 1 und 3, so zeigt sich eine eher umgekehrte Tendenz. Die Plan-Ist-Abweichungen sind eher in den Projekten mit geringerer Neu-Teilezahl höher. Eine Begründung für dieses Ergebnis könnte in der tendenziell höheren Unsicherheit in den Projekten mit hoher Neu-Teilezahl sein, die bereits in den Plandaten berücksichtigt wurde. In den Projekten mit weniger Neu-Teilen wurde man hingegen von Verzögerungen und Ressourcenabweichungen stärker überrascht.[76] Dieser Zusammenhang ist allerdings nicht signifikant.

---

75 Die Korrelationsanalyse zeigt alle Korrelationskoeffizienten zwischen den 3 Variablen > .98 signifikant auf dem .001 Niveau. Zur Korrelationsanalyse vgl. hier und im folgenden Brosius 1988, S. 303 ff.; Backhaus et. al. 1990, S. 71 ff.

76 Die Überprüfung des Zusammenhangs der Plan-Ist-Ressourcenabweichungen und der Neu-Teilezahl zeigt signifikante Unterschiede zwischen dem mittleren Cluster 2 und den beiden übrigen. Dieses Ergebnis kommt dadurch zustande, daß sich im Cluster 2 die Projekte P1 und P2 mit außergwöhnlich hohen Ressourcenabweichungen (siehe Abbildung 52-2) und das Projekt P9, für das keine Plandaten verfügbar waren, befinden. Eine grundsätzliche Schlußfolgerung kann daher aus diesem Ergebnis nicht gezogen werden.

Insgesamt zeigt sich, daß der Verlauf von Entwicklungsprojekten auch durch die Anzahl der Neu-Teile beeinflußt wird. Projekte mit vielen neuen Teilen weisen eine hohe technische Unsicherheit auf, dauern länger und benötigen mehr Ressourcen. Eine Verringerung von Problem- und Managementkomplexität ist dementsprechend besonders durch eine Reduzierung der Neu-Teile in einem Entwicklungsprojekt zu erwarten. Die Ergebnisse legen auch eine Umsetzung von Lean-Konzepten in der Entwicklung nahe. Die Zahl intern zu entwickelnder Neuteile und damit die Projektdauer und Ressourcenbindung könnten durch eine Fremdvergabe von Entwicklungstätigkeiten an kompetente Lieferanten verringert werden.

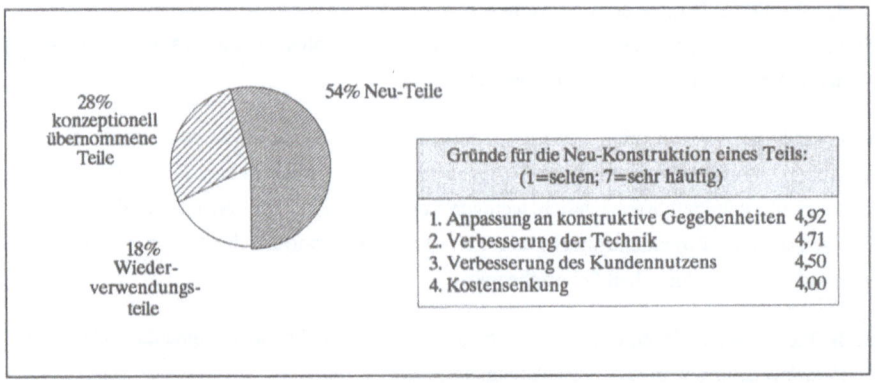

Abbildung 53-1: Anteil der Neu-Teile und Gründe für eine Neukonstruktion

Bisher waren durchschnittlich 54% der Teile Neu-Teile, 28% wurden konzeptionell übernommen, nur 18% waren Wiederverwendungsteile, d.h. sie konnten ohne jegliche Anpassung übernommen werden. Im Rahmen der Projektanalysen wurde auch untersucht, zu welchem Zweck ein Teil neu entwickelt werden mußte. Aus Abbildung 53-1 geht hervor, daß besonders die Anpassung einer vorhandenen Konzeption an die konstruktiven Gegebenheiten der problemspezifischen Lösung häufig zur Neukonstruktion eines Teiles führte. Zwei Gründe wurden dafür besonders genannt:

1. Die Modularisierung von Maschinenbauprodukten und die damit verbundene Steigerung des Anteils von Wiederverwendungsteilen in den Produkten ist aufgrund der häufig kundenspezifischen Lösung nur in sehr geringem Umfang möglich.
2. Um zu einer modularen Bauweise zu kommen, ist ein hohes Maß an Voraussicht notwendig, denn auch zukünftige Schnittstellenprobleme und Anforderungen müssen bedacht werden, so daß später allenfalls geringe Anpassungen erforderlich sind. Die Ent-

wicklung eines modular verwendbaren Teils ist daher zunächst mit hohem Aufwand verbunden.

Die weiteren Gründe für die Neukonstruktion eines Teiles waren die Verbesserung der Technik und die Verbesserung des Kundennutzens. Beide Gründe zeigen sich hochkorreliert, so daß davon ausgegangen werden kann, daß eine Verbesserung der Technik auch mit höherem Kundennutzen verbunden ist.[77] An vierter Stelle steht die Neukonstruktion eines Teils mit dem Ziel der Kostensenkung. Häufig lassen sich Kostensenkungen durch einfachere Änderungen erreichen, so daß eine Neukonstruktion nicht erforderlich ist. Zwar sind die Angaben nicht direkt quantifizierbar, es läßt sich aber dennoch die Frage stellen, ob die Verbesserung des Kundennutzens nicht grundsätzlich an erster Stelle einer solchen Liste stehen sollte.

5.3.3   Der Einfluß der Modularität

Der Nutzen der Modularisierung hängt davon ab, wieviel "Vordenken" notwendig ist und wieviel "Vorgedachtes" genutzt werden kann. Mit ansteigendem Modularisierungsgrad nimmt die Anzahl der Neu-Teile zugunsten der Anzahl der Wiederverwendungsteile ab. Dadurch kann eine Komplexitätsreduktion erreicht werden, die zu einer kürzeren Entwicklungsdauer und geringerem Ressourcenverbrauch führt.[78] Zehn der vierzehn betrachteten Entwicklungsobjekte waren nach Auskunft der Projektleiter modular aufgebaut. Der Anteil der Wiederverwendungsteile in den modularen Projekten unterschied sich jedoch nicht signifikant von den nicht modularen Projekten. Keine der Hypothesen über einen Zusammenhang zwischen der Modularität und Entwicklungszeiten, Entwicklungsressourcen und Unsicherheit zeigte annähernd signifikante Ausprägungen. Allein die Hypothese, daß in einem modularen Produkt besonders viele Neu-Teile konstruktiv angepaßt werden müssen, wurde durch die Korrelationsanalyse bestätigt.[79] Auch eine Untersuchung der Projekte mit einer hohen Anzahl konzeptionell übernommener Teile zeigte keinerlei signifikante Ergebnisse.[80] Mehrere Gründe können zu diesem Ergebnis beigetragen haben:

77   Der Korrelationskoeffizient von r= .75 ist auf dem 0.01 Niveau signifikant. Dieses Ergebnis widerlegt nicht die in einer Untersuchung von Brockhoff untersuchte These, daß die Ingenieure zur Überfektionierung neigen. Unterstellt man zunächst, daß die Einschätzung der Projektleiter über den Zusammenhang von technischer Verbesserung und Kundennutzen zutrifft, so widerspräche das Ergebnis zwar der These, andererseits deutet die höhere Bewertung der technischen Verbesserung vor dem Kundennutzen allerdings tatsächlich in die Richtung einer Überperfektionierung; vgl. Brockhoff 1990, S. 50 ff.

78   Siehe Kapitel 3.3.1.

79   Korrelationskoeffizient r= 0.73 signifikant auf dem 0.01 Niveau.

80   In diesen Projekten ist die Zahl der konstruktiv anzupassenden Teile erwartungsgemäß signifikant höher (Oneway-Varianz-Analyse von drei Gruppen; LSD-Test signifikant auf dem 0.1 Niveau). Entsprechend ist der Anteil der Neu-Teile und der unsicheren Teile signifikant geringer (Scheffé- und LSD-Test signifikant auf dem 0.01 Niveau). Dies führt offensichtlich aber nicht zu Verbesserungen des Zeit- und Ressourcenverbrauchs in den Projekten.

- In Projekten mit modularem Charakter werden verhältnismäßig mehr Zeit und Ressourcen für die konstruktive Anpassung von Neu-Teilen benötigt, so daß die durch Modularität erreichten Zeit- und Kostenvorteile kompensiert werden.[81]

- Der Anteil der Wiederverwendungsteile ist auch in den als modular bezeichneten Projekten zu gering (teilweise nur 5% der Teile), um daraus nachhaltige Komplexitätsreduzierungen zu erreichen. Nur drei Projekte hatten mehr als 40% Wiederverwendungsteile.

- Die Fallzahl ist zu gering.

Insgesamt kann festgehalten werden, daß die Teilezahl und die Neu-Teilezahl den Entwicklungsprozeß erkennbar beeinflussen. Zur Erhöhung der Entwicklungsgeschwindigkeit sollte die Produktkomplexität durch eine Reduzierung der Gesamtteilezahl und der Neu-Teilezahl verringert werden. Bei hohen Teilezahlen erhöht sich die technische Unsicherheit und damit die Wahrscheinlichkeit von Ressourcenüberschreitungen. Eine modulare Produktkonzeption zeigt hier keine erkennbare Auswirkung auf die Zeit- und Ressourcenparameter der Entwicklungsprojekte. Sie kann jedoch zu Größenvorteilen bezüglich anderer Parameter (besonders der Herstellkosten) führen. Die großzahlige Untersuchung soll hier weitere Erkenntnisse liefern.[82]

---

81 Eine modulare Entwicklung kann insgesamt jedoch dennoch vorteilhaft sein, wenn dadurch z.B. Herstellkosten eingespart werden oder die Produktqualität erhöht wird.
82 Siehe Kapitel 6.4.

5.4 Wahrgenommene Einflußgrößen in der Entwicklung

Die Bedeutung von Produkt- und Projektcharakteristika sowie von situationsbedingten Ereignissen spiegelt sich in Einflußgrößen wider.[83] Um in einem späteren Schritt geeignete
Maßnahmen zur Verkürzung der Entwicklungsdauer ableiten zu können, sind besonders
solche Einflußgrößen interessant, die zu Verzögerungen der Projekte geführt haben. Im
Rahmen der Projektanalysen wurden diese Einflußgrößen zunächst projektspezifisch ermittelt und ihre Auswirkungen auf die Entwicklungsdauer bewertet. Ein Beispiel dafür ist in
Tabelle 54-1 dargestellt. Nicht in allen Projekten war jedoch eine so differenzierte Bewertung möglich, wie sie in diesem Beispiel gezeigt wird.

5.4.1 Ermittlung der Einflußgrößen

Im Arbeitskreis wurden die rund 80 projektspezifisch ermittelten Einflußgrößen mit Hilfe
einer Inhaltsanalyse gemeinsam mit den Entwicklungsleitern zu sechzehn übergeordneten
Einflußgrößen zusammengefaßt. Um eine erste vergleichbare Beurteilung dieser Einfluß-
größen vornehmen zu können, wurden die Projektleiter gebeten, die Bedeutung der
Einflußgrößen für ihr Projekt in einem standardisierten Kurzfragebogen zu bewerten. Das
Ergebnis dieser Bewertung ist in Abbildung 54-1 dargestellt. Bevor auf die übergeordnete
Bedeutung der Einflußgrößen näher eingegangen wird, sollen sie kurz beschrieben werden.
Aus Übersichtlichkeitsgründen soll jede Einflußgröße zunächst mit einem Buchstaben verse-
hen werden.[84]

(A) *"Unsichere Produktanforderungen"*

Unsichere Produktanforderungen werden hier als die mit Abstand wichtigste Einflußgröße angesehen. Sie sind in hohem Maße für Projektverzögerungen verantwortlich.[85]
Eine mangelhafte Produktspezifikation im Vorfeld der Entwicklung wurde von den
Projektleitern besonders häufig als Begründung für später notwendige Konzeptionsänderungen genannt. In einigen Projekten waren unsichere Produktanforderungen das Ergebnis eines ineffektiven Wissenstransfers vom Kunden über den Vertrieb oder die
Anwendungstechnik bis zum Entwickler. Eine integrierte Lastenhefterstellung unter
gleichmäßiger Mitwirkung von Marketing- und Entwicklungsbereich erfolgte nur in

---

83 Siehe Abbildung 44-1 in Kapitel 4.1.
84 Die Formulierungen der Einflußgrößen entsprechen den im standardisierten Kurzfragebogen verwendeten
   Formulierungen.
85 Auch in einer Untersuchung von Gupta und Wilemon wird diese Größe am häufigsten für Verzögerungen
   verantwortlich gemacht; vgl. Gupta, Wilemon 1990, S. 29. Zum Einfluß unsicherer Produktanforderungen, vgl. auch Fenneberg 1979, S. 147; Brockhoff, Urban 1988, S. 13; Dorbrandt et. al. 1990, S. 165.

FIRMA: ▓▓▓▓▓▓	PROJEKT:▓▓▓▓▓▓(P12)	ANALYSE: Herr ▓▓▓	
Einflüsse		Folge	vermeidbar ?
1. Kapazitätsverschiebungen duch Prioritätsveränderungen; Dadurch Abzug von Personal; Dadurch verspäteter Start und Verzögerungen; (Zu viele Projekte gleichzeitig).		Verzögerungen (8 Monate)	? (extern)
2. Neukonstruktion von Stützdach und Stützeinrichtung für Modellgröße 2F, da Probleme im Test(Voruntersuchung wäre gut gewesen).		Verzögerungen ca. 1000 M-Std.	teilweise ca. 600 M-Std.
3. Rahmenverlängerung aus Ergonomiegründen; Ergonomie-Spezialist wurde zu spät einbezogen (Vermeidbar bei rechtzeitiger Abstimmung).		ca. 200 M-Std.	ja, alle
4. Verspätete Ergonomieuntersuchung über Einführung eines Joy-Sticks (Anforderungen waren nicht ganz klar).		ca. 100 M-Std.	? (extern)
5. Schnittstellenänderungen durch Rahmenverlängerung (3); Außerdem: Abwarten der Ergonomieuntersuchung.		Verzögerungen ca. 300 M-Std.	ja, alle
6. Paralleluntersuchung zweier Hydraulikkonzepte; Technische Machbarkeit war nicht klar (Voruntersuchung wäre gut).		ca. 400 M-Std.	ca. 250 M-Std.
7. Mehraufwand durch erstmaligen CAD-Einsatz; Teilweise fehlende CAD-Kapazitäten (Kaum vermeidbar).		Verzögerungen ca. 1250 M-Std.	nein ca. 250 M-Std.
8. Umkonstruktion der Bodengruppe zur Kostensenkung (Rechtzeitige Kostenanlyse wäre gut gewesen).		ca. 100 M-Std.	evtl.
Summe		3350 M-Std.	1600 M-Std. (ca 50%)

Die Verzögerungen konnten durch Parallelisierung von Entwicklung und Pilotserie sowie aufgrund einer Verkürzung der Fertigungsdauer bei der Nullserie (durch Lerneffekte bei der Pilotserie) bis auf 4 Monate kompensiert werden.

Tabelle 54-1: Beispiel für die Ermittlung und Bewertung von Einflußgrößen

fünf Projekten. Systematische Methoden zur Anforderungsspezifizierung, wie die Anwendung des "Quality Function Deployment" wurden in drei Projekten eingesetzt.

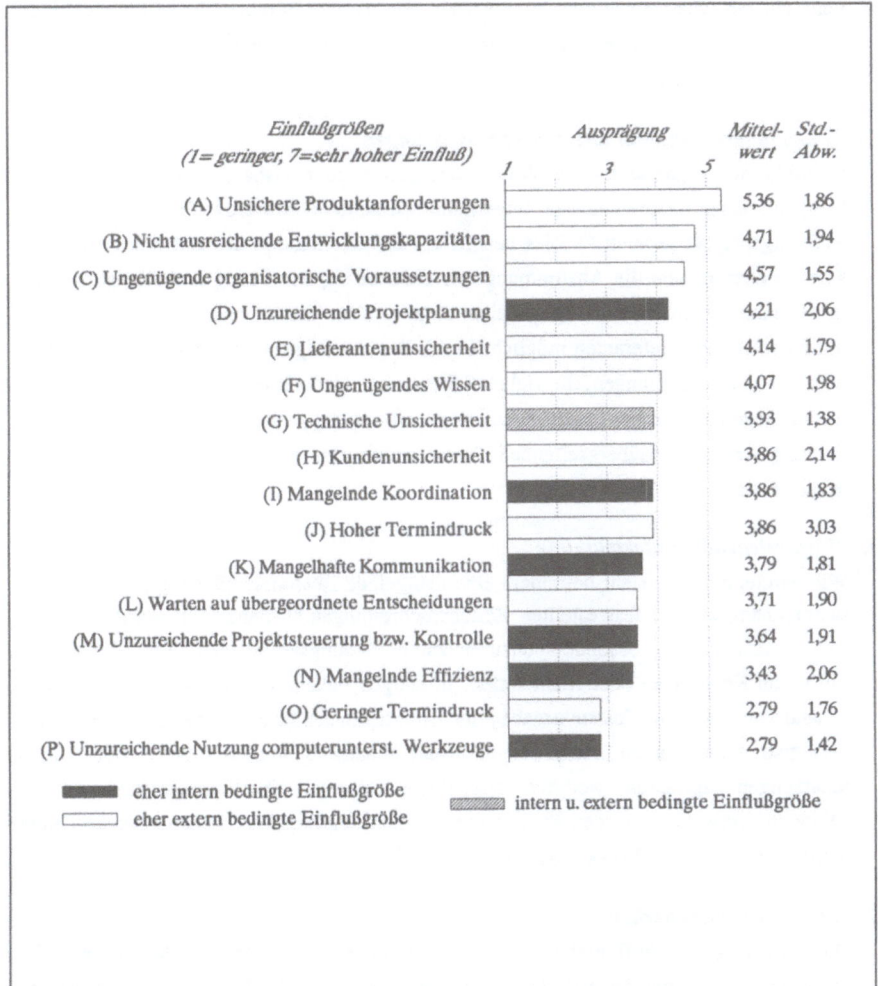

Einflußgrößen (1= geringer, 7=sehr hoher Einfluß)	Ausprägung 1 3 5	Mittelwert	Std.-Abw.
(A) Unsichere Produktanforderungen		5,36	1,86
(B) Nicht ausreichende Entwicklungskapazitäten		4,71	1,94
(C) Ungenügende organisatorische Voraussetzungen		4,57	1,55
(D) Unzureichende Projektplanung		4,21	2,06
(E) Lieferantenunsicherheit		4,14	1,79
(F) Ungenügendes Wissen		4,07	1,98
(G) Technische Unsicherheit		3,93	1,38
(H) Kundenunsicherheit		3,86	2,14
(I) Mangelnde Koordination		3,86	1,83
(J) Hoher Termindruck		3,86	3,03
(K) Mangelhafte Kommunikation		3,79	1,81
(L) Warten auf übergeordnete Entscheidungen		3,71	1,90
(M) Unzureichende Projektsteuerung bzw. Kontrolle		3,64	1,91
(N) Mangelnde Effizienz		3,43	2,06
(O) Geringer Termindruck		2,79	1,76
(P) Unzureichende Nutzung computerunterst. Werkzeuge		2,79	1,42

eher intern bedingte Einflußgröße
eher extern bedingte Einflußgröße
intern u. extern bedingte Einflußgröße

Abbildung 54-1: Bewertung der Einflußgrößen durch die Projektleiter

(B) *"Nicht ausreichende Entwicklungskapazitäten"*

Die zweitwichtigste Einflußgröße ist ein wahrgenommener Mangel an Entwicklungskapazitäten.[86] Die festgestellte durchschnittliche Ressourcenabweichung von 31% deutet bereits auf die hohe Bedeutung dieser Größe hin. Eine unzureichende Ressourcenpla-

---

[86] Auch in den Untersuchungen des VDMA und von Bullinger werden Kapazitätsprobleme als Einflußgröße mit hoher Bedeutung genannt; vgl. Bullinger 1990, S. 49; VDMA 1992c, S. 29; vgl. auch Gupta, Wilemon 1990, S. 29; Dorbrandt et. al. 1990, S. 165.

nung auf der einen sowie eine hohe Anzahl von parallel durchgeführten Entwicklungsprojekten auf der anderen Seite wurden häufig als Begründungen für die Bedeutung
dieses Einflußfaktors genannt.

(C) *"Ungenügende organisatorische Voraussetzungen"*

Ungenügende organisatorische Voraussetzungen wurden insbesondere im Zusammenhang mit einer unzureichenden Integration spezieller Know-How-Träger in das Entwicklungsprojekt genannt.[87] Dies betrifft die Kommunikation der Entwickler mit dem
Kunden ebenso, wie die Abstimmung mit Lieferanten, Marketing und Fertigung. Nur
in Ausnahmefällen waren Möglichkeiten einer direkten Kommunikation der Entwickler
mit Kunden oder Lieferanten möglich. In der Regel erfolgte sie indirekt über Vertriebs-
oder Einkaufs-Abteilungen. In vielen Fällen wurde jedoch eine Verbesserung der Situation gegenüber früher bearbeiteten Projekten hervorgehoben. Insbesondere der Ein-
richtung von bereichsübergreifenden Teams wurde eine besonders positive Bedeutung
beigemessen.

(D) *"Unzureichende Projektplanung"*

Wie bereits erörtert, steht besonders eine mangelnde Ressourcenplanung in engem Zusammenhang zu den festgestellten Zeitüberschreitungen.[88] Bemängelt wurden in diesem Zusammenhang besonders unzureichende Planungsgrundlagen, zum Beispiel in
Form von Kennzahlen oder Richtwerten. In einigen Fällen erfolgte die Planung einfach
anhand von Zeit- und Kostenvorgaben der Unternehmensführung ohne Abstimmung der
verfügbaren Ressourcen. Aufgrund fehlender Plandaten wurden (bis zu vier) Nachschätzungen zugelassen, wodurch tatsächliche Zeit- und Kostenüberschreitungen zunehmend verwischt wurden.[89] Einfache computerunterstützte Planungsinstrumente
wurden nur in einem Projekt genutzt.

(E) *"Lieferantenunsicherheit"*

Die Bedeutung des Einflußfaktors Lieferantenunsicherheit ist sehr unterschiedlich.[90] In
vielen Fällen hing die Zuverlässigkeit des Lieferanten von der Bedeutung des Projektes
für das Zulieferunternehmen ab. Besonders in kleineren Projekten waren Verzögerungen oder Qualitätsmängel des Lieferanten zum Teil der entscheidende Verzöge-

---

87 Organisationsbezogene Mängel werden in nahezu allen Untersuchungen zu diesem Thema genannt; vgl.
   Brockhoff, Urban 1988, S. 13; Bullinger 1990, S. 49; Gupta, Wilemon 1990, S. 29; VDMA 1992c, S.
   29. Besonders das Management ist für die "Setzung zeiteffizienter organisatorischer Rahmenbedingungen" verantwortlich; Schmelzer 1993, S. 128.

88 Siehe Kapitel 5.2.1. In der Literatur wird dieser Gesichtspunkt nicht explizit untersucht.

89 Sowohl Fenneberg als auch Brockhoff und Urban verweisen auf die Bedeutung von Nachschätzungen für
   Zeit- und Kostenüberschreitungen; vgl. Fenneberg 1979, S. 172 ff.; Brockhoff, Urban 1988, S. 13.

90 Lediglich Brockhoff und Urban nennen mit verspätet angelieferten Komponenten eine lieferantenbezo-
   gene Einflußgröße in ihrer Untersuchung; vgl. Brockhoff, Urban 1988, S. 13.

rungsfaktor, da diese Projekte in der Priorität gegenüber anderen zurückgestuft wurden. In einem Fall führte die Kündigung eines Lieferantenvertrages zum Abbruch des Projektes. In Projekten, die für den Zulieferer von hoher Bedeutung waren, kam es nur in einem Fall zu erheblichen qualitätsbedingten Verzögerungen. Eine Fremdvergabe von Entwicklungstätigkeiten erfolgte nur in drei Projekten. In zwei Fällen wurden komplette Komponenten fremdvergeben. In einem Fall sollte der Zulieferer in die Entwicklung eingebunden werden, was zu erheblichen Abstimmungsproblemen und Verzögerungen führte.

(F) *"Ungenügendes Wissen"*

Das in der Entwicklung benötigte Wissen umfaßt einerseits fachspezifisches und andererseits bereichsübergreifendes Wissen.[91] Ungenügendes Wissen ist der letzte Faktor mit hohem Einfluß auf die Entwicklungsdauer.[92] In der Vor- und Nachphase ist besonders fachübergreifendes Wissen erforderlich, in der Hauptphase dagegen ein hohes Maß an Fachwissen. In einigen Projekten kam es jedoch stets dann zu Verzögerungen, wenn in der Vor- und Nachphase kein ausreichendes Maß an Fachwissen und in der Hauptphase nicht auch entsprechendes fachübergreifendes Wissen verfügbar war.

(G) *"Technische Unsicherheit"*

Technische Unsicherheit resultiert aus der Tatsache, daß die technische Machbarkeit gewünschter Produktfunktionen nicht immer wie geplant sichergestellt werden kann.[93] Wie im vorigen Kapitel erläutert, wird die technische Unsicherheit insbesondere von der Art und Anzahl der unsicheren Teile beeinflußt. Zum Teil ist technische Unsicherheit eng mit mangelndem Fachwissen verbunden. In einem Projekt mußte das Produkt nach rund einem Drittel der Entwicklungsphase vollständig neu konzipiert werden, nachdem sich das technische Konzept als nicht wirtschaftlich realisierbar herausgestellt hatte. Um dies zu vermeiden, wurden in einem anderen Projekt zwei Lösungskonzepte bis zum Abschluß der Entwicklungsphase parallel verfolgt. Wie aus der Rangfolge ersichtlich ist, sind Entwicklungsverzögerungen im Maschinenbau jedoch nicht grundsätzlich in erster Linie auf technische Schwierigkeiten zurückzuführen.[94]

---

91 Fachspezifisches Wissen = entwicklungsspezifisches, technisches Wissen; fachübergreifendes Wissen = z.B. Managementwissen, Marktwissen, etc. Siehe auch Kapitel 3.2.3.3.

92 In der Literatur wird diese Einflußgröße nicht explizit genannt. Sie taucht entweder als "Personal- oder Qualifikationsmangel" auf oder wird als Ergebnis gemessen ("Lösung verworfen"), wobei jedoch auch andere Einflußgrößen verantwortlich sein können; vgl. Bullinger 1990, S. 49; VDMA 1992c, S. 29.

93 Slade macht besonders die unzureichende Verknüpfung von Forschungs- und Entwicklungsaktivitäten in Unternehmen für die technische Unsicherheit verantwortlich; vgl. Slade 1993, S. 57.

94 Wie auch aus der branchenübergreifenden Untersuchung von Bullinger hervorgeht, gibt es jedoch nur wenige Projekte, die nicht auch mit technischen Schwierigkeiten konfrontiert werden; vgl. Bullinger 1990, S. 49; vgl. auch Brockhoff, Urban 1988, S. 13; Dorbrandt et. al. 1990, S. 165; Gupta, Wilemon 1990, S. 30.

132

(H) "Kundenunsicherheit"

Während unsichere Produktanforderungen in erster Linie auf detaillierte Produktspezifikationen abzielen, umfaßt die Kundenunsicherheit die Positionierung des Produktes im Markt sowie daraus resultierende Absatzprognosen und ihr Einfluß auf die Entwicklung.[95] In einem Projekt war beispielsweise ein Absatz von 50 Maschinen in fünf Jahren vom Marketing prognostiziert worden. Tatsächlich hätten die anvisierten 50 Maschinen jedoch bereits in den ersten eineinhalb Jahren nach der Markteinführung abgesetzt werden können. Aus der sich bereits während der Entwicklung abzeichnenden hohen Nachfrage resultierten insbesondere fertigungsbedingte Änderungen der Konzeption, die im Nachhinein zu längeren Entwicklungs- und Testzeiten sowie einer Verdopplung der ursprünglich für diese Tätigkeiten geplanten Enwicklungsressourcen führten. In einem anderen Projekt wurde eine auftragsgebundene Entwicklung zwischenzeitlich von der Kundenseite gestoppt.

(I) "Mangelnde Koordination"

Die Anforderungen an die Koordination steigen mit der Anzahl der parallel auszuführenden Tätigkeiten. Die entwicklungsinterne Koordination wurde überwiegend als zufriedenstellend beurteilt.[96] Lediglich in zwei Projekten führten kurzzeitig von anderen Projekten beanspruchte CAD-Plätze zu geringen Verzögerungen. Die phasen- und bereichsübergreifende Koordination war in einigen Projekten mit größeren Schwierigkeiten verbunden. Da knappe Testkapazitäten in der benötigten Zeit nicht verfügbar waren, mußte die Entwicklung in einem Projekt für mehrere Wochen ruhen. Auch beim Übergang in die Fertigung kam es in zwei Projekten zu Verzögerungen, da konstruktive Details nicht ausreichend abgestimmt waren. In einem weiteren Projekt führten Koordinations- und Abstimmungsprobleme mit einem Fertigungslieferanten zu Verzögerungen.

(J) "Hoher Termindruck"

Zwölf der vierzehn Projekte standen unter Termindruck. Als Gründe für den Termindruck gaben die Projektleiter in acht Projekten Kundentermine, in sieben Projekten anstehende Messetermine und in sechs Projekten Konkurrenzdruck an.[97] Zeitverluste entstanden vornehmlich in der Entwicklungsphase, wenn zusätzliches, meist nicht ausrei-

---

95 Keine der anderen betrachteten Studien untersucht diese Einflußgröße explizit. Lediglich Bullinger stellt mit "Marktveränderungen" eine ähnliche Einflußgröße fest; vgl. Bullinger 1990, S. 49.
96 Dorbrandt et. al. nennen "Aufgabenkoordinierungsprobleme" ebenfalls als potentielle Einflußgröße; vgl. Dorbrandt et. al. 1990, S. 165. Bei mangelnder Koordination kann auch der Informationsfluß ins stocken geraten; vgl. VDMA 1992c, S. 29.
97 Mehrfachnennungen waren möglich. Bullinger führt allein die "schnelle Konkurrenz" als Einflußgröße an; vgl. Bullinger 1990, S. 49. Der VDMA nennt fehlendes Zeit- und Kapazitätsmanagement; vgl. VDMA 1992c, S. 29.

chend qualifiziertes Personal einem Projekt für kurze Zeit zugeteilt wurde, um kurzfristige Termine einzuhalten. Bei anstehenden Messeterminen wurden in zwei Projekten provisorische Lösungen ausgeführt, die später überarbeitet und durch verbesserte Lösungen ersetzt werden mußten. Die vergleichsweise hohe Standardabweichung zeigt an, daß die Bedeutung dieses Einflußfaktors in einigen Projekten sehr hoch, in anderen Projekten jedoch nur sehr gering ist.

(K) *"Mangelhafte Kommunikation"*

Die Einflußgröße Kommunikation tauchte in nahezu allen Projekten auf. In der Regel handelte es sich um verzögerte Informationsübermittlungen.[98] Während die Projektleiter die entwicklungsinterne Kommunikation als gut beurteilen, wird die bereichs- und phasenübergreifende Kommunikation kritischer bewertet. Der Aspekt der Kommunikation ist meistens eng mit der Koordination und der Organistion verbunden.[99] Besonders positiv wirkt sich nach Ansicht der Projektleiter die zeitlich begrenzte Zusammenführung wichtiger Teammitglieder in einem Raum aus, die jedoch nur in zwei Projekten tatsächlich realisiert wurde.[100]

(L) *"Warten auf übergeordnete Entscheidungen"*

Übergeordnete Entscheidungen müssen vor allem zu Beginn eines Projektes und an herausgehobenen Meilensteinen beim Übergang zwischen den Phasen getroffen werden. Das Warten auf übergeordnete Entscheidungen spielte besonders in den frühen Projektphasen eine Rolle.[101] Verspätete Entscheidungen über die Festschreibung der Produktanforderungen wurden in mehreren Projekten bemängelt. In einem Projekt führte eine verspätete Entscheidung über die Auswahl eines wichtigen Lieferanten zu Verzögerungen in der Entwicklungsphase. In der Regel war dieser Einflußfaktor jedoch von untergeordneter Bedeutung. In einem der Unternehmen wurde eine Entscheidungsregelung eingeführt, nach der übergeordnete Entscheidungen in kritischen Situationen innerhalb von 24 Stunden herbeigeführt werden sollen.

(M) *"Unzureichende Projektsteuerung bzw. Kontrolle"*

In dreizehn der vierzehn Projekte wurden regelmäßige Termin- und Meilensteinkontrollen durchgeführt. In dem einen Ausnahmefall handelt es sich um ein sehr kleines

---

98 Dies stellen auch Dorbrandt et. al. und der VDMA fest; vgl. Dorbrandt et. al. 1990, S. 165; vgl. VDMA 1992c, S. 29; vgl. auch Rochford, Rudelius 1992, S. 47 ff.

99 Die Abhängigkeiten zwischen Kommunikation und Organisation (formeller und informeller) sind bereits seit langem Gegenstand wissenschaftlicher Untersuchungen; vgl. z.B. Allen 1977, S. 206 ff.; Tushman 1979.

100 Vgl. dazu auch Smith, Reinertsen 1991, S. 145 ff.

101 Entscheidungsverzögerungen werden in anderen Untersuchungen nicht explizit als Einflußgröße genannt. "Liegezeiten" und ein "Mangel an Managementunterstützung" deuten jedoch auf Entscheidungsverzögerungen hin; vgl. Dorbrandt et. al. 1990, S. 165; Gupta, Wilemon 1990, S. 29.

Projekt, an dem über weite Strecken lediglich ein Entwickler mit dem Projekt befaßt war. Insgesamt waren die durch diesen Einflußfaktor verursachten Verzögerungen von untergeodneter Bedeutung.[102]

(N) *"Mangelhafte Effizienz (d.h. zu hoher Aufwand gemessen am Ergebnis)"*

Mangelnde Effizienz wird von den Projektleitern vor allem als Folgeerscheinung anderer Einflußfaktoren angesehen. Ineffizienz ist demnach insbesondere die Folge eines unzureichenden Wissenstransfers zwischen den beteiligten Know-How-Trägern, wodurch es zu Iterationsschleifen und demzufolge zu Verzögerungen kommen kann. Die unmittelbare Bedeutung des Einflußfaktors Effizienz für zeitliche Verzögerungen wird als gering beurteilt.

(O) *"Geringer Termindruck"*

In zwei Projekten bestand nach Aussagen der Projektleiter kein unmittelbarer Termindruck. Diese Projekte hatten vergleichsweise geringere technische Ansprüche, eine geringe Priorität und liefen mehr oder weniger "nebenher". Auch ein mangelndes Zeitbewußtsein hat in diesen Projekten zu den Verzögerungen beigetragen.[103]

(P) *"Unzureichende Nutzung computerunterstützter Werkzeuge"*

Die Nutzung computerunterstützter Werkzeuge beinhaltet drei Aspekte. In einigen Projekten resultierten Verzögerungen aus mangelnder Verfügbarkeit vorhandener Computerwerkzeuge. In zwei Projekten, in denen CAD eingeführt wurde, entstanden zeitlich relevante Opportunitätskosten durch die ineffiziente Ausnutzung der durch die vorhandene Software zur Verfügung stehenden Möglichkeiten. Weiterhin wurden in einem Projekt Verzögerungen durch nicht verfügbare Hard- oder Software hervorgerufen. In diesem Projekt mußten dynamische Strömungsrechnungen "von Hand" durchgeführt werden, da entsprechende computerunterstützte Werkzeuge nicht zur Verfügung standen. Im Vergleich zu anderen Einflüssen wird die verzögernde Wirkung dieser Einflußgröße jedoch als untergeordnet beurteilt.[104]

---

102 Wie bereits erwähnt, gewinnt das Thema "Entwicklungscontrolling" zunehmend an Bedeutung; vgl. z.B. Domsch, Gerpott 1988; Bürgel 1989; Brockhoff 1991a; Mattern 1991; Reinhardt 1993. Eine explizite Zeitwirkung wurde jedoch lediglich vom VDMA in Form eines unzureichenden "Zeit- und Kapazitätsmanagements" festgestellt; vgl. VDMA 1992c, S. 29.
103 Vgl. auch VDMA 1992c, S. 29.
104 In der Umfrage des VDMA sahen immerhin 14,5 % der Befragten die Rechnerunterstützung und die Integration der Datenverarbeitung als Schwachstelle in der Entwicklung an; vgl. VDMA 1992c, S. 29.

5.4.2   Bewertung der Einflußgrößen durch die Projektleiter

Betrachtet man die verschiedenen Einflußgrößen, so lassen sich unterschiedliche Niveaus der Beeinflußbarkeit erkennen. Während auf einige Einflußgrößen unmittelbar im Rahmen des Projektes Einfluß genommen werden kann (zum Beispiel Projektplanung, Koordination, etc.), werden andere Einflußgrößen eher extern manipuliert (zum Beispiel Entwicklungskapazitäten, Organisatorische Voraussetzungen, etc.). Eine Einstufung in eher intern, intern und extern sowie eher extern beeinflußbare Größen ist in Abbildung 54-1 durch unterschiedliche Schraffuren gekennzeichnet.[105]

Wie aus der Bewertung der Größen hervorgeht, wird der Einfluß der Faktoren "unsichere Produktanforderungen", "nicht ausreichende Entwicklungskapazitäten" und "unsicherer organisatorische Voraussetzungen" auf die Entwicklungsdauer als besonders hoch angesehen. Alle drei Größen sind jedoch eher extern beeinflußbar. Sie bilden Rahmenfaktoren, die zu Beginn eines Projektes gesetzt werden müssen. Aus der Sicht der befragten Projektleiter spielen extern bedingte Einflußfaktoren demnach eine größere Rolle als intern bedingte Störungen. Die Tendenz dieser Ergebnisse wurde auch von Entwicklungsleitern bestätigt.[106] Erst auf den Rängen vier und neun liegen die eher intern beeinflußbaren Größen "unzureichende Projektplanung" und "mangelnde Koordination". Den übrigen besonders intern beeinflußbaren Größen wie der Kommunikation, Projektsteuerung und Effizienz messen die Projektleiter eine eher geringe Bedeutung bei. Eine Korrelationsanalyse zeigt einige starke Zusammenhänge zwischen internen und externen Einflußfaktoren.[107]

Ein Vergleich der hier ermittelten Einflußfaktoren mit denen anderer aktueller Untersuchungen ist in Tabelle 54-2 dargestellt.[108] Mit wenigen Ausnahmen finden sich die dort ge-

---

105 Die Einstufung in eher interne und eher externe Größen wurde vom Verfasser vorgenommen und soll lediglich eine Tendenz angeben. Alle Einflußgrößen sind grundsätzlich sowohl intern als auch extern manipulierbar. Bei einigen überwiegt allerdings entweder die interne oder die externe Manipulierbarkeit, so daß sie entsprechend eingestuft werden können.

106 Inwieweit diese Sichtweise auch von projektexternen Stellen im Einzelfall gestützt wird, konnte im Rahmen der Projektanalysen nicht untersucht werden.

107 Die eher externe Einflußgröße Organisation steht beispielsweise in engem Zusammenhang zu eher internen Einflußgrößen, wie Koordination (r=.68, p<.01), Kommunikation (r=.79, p<.001), Projektsteuerung (r=.67, p<.01), etc. Nicht ausreichende Entwicklungskapazitäten treten besonders bei unzureichender Planung auf (r=.67, p<.01). Weitere statistische Zusammenhänge zwischen den Einflußgrößen sollen später im Rahmen der großzahligen Untersuchung ermittelt und diskutiert werden (siehe Kapitel 6.5).

108 Zu den dargestellten Untersuchungen, vgl. Brockhoff, Urban 1988, S. 13 (31 Projekte aus der Elektroindustrie, Ausprägungen für die einzelnen Variablen wurden nicht ermittelt); Bullinger 1990, S. 49 (Befragung von 149 Unternehmen unterschiedlicher Branchen, dargestellte Ausprägungen in % der Nennungen); Dorbrandt et. al. 1990, S. 165 (Die Anzahl der zugrundeliegenden Projekte aus dem elektrotechnischen Bereich wird nicht genannt, Ausprägungen auf einer 5er-Skala mit 1= geringer Einfluß, 5= hoher Einfluß); Gupta, Wilemon 1990, S. 28 ff. (Interviews in 12 Unternehmen verschiedener Branchen,

nannten Faktoren auch in der hier ermittelten Liste der Einflußfaktoren wieder. Ein Vergleich der Ausprägungen zeigt jedoch einige Unterschiede. Bullingers Untersuchung zeigt technische Schwierigkeiten an erster Stelle der Problembereiche in der Entwicklung. Personal- und Qualifikationsmängel werden sowohl in der Untersuchung von Bullinger als auch in der des VDMA als besonders problematisch angesehen.[109] Die korrespondierenden Einflußfaktoren "Wissen" und "technische Unsicherheit" werden in der vorgenommenen Bewertung erst auf Rang sechs und sieben genannt. Betrachtet man die Häufigkeit der in den Untersuchungen ermittelten Faktoren, so fällt auf, daß die hier als wichtigste Einflußfaktoren genannten "unsicheren Produktanforderungen", "nicht ausreichende Entwicklungskapazitäten" und "ungenügenden organisatorische Voraussetzungen" in mindestens zwei der vier Studien ebenfalls genannt werden. Einige der hier als bedeutend identifizierten Faktoren finden sich in den anderen Studien jedoch gar nicht oder nur vereinzelt. So werden planerischen Defizite in keiner der Studien und die Bedeutung unsicherer Hersteller-Lieferanten-Beziehungen nur von Brockhoff und Urban genannt.

Zusammenfassend ist festzuhalten, daß aus der Sicht der Entwicklung besonders extern bedingte Einflußfaktoren für die Überschreitung der Entwicklungsdauer in den untersuchten Projekten verantwortlich gemacht werden. Möglicherweise ist diese Beurteilung auf die Sichtweise der Projektleiter zurückzuführen, die auf den hohen Einfluß externer Faktoren aufmerksam machen wollen.[110] Unsichere Produktanforderungen, nicht ausreichende Entwicklungskapazitäten und ungenügende organisatorische Voraussetzungen werden an erster Stelle genannt. Intern wird besonders eine unzureichende Planung kritisiert. Viele der hier ermittelten Einflußfaktoren werden auch in anderen Untersuchungen über Entwicklungszeiten genannt.

---

dargestellte Ausprägungen in % der Nennungen); VDMA 1992c, S. 10 (Untersuchung von 224 Maschinenbauunternehmen, dargestellte Ausprägung in % der Nennungen). Die Ergebnisse von Bullinger und dem VDMA beziehen sich auf allgemeine Entwicklungsprobleme und nicht ausdrücklich auf zeitliche Aspekte.

109 Es ist allerdings zu berücksichtigen, daß sich genau diese beiden Studien eher auf allgemeine Problemfelder in der Entwicklung, als auf die zeitlichen Aspekte konzentrieren. Daraus könnte gefolgert werden, daß Qualifikations- und Personalmängel weniger Einfluß auf Zeitgrößen als beispielsweise auf Kosten und Qualität von Entwicklungen haben.

110 Im Rahmen der großzahligen Untersuchung werden daher Entwicklungsleiter befragt, die die Einflußgrößen aus ihrer Perspektive beurteilen sollen.

Untersuchung	Ermittelte Einflußfaktoren	Ausprä-gung *	Korrespon- **dierende Einflußgrößen
Brockhoff, Urban 1988	- Projektgröße		#
	- Änderung der Konzeption		A, G
	- Herkunft der Produktidee		-
	- Organisatorische Veränderungen	-	C
	- Möglichkeit der Nachschätzung		-
	- Verspätet angelieferte Komponenten		E
Bullinger 1990	- Technische Schwierigkeiten	65%	G
	- Personalschwierigkeiten	44%	B, F
	- Marktveränderungen	40%	H
	- Lösung verworfen	37%	F, G
	- Organisatorische Schwierigkeiten	23%	C
	- Schnelle Konkurrenz	12%	J
	- Finanzielle Schwierigkeiten	9%	-
Dorbrandt et. al. 1990	- Vorgabeabweichungen (durch Marktänderungen)	3,5	H
	- Kapazitätsprobleme	3,5	B
	- Kommunikationsbrüche	3,5	K
	- Anforderungsänderungen	3	A
	- Liegezeiten	3	L
	- Entwicklungsschleifen	2,3	G
	- Aufgabenkoordinierungs-Probleme	2,2	I
	- Prioritätsänderungen	2	-
Gupta, Wilemon 1990	- Unzureichende Definition der Produktanforderungen	71%	A
	- Technische Unsicherheit	58%	G
	- Mangel an Unterstützung durch das Management	42%	C, L
	- Mangel an Ressourcen	42%	B
	- Schlechtes Projekt Management	29%	C
	- Andere	20%	-
VDMA 1992	- Personalmangel, Qualifikation, Motivation	24,7%	B, F
	- Produktstrukturierung, Teilevielfalt	17,3%	#
	- Organisation, Kommunikation	16,0%	C, K
	- Zeitbewußtsein, Zeit- und Kapazitäts-management	15,7%	J, M
			O
	- Rechnerunterstützung	14,5%	P
	- Informationsfluß, Wissensdokumentation	11,4%	F, I

*) Relative Häufigkeit (%) bzw.   **) Kennbuchstabe der Einflußgröße (siehe Abbildung 514-1)
Skalen-Ausprägung der   # Diese Variablen wurden im Rahmen der Produktcharak-
beobachteten Einflußfaktoren   teristika betrachtet (- = wurden hier nicht ermittelt)

Tabelle 54-2: Vergleichende Übersicht von Einflußfaktoren aus anderen aktuellen Untersuchungen im Entwicklungsbereich

5.5 Maßnahmen zur Verkürzung der Entwicklungsdauer

In der Literatur werden eine Vielzahl von Möglichkeiten genannt, die zur Verkürzung der Entwicklungsdauer in Frage kommen.[111] Nur in wenigen Fällen wird eine Beziehung zu konkreten Projekten hergestellt. Wichtigstes Ziel der Fallstudien ist es daher, solche Maßnahmen zu ermitteln, mit denen die Entwicklungsdauer in den Projekten verkürzt werden kann, ohne daß Kosten- und Qualitätsaspekte vernachlässigt werden.

5.5.1 Ermittlung der Maßnahmen

Ausgehend von den Einflußfaktoren wurden für jedes Projekt spezifische Maßnahmen ermittelt. Die vollständige Umsetzung dieser Maßnahmen ist Vorraussetzung für die Erreichung der erörterten Zeit- und Ressourceneinsparungen.[112] Ein Beispiel für die Bestimmung projektspezifischer Maßnahmen ist in Tabelle 55-1 dargestellt. Insgesamt wurden auf diese Weise mehr als 100 projektspezifische Maßnahmen ermittelt, je nach Projekt zwischen fünf und zwölf. Mit Hilfe einer Inhaltsanalyse konnten die projektspezifischen Maßnahmen anschließend im Arbeitskreis zu achtzehn übergeordneten Maßnahmen zusammengefaßt werden. Auf den Inhalt der Maßnahmen soll im folgenden näher eingegangen werden.

Zur Übersichtlichkeit soll jede Maßnahme zunächst mit einem Buchstaben versehen werden. Die ermittelten achtzehn Maßnahmen sind in Abbildung 55-1 dargestellt.[113] Die Reihenfolge der Maßnahmen orientiert sich an der Häufigkeit ihrer Nennung in den Projekten, die anschließend genauer untersucht werden soll. Die Formulierung der Maßnahmen wurde mit den Projekt- und Entwicklungsleitern abgestimmt. Neben den im Arbeitskreis erörterten Punkten soll auch auf in der Literatur erwähnte Aspekte eingegangen werden.

---

111 Vgl. Fenneberg 1979, S. 231 ff.; McDonough, Spital 1984, S. 52 ff.; Gold 1987, S. 82 ff.; Schmelzer, Buttermilch 1988, S. 48 ff.; Clark, Fujimoto 1989, S. 46 ff.; Bauer, Hannig, Mierzwa 1990, S. 12; Bullinger 1990, S. 41; De Meyer, Van Hooland 1990, S. 236 ff.; Gupta, Wilemon 1990, S. 35 ff.; Rosenau 1990, S. 19 ff.; Gerpott, Wittkemper 1991, S. 130 ff.; Cordero 1991, S. 284 ff.; Smith, Reinertsen 1991, S. 43 ff.; Millson, Ray, Wilemon 1992; S. 55 ff.; Anthony, McKay 1992, S. 144 ff.; Carter, Baker 1992, S. 34 ff.; Soderberg, O'Halloran 1992, S. 6 ff.; Hansen, Kern 1992, S. 53 ff.; Geschka 1993, S. 65 ff.; Karagozoglu, Brown 1993, S. 207 ff.; Rommel et. al. 1993, S. 76 ff. Eine umfangreiche Übersicht über Maßnahmen zur Verkürzung der Entwicklungsdauer, die in den auch im folgenden genannten Untersuchungen und Erfahrungsberichten diskutiert werden, befindet sich im Anhang I.
112 Siehe Kapitel 5.2.
113 Aus Gründen der Kürze soll jede Maßnahme zukünftig durch ein Stichwort gekennzeichnet werden, das in der Abbildung schraffiert unterlegt ist.

FIRMA: ▨▨▨			PROJEKT: ▨▨▨ (P 9)		ANALYSE: Herr▨▨▨
Phasen	Ist	Soll	Optimum	Maßnahme	Bemerkung
1 Entwicklungs-Antrag und Projektplan	ca. 0 ca. 0	2 Mo 1,5 MMo E 1,5 MMo PM, MK	1,5 Mo 1 MMo E 1 MMo PM, MK	Integriertes Lastenheft (als Formular) Planung des Entwicklungsablaufes im Detail Bestimmung eines Teams aus allen beteiligten Bereichen Bestimmung von Planungsunsicherheiten	Meilenstein: Vorentwurf Lastenheft (nach 2 Wo) Abstimmung des Entwicklungsplanes Abstimmung: E, PM, MK, FT
2 Entwicklung Filetierteil	8 Mo 18 MMo	8 Mo 15 MMo E 2 MMo FT, PM, VT	7 Mo 14 MMo E 2 MMo FT PM, VT	Systematische Wiederholteile-Analyse (vorher und mitlaufend) Parallelisierung der Komponentenentwicklung soweit möglich Koordination der parallelen Schritte	Meilenstein: Abstimmung (4 Wo) Festlegung Konstruktionsprinzip (5 Mo) Abstimmung: E, FT, EK, PM, VT
3 Bau Versuchsbock Filetierteil	16 Mo 30 MMo	12 Mo 10 MMo E 18 MMo FT	10 Mo 10 MMo E 18 MMo FT	Bessere Abstimmung mit Fertigung Konzentration der Kräfte	Meilenstein: Startbesprechung Abstimmung: E, FT, PM VT
4 Entwicklung Köpfteil	7 Mo 15 MMo	7 Mo 12 MMo E 2 MMo FT, PM, VT	6 Mo 10 MMo E 2 MMo FT, PM, VT	Parallel zur Entwicklung des Filetierteils Besserer Erfahrungsaustausch mit anderen Produkten Wertanalysen gebräuchlicher Prinzipien	Wie Phase 2
5 Bau Versuchsbock Köpfteil	13 Mo 24 MMo	10 Mo 12 MMo E 10 MMo FT	8,5 Mo 11 MMo E 10 MMo FT	Paralleles Arbeiten Regelmäßige Abstimmung (Meilenstein) Konzentration der Kräfte	Wie Phase 3
6 Gemeinsame Versuche	11 Mo 8 MMo	6 Mo 2 MMo E 4 MMo VS	5 Mo 2 MMo E $ MMo VS	Erfahrenes und qualifiziertes Personal Ausreichend Versuchsmasse (Fisch)	Meilenstein: Startbesprechung, Zwischenbilanz (3 Mo) Abstimmung: E, FT, EK, PM, VT, VS

Zeit: Wochen (Wo), Monate (Mo)   Ressourcen: Mann-Monate (MMo)   E= Entwicklung FT= Fertigung PM= Produktmanagement, VT= Vertrieb, EK= Einkauf, VS= Versuch

Tabelle 55-1: Beispiel für die Ermittlung von Maßnahmen

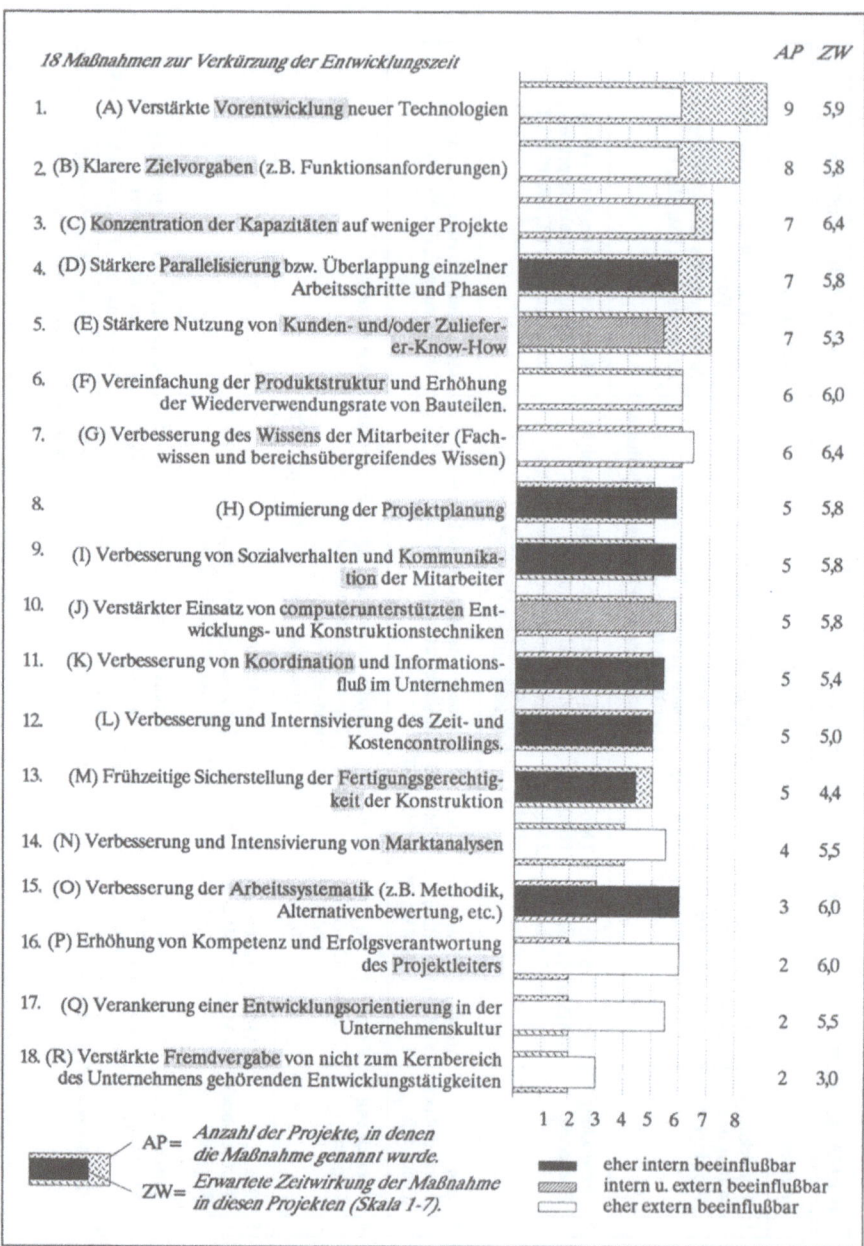

18 Maßnahmen zur Verkürzung der Entwicklungszeit   AP   ZW

Nr.	Maßnahme	AP	ZW
1.	(A) Verstärkte Vorentwicklung neuer Technologien	9	5,9
2.	(B) Klarere Zielvorgaben (z.B. Funktionsanforderungen)	8	5,8
3.	(C) Konzentration der Kapazitäten auf weniger Projekte	7	6,4
4.	(D) Stärkere Parallelisierung bzw. Überlappung einzelner Arbeitsschritte und Phasen	7	5,8
5.	(E) Stärkere Nutzung von Kunden- und/oder Zulieferer-Know-How	7	5,3
6.	(F) Vereinfachung der Produktstruktur und Erhöhung der Wiederverwendungsrate von Bauteilen.	6	6,0
7.	(G) Verbesserung des Wissens der Mitarbeiter (Fachwissen und bereichsübergreifendes Wissen)	6	6,4
8.	(H) Optimierung der Projektplanung	5	5,8
9.	(I) Verbesserung von Sozialverhalten und Kommunikation der Mitarbeiter	5	5,8
10.	(J) Verstärkter Einsatz von computerunterstützten Entwicklungs- und Konstruktionstechniken	5	5,8
11.	(K) Verbesserung von Koordination und Informationsfluß im Unternehmen	5	5,4
12.	(L) Verbesserung und Internsivierung des Zeit- und Kostencontrollings.	5	5,0
13.	(M) Frühzeitige Sicherstellung der Fertigungsgerechtigkeit der Konstruktion	5	4,4
14.	(N) Verbesserung und Intensivierung von Marktanalysen	4	5,5
15.	(O) Verbesserung der Arbeitssystematik (z.B. Methodik, Alternativenbewertung, etc.)	3	6,0
16.	(P) Erhöhung von Kompetenz und Erfolgsverantwortung des Projektleiters	2	6,0
17.	(Q) Verankerung einer Entwicklungsorientierung in der Unternehmenskultur	2	5,5
18.	(R) Verstärkte Fremdvergabe von nicht zum Kernbereich des Unternehmens gehörenden Entwicklungstätigkeiten	2	3,0

1 2 3 4 5 6 7 8

AP = *Anzahl der Projekte, in denen die Maßnahme genannt wurde.*

ZW = *Erwartete Zeitwirkung der Maßnahme in diesen Projekten (Skala 1-7).*

■ eher intern beeinflußbar
▨ intern u. extern beeinflußbar
□ eher extern beeinflußbar

Abbildung 55-1: Achtzehn Maßnahmen zur Verkürzung der Entwicklungsdauer

(A) "Verstärkte Vorentwicklung neuer Technologien"

Die Durchführung der "Vorentwicklung" soll der technischen Vorbereitung einer Entwicklung dienen. Besonders technisch unsichere Technologien und Verfahren sollten im Vorfeld eines kapazitätsintensiven Entwicklungsprojektes auf ihre technische Machbarkeit hin überprüft werden. Die Gefahr von Projektabbrüchen oder -verzögerungen aufgrund technischer Mängel kann dadurch verringert werden.[114] In zwei der untersuchten Entwicklungsprojekte stellte sich das technische Konzept als nicht machbar heraus. Zahlreiche der festgestellten Unsicherheiten waren den Projektleitern bereits vorher bekannt. Mit Hilfe einer Vorentwicklung hätten einige der Unsicherheiten im Vorfeld ausgeräumt werden können. Nach Meinung der Projektleiter sollten die Vorentwicklungsteams klein und hochqualifiziert sein, um die Probleme effizienter und schneller lösen zu können. In der Literatur wird die Möglichkeit der Vorentwicklung nur selten explizit genannt. Rommel stellt die Vorentwicklung als "planerisches Gehirn" heraus. Er sieht die Vorentwicklung als wichtige Möglichkeit, um die Kundenwünsche frühzeitig in technische Funktionen umzusetzen.[115] Smith und Reinertsen stellen ebenfalls die Notwendigkeit kontrollierter Vorfeldaktivitäten heraus, die in einer Vorentwicklung gebündelt werden können.[116] Insgesamt ist jedoch darauf zu achten, daß die Zeitprobleme nicht lediglich aus dem eigentlichen Entwicklungsprojekt herausgelagert werden, so daß insgesamt eine Verlängerung eintritt. Der Bedeutung einer Vorentwicklung liegt vielmehr in ihrer andersgearteten Zielsetzung. In der Vorentwicklung liegt der Schwerpunkt auf Kreativität, in der Entwicklung hingegen auf zielgerichteter Problemlösung unter Zeitdruck.[117]

---

114 Die Untersuchung von Lange zeigt, daß die Technologieunsicherheit wesentlich zur Begründung der Abbruchentscheidungen von Entwicklungsprojekten beiträgt (besonders bei Abbrüchen in der Projektmitte); vgl. Lange 1993, S. 146. Wie bereits erwähnt, gehören technische Probleme zu den am häufigsten auftretenden Schwierigkeiten bei der Realisierung von Entwicklungsprojekten; vgl. Bullinger 1990, S. 49; Gupta, Wilemon 1990, S. 30.

115 Vgl. Rommel et. al. 1993, S. 81 ff. Schmelzer benennt die Vorteile einer Vorentwicklung wie folgt: "Über Vorfeldentwicklungen können frühzeitig benötigtes Know-How aufgebaut, technologische Möglichkeiten ausgeforscht, neue Lösungskonzepte erprobt und risikoreiche Komponenten vorentwickelt werden"; Schmelzer 1990, S. 41; vgl. auch Schmelzer 1993, S. 123; Slade 1993, S. 67 ff.

116 Vgl. Smith, Reinertsen 1991, S. 53 ff. Die Vorentwicklung kann auch zur Risikominimierung und Vorfeldkoordination beitragen; vgl. dazu Rosenau 1990, S. 19 f., S. 90 ff.; Gerpott, Wittkemper 1991, S. 138; Soderberg, O'Halloran 1992, S. 20 ff.

117 Nokia nennt die Vorentwicklung "Konzeptionsphase" und unterscheidet dementsprechend zwischen zwei vollständig unterschiedlichen Phasen: "Die Konzeptionsphase, in der Kreativität gefördert wird und die Produktentwicklungsphase, in der Kreativität untersagt ist"; Otala 1989, S. 28. Entsprechend der Phasenausrichtung unterscheidet sich auch die Struktur der Problemlösung; vgl. Clark, Fujimoto, 1989, S. 31 ff.

(B) "Klarere Zielvorgaben (z.B. Funktionsanforderungen)"

"Unsichere Produktanforderungen" wurden in den untersuchten Projekten als bedeutendste Einflußgröße genannt. Die mit einer Entwicklung verbundene Komplexität und Ungewißheit schließt die Möglichkeit einer absoluten Klärung von Entwicklungszielen zwar weitgehend aus,[118] dennoch sind nach Meinung aller Befragten Verbesserungen durch eine stärkere Konzentration auf diesen Aspekt möglich. Durch die Maßnahme soll im Vorfeld der Entwicklung soweit wie möglich Klarheit über notwendige und hinreichende Produktfunktionen sowie über Kosten und zeitliche Aspekte geschaffen werden.[119] Nach Meinung der Entwicklungsleiter ist dazu eine stärkere Intergration von kundenorientierten Funktionen (Marketing, Vertrieb, Anwendungstechnik, Vertretern, etc.) notwendig. Zwar wurden diesbezüglich bereits in einigen Unternehmen Verbesserungen erzielt, die Notwendigkeit für weitere Optimierungen sei allerdings auch in Zukunft gegeben. Zur Klärung der relevanten Funktionsanforderungen setzten zwei Unternehmen dem "Quality Function Deployment (QFD)" verwandte Verfahren ein. Einige Projektleiter meinten, auch die Unternehmensleitung sollte dem Zielbildungsprozeß in der Entwicklung eine höhere Aufmerksamkeit widmen. Auch in der Literatur wird den Zielen eine hohe Bedeutung beigemessen. Viele Autoren heben die Notwendigkeit klarer Produktspezifikationen hervor.[120] Verfahren wie "QFD", "Product Protocol" oder das "Product Innovation Charter" werden besonders diskutiert.[121]

(C) "Konzentration der Kapazitäten auf weniger Projekte"[122]

Die Ergebnisse der Fallstudien unterstützen die These, daß die Projektdauer und der Koordinationsaufwand mit der Anzahl gleichzeitig durchgeführter Projekte ansteigt. Von einer Konzentration der Kapazitäten auf weniger Projekte erwarten viele Projektleiter eine Verringerung der Personal- und Aufgabenfluktuation, die, wahrgenommen als Ressourcenmangel, in vielen Projekten zu Verzögerungen geführt hatte.[123] "Neben-

---

118 Die mit der Zielbildung in der Entwicklung verbundenen Probleme wurden bereits in Kapitel 3.2.2.1 kurz erörtert.

119 "Successful Products have much sharper definition prior to development"; Cooper 1993, S. 59; vgl. auch Platz, Schmelzer 1986, S. 90 ff.; Wheelwright, Clark 1994, S. 32, S. 71.

120 Vgl. z.B. Fenneberg 1979, S. 233; McDonough, Spital 1984, S. 54; Schmelzer, Buttermilch 1988, S. 49 ff. und S. 64; Rosenau 1990, S. 45; Carter, Baker 1992, S. 35; Millson 1992, S. 57; Carter, Baker 1992, S. 35; Schmelzer 1993, S. 123 f.

121 Zu "Quality Function Deployment", vgl. Hauser, Clausing 1988, S. 65 ff; Specht, Schmelzer 1991, S. 16; Griffin 1992, S. 173 ff. Zum "Product Innovation Charter", vgl. Crawford 1980; Crawford 1992, S. 54, S. 81 ff. Zum Product Protocol, vgl. Crawford 1984.

122 Die Formulierung "Kapazitäten" wurde hier aus praktischen Erwägungen gewählt. Die Kapazitäten stehen an dieser Stelle jedoch stellvertretend für die "Entwicklungsressourcen".

123 Wie Ergebnisse von Wheelwright und Clark zeigen, nimmt der Anteil der wertschöpfenden Tätigkeiten eines Ingenieurs bei mehr als zwei parallel zu betreuenden Projekten stark ab (bei 2 parallelen Projekten rund 80% wertschöpfende Tätigkeiten, bei 5 nur noch rund 30%); vgl. Wheelwright, Clark 1994, S. 129. Einige der Entwicklungsleiter vertraten im Arbeitskreis dementsprechend die Auffassung, daß eine Obergrenze gleichzeitig durchgeführter Projekte im Unternehmen festgelegt werden sollte.

her" durchgeführte Projekte sollten vermieden werden.[124] Als Konsequenz aus dieser Maßnahme kommt auch der Projektauswahl eine höhere Bedeutung zu.[125] Die Ergebnisse einer Untersuchung von De Meyer und Van Hooland, nach denen die problemorientierte Konzentration der Entwicklungsressourcen zu den wichtigsten Erfolgsfaktoren einer schnellen Entwicklung gehören, untermauern die Bedeutung dieser Maßnahme für die Entwicklungsdauer.[126]

(D) *"Stärkere Parallelisierung bzw. Überlappung einzelner Arbeitsschritte und Phasen"*

Die Parallelisierung und Überlappung von Aktivitäten gehört zu den in Literatur am häufigsten genannten Maßnahmen zur Verkürzung der Entwicklungsdauer.[127] Aus den theoretischen Überlegungen ging hervor, daß die Parallelisierung besonders stark auf die Zeitverkürzung wirkt, wobei jedoch bei steigendem Parallelisierungsgrad mit zunehmendem Koordinationsaufwand zu rechnen ist.[128] Grundsätzlich können zwei Aspekte der Parallelisierung unterschieden werden: Zum einen die Überlappung einzelner Phasen und zum anderen die Parallelisierung von Problemlösungszyklen innerhalb der Phasen. Während sich die Phasenüberlappung auf den gesamten Entwicklungsprozeß bezieht, wirkt die Tätigkeitsüberlappung besonders auf den Verlauf des elementaren Konstruktionsprozesses.[129] Die häufig verwendeten Begriffe "Concurrent" oder "Simultaneous Engineering" beziehen sich besonders auf die Parallelisierung zwischen den Phasen.[130] Die hier gemeinte Parallelisierung soll aber auch auf die Paralle-

---

124 Diese Projekte haben zumeist eine besonders niedrige Priorität. Die Bedeutung eines Projektes, die ebenfalls einen hohen Einfluß auf die Projektgeschwindigkeit hat (vgl. z.B. McDonough, Spital 1984, S. 52 f.), wird daher nicht zuletzt durch die Zuweisung ausreichender Kapazitäten dokumentiert; vgl. Gupta, Wilemon 1990, S. 39. Die Ergebnisse von Rommel zeigen, daß erfolgreiche Unternehmen eher niedrigere F&E-Aufwendungen haben, diese jedoch stärker konzentrieren; vgl. Rommel 1991, S. 48.

125 Zur Projektauswahl, vgl. z.B. EIMRA 1970; Fahrni, Spätig 1990; Brockhoff 1992a, S. 247 ff.; Cooper 1993, S. 163 ff.

126 Vgl. De Meyer, Van Hooland 1990, S. 238; vgl. auch Takeuchi, Nonaka 1986, S. 140 f.; Smith, Reinertsen 1991, S. 193 f.; Soderberg, O'Halloran 1992, S. 7; Geschka 1993, S. 70 ff. Auch die von anderen Autoren beschriebenen Forderungen einer "frühen Einbindung der Abteilungen" und der "Freistellung notwendiger Ressourcen" laufen auf eine Konzentration der Ressourcen hinaus; vgl. Bullinger 1990, S. 41; Gupta, Wilemon 1990, S. 39.

127 Vgl. Takeuchi, Nonaka 1986, S. 140 f.; Clark, Fujimoto 1989, S. 38 ff.; Bullinger 1990, S. 41; Gupta, Wilemon 1990, S. 37; Nonaka 1990, S. 31; Rosenau 1990, S. 132; Cordero 1991, S. 287; Smith, Reinertsen 1991, S. 153 ff.; Cooper 1993, S. 98 f. Millson, Ray, Wilemon regen ein "Design for parallel design and manufacture an": vgl. Millson, Ray, Wilemon 1992, S. 63 f. Geschka unterscheidet zwischen Überlappung, Simultanbearbeitung (Aktivitäten werden gleichzeitig begonnen), zeitgleiche Aktivitäten (koordinierte Akitivitäten, bei denen alle gleichzeitig agieren), und der Vorbearbeitung unter Annahmen (Überlappung); vgl. Geschka 1993, S. 83 ff.

128 Siehe Kapitel 3.3.2 und 5.2.4. Zum Verhältnis von Parallelisierungsgrad und Kommunikationsaufwand siehe Brook'sches Gesetz in Kapitel 2.2.1.2, besonders Abbildung 22-2.

129 Zur Phasenüberlappung in den vierzehn untersuchten Entwicklungsprojekten siehe auch Abbildung 52-10 in Kapitel 5.2.5.

130 Die Begriffe zielen insbesondere auf eine Überlappung von Engineering-, Test- und Fertigungsaktivitäten ab; vgl. z.B. Pantele, Lacey 1989; Bullinger, Wasserloos 1991; Riedel, Pawar 1991, S. 327 f.; Voss, Russell, Twigg 1991, S. 293 ff.; Carter, Baker 1992, S. 1 f.

lisierung von Aktivitäten innerhalb der Phasen umfassen.[131] Voraussetzungen für die Überlappung von Tätigkeiten sind einerseits die Arbeitsteilung in der Konstruktion und zum anderen die systematische Strukturierung des Produktes.[132] Zwar wurde in den meisten der untersuchten Projekte bereits auf eine stärkere Parallelisierung gedrängt, eine systematische Analyse möglicher Parallelisierungspotentiale erfolgte bisher jedoch in keinem der Projekte. Nach Meinung einiger Entwicklungsleiter sollte zumindest eine zwanzigprozentige Überlappung ehemals sequentieller Tätigkeiten möglich sein.[133] Dadurch könne auch eine Überperfektionierung von Konstruktionen vermieden werden.[134] Teilweise sei auch eine vollständige Parallelisierung möglich. Ein Lernprozeß der Ingenieure, der einen langsam aber kontinuierlich ansteigenden Parallelisierungsgrad ermögliche, sei bereits erkennbar.

(E) "Stärkere Nutzung von Kunden- und/ oder Zulieferer-Know-How"

Diese Maßnahme konzentriert sich auf die Integration von externem Know-How in den internen Entwicklungsprozeß.[135] Sie umfaßt die beiden grundsätzlichen Möglichkeiten zur Nutzung externen Know-Hows: von Kunden und/ oder von Zulieferern.[136] Besonders im Rahmen der Zielbestimmung, aber auch zur Unterstützung der elementaren Konstruktionstätigkeiten wird dies für wichtig erachtet. Durch ergänzend einfließendes Wissen über Produktfunktionen, spezielle Lösungsverfahren, Material- und Fertigungs-

---

131 Die Analyse der Verkürzungspotentiale hat zum Beispiel gezeigt, daß besonders innerhalb der Vorphase hohe Parallelisierungspotentiale vorhanden sind. Die mögliche Überlappung von Vorphase und Entwicklungsphase ist hingegen nur gering.

132 Mit fortschreitender Entwicklung nimmt die Unabhängigkeit der Einzelaufgaben zu. Engineeringaufgaben (z.B. Detail-Design) sind dementsprechend unabhängiger und einfacher parallelisierbar als Entwicklungs- oder gar Planungsaufgaben (vgl. Clark, Fujimoto 1989, S. 33). Die Parallelisierung von Entwicklungs- und Konstruktionsaufgaben setzt daher eine gewisse Systematik in der Produktstruktur voraus. Bei einem vollständig unstrukturierten Produkt ist eine Isolierung unabhängiger und daher parallel abzuarbeitender Tätigkeiten kaum möglich (siehe auch Kapitel 3.2.3.1 und 3.3.1).

133 Eine zwanzigprozentige Überlappung bedeutet, daß die vorlaufende Entwicklungstätigkeit (z.B. Konstruktion eines Baggerarms) nicht zu 100%, sondern erst zu 80% abgeschlossen ist, wenn mit der darauffolgenden Tätigkeit (z.B. Konstruktion der Baggerschaufel) bereits begonnen wird. Einige der Arbeitskreismitglieder würden gar die generelle Festschreibung einer Mindestüberlappung von Konstruktionstätigkeiten und Entwicklungsphasen befürworten, wobei sie 20% für eine realistische Startgröße halten, die kontinuierlich gesteigert werden könnte.

134 Bullinger stellt fest, daß "Pragmatismus statt Overengineering" von 39% der von ihm Befragten 149 Unternehmen als Möglichkeit zur Verkürzung der Entwicklungsdauer gesehen wird; vgl. Bullinger 1990, S. 41; vgl. auch Geschka 1993, S. 99 f.

135 Sie umfaßt daher nicht die Fremdvergabe von Entwicklungsätigkeiten; siehe Maßnahme "R".

136 Die Entscheidung über die Nutzung externer Wissensquellen ist strategischer Natur und muß sich an der verfolgten Technologiestrategie orientieren; vgl. Rotering 1990, S. 9.

aspekte kann der Entwicklungsprozeß beschleunigt werden.[137] Zur Nutzung von Kundenwissen in der Vorphase wird in der Literatur besonders der "Lead-User-Ansatz" hervorgehoben.[138] Dieser Ansatz konzentriert sich auf die Einbeziehung solcher Kunden, die zukünftig relevante Bedürfnisse als erste wahrnehmen und von denen erwartet wird, daß sie von ihrer Befriedung besonders stark profitieren.[139] Nach Meinung der Entwicklungsleiter liegt das Ziel der Maßnahme darin, die vom Kunden als "wertschöpfend" erachteten Funktionen effizient zu ermitteln und Lösungsmöglichkeiten ebenso wie potentielle Schwachstellen frühzeitig zu erörtern. Ein Unternehmen des Arbeitskreises hatte mit einem vergleichbaren Konzept bereits positive Erfahrungen gesammelt und wird es weiterhin einsetzen. Ähnliche Konzepte sind auch zur Einbeziehung von Lieferanten denkbar.[140] Die Entwicklungskooperation ist eine weitere Möglichkeit, um externes Know-How von Kunden und Zulieferern zu nutzten.[141] Voraussetzung für eine geeignete Umsetzung dieser Maßnahme sei nach Meinung der Projektleiter ein gegenseitiges und auf Langfristigkeit angelegtes Vertrauen. Der direkte Kontakt zwischen Entwicklern und Kunden bzw. Zulieferern sei besonders wichtig.[142]

---

137 Dies wird auch durch empirische Ergebnisse bestätigt: 85 % der von Bauer, Hannig, Mierzwa befragten Maschinenbauunternehmen hielten die "Einbeziehung von Kunden in den F&E-Prozeß" für wichtig oder sehr wichtig für die Verkürzung der Entwicklungsdauer. Die Autoren folgern aus ihren Ergebnissen, "daß sich die Integration von Kunden in den F&E-Prozeß .. eher zur Beschleunigung von Produktverbesserungen als für eine schnellere Realisierung von Basisinnovationen eignet"; Bauer, Hannig, Mierzwa 1990, S. 16. Karagozoglu und Brown haben ermittelt, daß die Einbeziehung von Kunden besonders in der Vorphase (Machbarkeitsprüfung und Ideengenerierung) erfolgt; vgl. Karagozoglu, Brown 1993, S. 210. Zur Bedeutung dieser Maßnahme für die Entwicklungsdauer, vgl. auch Smith, Reinertsen 1991, S. 88 ff.; Herstatt, von Hippel 1992, S. 220; Soderberg, O'Halloran 1992, S. 16 ff.; Rommel et. al. 1993, S. 85 ff.; Kirchmann 1994 S. 26 f. Auf der Zuliefererseite kommen neben Teilezulieferern z.B. auch Technologieberater oder Ingenieurbüros in Frage. Aufgrund seiner Ergebnisse aus der amerikanischen Automobilindustrie kommt Clark zu der Schlußfolgerung: "It appears, that supplier involvement and strong supplier relationships account for about one-third of the manhours advantage, and contributes four to five months of the lead time advantage"; Clark 1989, S. 1260. Zur Bedeutung der Lieferanteneinbindung für die Entwicklungsdauer, vgl. auch Bauer, Hannig, Mierzwa 1990, S. 20 ff.; De Meyer, Van Hooland 1990, S. 238; Smith, Reinertsen 1991, S. 124 ff.; Rommel et. al. 1993, S. 95 ff.

138 Vgl. z.B. Bauer, Hannig, Mierzwa 1990, S. 16; Herstatt, von Hippel 1992; Millson, Ray, Wilemon 1992, S. 61 f.

139 Vgl. von Hippel 1976; von Hippel 1988, S. 106 ff. Für ein Anwendungsbeispiel, vgl. Herstatt, von Hippel 1992; vgl. auch Ciccantelli, Magidson 1993.

140 Vgl. von Hippel 1988, S. 35 ff.; Slade 1993, S. 111.

141 Die Einbeziehung von Kunden und Lieferanten in den Entwicklungsprozeß kann dementsprechend auch als "vertikale Kooperation ... im Sinne eines kooperativen Innovationsprozesses" verstanden werden; Bürgel, Pötsch, Wilken 1994, S. 69. Zur Entscheidung über F&E-Kooperationen, vgl. auch Rotering 1990, S. 187 ff.

142 Clark stellt die Bedeutung der Beziehung zum Zulieferer wie folgt heraus: "In the Japanese System, in contrast, suppliers are an integral part of the development process: they are involved early, assume significant responsibility and communicate extensively and direct with product and process engineers". Dieses Verhältnis trägt nach seinen Analysen auch zur höheren Geschwindigkeit der japanischen Entwicklung bei; Clark 1989, S. 1252.

146

(F) "Vereinfachung der Produktstruktur und Erhöhung der Wiederverwendungsrate von Bauteilen"

Diese Maßnahme unterstreicht den theoretisch abgeleiteten Einfluß des Entwicklungsobjektes auf den Entwicklungsprozeß.[143] Wie aus den Fallstudien hervorging, hat besonders die Anzahl der Neuteile einen Einfluß auf die Entwicklungsdauer.[144] Durch eine Modularisierung der Produkte und eine dadurch erreichbare Erhöhung des Wiederverwendungsanteils wird mit einer Verringerung der Entwicklungsdauer und gleichzeitig einer Verringerung des Entwicklungsrisikos gerechnet.[145] Die Modularisierung wird zudem als Voraussetzung für eine Aufgabenteilung und Parallelisierung der Aufgaben und Phasen angesehen.[146] Bezüglich der Wirkung dieser Maßnahme muß nach Meinung der Projektleiter berücksichtigt werden, daß zur Entwicklung eines modularen Teils zunächst mehr Zeit benötigt wird, als zur Entwicklung eines einfach verwendbaren Teiles. Besonders die Entwicklung dauerhaft nutzbarer Schnittstellen zu anderen modularen Teilen ist ihrer Einschätzung nach mit einem erhöhten Zeitaufwand verbunden. Die positive Wirkung auf die Entwicklungsdauer ensteht durch die Erhöhung des Wiederverwendungsanteils, die sich jedoch erst in zukünftigen Entwicklungen einstellt. Auch die Fertigungskosten werden in der Regel positiv beeinflußt, wenn die Losgrößen dadurch erhöht werden können.[147]

(G) "Verbesserung des Wissens der Mitarbeiter (Fachwissen und bereichsübergreifendes Wissen)"

Grundlage der Entwicklung ist das Wissen über Probleme, Lösungsmöglichkeiten und Anwendungen.[148] Die Geschwindigkeit einer Entwicklung wird nicht zuletzt davon beeinflußt, wie schnell das jeweils erforderliche Wissen "vor Ort" ist. Für die hier erörterte Problemstellung können zwei Arten von Wissen unterschieden werden:[149]

---

143 Siehe Kapitel 3.3.1.
144 Siehe Kapitel 5.3.2.
145 Diese Erwartungen werden auch durch die in der Literatur beschriebenen Ergebnisse unterstützt: vgl. Schmelzer, Buttermilch 1988, S. 52; Cordero 1991, S. 289; Smith, Reinertsen 1991, S. 99 ff.; Millson, Ray, Wilemon 1992, S. 53. Die Nutzung von CAD in der Entwicklung ist zur Unterstützung dieser Maßnahme besonders geeignet; vgl. Rommel et. al. 1993, S. 110. Ein signifikanter Beitrag der Modularisierung zur Verkürzung der Entwicklungsdauer konnte in den Fallstudien jedoch nicht festgestellt werden (siehe Kapitel 5.3.3).
146 Dadurch wird die Modularisierung auch zu einer Vorraussetzung für eine mögliche Fremdvergabe von Entwicklungstätigkeiten; vgl. auch Clark 1989, S. 1253 ff.; Gerpott, Wittkemper 1991, S. 134.
147 Durch die Reduzierung der Gesamtteilezahl im Unternehmen können darüber hinaus auch andere Kosten (z.B. Lagerkosten, Instandhaltungskosten, Servicekosten, etc.) gesenkt werden; vgl. auch Rommel, 1991, S. 43; Millson, Ray, Wilemon 1992, S. 53. Roever hat ermittelt, daß 20-50% der Infrastrukturkosten eines Unternehmens in direktem Verhältnis zur Produktvielfalt und damit zur Anzahl existierender Teile stehen; vgl. Roever 1992, S. 100.
148 Nahezu alle der in Kapitel 5.4 erörterten Einflußgrößen resultieren letztlich aus nicht vorhandenem Wissen.
149 Siehe auch Kapitel 3.2.3.3.

Fachwissen ist notwendig, um Problemlösungszyklen des elementaren Konstruktionsprozesses schnell durchlaufen zu können und durch Konstruktionsfehlern begründete Iterationsschleifen zu minimieren. Es umfaßt in erster Linie das Wissen um die Lösungsmöglichkeiten eines technischen Problems. In einigen der untersuchten Projekte war ein Mangel an Fachwissen (z.B. Wissen über die Einsatzbedingungen eines Materials) der entscheidende Grund für die insgesamt aufgetretenen Verzögerungen. Fachübergreifendes Wissen ist notwendig, um den Rahmen zu erkennen, der die Gesamtproblemstellung ausmacht (z.B. Marktwissen, Anwendungswissen, Kostenwissen, Produktionswissen, etc.). Nur wenn auch das erforderliche fachübergreifende Wissen vorhanden ist, können die Lösungsmöglichkeiten gegeneinander abgewogen werden.[150] In allen untersuchten Projekten wurden bereichsübergreifende Teams eingesetzt, um das Wissen zusammenzuführen. Die Intensität der Teamarbeit war jedoch stark unterschiedlich.[151] In der Regel waren die Bereiche Marketing bzw. Vertrieb, Fertigung bzw. Arbeitsvorbereitung und Entwicklung vertreten. Die Bereiche Einkauf und Service wurden nur in Ausnahmefällen hinzugezogen. Zur Qualifizierungsförderung wurden in den meisten Unternehmen unregelmäßig Weiterbildungsmaßnahmen durchgeführt. In vier Unternehmen fanden darüber hinaus regelmäßige Qualitätszirkel statt.[152] Eine "Job-Rotation" erfolgte nur in einem der Unternehmen.[153]

---

150 Besonders der Projektleiter benötigt ein hohes Maß an fachübergreifendem Wissen "We found that the successful projects were headed by engineers with a business sense, that supplemented technical considerations"; McDonough, Spital 1984, S. 56; vgl. auch Clark 1991, S. 47 f. Rochford und Rudelius zeigen, daß die Verfügbarkeit von mehreren Know-How-Trägern besonders in den frühen Entwicklungsphasen erfolgsrelevant ist; vgl. Rochford, Rudelius 1992, S. 296 ff.

151 Eine enge und konzentrierte Zusammenarbeit, die den Begriff der "Rugby Teams" rechtfertigen würde, war nur in zwei Projekten feststellbar, in denen hoher Zeitdruck herrschte. Zum Einsatz von "Rugby Teams" in der Entwicklung, vgl. Takeuchi, Nonanka 1986. Zur Bedeutung der Zusammenführung von fach- und bereichsübergreifendem Wissen für die Entwicklungsdauer, vgl. Schmelzer, Buttermilch 1988, S. 62 f.; Bauer, Hannig, Mierzwa 1990, S. 14 f.; Bullinger 1990, S. 41; De Meyer, van Hooland 1990, S. 238; Gupta, Wilemon 1990, S. 36 f.; Smith, Reinertsen 1991, S. 119 ff.; Millson, Ray, Wilemon 1992, S. 64; Karagozoglu, Brown 1993, S. 208; Geschka 1993, S. 75.

152 Soderberg und O'Halloran empfehlen die Bildung von "Skill-Buildung Clubs" zur Förderung des Know-How-Transfers, des gegenseitigen Verständnisses und der Interessenintegration; vgl. Soderberg, O'Halloran 1992, S. 18 ff. Die Ergebnisse von Specht und Schmelzer zeigen, daß Qualitätszirkel zwar zur "Verbesserung qualitätsrelevanter Mitarbeiterkenntnisse" gut geeignet sind, zur Verkürzung der Entwicklungsdauer jedoch keinen Beitrag leisten; Specht, Schmelzer 1991, S. 19 f. und S. 66 ff.

153 "In der Tat war der Umgang mit diesem Instrument (Job Rotation) einer der auffallendsten Unterschiede zwischen erfolgreichen und nicht erfolgreichen Unternehmen ... Bei den besten Maschinen- und Komponentenherstellern hatten immerhin 22 Prozent der Fachkräfte schon einmal zwischen Produktion und Konstruktion gewechselt, bei den schwächeren Unternehmen war es gerade ein Prozent"; Rommel et. al. 1993, S. 105.

148

(H) "Optimierung der Projektplanung"

Die Planung gehört zu den wichtigsten Aktivitäten des Managements von Entwicklungsprojekten.[154] Mangelnde Planung führte in vielen der Entwicklungsprojekte zu Verzögerungen. Markt- und technische Unsicherheit, die Komplexität der Entwicklungsaufgabe, unzureichende Kommunikation und fehlende Plandaten wurden als wesentliche, die Qualität der Planung negativ beeinflussende Größen genannt. Nach Meinung der Projektleiter sollten sich zukünftige Planungstätigkeiten daher auf die Strukturierung der Aufgabenpakete, die Zuweisung geeigneter Personalressourcen und die Festlegung von Zeit- und Leistungszielen konzentrieren.[155] Auch Parallelisierungs- und Risikopotentiale sollten im Rahmen der Planung definiert werden.[156] Es wird erwartet, daß die für eine intensivere Planung zunächst zusätzlich zu investierende Zeit durch spätere Einsparungen mehr als kompensiert werden kann. Einige Entwicklungsleiter waren der Meinung, daß ein gewisser Planungsformalismus notwendig sei, der jedoch ein Mindestmaß an Reaktionsflexibilität gewährleiste.[157] In den meisten Projekten werden einfache Balkenpläne zur Planung und Überwachung eingesetzt. Der Nutzen von Netzplantechniken wird als begrenzt angesehen.[158] Rechnerunterstützte Planungsmethoden wurden in keinem der Projekte eingesetzt.

(I) "Verbesserung von Sozialverhalten und Kommunikation der Mitarbeiter"

Die Kommunikation zwischen Mitarbeitern derselben und unterschiedlicher Funktionsbereiche sowie mit externen Know-How-Trägern wird in der Literatur als eines der wichtigsten Elemente des Entwicklungsprozesses hervorgehoben, welches auch die Entwicklungsdauer wesentlich beeinflußt.[159] Die Entwicklungsleiter im Arbeitskreis sahen das Sozialverhalten der Mitarbeiter als die wesentliche Stellgröße für die Qualität

---

154 Zur Bedeutung der Planung in der Entwicklung, vgl. Popp, 1988; Pearson 1990, S. 573 ff.; Brockhoff 1992a, S. 281 ff. In der Untersuchung von Bullinger nannten 46% der Befragten eine "intensivere Planung" als Maßnahme zur Verkürzung der Entwicklungsdauer; vgl. Bullinger 1990, S. 41.

155 Vgl. auch Smith, Reinertsen 1991, S. 189 ff.; Millson, Ray, Wilemon 1992, S. 56. Fenneberg regt an, die Güte der Ressourcenschätzungen durch die Einbeziehung bisheriger Schätzungenauigkeiten zu verbessern; vgl. Fenneberg 1979, S. 232 f.

156 Vgl. auch Soderberg, O'Halloran 1992, S. 22.

157 Vgl. auch Pearson 1990, S. 580.

158 Drei der untersuchten Firmen hatten zuvor Netzplantechniken eingesetzt, diese jedoch aufgrund ihrer Komplexität und des damit verbundenen hohen Aufwandes wieder zurückgenommen. Auch eine Untersuchung von Brockhoff und Urban zeigt, daß die Nutzung von Detailnetzplänen eher die Ausnahme ist; vgl. Brockhoff, Urban 1988, S. 19. (Zur Netzplantechnik in der F&E, vgl. z.B. Brockhoff 1992a, S. 286 ff.) Auch Pearson betont die Notwendigkeit der Einfachheit von Planungsinstrumenten; vgl. Pearson 1990, S. 575. Geschka plädiert dennoch für die Nutzung von Netzplantechniken, da sich eine Zeitverkürzung auf dem kritischen Pfad (der besonders mit Hilfe der Netzplantechnik ermittelt werden kann) direkt auf die Gesamtzeit auswirkt; vgl. Geschka 1993, S. 67 f.

159 "Communication is a vital and basic element in organizational activity"; Rochford, Rudelius 1992, S. 47; vgl. auch Rothwell et. al. 1974, S. 266; Tushman 1979, S. 37 ff.; Picot, Reichwald, Nippa 1988, S, 125 ff.; Clark, Fujimoto, 1991, S. 205 ff.; Bullinger 1990, S. 41; Gupta, Wilemon 1991, S. 37; Millson, Ray, Wilemon 1992, S. 62.

und Quantität einer zielorientierten Kommunikation an.[160] Auch die Organisation der Entwicklungsteams beeinflußt die Kommunikation und damit die Entwicklungsgeschwindigkeit.[161] Eine funktionierende bereichsübergreifende Kommunikation wird von den Entwicklungsleitern als Indikator für die Qualität des Schnittstellenmanagements angesehen.[162] In der Literatur wird darüber hinaus die Bedeutung der geographischen Entfernung für die Kommunikation hervorgehoben.[163] Einige Entwicklungsleiter halten die geographische Konzentration von Entwicklungsteams in einem Raum für eine gute Möglichkeit zur Verbesserung der Kommunikation.[164] Für hoch priorisierte Projekte sehen sie tatsächlich die Chance zur (zeitlich befristeten) Auflösung der herkömmlichen geographischen Trennung der Funktionsbereiche. Ein anderer im Arbeitskreis mehrfach genannter Aspekt betrifft die Kommunikationsbeziehungen zu externen Know-How-Trägern. Während die Kontakte zu Kunden und Zulieferern traditionell über den Vertrieb bzw. den Einkauf gehalten wurden, sehen die Projektleiter direkte externe Kommunikationsbeziehungen als Voraussetzung für eine schnellere Lösung einiger Probleme an.[165] Besonders in der Vorphase, aber auch in der Hauptphase halten sie diese für wichtig.

(J) *"Verstärkter Einsatz von computerunterstützten Entwicklungs- und Konstruktionstechniken"*

Die Maßnahme konzentriert sich im wesentlichen auf die Verbesserung der drei unter der gleichnamigen Einflußgröße erörterten Aspekte. Der Schwerpunkt liegt auf einer effizienten Ausnutzung der durch die vorhandene Hard- und Software ermöglichten Funktionen. Durch die fortschreitende Systematisierung der Produktstrukturen und gleichmäßigem Anstieg der Erfahrungskurve kann die Effizienz der Anwendung computerunterstützter Systeme nach Meinung der Projektleiter verbessert werden.[166] Bei

160 In der Literatur wird die Rolle des Sozialverhaltens in der Regel unter dem Stichwort "Harmonie" behandelt, die besonders bei der Integration von Funktionsbereichen eine herausragende Rolle spielt; vgl. Souder 1981; Brockhoff 1989, S. 77; Rosenau 1990, S. 113 ff. Hübner bezeichnet diesen Bereich als "Consensus Management"; Hübner 1989, S. 152 ff.

161 Vgl. Rosenau 1990, S. 101 ff.; Smith, Reinertsen 1991, S. 133 ff.; Katzenbach, Smith 1992, S. 16 f.; Henke, Krachenberg, Lyons 1993, S. 219 ff.; Rommel et. al. 1993, S. 101 ff.

162 Vgl. dazu auch Brockhoff 1989, S. 29 f. u. S. 73 ff.

163 "One would expect probability of communication to decrease with distance. ... Probability of weekly communication reaches a low asymptotic level within the first twenty-five or thirty meters. It is this extraordinary rate of decay more than the general shape of the curve that is so startling"; Allen 1977, S. 236 ff.; vgl. auch Allen 1971, S. 19 f.

164 Vgl. auch Bower, Hout 1988, S. 117; Smith, Reinertsen 1991, S. 145 ff.

165 Auch andere Untersuchungen heben die gleichwertige Bedeutung von interner und externer Kommunikation hervor; vgl. z.B. Rothwell et. al. 1974, S. 266.

166 Eine Untersuchung des VDMA zeigt jedoch, daß die Erwartungen an eine Verkürzung der Entwicklungsdauer nur bei etwa 30 % der CAD-Nutzer tatsächlich erfüllt wurden. Bei knapp 20 % wurden sie nicht, bei 40 % nur teilweise erfüllt. Die Erwartungen an die Flexibilität (60 %) und Qualität (40 %) wurden hingegen besser erfüllt; vgl. VDMA 1992c, S. 32. Zur Anwendung von CAD in der Entwicklung siehe auch Kapitel 3.2.3.3.

besserer Verfügbarkeitsplanung könnte demnach auch die Ausnutzung der Stationen selbst erhöht werden. Eine vollständige Vernetzung der konstruktionsunterstützenden Informationssysteme mit denen anderer Bereiche halten die Entwicklungsleiter mittelfristig für unwahrscheinlich. Hier liegen nach ihrer Einschätzung langfristig jedoch weitere Potentiale. Auch die Diskussion in der Literatur deutet auf Verbesserungspotentiale durch eine verbesserte Computerunterstützung hin.[167]

(K) *"Verbesserung von Koordination und Informationsfluß im Unternehmen"*

Diese Maßnahme konzentriert sich auf die Koordination der benötigten Informationen und Ressourcen im Unternehmen.[168] Die Koordination muß dementsprechend innerhalb eines Projektes und zwischen mehreren Projekten erfolgen.[169] Die Anforderungen an die Koordination steigen mit der Managementkomplexität der Projekte, die von der Anzahl der Aktivitäten bestimmt wird.[170] Die Steigerung des Parallelisierungsgrades stellt nach Meinung der Entwicklungsleiter hohe Anforderungen an die Koordination von Tätigkeiten und Informationen.[171] Besonders der störungsfreie Übergang von einer Entwicklungsphase zur nächsten hänge in hohem Maße von der Koordinationsqualität ab.[172]

---

[167] Nach der Analyse von Bauer et. al. wird die Verbesserung der technischen Arbeitsmittel an vierter Stelle der Optionen zur Entwicklungsdauerverkürzung genannt (70,9 % der Befragten nennen diese Option). Sie wirkt sich auch motivationssteigernd aus und trägt indirekt zu Erhöhung der F&E-Kapazitäten bei; vgl. Bauer 1990, S. 12 und S. 33. In den Untersuchungen von Karagozoglu/ Brown (48 %) und von Bullinger (36,7%) wird ihnen hingegen eine geringere Bedeutung beigemessen. Sie kommen vor allem in Planungs- und Entwicklungsphasen zum Einsatz; vgl. Karagozoglu, Brown 1993, S. 211; Bullinger 1990, S. 41. De Meyer und Van Hooland kommen zu dem Schluß, daß "design process technologies such as CAD do not explain shorter design cycles"; De Meyer, Van Hooland 1990, S. 238. Zur Bedeutung computerunterstützter Werkzeuge für die Entwicklungsdauer, vgl. auch Schmelzer, Buttermilch 1988, S. 65 ff.; Cordero 1991, S. 290 f.; Millson, Ray, Wilemon 1992, S. 62; Rosenau 1990, S. 158 ff.; Schmelzer 1993, S. 129 f.; Geschka 1993, S. 73 ff.

[168] Koordination ist hier daher im klassischen Sinne, als sich aus der Arbeitsteilung ergebene Konsequenz einer Abstimmungsnotwendigkeit zu verstehen. Die Koordinationsmechanismen sind der Entwicklungsorganisation angepaßt bzw. hängen von ihr ab; vgl. z.B. Kieser, Kubicek 1983, S. 103 ff.

[169] Sie kann auch als intraprozessuale und interprozessuale Koordination bezeichnet werden; vgl. Bürgel, Genter 1992, S. 77 f.

[170] In der ausgewerteten Literatur wird "Koordination" nicht explizit als Maßnahme genannt. Dort wird die Bedeutung der projektorientierten Organisation der Entwicklung betont. Viele Untersuchungen verwenden daher den Begriff "Projektmanagement"; vgl. Schmelzer, Buttermilch 1988, S. 54 f.; Bullinger 1990, S. 41. Da das Projektmanagement in der Regel jedoch auch planerische und steuernde Elemente enthält, die hier gesondert betrachtet werden sollen, wurde in Abstimmung mit den Entwicklungsleitern die "Koordination" als gesonderte Maßnahme eingeführt. Clark und Fujimoto beschreiben eine ähnliche Variable mit dem übergeordneten Begriff "organizational capability"; vgl. Clark, Fujimoto 1989, S. 33.

[171] Clark und Fujimoto stellen besonders die Bedeutung der Koordination bei der Überlagerung von Upstream und Down-stream-Aktivitäten heraus; vgl. Clark, Fujimoto 1989, S. 38 ff.

[172] Diese Einschätzung wird auch durch empirische Ergebnisse unterstützt. Aus der Untersuchung von Szakony geht beispielsweise hervor, daß die Übereinstimmung von Produktspezifikationen und Kundenbedürfnissen von der Koordination der F&E- und Marketing-Einheiten abhängt; vgl. Szakony 1988, S. 41.

(L) "Verbesserung und Intensivierung des Zeit- und Kostencontrollings"
Das Kostencontrolling spielt nach Meinung der Projektleiter derzeit eine größere Rolle als das Zeitcontrolling. Zwar wurden in allen Projekten Terminpläne und Meilensteine aufgestellt. Die Projektleiter räumten jedoch ein, daß einzelne Meilensteine verändert werden, sobald Schwierigkeiten auftreten. Formelle Regelungen zur Veränderung von Meilensteinen und Einzelzielen waren die Ausnahme. Eine durchgängige Überwachung und Kontrolle der Ursprungsplanungen erfolgte nur wenigen Fällen.[173] Lediglich in zwei Projekten wurde ein abschließendes Projekt-Review zur Dokumentation von wahrgenommenen Schwierigkeiten durchgeführt.[174] In der Literatur wird dem Instrument des Entwicklungscontrollings eine höhere Bedeutung beigemessen, als in der Diskussion im Arbeitskreis.[175] Besonders die Durchführung von regelmäßigen Projekt-(oder auch Design-)Reviews [176] sowie die Nutzung von Kontrollinstrumenten, bei denen die Auswirkungen von Zeit- und Kostenabweichungen auf Anhieb erkennbar sind, werden dort empfohlen.[177]

---

173 Zu ähnlichen Ergebnissen kommt auch Reinhardt. 85 % der von ihm befragten Unternehmen geben zwar an, die Entwicklungsdauer (meilensteinorientiert) zu überwachen. Nur 15 % fokussieren die Entwicklungszeit jedoch permanent. 10 % der Unternehmen nutzen die Zeit nur zum nachträglichen Resumee. Eine Regelung des Entwicklungsprozesses findet demnach in den meisten Unternehmen nicht statt; vgl. Reinhardt 1993, S. 107.

174 In diesem Zusammenhang sei auch auf das in der Literatur erwähnte "Benchmarking" hingewiesen, bei dem die eigenen Leistungsmerkmale mit der relevanter Wettbewerber verglichen werden; vgl. Spendolini 1992, S. 7 ff.; Soderberg, O'Halloran 1992, S. 12 ff.; Karagozoglu, Brown 1993, S. 211.

175 Vgl. z.B. McDonough, Spital 1984, S. 54; Cordero 1991, S. 290; Schmelzer 1993, S. 130.

176 Vgl. Rosenau 1990, S. 170 ff.; Anthony, McKay 1992, S. 145 ff.; Millson, Ray, Wilemon 1992, S. 60; Karagozoglu 1993, S. 211. Zum Design-Review, vgl. DIN ISO 9004 1987, S. 16. Nach den Ergebnissen von Specht und Schmelzer sind Design-Reviews besonders zur Einhaltung der geplanten Entwicklungsdauer gut geeignet; vgl. Specht, Schmelzer 1991, S. 21 und S. 66 f.

177 Als Beispiele für derartige Kontrollinstrumente werden die Meilenstein-Trend-Analyse (vgl. Brockhoff, Urban 1988, S. 26 ff.) und das Progress-Chart (vgl. Pearson 1990, S. 578) empfohlen. Auch die von Hewlett Packard entwickelte "Return Map" ist hier zu nennen; vgl. House, Price 1991. Nach Untersuchungen von Domsch und Gerpott ist die Akzeptanz von Zeitkontrollen dann gewährleistet, wenn die Fachkompetenz der kontrollierenden Stelle für die Termineinhaltung anerkannt wird. "Dem F&E-Management ist aufgrund dieser Befunde wiederum zu empfehlen, oft konfliktäre Zeitvorgaben formal letzlich durch relativ hochrangige Instanzen mit einem Überblick über die verschiedenen Detailaktivitäten in F&E-Vorhaben fixieren zu lassen und zudem aktiv auf drohende Zeitüberschreitungen zu reagieren"; Domsch,
Gerpott 1988, S. 108. Bart gibt zu bedenken, daß eine geeignete Kombination von losen (loose) und straffen (tight) Kontrollmechanismen gefunden werden muß. Er stellt fest, daß loosen Kontrollmechanismen häufig zu wenig Aufmerksamkeit geschenkt wird; vgl. Bart 1993, S. 195 f. Für weitere Anregungen zur Gestaltung eines wirkungsvollen Entwicklungscontrollings, vgl. z.B. Fenneberg 1979, S. 235; Schmelzer, Buttermilch 1988, S. 60 ff.; Bürgel 1989; Chang, Yong 1991, S. 157 ff.; Mattern 1991, S. 98 ff.; Smith, Reinertsen 1991, S. 169 ff.; Brockhoff 1991a, S. 64 ff.; Brockhoff 1992a, S. 320 ff.; Lange 1993a, S. 143; Reinhardt 1993, S. 107 ff.

152

(M) "Frühzeitige Sicherstellung der Fertigungsgerechtigkeit"

Zwei Aspekte haben die Diskussion der frühzeitigen Fertigungsgerechtigkeit im Arbeitskreis bestimmt. Zum einen die Fertigungsgerechtigkeit der Konstruktion:[178] Zur generellen Sicherstellung der Fertigungsgerechtigkeit wurden in zwei Projekten Mitarbeiter der Arbeitsvorbereitung für einen bestimmten Zeitraum in der Entwicklung angesiedelt, wo sie beratend einwirken konnten. Potentielle fertigungstechnische Schwierigkeiten und auch die Verfügbarkeit knapper Fertigungsressourcen konnten so im Vorfeld geklärt werden.[179] Auch die Entwicklungsleiter anderer Unternehmen befürworteten diese Möglichkeit. Der zweite Aspekt ist der des häufig diskutierten "Simultaneous Engineering".[180] Er beinhaltet die phasenübergreifende Parallelisierung von Entwicklungs- und Fertigungsaktivitäten. Die Verfügbarkeit aller aktuellen Informationen aus der Entwicklung, Fertigung und Einkauf ist dafür eine wichtige Voraussetzung. Insgesamt wird die frühzeitige Einbeziehung der Fertigung in den Entwicklungsprozeß angestrebt.[181] Obwohl dieser Maßnahme bereits in der Vergangenheit eine hohe Aufmerksamkeit geschenkt wurde, erwarten die Entwicklungsleiter zukünftig weitere Verbesserungen.

(N) "Verbesserung und Intensivierung von Marktanalysen"

Diese Maßnahme zielt auf eine Verbesserung der Analysen von Zielmärkten für neue Produkte ab.[182] Sie sind eine wichtige Voraussetzung für die Bestimmung der Zielvorgaben.[183] Nach Meinung der Projektleiter resultieren viele konstruktive Änderungen aus Fehleinschätzungen über potentielle Absatzmengen und Zeithorizonte, die zu

---

178 Vgl. auch Rosenau 1990, S. 68 ff.; Gerpott, Wittkemper 1991, S. 134; Slade 1993, S. 75 ff.; Wheelwright, Clark 1994, S. 321 ff. Millson, Ray und Wilemon fordern in diesem Zusammenhang ein "design for parallel design and manufacture"; Millson, Ray, Wilemon 1992, S. 63. Neben der Fertigungsgerechtigkeit bestehen jedoch noch viele weitere Gestaltungsrestriktionen; siehe Abbildung 32-6 in Kapitel 3.2.3.3.

179 In einigen Untersuchungen wird diese Möglichkeit unter dem Aspekt der frühzeitigen Einbindung funktionaler Gruppen erwähnt; vgl. z.B. Bullinger 1990, S. 41; Gupta, Wilemon 1990, S. 36.

180 Bullinger und Wasserlos halten "Simultaneous Engineering (SE)" (= "Concurrent Engineering"; Slade 1993, S. 80) für das zentrale Element in der Produktentwicklung; vgl. Bullinger, Wasserloos 1990, S. 8. Zu Potentialen und Implementierungsaspekten von SE, vgl. Eversheim 1989; Pantele, Lacey 1989; Riedel, Kulwant 1991; Voss, Russell, Twigg 1991. Bürgel und Genter empfehlen die Einführung von Überleitungsphasen; vgl. Bürgel, Genter 1992, S. 87 ff.

181 Vgl. auch Edosomwan 1988; Smith, Reinertsen 1991, S. 228 ff.; vgl. auch Ulrich et. al. 1993

182 Die Ergebnisse verschiedener Untersuchungen zum Erfolg von Neuproduktentwicklungen zeigen eine hohe Erfolgsrelevanz ausreichender und geeigneter Marketingaktivitäten; vgl. z.B. Rothwell et. al. 1974, S. 265; Cooper 1980, S. 17; Hopkins 1981, S. 16 f.; Cooper, Kleinschmidt 1988, S. 257 und S. 261. "The number one success factor is a unique superior product that delivers unique benefits and superior value to the customer ... A strong market orientation - a market driven and customer-focused new product process - is critical to success"; Cooper 1993, S. 75 und S. 77.

183 "The key to a good specification is an intimate knowledge of the intended market, which requires either having been a deely involved participant in that market for a long time or conducting high quality market research"; Rosenau 1990, S. 55.

Beginn der Entwicklung abgegeben wurden.[184] Darüber hinaus halten einige der Ent-wicklungsleiter auch eine Intensivierung des Austausches von Markt- und Hinter-grundinformationen zwischen Entwicklung und Marketing für notwendig. Dieser Aspekt läuft letztlich auf die Forderung einer verstärkten Integration dieser Bereiche hinaus, auf die bereits im Rahmen der Maßnahme "Kommunikation" (I) kurz einge-gangen wurde.[185]

(O) *"Verbesserung der Arbeitssystematik (z.B. Methodik, Alternativenbewertung, etc.)"*
Diese Maßnahme zielt auf die systematische Nutzung von Methoden und Hilfsmitteln ab,[186] die sich auf alle Phasen und Stufen des Entwicklungsprozesses beziehen können: zum Beispiel auf Methoden zur Ideenfindung und Problemlösung, auf die systematische Nutzung von Wissenquellen (z.B. Konstruktionskataloge), auf die Aufstellung und Anwendung unternehmensinterner Konstruktionsregeln zur Neuteilegestaltung oder auch auf die Nutzung von Methoden zur Bewertung technischer Alternativlösungen (z.B. FMEA).[187] Nur in drei Projekten wurde beispielsweise eine Wertanalyse zur Identifikation möglicher Wiederverwendungsteile durchgeführt, bevor mit der Kon-struktion neuer Teile begonnen wurde. Maßnahmen zur Erhöhung der Arbeitssystema-tik tragen nach Meinung der Projektleiter nicht nur zur Qualitätssteigerung, sondern auch zur Zeiteinsparung bei.[188] Auch die Analyse von Märkten und Kundenbedürfnis-sen sollte ihrer Meinung nach systematischer durchgeführt werden.[189]

(P) *"Erhöhung von Kompetenz und Erfolgsverantwortung des Projektleiters"*
Die Bedeutung der Rolle des Projektleiters für den Verlauf der Entwicklungsprojekte wurde sowohl von den Projektleitern selbst als auch von den Entwicklungsleitern her-ausgestellt. Seine Kompetenz hat ihrer übereinstimmenden Meinung nach einen hohen Einfluß auf die Integration von Personen und Funktionen und die daran gekoppelte Ko-ordinations- und Kommunikationsqualität, auf die Entscheidungsgeschwindigkeit sowie auf die Durchführung von Planungs- und Controlling-Aktivitäten.[190] Insgesamt traten

---

184 Ändern sich die angepeilten Absatzmengen, so sind möglicherweise andere Fertigungsverfahren oder die Verarbeitung anderer Materialien wirtschaftlicher, als die aktuell geplanten. Daraus können umfangreiche technische Änderungen resultieren, die bei rechtzeitiger Information vermeidbar wären.
185 Auch die funktionsübergreifende Integration von F&E und Marketing beeinflußt den F&E-Erfolg, vgl. Souder, Chakrabarti 1978, S. 90; Gupta, Raj, Wilemon 1985, S. 293 ff.; Souder 1988, S. 18; Wheel-wright, Clark 1994, S. 234 ff.
186 Vgl. auch Gupta, Wilemon 1990, S. 36; Rommel et. al. 1993, S. 107 ff.
187 Zu einigen der unter dem Aspekt der Arbeitssystematik einzuordnenden Methoden, siehe Kapitel 3.2.3.2 und 3.2.3.3.
188 Die wiederholte Anwendung systematischer Methoden kann auch zur "Routinisierung" von Abläufen beitragen und damit ebenfalls zu Zeiteinsparungen führen; vgl. Geschka 1993, S. 77 f.
189 Z.B durch Einsatz von "Quality Funtion Deployment"; siehe Maßnahme (B) "Zielvorgaben".
190 Daraus folgt, daß dem Projektleiter in der Regel die Rolle eines (Macht-)Promotors in einem Entwick-lungsprojekt zugewiesen wird; zum Promotorenkonzept, vgl. z.B. Hauschildt 1993, S. 116 ff. Zur Be-deutung eines starken Projektleiters, vgl. z.B. Clark, Fujimoto 1991.

sie für eine Stärkung der Kompetenz des Projektleiters ein. Gleichzeitig gaben einige Entwicklungsleiter zu Bedenken, daß es in der Regel nur wenige Persönlichkeiten gäbe, die der anspruchsvollen Rolle in einem Entwicklungsprojekt gerecht werden könnten. Die Kompetenzen des Projektleiters sollten daher an seine Fähigkeiten geknüpft werden.[191] Ähnliche Einschätzungen über die Bedeutung und die Notwendigkeit eines starken Projektleiters finden sich auch in der Literatur.[192] Die Mehrheit der Entwicklungsleiter und einige Projektleiter sprachen sich für die Einführung projektbezogener und erfolgsabhängiger Anreize für Projektleiter und Teammitglieder aus.[193] Während die Mehrheit der Projektleiter ihre Befugnisse in dem untersuchten Projekt als angemessen ansahen, hoben einige die Notwendigkeit einer Erhöhung ihrer Stellung hervor.[194]

---

191 Nach einer Untersuchung von McDonough und Barzak hat der Führungsstil des Projektleiters einen signifikanten Einfluß auf die Geschwindigkeit interer Entwicklungsprojekte: "These results suggest that when a project's technology is developed internally, a more participatory style of leadership will facilitate faster development while a less participatory style is associated with slower development"; McDonough, Barzak 1991, S. 209. Clark und Fujimoto beschreiben die notwendigen Fähigkeiten eines "Heavy Product Managers" in der Automobilindustrie wie folgt: "Possess multilingual and multidisciplined abilities in order to communicate effectively with marketers, designers, engineers, ... controllers, and so forth. ... Role and talents in managing conflicts ... Possess market imagination ... Circulate among people and strongly advocate the product concept rather than do paperwork and conduct formal meetings. ... possess broad (if not deep) knowledge of total vehicle engineering and process engineering. Product managers in companies that achieve high product integrity and market success combine two roles. As internal integrators they achieve effective cross-functional coordination, and as concept champions they integrate customer insight and expectations into the details of development"; Clark, Fujimoto 1991, S. 48; vgl. auch Allen et. al. 1988, S. 303; Brockhoff, Urban 1988, S. 31 f.; Barczak, Wilemon 1989, S. 266 f.; Smith, Reinertsen 1991, S. 114 ff.

192 Clark und Fujimoto stellen die Rolle des "Heavyweight Product Manager" als wichtige Funktion im Entwicklungsprozeß der Automobilindustrie heraus (Der Heavy Product Manager ist gleichzeitig Projektleiter in der Neuproduktentwicklung); vgl. Clark, Fujimoto 1991, S. 46 ff. Zur Bedeutung eines starken Projektleiters für die Entwicklung (und ihre Geschwindigkeit), vgl. auch Rosenau 1990, S. 104; Smith, Reinertsen 1991, S. 112 f.; Womack, Jones, Roos 1992, S. 118 f.; Wheelwright, Clark 1994, S. 262 ff.

193 "Over the long term, management needs to regulate the attractiveness of being on the fast development teams ... The objective of this reward system is to encourage the team to achieve a certain goal jointly, which is an ambitious schedule goal in this case"; Smith, Reinertsen 1991, S. 128. Womack et. al. plädieren dafür, den Projekterfolg mit dem "Karriereerfolg" zu verknüpfen; vgl. Womack, Jones, Roos 1992, S. 118 f.; vgl. auch Domsch 1993, S. 171 ff.

194 Erwähnenswert ist in diesem Zusammenhang auch ein entgegengerichteter Ansatz von Gold: "Another, though still uncommon, approach ... is to take away projects deemed to be within reasonable reach of commercialisation from the original researcher in order to prevent long continued "polishing" and "perfecting"; Gold 1987, S. 86. Er läßt allerdings offen, wohin die Kompetenz übertragen werden soll.

(Q) *"Verankerung einer Entwicklungsorientierung in der Unternehmenskultur"*

Diese Maßnahme zielt auf die Entwicklungsorientierung der Unternehmenskultur ab.[195] Sie bestimmt beispielsweise die "Entwicklungsfreundlichkeit" anderer Bereiche und das Grundmaß an "Top Management Support" für Entwicklungsprojekte.[196] Nach Einschätzung einiger Projektleiter würde eine stärkere Ausrichtung der Unternehmen auf die Belange der Entwicklung zur Beschleunigung der Projekte beitragen. Voraussetzung für eine Umsetzung wäre beispielsweise die unternehmensweite Erkenntnis, daß die Entwicklung neuer Produkte einen bedeutenden Anteil zur Sicherung des Zukunftserfolges eines Unternehmens beiträgt.

(R) *"Verstärkte Fremdvergabe von nicht zum Kernbereich des Unternehmens gehörenden Entwicklungstätigkeiten"*

Eine weitere grundsätzliche Möglichkeit zur Beschleunigung der Entwicklung ist die Fremdvergabe von Entwicklungstätigkeiten an geeignete Zuliefererfirmen oder Ingenieurbüros.[197] Die Fremdvergabe ist grundsätzlich mit einem befristeten Zukauf von Know-How oder Entwicklungsressourcen zu vergleichen, durch die gleichzeitig die Entwicklungstiefe verringert wird.[198] Nachdem Probleme mit Zulieferern in zwei

---

195 Grundsätzlich ist zu erwarten, daß innovationsorientierte Unternehmen auch eine stärker entwicklungsorientierte Unternehmenskultur aufweisen. Nach einer Untersuchung von McDonough und Barzak ist beispielsweise die Entwicklungsgeschwindigkeit bei Teams mit starker Innovationsorientierung (bei vertrauter Technologie) signifikant höher, als bei weniger innovationsorientierten; vgl. McDonough, Barzak 1992, S. 50. Die Formulierung der Maßnahme wurde an die der Untersuchung von Bauer, Hannig, Mierzwa angepaßt, in der sie als wichtigste Option zur Entwicklungsdauerverkürzung genannt wird; vgl. Bauer, Hannig, Mierzwa 1990, S. 12 ff. Zur Erfolgsrelevanz der Unternehmenskultur, vgl. z.B. Peters, Waterman 1982, S. 103 ff.

196 Einige der bereits angeführten Untersuchungen weisen "Top Management Support" (o.ä.) als eigenständige Option zur Verkürzung der Entwicklungsdauer aus, vgl. z.B. Gupta, Wilemon 1990, S. 35; Smith, Reinertsen 1991, S. 241 ff.; Cooper 1993, S. 85 ff.; Karagozoglu 1993, S. 212 f.

197 Die Entscheidung über die Fremdvergabe hat strategischen Charakter. Die interne Entwicklung sollte sich auf die Komponenten beschränken, die das Kern-Know-How des Unternehmens darstellen; vgl. Venkatesan 1992, S. 101 f. Die Untersuchung von Clark macht deutlich, daß die kürzere Entwicklungsdauer japanischer Automobilhersteller u.a. durch den höheren Anteil extern (d.h. fremd-) entwickelter Teile erklärt werden kann. Dazu werden unterschiedliche Stufen der Zulieferereinbindung unterschieden; vgl. Clark 1989, S. 1252; Clark, Fujimoto 1989, S. 43; Slade 1993, S. 115 ff. Wildemann spricht von einer "Entwicklungspartnerschaft", durch die eine kostengünstigere Produktion (besonders bei fremdgefertigten Teilen, bei denen der Zulieferer zusätzliche Prozeßinnovationen realisieren kann) und eine kürzere Entwicklungsdauer erreicht werden kann; vgl. Wildemann 1991; vgl. auch Wotzka 1992. Eine Fremdvergabe kann gleichermaßen als konsequente Nutzung von Zulieferer-Know-How (Maßnahme E) angesehen werden. Die in diesem Zusammenhang angesprochenen Probleme gelten dementsprechend auch hier. In einer Untersuchung zum Erfolg von Kooperationen mit Ingenieurfirmen stellt Keussen fest, daß die Faktoren Vertrauen, intensive Kommunikation und ausgeprägte Kontrollmechanismen besonders erfolgsrelevant sind; vgl. Keussen 1993, S. 257.

198 Zur Bedeutung der Entwicklunstiefe für die Entwicklungsdauer, vgl. Gerpott, Wittkemper 1991, S.132. Sie beeinflußt auch die Festlegung der Fertigungstiefe; vgl. Rommel et. al. 1993, S.95. Die Fremdvergabe kann prinzipiell auch als eine besondere Form der "Vertragsforschung" angesehen werden. Gold mißt ihr eine hohe zeitliche Bedeutung bei; vgl. Gold 1987, S. 84. Zur Charakterisierung der Vertragsforschung, vgl. z.B. Brockhoff 1992a, S. 47.

Projekten zu erheblichen Verzögerungen geführt hatten, stehen die Entwicklungs- und auch Projektleiter dieser Maßnahme grundsätzlich skeptisch gegenüber. Als Gründe werden vor allem potentielle, nicht selbst beeinflußbare Störungen des Ablaufes sowie Qualitätsprobleme genannt.[199] Dennoch sind einige der Befragten davon überzeugt, daß durch diese Maßnahme Entwicklungszeit eingespart werden kann, wenn eine geeignete Form der Zusammenarbeit gefunden wird. Die Begriffe "Vertrauen" oder "Verläßlichkeit" werden in der Diskussion wiederholt genannt. Die Entscheidung über eine Fremdvergabe hängt jedoch auch von der Produktstruktur ab. Nach Einschätzung der Entwicklungsleiter ist eine Fremdvergabe nur sinnvoll, wenn weitgehend unabhängig voneinander lösbare Entwicklungsaufgaben existieren. Eine vollständige Fremdvergabe komme daher nur bei einem Mindestmaß an Modularität des Produktes in Frage.

5.5.2   Bewertung der Maßnahmen durch die Projektleiter

Obwohl die Beurteilung der Maßnahmen sich nur auf eine begrenzte Zahl von Fallstudien stützen kann, soll hier kurz auf einige auffällige Bewertungen eingegangen werden. In Abbildung 55-1 sind zwei unterschiedliche Bewertungsniveaus der achtzehn Maßnahmen dargestellt, auf die im folgenden näher eingegangen werden soll:

- Die Häufigkeit der Nennung der Maßnahmen in den vierzehn Projekten. Dabei wurden alle projektspezifischen Maßnahmen einbezogen, die inhaltlich unter dem dargestellten Stichwort subsummiert wurden.

- Die Bewertung aller Maßnahmen bezüglich ihrer Bedeutung für die Verkürzung der Entwicklungsdauer für die Projekte in einem standardisierten Fragebogen (Skala 1-7).[200]

Wie aus Abbildung 55-1 ersichtlich wird, wurde die Nutzung einer Vorentwicklung in neun und klarere Zielvorgaben in acht Projekten und damit am häufigsten explizit genannt. Die Konzentration der Kapazitäten, stärkere Parallelisierung und die Nutzung von Kunden und Zulieferer-Know-How in jeweils sieben Projekten erwähnt. Die Bewertung der Wichtigkeit der Maßnahmen bezüglich ihrer Zeitwirkung auf das Projekt zeigt jedoch, daß auch von seltener genannten Maßnahmen in den Projekten, in denen sie aufgeführt werden, eine stark verkürzende Wirkung auf die Entwicklungsdauer erwartet wird (zum Beispiel die Verbes-

199 Inwieweit das sogenannte "Not-Invented-Here-Syndrome" hier ein Rolle spielt, konnte nicht im einzelnen geprüft werden. Die genannten Befürchtungen deuten aber auf eine gewisse Bedeutung dieses Phänomens in der Diskussion dieser Maßnahme hin. Zum "Not-Invented-Here-Syndrome", vgl. Katz, Allen 1982.
200 Alle Bewertungen geben jeweils die Sicht des Entwicklungsbereiches wieder. Es ist daher grundsätzlich möglich, daß eine Bewertung der Maßnahmen aus der Sicht anderer Bereiche zu anderen Ergebnissen führt.

serung der Arbeitssystematik (O), die Erhöhung der Projektleiterkompetenz (P), die Verbesserung des Wissens (G) sowie die Vereinfachung der Produktstruktur (F)).

Bei der Analyse der Einflußgrößen wurde bereits deutlich, daß zwischen eher intern und eher extern beeinflußbaren Einflüssen unterschieden werden kann. Auch die Analyse der Maßnahmen legt diese Unterscheidung nahe. Interne Maßnahmen sind demnach solche Maßnahmen, deren Umsetzung weitgehend im Rahmen des betrachteten Entwicklungsprojektes erfolgen kann. Zur Umsetzung eher externer Maßnahmen ist hingegen in besonderem Maße externe Unterstützung notwendig. Eine Verstärkung der Vorentwicklung kann dementsprechend beispielsweise als eher externe Maßnahme angesehen werden, da sie im wesentlichen von externen Entscheidungen abhängig ist. Die Umsetzung der Überlappung einzelner Arbeitsschritte muß hingegen vor allem intern erfolgen. Bei einigen Maßnahmen ist eine klare Einordnung allerdings schwierig. Diese Maßnahmen wurden als sowohl intern als auch extern beeinflußbar angesehen (siehe Schraffur in Abbildung 55-1).[201] Ein quantitativer Zusammenhang zwischen den dargestellten Maßnahmen und den beobachteten Parallelisierungs- und Effizienzeffekten konnte jedoch nicht hergestellt werden.[202] Er ist auch deswegen schwer feststellbar, weil alle Maßnahmen letztlich sowohl interne als auch externe Elemente aufweisen. Insgesamt kann jedoch festgestellt werden, daß den als eher extern eingestuften Maßnahmen eine höhere Bedeutung beigemessen wird als den eher internen Maßnahmen. Besonders den Maßnahmen, die sich auf das Vorfeld der Entwicklung konzentrieren, wird eine hohe Bedeutung beigemessen.

Um eine bessere Vergleichbarkeit der achtzehn Maßnahmen zu ermöglichen, wurden die Projektleiter gebeten, sie in einem standardisierten Kurzfragebogen zu bewerten. In dem Kurzfragebogen waren dementsprechend auch solche Maßnahmen zu bewerten, die im Rahmen der Analyse des einzelnen Projektes nicht unmittelbar genannt wurden. Die Bewertung sollte zum einen die erwartete Bedeutung einer Maßnahme für die Verkürzung der Entwicklungsdauer in einem gleichartigen zukünftigen Projekt berücksichtigen, zum anderen sollte darüber hinaus die Bedeutung jeder Maßnahme für die Verbesserung des Gesamterfolges als der Summe aus Zeit- Kosten- und Qualitätserfolg der Entwicklung umfassen. Die Ergebnisse dieser Bewertungen sind in Abbildung 52-2 dargestellt.

---

201 Die Unterscheidung in interne und externe Maßnahmen wurde mit den Projekt- und Entwicklungsleitern anhand der spezifischen Maßnahmen diskutiert. Die endgültige Einteilung wurde jedoch auf der Grundlage dieser Diskussionen vom Verfasser vorgenommen. Prinzipiell wäre auch eine Unterscheidung in strategische, operative und taktische Maßnahmen denkbar; vgl. Brockhoff 1992a; Hauschildt 1992, S. 9.
202 Die Projektleiter waren nicht in der Lage absolute Einsparungen (in Wochen oder Mann-Wochen) je Maßnahme anzugeben. Die in Kapitel 5.2 erörterten Einsparungspotentiale beziehen sich auf die Gesamtheit aller für ein Projekt ermittelten Maßnahmen.

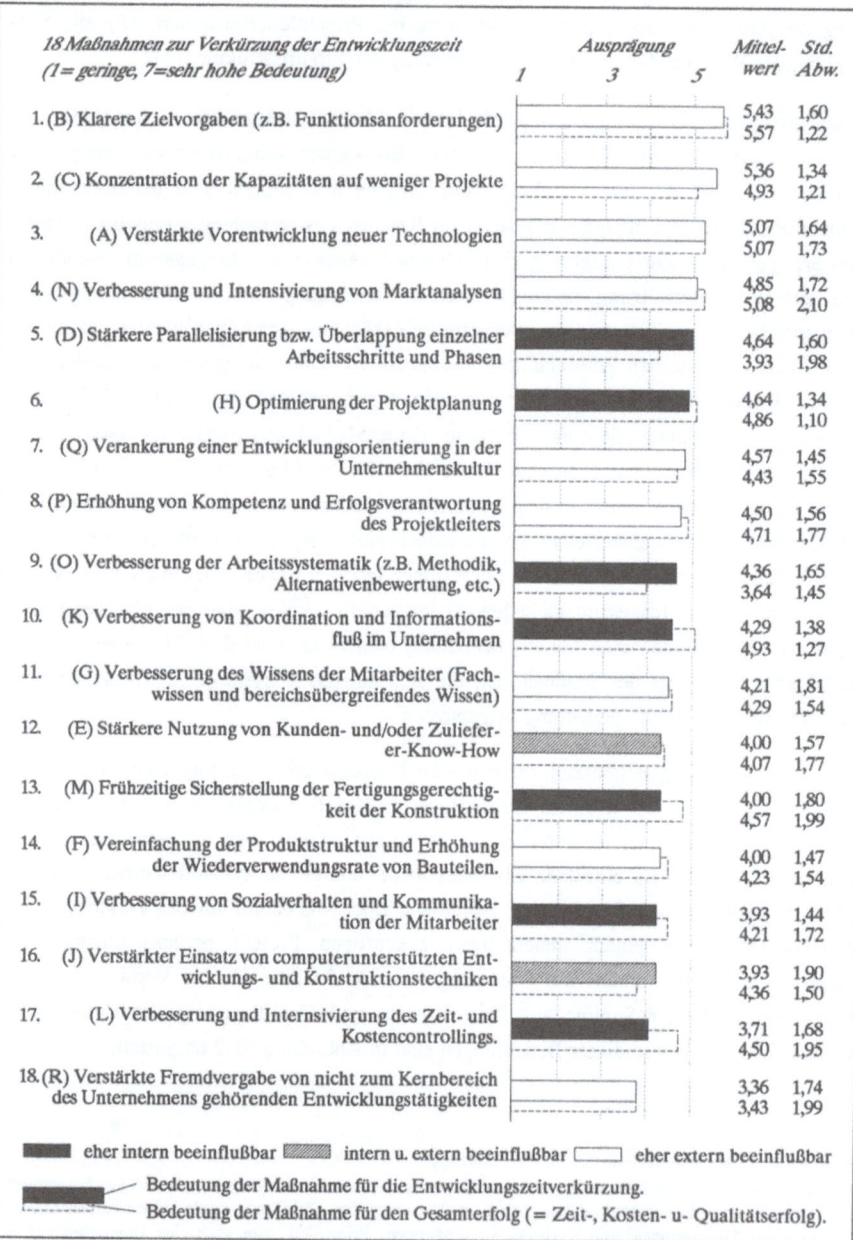

18 Maßnahmen zur Verkürzung der Entwicklungszeit (1= geringe, 7=sehr hohe Bedeutung)

Ausprägung 1 3 5 — Mittelwert — Std. Abw.

1. (B) Klarere Zielvorgaben (z.B. Funktionsanforderungen) — 5,43 / 5,57 — 1,60 / 1,22

2. (C) Konzentration der Kapazitäten auf weniger Projekte — 5,36 / 4,93 — 1,34 / 1,21

3. (A) Verstärkte Vorentwicklung neuer Technologien — 5,07 / 5,07 — 1,64 / 1,73

4. (N) Verbesserung und Intensivierung von Marktanalysen — 4,85 / 5,08 — 1,72 / 2,10

5. (D) Stärkere Parallelisierung bzw. Überlappung einzelner Arbeitsschritte und Phasen — 4,64 / 3,93 — 1,60 / 1,98

6. (H) Optimierung der Projektplanung — 4,64 / 4,86 — 1,34 / 1,10

7. (Q) Verankerung einer Entwicklungsorientierung in der Unternehmenskultur — 4,57 / 4,43 — 1,45 / 1,55

8. (P) Erhöhung von Kompetenz und Erfolgsverantwortung des Projektleiters — 4,50 / 4,71 — 1,56 / 1,77

9. (O) Verbesserung der Arbeitssystematik (z.B. Methodik, Alternativenbewertung, etc.) — 4,36 / 3,64 — 1,65 / 1,45

10. (K) Verbesserung von Koordination und Informationsfluß im Unternehmen — 4,29 / 4,93 — 1,38 / 1,27

11. (G) Verbesserung des Wissens der Mitarbeiter (Fachwissen und bereichsübergreifendes Wissen) — 4,21 / 4,29 — 1,81 / 1,54

12. (E) Stärkere Nutzung von Kunden- und/oder Zulieferer-Know-How — 4,00 / 4,07 — 1,57 / 1,77

13. (M) Frühzeitige Sicherstellung der Fertigungsgerechtigkeit der Konstruktion — 4,00 / 4,57 — 1,80 / 1,99

14. (F) Vereinfachung der Produktstruktur und Erhöhung der Wiederverwendungsrate von Bauteilen. — 4,00 / 4,23 — 1,47 / 1,54

15. (I) Verbesserung von Sozialverhalten und Kommunikation der Mitarbeiter — 3,93 / 4,21 — 1,44 / 1,72

16. (J) Verstärkter Einsatz von computerunterstützten Entwicklungs- und Konstruktionstechniken — 3,93 / 4,36 — 1,90 / 1,50

17. (L) Verbesserung und Internsivierung des Zeit- und Kostencontrollings. — 3,71 / 4,50 — 1,68 / 1,95

18. (R) Verstärkte Fremdvergabe von nicht zum Kernbereich des Unternehmens gehörenden Entwicklungstätigkeiten — 3,36 / 3,43 — 1,74 / 1,99

■ eher intern beeinflußbar ▨ intern u. extern beeinflußbar ☐ eher extern beeinflußbar

■ Bedeutung der Maßnahme für die Entwicklungszeitverkürzung.
---- Bedeutung der Maßnahme für den Gesamterfolg (= Zeit-, Kosten- u- Qualitätserfolg).

Abbildung 55-2: Vergleichende Bewertung der Maßnahmen durch die Projektleiter

Die Maßnahmen sind in der Reihenfolge der erwarteten Bedeutung der Verkürzung von Entwicklungsdauer aufgeführt. Anhand der Kennzeichnungsbuchstaben läßt sich eine deutliche Verschiebung der Reihenfolge bei der Bewertung der Zeitwirkung der Maßnahmen erkennen (jeweils oberer Balken). Drei Tendenzen zeichnen sich dabei ab:

1. *Kontinuierliche Bewertungen*: Die Maßnahmen, die bereits häufig genannt wurden und denen gleichzeitig eine hohe Zeitwirkung beigemessen wurde, werden auch in dieser Gesamtwertung für besonders wichtig gehalten: Vorentwicklung (A), Zielvorgaben (B) und Konzentration der Kapazitäten (C). Auch für Parallelisierung (D) gilt diese Feststellung noch. Bei den Maßnahmen A-D handelt es sich offensichtlich um Maßnahmen, die für nahezu alle Projekte herausragende Verbesserungen erwarten lassen. Für die Maßnahme Fremdvergabe (R) gilt die Tendenz entsprechend umgekehrt, da diese Maßnahme nur in wenigen Fällen genannt wurde und hier kontinuierlich gering bewertet wird. Für die Maßnahme Koordination (K) zeigt sich eine mittelhohe Bewertung.

2. *Projektspezifisch hohe Bewertungen*: Maßnahmen, die nicht in allen Projekten genannt wurden, verlieren entsprechend an Bedeutung, da sie tatsächlich nur für die Projekte von Bedeutung sind, in denen sie konkret ermittelt wurden. In den anderen Projekten wird ihnen eine geringere Bedeutung beigemessen. Dieses gilt für die Maßnahmen Kunden- und Zulieferer-Know-How (E), Produktstruktur (F), Wissen (G), Kommunikation (I), Computerunterstützung (J) sowie Controlling (L). Die Maßnahmen können als Maßnahmen eingestuft werden, die besonders projektspezifisch zu Verbesserungen führen, jedoch weniger von allgemeiner Bedeutung sind.

3. *Höhere Bewertungen aufgrund erwarteter grundsätzlicher Verbesserungen*: Maßnahmen, die zwar nur in wenigen Projekten konkret genannt wurden, von denen sich aber auch diejenigen Projektleiter eine hohe Wirkung versprechen, in deren Projekten sie bisher nicht erwähnt wurden, werden teilweise deutlich höher bewertet. Hier sticht besonders die Maßnahme Marktanalysen (N) ins Auge. Die gleiche Tendenz gilt jedoch auch für die Maßnahmen Arbeitssystematik (O), Kompetenzerhöhung des Projektleiters (P), Entwicklungsorientierung (Q) und in nicht ganz so starker Form für Projektplanung (H). Da von diesen Maßnahmen offensichtlich Verbesserungen erwartet werden, die über das eigene Projekt hinausgehen, können sie auch als "grundsätzlich verbessernde" Maßnahmen angesehen werden. Die meisten dieser Maßnahmen sind eher extern beeinflußbar (zum Beispiel N, Q und P).

Zusammenfassend läßt sich festhalten, daß den Maßnahmen Verstärkung der Vorentwicklung (A), Klärung der Zielvorgaben (B), Konzentration der Kapazitäten (C) und Paralleli-

160

sierung (D) eine kontinuierlich hohe Bedeutung beigemessen wird. Diese Maßnahmen haben offensichtlich für die Verkürzung der Entwicklungsdauer eine herausragende Bedeutung. Entsprechend läßt sich für die Maßnahme Fremdvergabe (R) feststellen, daß von ihr nur eine geringe Wirkung zu warten ist. Von den Maßnahmen Projektplanung (H) und Marktanalysen (N) werden grundsätzliche Verbesserungen erwartet. Die meisten der als besonders wichtig erachteten Maßnahmen konzentrieren sich auf den Anfang der Entwicklung (B, C, A, N, H). Die von Smith und Reinertsen aufgestellte These, daß insbesondere zu Beginn eines Entwicklungsprojektes viel Zeit verloren wird und daß hier große Einsparungspotentiale liegen, wird von den befragten Projektleitern offensichtlich unterstützt.[203]

Betrachtet man die Bewertung der Maßnahmen bezüglich der erwarteten Auswirkung auf den Gesamterfolg als Kombination von Zeit-, Kosten- und Qualitätserfolg der Entwicklung, so zeigt sich, daß sie bei den meisten Maßnahmen noch höher ausfällt, als die losgelöste Bewertung der Entwicklungszeitwirkung. Daraus kann gefolgert werden, daß die Mehrzahl der ermittelten Maßnahmen nicht nur zur zeitlichen Verbesserung der Entwicklungsprojekte, sondern auch zur Optimierung von Kosten- und Qualitätsaspekten beitragen kann. Eine Ausnahme bilden die Maßnahmen Parallelisierung (D) und Arbeitssystematik (O). Sie wirken insbesondere auf die Verkürzung der Entwicklungsdauer. Den Maßnahmen Koordination (K), Fertigungsgerechtigkeit (M) und Controlling (L) werden andererseits besonders hohe Auswirkungen auf die Kosten und Qualität der Entwicklung beigemessen.

5.6   Zusammenfassung der Ergebnisse aus den Fallstudien

Ziel der Fallstudien war es, auf der Grundlage von konkreten Entwicklungsprojekten im Maschinenbau Erkenntnisse über den Entwicklungsprozeß zu gewinnen sowie Potentiale für eine mögliche Entwicklungsdauerverkürzung zu untersuchen und Einflußgrößen auch unabhängig von der Literatur zu explorieren. Die Fallstudien umfassen vierzehn Entwicklungsprojekte aus acht Maschinenbauunternehmen, die jeweils in Zusammenarbeit mit den Projektleitern analysiert und im Rahmen des Arbeitskreises diskutiert wurden. Alle dargestellten Ergebnisse geben die Einschätzung dieser Personengruppe wieder. Die Untersuchung konzentriert sich auf die Beobachtung der Entwicklungsdauer, berücksichtigt aber auch potentielle Auswirkungen auf Kosten und Qualität von Entwicklungen. Die wichtigsten Ergebnisse der Fallstudien sollen nachfolgend stichwortartig wiedergegeben werden. Eine Zusammenfassung der Analyseergebnisse ist in Abbildung 56-1 dargestellt.

---

203 Vgl. Smith, Reinertsen 1991, S. 43 ff.

Plan-Ist-Überschreitungen und erwartete Einsparungspotentiale

Projekte (Anzahl)		Plan-Ist-Abw.		Ist-Soll-Einsp.		Ist-Opt-Einsp.	
		Z	R	Z	R	Z	R
Klein	5	24	10	-18	-7	-38	-22
Groß	5	10	15	-26	-13,5	-31	-25,5
Alle	14	23,5	17	-17,5	-8	-33,5	-26

Z= Zeit; R= Ressourcen; Alle Werte sind Mediane

Die wichtigsten Einflußgrößen

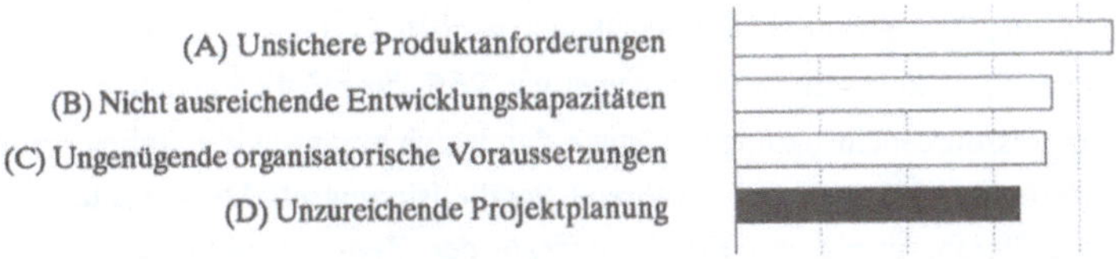

(A) Unsichere Produktanforderungen
(B) Nicht ausreichende Entwicklungskapazitäten
(C) Ungenügende organisatorische Voraussetzungen
(D) Unzureichende Projektplanung

Die wichtigsten/unwichtigsten Maßnahmen zur Verkürzung der Entwicklungszeit

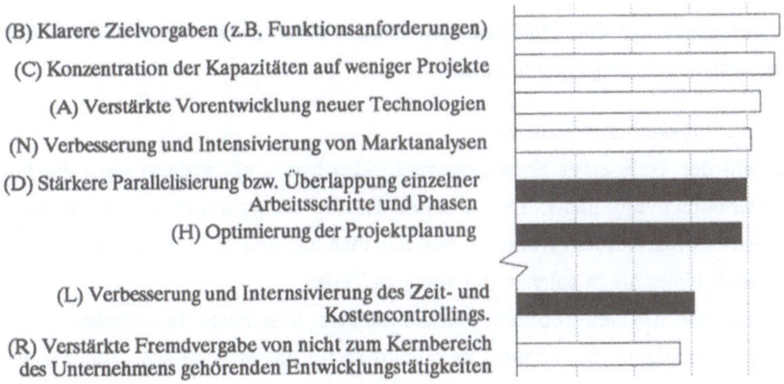

(B) Klarere Zielvorgaben (z.B. Funktionsanforderungen)
(C) Konzentration der Kapazitäten auf weniger Projekte
(A) Verstärkte Vorentwicklung neuer Technologien
(N) Verbesserung und Intensivierung von Marktanalysen
(D) Stärkere Parallelisierung bzw. Überlappung einzelner Arbeitsschritte und Phasen
(H) Optimierung der Projektplanung
(L) Verbesserung und Internsivierung des Zeit- und Kostencontrollings.
(R) Verstärkte Fremdvergabe von nicht zum Kernbereich des Unternehmens gehörenden Entwicklungstätigkeiten

■ eher intern beeinflußbar   □ eher extern beeinflußbar

Abbildung 56-1: Zusammenfassung der Fallstudienergebnisse

162

Zeitanalysen:

- Die Zeitabweichungen betrugen im Durchschnitt der Projekte 24%. Die Ressourcenabweichungen liegen mit 17% etwas darunter.[204]
- Große Projekte dauern signifikant länger als kleine Projekte. Auch der Parallelisierungsgrad nimmt mit der Größe des Projektes zu. Ein wesentlicher Grund dafür liegt in der hohen Komplexität großer Projekte. Diese ist eng mit der Teilezahl des Entwicklungsobjektes verknüpft.
- Während große Projekte eher höhere Ressourcenabweichungen zeigen, sind in kleinen Projekten eher höhere Zeitabweichungen zu verzeichnen. Kleine Projekte laufen häufig "nebenher".
- Projekte mit höherem Parallelisierungsgrad zeigen eine höhere Effizienz pro eingesetzter Ressource. Die Zeit- und Ressourcenüberschreitungen pro Ressourcen liegen in den Projekten mit niedrigem Parallelisierungsgrad deutlich über denen mit hohem Parallelisierungsgrad.
- Bei geeigneter Umsetzung von Maßnahmen werden Zeiteinsparungen von rund 34% bei gleichzeitigen Ressourceneinsparungen von 26% für möglich gehalten.
- Zeit- und Ressourceneinsparungen können durch sich ergänzende Parallelisierungs- und Effizienzeffekte erklärt werden. Während Parallelisierungseffekte vor allem zu Zeitersparnissen führen, verringern Effizienzeffekte den Zeit- und Ressourcenverbrauch in etwa gleichmäßig.
- Die Zeiteinsparungen verteilen sich in etwa gleichmäßig über die Entwicklungsphasen. Die Ressourceneinsparungen hingegen konzentrieren sich eher auf spätere Projektphasen, besonders auf die Testphase. Zu Beginn einer Entwicklung sollten häufig eher mehr Ressourcen eingesetzt werden.

Produkt- und Projektcharakteristika:

- Die Zahl der Teile eines Entwicklungsobjektes beeinflußt insbesondere die Parameter des Ressourcenverbrauchs. Der absolute Ressourcenverbrauch und auch die Abweichungen des Ressourcenverbrauchs von der Planung sind in Projekten mit vielen Teilen signifikant höher als in solchen mit wenigen Teilen.
- Die Teilezahl, die Neu-Teilezahl und die Zahl der unsicheren Teile stehen in einem engen Zusammenhang. Sie können als Meßgröße für die Management- und Problemkomplexität einer Entwicklung dienen. Alle drei Variablen beeinflussen den Ressourcenverbrauch signifikant.

---

[204] Zur Annäherung der Entwicklungskosten wurde jeweils der Personal-Ressourcenverbrauch in den Projekten gemessen und bewertet; siehe Kapitel 5.1.3.

- Ein signifikanter Zusammenhang zwischen der anhand der Teilezahlen gemessenen Komplexität und der tatsächlichen Entwicklungsdauer konnte nicht festgestellt werden.
- Die Modularität des Entwicklungsobjektes zeigt keinerlei Zusammenhänge zu den gemessenen Zeit- und Ressourcenparamtern. Die insgesamt geringe Zahl von Wiederverwendungsteilen in den Projekten zum einen und der hohe konstruktive Schnittstellenaufwand bei modularen Teilen zum anderen liefern mögliche Begründungen für dieses Ergebnis.

Einflußgrößen der Entwicklungsdauer:
- Ingesamt wurden sechzehn projektübergreifende Einflußgrößen ermittelt.
- Unsichere Produktanforderungen, nicht ausreichende Entwicklungskapazitäten sowie ungenügende organisatorische Voraussetzungen sind nach Ansicht der Projektleiter am stärksten für die ermittelten Verzögerungen verantwortlich.
- Insgesamt werden den eher extern beeinflußbaren Einflußgrößen eine deutlich höhere Bedeutung beigemessen als den eher internen Einflußgrößen.
- Als wichtigste interne Einflußgröße wird die unzureichende Projektplanung genannt.

Maßnahmen zur Verkürzung der Entwicklungsdauer:
- Achtzehn projektübergreifende Maßnahmen zur Verkürzung der Entwicklungsdauer wurden in Zusammenarbeit mit den Projektleitern ermittelt.
- Klarere Zielvorgaben, eine Konzentration der Kapazitäten auf weniger Projekte sowie eine verstärkte Vorentwicklung neuer Technologien werden von den Projektleitern als die wichtigsten Maßnahmen genannt.
- Auch hier wird den eher extern beeinflußbaren Maßnahmen eine höhere Bedeutung beigemessen, als den internen.
- Als wichtigste eher intern umzusetzende Maßnahmen werden eine stärkere Parallelisierung und Überlappung einzelner Arbeitsschritte und Phasen sowie eine optimierte Projektplanung genannt.
- Die meisten der als besonders wichtig erachteten Maßnahmen konzentrieren sich auf Aktivitäten und Entscheidungen des Projektbeginns. Insgesamt wird der Eindruck verstärkt, daß Verkürzungen in späteren Entwicklungsphasen insbesondere durch eine Optimierung der Anfangsaktivitäten und -entscheidungen realisiert werden können.
- Eine Verbesserung und Intensivierung des Zeit- und Kostencontrollings sowie eine verstärkte Fremdvergabe von Entwicklungstätigkeiten tragen nach Ansicht der Projektleiter am wenigsten zur Verkürzung der Entwicklungsdauer bei.
- Die Einschätzung der Projektleiter läßt erwarten, daß die Maßnahmen nicht nur die Entwicklungsdauer, sondern auch die Kosten und Qualität der Entwicklung positiv beeinflußt.

Aufgrund der begrenzten Stichprobengröße ist eine statistisch gestützte Auswertung der in den Fallstudien erzielten Ergebnisse nur in sehr begrenztem Umfang möglich. Die Aussage-fähigkeit der gewonnenen Erkenntnisse bleibt weitgehend auf die untersuchten Fälle beschränkt. Die Ergebnisse sollen daher im nächsten Schritt mit Hilfe einer großzahlig an-gelegten Untersuchung überprüft und erweitert werden.

6. Ergebnisse der großzahligen Untersuchung

Das Ziel der großzahligen Untersuchung war es, die Ergebnisse der Fallstudien zu überprüfen und zu erweitern. Es kann davon ausgegangen werden, daß die in den Projektanalysen ermittelten Verkürzungspotentiale prinzipiell auch auf andere Entwicklungen des Maschinenbaus übertragbar sind. Die Umfrage sollte sich dementsprechend auf die Bewertung der Charakteristika, der ermittelten Einflüsse und Maßnahmen beschränken. Dies erschien auch aus Gründen der Kürze des Fragebogens geboten. Die Erweiterung der Fragestellung bezieht sich insbesondere auf eine Unterscheidung in erfolgreiche und nicht erfolgreiche Projekte. Außerdem wurde eine Beurteilung der Maßnahmenwirkungen und ihrer Zusammenhänge angestrebt.

Auf die Grundlagen des Untersuchungskonzeptes für die großzahlige Untersuchung wurde bereits in Kapitel 4.4 eingegangen. Bevor die Ergebnisse im einzelnen dargestellt und diskutiert werden, soll kurz auf den Aufbau und die Durchführung der zweiten Stufe eingegangen werden.

6.1 Aufbau und Durchführung der großzahligen Untersuchung

Aufgrund der in der zweiten Stufe verfolgten Fragestellungen bot sich eine Untergliederung der Untersuchung in zwei Teile an:[1]

1. *Der Fragebogen*: Der Fragebogen konzentriert sich auf die Ist-Analyse des betrachteten Projektes. Er umfaßt sechs verschiedene Wirkungsfelder, deren Einfluß auf die Entwicklungsdauer untersucht werden sollte.

2. *Das Experiment*: Das Experiment konzentriert sich auf die Erwartung der Entwicklungsleiter bezüglich der Wirkung zukünftig einzusetzender Maßnahmen. Sämtliche Maßnahmen sollen hinsichtlich ihrer Wirkung auf die Entwicklungsdauer, die Entwicklungskosten und die Entwicklungsqualität differenziert bewertet und geordnet werden.

Zielgruppe der zweiten Stufe der Untersuchung waren die Entwicklungsleiter des deutschen Maschinenbaus. Um die Bewertungen im Fragebogen mit denen der Projektanalysen vergleichen zu können, sollten sich die Antworten auf ein Entwicklungsprojekt beziehen, das kürzlich abgeschlossen wurde und das die Entwicklungsleiter aus ihrer Erfahrung heraus als in etwa typisch für ihr Unternehmen ansahen. Die in den Projektanalysen verwendeten De-

---

1 Der vollständige Fragebogen befindet sich im Anhang II.

finitionen für Entwicklungsdauer, Entwicklungskosten, Herstellkosten und Produktqualität wurden auch im Fragebogen zugrunde gelegt.[2] Auf den Aufbau des Fragebogens und des Experimentes wird im folgenden näher eingegangen.

6.1.1   Aufbau des Fragebogens

Die Projektanalysen der ersten Stufe haben gezeigt, daß verschiedene Wirkungsfelder existieren, die in unterschiedlicher Weise Einfluß auf die Entwicklungsdauer nehmen. Entsprechend dieser Wirkungsfelder wurde der Fragebogen in sechs Bereiche unterteilt.[3]

1. *Projektrahmen-Daten*: Die Projektrahmen-Daten umfassen im wesentlichen individuelle Projektcharakteristika. Die Unsicherheiten bezüglich der Einhaltung von Zeit- , Kosten- und Qualitätszielen stehen im Vordergrund.

2. *Projektstruktur-Daten*:[4] Die Projektstruktur-Daten konzentrieren sich auf solche Produkt- und Projektcharakteristika, von denen ein Einfluß auf die Einhaltung der Zeit-, Kosten- und Qualitätsziele erwartet wird. Die Ergebnisse der Projektanalysen lassen erwarten, daß beispielsweise die Anzahl der Teile einen Einfluß auf die Ressourcenüberschreitungen in den Projekten hat.

3. *Einflußgrößen*: Die Bedeutung der in den Projektanalysen ermittelten sechzehn Einflußfaktoren auf den Erfolg der Projekte wurde beurteilt.

4. *Umgesetzte Maßnahmen zur Verkürzung der Entwicklungsdauer*: Die Beurteilung der Maßnahmen im Fragebogen beschränkte sich auf die in den Projekten bereits umgesetzten Maßnahmen.[5] Dadurch sollten diejenigen Maßnahmen ermittelt werden, die einen Wirkungszusammenhang zu möglichen Erfolgskriterien zeigen. Die Bewertung im anschließend durchzuführenden Experiment konzentrierte sich hingegen auf die Beurteilung zukünftiger Erwartungswerte.

---

2   Zu den Definitionen siehe Kapitel 5.1.3.
3   Ein weiterer Bereich des Fragebogens umfaßt die Projektziele. Daraus sollen im Rahmen weiterführender Forschungen Innovations- und Wettbewerbsstrategien abgeleitet und ihr Einfluß auf den Erfolg der Entwicklungsprojekte sowie auf die Auswahl der Maßnahmen untersucht werden. Diese Fragestellung geht jedoch über die Zielsetzung dieser Untersuchung hinaus, so daß auf die Projektziele im Rahmen dieser Betrachtungen nicht näher eingegangen wird.
4   Die Projektrahmen- und Projektstrukturdaten umfassen die in den Projektanalysen als Produkt- und Projektcharacteristika bezeichneten Bereiche. Die Formulierung wurde aus Abgrenzungsgründen im Fragebogen anders gewählt.
5   Die Anzahl der Maßnahmen wurde aus Abgrenzungs- und Vollständigkeitsgründen um zwei auf zwanzig erhöht. Siehe dazu Kapitel 6.6.

5. *Umsetzung der Entwicklungsdauerverkürzung*: Dieser Bereich konzentriert sich auf die Ermittlung des erwarteten Zeit-/Kosten-Trade-offs bei der Verkürzung der Entwicklungsdauer. Dazu sollte die für möglich gehaltene Gesamtverkürzung der erwarteten Entwicklungskostenveränderung gegenübergestellt werden. Eine ähnlich differenzierte Analyse wie in den Projektanalysen war aus Kapazitätsgründen allerdings nicht möglich.

6. *Weitere Projekt- und Unternehmensdaten*: Abschließend wurden weitere unternehmens- und projektspezifische Größen, wie beispielsweise die Fertigungsstruktur des Unternehmens, Beschäftigungszahlen, Umsatz sowie erwartete Verkaufszahlen für das entwickelte Produkt ermittelt, um ihren Einfluß auf die Entwicklungsdauer zu prüfen.

6.1.2 Aufbau des Experimentes

Ziel des Experimentes war es, die ermittelten Maßnahmen in eine Rangfolge im Hinblick auf ihre Bedeutung zu bringen. Dazu wurde für jede Maßnahme eine entsprechende Karte in die Rückseite des Fragebogens gesteckt. Ein Beispiel dafür ist in Abbildung 61-1 dargestellt.

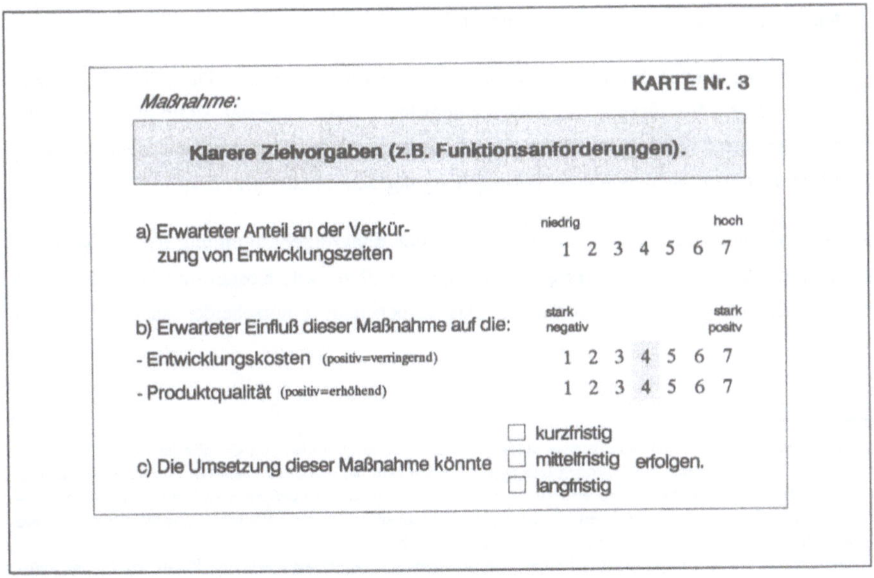

KARTE Nr. 3

Maßnahme:

Klarere Zielvorgaben (z.B. Funktionsanforderungen).

a) Erwarteter Anteil an der Verkürzung von Entwicklungszeiten — niedrig 1 2 3 4 5 6 7 hoch

b) Erwarteter Einfluß dieser Maßnahme auf die: — stark negativ … stark positiv
- Entwicklungskosten (positiv=verringernd) 1 2 3 4 5 6 7
- Produktqualität (positiv=erhöhend) 1 2 3 4 5 6 7

c) Die Umsetzung dieser Maßnahme könnte ☐ kurzfristig ☐ mittelfristig ☐ langfristig erfolgen.

Abbildung 61-1: Beispiel für eine Karte des Experimentes

Die Beurteilung der Maßnahmen sollte sich auf ein neu zu beginnendes Projekt beziehen, welches die gleichen Merkmale besitzt, wie das im Fragebogen betrachtete Projekt. Die Bewertungen sollten unabhängig davon erfolgen, ob die Maßnahmen bereits umgesetzt wurden oder nicht. Es wurde hier eine grundsätzliche Betrachtung angestrebt. Andernfalls mußte mit nicht zuzuordnenden Verzerrungen gerechnet werden, da Maßnahmen, die bereits umgesetzt wurden, anders bewertet werden könnten, als Maßnahmen, die noch nicht umgesetzt wurden, wobei die Gründe für die Bewertungen aus den Daten nicht ersichtlich wären.[6]

Die Durchführung des Experimentes erfolgte in drei Schritten:[7]

1. *Schritt*: Die Maßnahmen sollten drei Gruppen zugeordnet werden:
   - *Gruppe 1* = Maßnahmen, die grundsätzlich für die Verkürzung der Entwicklungsdauer wichtig sind und *auf jeden Fall umgesetzt* werden sollen;
   - *Gruppe 2* = Maßnahmen, die *eventuell umgesetzt* werden sollen;
   - *Gruppe 3* = Maßnahmen, die für unwichtig gehalten werden und *nicht umgesetzt* werden sollen.

   Die Karten der Gruppe 3 wurden für die weiteren Schritte nicht mehr berücksichtigt.[8]

2. *Schritt*: Sämtliche in die Gruppen 1 und 2 eingeordnete Karten sollten ausgefüllt werden (siehe Beispielkarte in Abbildung 61-1).

3. *Schritt*: Die Karten sollten in eine Rangfolge gebracht werden. Die wichtigste Maßnahme für die Verkürzung der Entwicklungsdauer sollte an erster Stelle liegen, die übrigen entsprechend folgen. Die Reihenfolge war auf der Umschlaginnenseite des Fragebogens einzutragen, um eine Vermischung der Karten zu verhindern.

Das hier durchgeführte Experiment sollte allein der Rangfolgebestimmung der Maßnahmen dienen. Die Gewichtung der vorgegebenen Eigenschaften Zeit, Kosten und Qualität wurde vom Teilnehmer selbst vorgenommen. Das Experiment unterscheidet sich daher von

---

6   Würde eine Maßnahme beispielsweise niedrig bewertet, so könnte dies drei Gründe haben: (1) die Maßnahmen könnte bereits so erfolgreich umgesetzt worden sein, so daß keine weiteren Potentiale vorhanden sind, (2) die Maßnahme könnte erfolglos umgesetzt worden sein, so daß auch in Zukunft nicht mit verbessernden Wirkungen zu rechnen ist, oder (3) die Maßnahme könnte noch nicht umgesetzt worden sein und ihre Wirkung auch für die Zukunft niedrig eingeschätzt werden.
7   Die Erläuterung des Experimentes befand sich in einem ausklappbaren Rückendeckblatt, so daß sie automatisch ins Auge fiel, wenn die Karten herausgenommen wurden.
8   Aus Kapazitäts- und Zeitgründen (das Experiment dauerte in der vorliegenden Version zwischen 20 und 30 Minuten) mußte auf eine weitere Betrachtung der "nicht umzusetzenden" Maßnahmen verzichtet werden.

klassischen Experimenten, wie etwa der Conjoint-Analyse, und ist damit nicht unmittelbar vergleichbar.[9]

6.1.3   Durchführung der großzahligen Untersuchung

Der Versendung des Fragebogens gingen sieben Pretests voraus, vier bei Entwicklungslei- tern des Arbeitskreises und drei bei anderen Maschinenbauunternehmen. Daraus ergaben sich jedoch nur geringfügige Veränderungen einzelner Fragestellungen.

Für die Teilnahme an der großzahligen Untersuchung wurden 260 Unternehmen ausge- wählt. Die Mehrzahl der Unternehmen wurde zufällig anhand des Mitgliederverzeichnisses des VDMA bestimmt,[10] einige Unternehmen wurden im Arbeitskreis vorgeschlagen. In 209 Unternehmen wurde die Umfrage telefonisch angekündigt und die Entwicklungsleiter um ihre Mitarbeit gebeten. Die Tatsache, daß die Umfrage durch Fallstudien vorbereitet wurde, veranlaßte viele zu einer grundsätzlich positiven Haltung gegenüber der Untersuchung. Nur 24 Unternehmen lehnten die Teilnahme ab.[11] Die dafür am häufigsten angegebenen Gründe waren "keine Zeit", "kein Interesse", "keine entsprechenden Entwicklungsprojekte" sowie "das Unternehmen ist zu klein". Weitere 48 Fragebögen wurden ohne telefonische Ankün- digung verschickt. Um die Rücklaufquote zusätzlich zu erhöhen, wurde allen Fragebögen ein Begleitschreiben beigefügt.[12] Das Antwortverhalten der Unternehmen ist in Tabelle 61- 1 dargestellt.

Insgesamt wurden von 233 versandten Fragebögen 106 (45,5%) ausgefüllt zurückgesandt. In 91% der Fälle wurden Fragebogenteil und Experiment vollständig beantwortet. Aus Ta- belle 61-1 geht hervor, daß das Antwortverhalten von den Unternehmen, die telefonisch benachrichtigt wurden, deutlich besser war, als das der übrigen. Sowohl die Rücklaufquote (53% gegenüber 17%), als auch die Vollständigkeitsquote (93% gegenüber 63%) sind bei den telefonisch benachrichtigten Unternehmen deutlich höher, auch die "Ohne-Antwort-

---

9   Bei der Vielzahl der unterschiedlich charakterisierten Maßnahmen wäre die Durchführung einer Conjoint- Analyse nicht ohne weiteres möglich. Dazu hätten die Maßnahmen von vornherein in charakteristische Gruppen klassifiziert werden müssen. Aus einer begrenzten Anzahl dieser Maßnahmen-Klassen hätten im weiteren Szenarios gebilden werden können, die von den Entwicklungsleitern in eine Präferenzordnung zu bringen gewesen wären. Eine Klassifizierung der Maßnahmen sollte jedoch erst das Ergebnis dieser Untersuchung sein und konnte daher nicht vorweggenommen werden. Andere Verfahren zur Hierarchi- sierung der Maßnahmen, wie z.B. der Analytic Hierarchy Process (AHP), bei dem die Maßnahmen im paarweisen Vergleich in Bezug auf die Erfüllung der angegebenen Ziele auf einer Skala von 1/9 bis 9 hätten bewertet werden können, kamen aus Kapazitäts- und Zeitgründen nicht in Frage. Zur Conjoint- Analyse, vgl. Green, Rao 1971; vgl. auch Gupta, Brockhoff, Weisenfeld 1992, S. 13 f. Zum AHP, vgl. Saaty 1980. Für eine Gegenüberstellung von Conjoint-Analyse und AHP, vgl. Tscheulin 1991.

10   Vgl. VDMA 1991b.

11   Die sich ergebene telefonische Absagequote von 11% ist vergleichsweise gering; vgl. z.B. Lange 1993, S. 67.

12   Für Maßnahmen zur Erhöhung der Rücklaufquote, vgl. Wilk 1975, S. 190 ff.

Quote" ist erheblich geringer (41% gegenüber 75%). Die häufigsten schriftlichen Absage-
gründe waren "hohe Zeitbelastung" und "keine geeigneten Entwicklungsprojekte". Insgesamt kann die Schlußfolgerung gezogen werden, daß eine telefonische Ankündigung einer
derartig gestalteten Untersuchung eine positive Wirkung auf das Antwortverhalten hat.

Stichproben-Kennzahlen	Insgesamt	Mit telefonischer Ankündigung	Ohne telefonische Ankündigung
Telefonisch erreicht	209	209	-
Telefonische Absagen	24	24	-
Telefonische Absage-Quote	11,5%	11,5%	-
Fragebogen versendet	233	185	48
Ausgefüllt zurück	106	98	8
Rücklaufquote-Quote	45,5%	53,0%	16,7%
Davon vollständig ausgefüllt	96	91	5
Vollständigkeits-Quote	90,6%	92,8%	62,5%
Schriftliche Absagen	15	11	4
Schriftliche Absage-Quote	6,4%	5,9%	8,3%
Ohne Antwort	111	75	36
Ohne Antwort-Quote	47,6%	40,5%	75,0%

Tabelle 61-1: Das Antwortverhalten der Unternehmen

6.2 Charakterisierung der Stichprobe

In Abbildung 62-1 sind die Häufigkeiten der Unternehmen, die sich an der Umfrage beteiligt haben, nach Fachbereichen differenziert aufgeführt. Der Werkzeugmaschinenbereich ist
mit 23 Unternehmen am stärksten vertreten. Acht Fachbreiche zeigen mehr als fünf
Nennungen. Einige Fachbereiche, wie z.B. Fluidtechnik, Gießereimaschinen, Landmaschi-

nen etc. sind nur durch ein Unternehmen vertreten.[13] Insgesamt spiegelt die Umfrage ein breites Spektrum von Maschinenbaufirmen wider. Nahezu alle größeren Fachbereiche haben auch hier eine relativ höhere Anzahl von Nennungen.[14] Die Fachbereichsstruktur des Maschinenbaus wird durch die Verteilung angemessen repräsentiert.[15] Aufgrund der geringen Fallzahlen in den Fachzweigen ist eine diesbezügliche Differenzierung empirischer Ergebnisse jedoch nur in Ausnahmefällen sinnvoll.

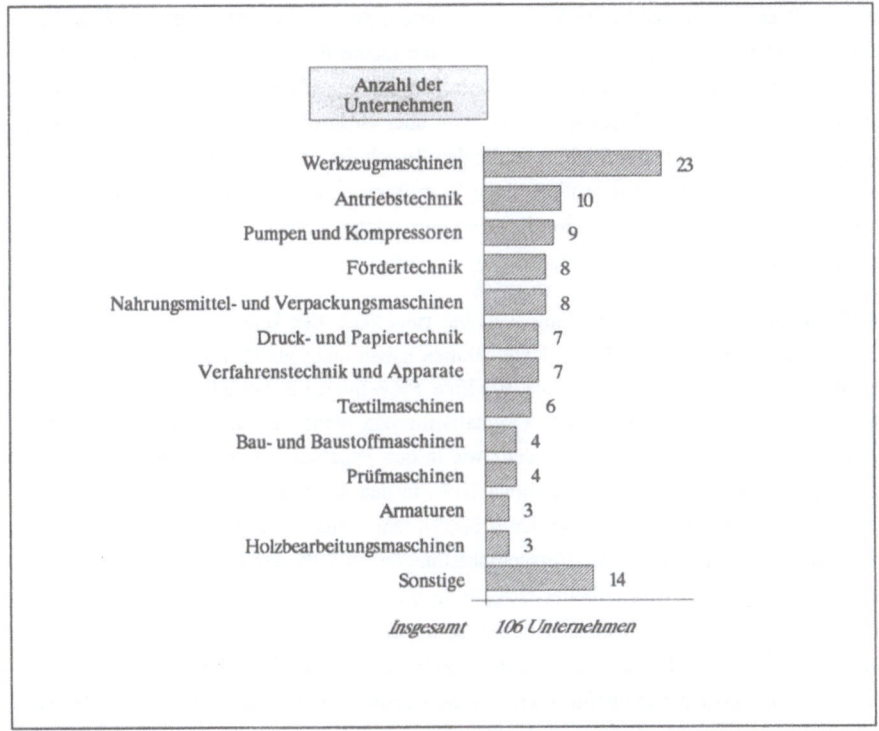

Abbildung 62-1: Verteilungshäufigkeiten der Unternehmen nach Fachbereichen

---

13 Der größte Fachbereich des VDMA, die Büro- und Kommunikationstechnik (siehe Abbildung 31-2), wurde bewußt ausgespart, da die meisten Firmen sich eher der elektrotechnischen Branche als dem Maschinenbau zugehörig fühlen. Die Zuordnung zum Maschinenbau hat eher historische als inhaltliche Gründe. Viele der Unternehmen entstammen ursprünglich Maschinenbaubranche.

14 Eine Ausnahme bildet der Fachbereich Lufttechnik, der nur mit 2 Unternehmen vertreten ist. Viele Unternehmen aus dem Bereich Lufttechnik können aber gleichzeitig dem Bereich Kompressoren oder Pumpen angehören. Es ist möglich, daß sich einige der Firmen in diese Sparte eingeordnet haben, weil sie ein entsprechendes Projekt gewählt haben.

15 Ähnliche Häufigkeiten zeigt eine Untersuchung des VDMA; vgl. VDMA 1992c, S. 6.

Die Größenstrukturen der beteiligten Maschinenbauunternehmen sind in Abbildung 62-2 im Überblick dargestellt. Die Mehrzahl der beteiligten Unternehmen beschäftigt zwischen 100 und 500 Mitarbeiter. Ihr Umsatz liegt zwischen 25 und 100 Mio. DM. Im Vergleich zum Branchendurchschnitt sind sie hier überdurchschnittlich vertreten.[16] Die großen Unternehmen mit mehr als 1000 Mitarbeitern sind ebenfalls überdurchschnittlich vertreten. Für den Untersuchungszweck ist dies dahingehend von Vorteil, als diese Unternehmen mit rund 60% den höchsten Anteil der Gesamt-F&E-Aufwendungen des Maschinenbaus aufbringen. Kleinere Unternehmen sind in der Stichprobe unterdurchschnittlich repräsentiert. Viele Maschinenbauunternehmen dieser Größenordnung sind kleine Produktionsbetriebe ohne eigene Entwicklungstätigkeiten. Wie aus den telefonischen und schriftlichen Antworten dieser Unternehmen hervorging, verfügen sie häufig nicht über entsprechende Entwicklungsprojekte. Insgesamt ist die Struktur der Stichprobe für den Zweck dieser Untersuchung jedoch als geeignet zu beurteilen. Sie repräsentiert einen Kompromiß, der sowohl die mittelständische Struktur der Unternehmen reflektiert als auch einen relativ großen Anteil von Unternehmen mit hohen F&E-Aufwendungen umfaßt.

Die Größe der Entwicklungsabteilung liegt bei rund 60% der Unternehmen zwischen 10 und 50 Mitarbeitern. Etwa 20% der Unternehmen haben mehr als 50 E&K-Mitarbeiter und ebenfalls etwa 20% haben weniger als 10. Eine F&E-Intensität bezüglich der Mitarbeiter läßt sich aufgrund der hier gewählten Ordinalskalierung nicht eindeutig bestimmen. Insgesamt zeigt sich aber eine ähnliche Tendenz wie in den Fallstudien.[17] In den meisten Unternehmen beträgt die F&E-Intensität in etwa 10%, in den kleineren Unternehmen ist sie erwartungsgemäß tendenziell höher, in den größeren tendenziell niedriger.[18] In 80% der Unternehmen existieren Labors oder Versuchsabteilungen, in 50% der Unternehmen sind dort allerdings weniger als 10 Mitarbeiter tätig. Eine Versuchsfertigung und -montage existiert nur in etwa 65% der Unternehmen. Auch diese umfaßt in der Regel weniger als 10 Personen. Daraus läßt sich schließen, daß nur ein begrenzter Teil der Entwicklungstätigkeiten im Labor oder im Versuch durchgeführt wird. Sofern Prototypen erforderlich sind, werden sie häufig in der regulären Fertigung hergestellt und montiert.[19]

---

16   Der Anteil der Unternehmen an der Gesamtbranche beträgt lediglich 29,6% (Siehe Tabelle 31-3).

17   Siehe Abbildung 51-1. Dies ergibt sich aus der Häufigkeit der Unternehmen in den abgefragten Größenklassen; siehe Abschnitt 7 des Fragebogens im Anhang II (Fragen 5-8).

18   Eine Oneway-Varianzanalyse zeigt, daß die genannten Zusammenhänge auf dem .01 Niveau signifikant sind (Scheffé-Test). Die Analyse zeigt auch, daß Unternehmen mit einem Umsatz zwischen 5 und 25 Mio DM einen besonders hohen Anteil an Mitarbeitern in der Entwicklung haben (p < .05; LSD-Test). Bei den Unternehmen mit weniger als 5 Mio DM Umsatz ist der Anteil insgesamt am geringsten. Offensichtlich gibt es einen Umsatzschwellenwert, von dem ab sich eine Entwicklung lohnt. Dies unterstützt die Vermutung, daß kleinere Unternehmen in der Untersuchung deshalb unterrepräsentiert sind, weil sie zu klein sind.

19   Dies ging aus mehreren Gesprächen in den Projektanalysen hervor. Auch dies kann als wesentliches Unterscheidungsmerkmal zu anderen Industrien (z.B. Automobil oder Pharma) angesehen werden, das den Entwicklungsprozeß beeinflußt.

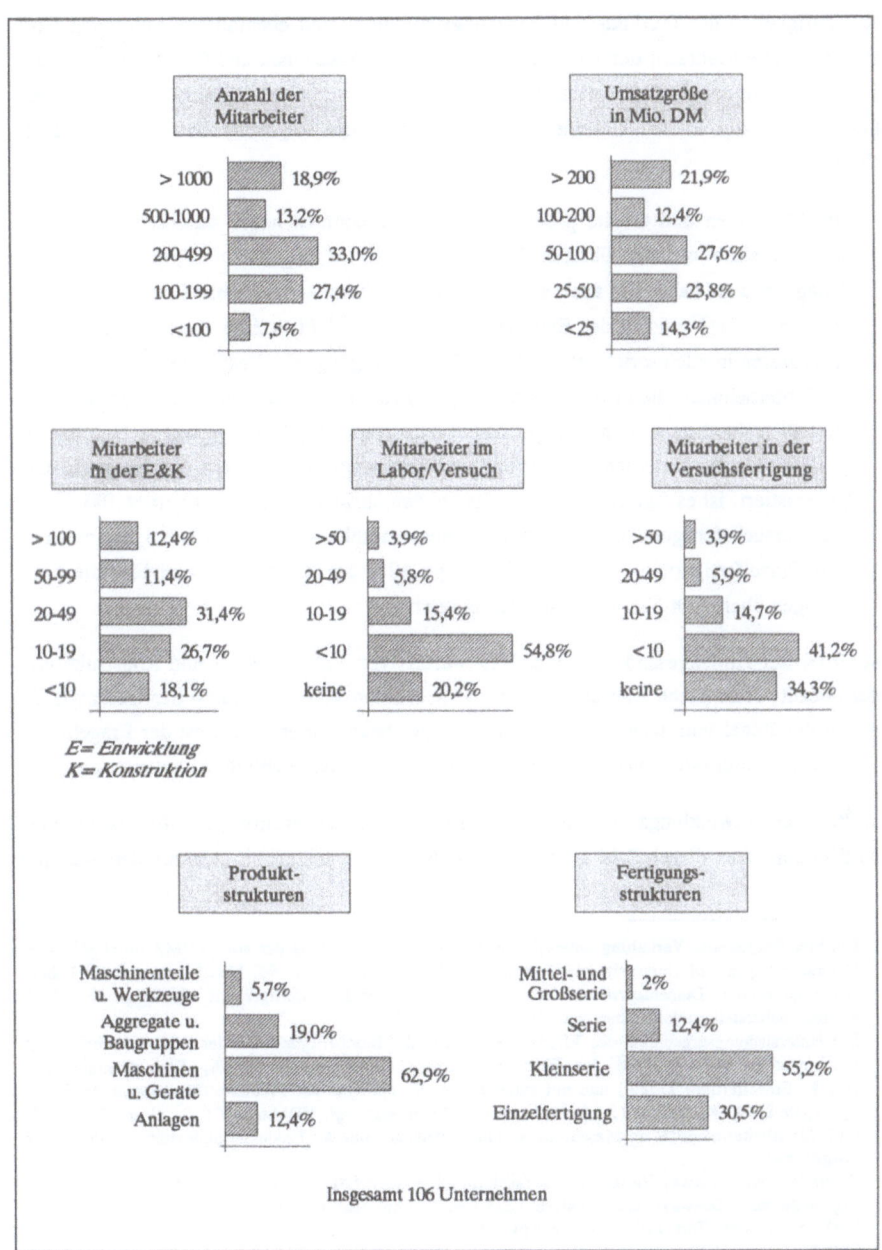

Abbildung 62-2: Charakterisierung der Stichprobe

Die Häufigkeiten der Produkt- und Fertigungsstrukturen sind ebenfalls in Abbildung 62-2 dargestellt. Die Mehrzahl der Unternehmen produziert Maschinen und Geräte in Kleinserie oder Einzelfertigung.[20] Der Einfluß der Produkt- und Fertigungsarten auf die Umsatz- und Mitarbeiterstruktur in den Unternehmen wird anhand der folgenden Betrachtungen deutlich:[21]

- Die Maschinen und Geräte produzierenden Unternehmen haben durchschnittlich größere Umsätze als die übrigen Unternehmen ($p < .01$).[22] Im Vergleich zu den Anlagenbauern haben sie auch eine signifikant höhere Anzahl von Mitarbeitern insgesamt ($p < .01$)[23] und in der Entwicklung ($p < .05$).[24] Etwa 50 % dieser Unternehmen produzieren in Kleinserien, etwa 35 % in Einzelfertigung, der Rest in Serien.
- Die Unternehmen, die in Einzelfertigung produzieren, sind eher kleinere Unternehmen. Sie haben durchschnittlich weniger Mitarbeiter ($p < .05$)[25] und geringere Umsätze ($p < .05$)[26] als die Unternehmen mit anderen Fertigungstypen. Sofern überhaupt ein Labor existiert, ist es signifikant kleiner als bei den übrigen Unternehmen ($p < .05$).[27]
- Die Versuchsfertigung ist bei Serienherstellern signifikant größer als bei Kleinserien- oder Einzelfertigern ($p < .01$).[28] Nur knapp 50 % der Kleinserien- und Einzelfertiger verfügen überhaupt über einen solchen Bereich.

Über 70 % der zurückgesandten Fragebögen wurden von Entwicklungs- und Konstruktionsleitern beantwortet (siehe Abbildung 62-3). 13 % wurden von Mitgliedern der Geschäftsleitung, in der Regel vom technischen Geschäftsführer beantwortet. Den Rest der Fragebögen füllten Projektleiter oder sonstige an dem betrachteten Projekt beteiligte Mitarbeiter aus.

Nur 26 % der Entwicklungs- und Konstruktionsleiter sind gleichzeitig auch Mitglied der Geschäftsleitung. Aus dieser Zahl geht hervor, daß die Entwicklung in den meisten Maschi-

---

20 Die hier festgestellte Verteilung unterscheidet sich von der Verteilung der vom VDMA durchgeführten Untersuchung in 224 Unternehmen. Dort stehen 22 % Anlagenbauern 49 % Maschinen- und Geräthersteller gegenüber. Dementsprechend ist auch der Anteil der Einzelfertiger mit 42 % gegenüber 38 % Kleinserienherstellern dort höher; vgl. VDMA 1992c, S. 6.

21 Die Untersuchungsergebnisse des VDMA zeigen, daß der Beschäftigtenanteil der E&K-Mitarbeiter mit abnehmendem Wiederholgrad der Fertigungsprozesse (Serienhersteller 6,3 %, Kleinserienhersteller 10,8 %, Einzelfertiger 17,2 %) und mit zunehmender Komplexität der Produkte (Maschinenteile 5,5 %, Aggregate 8,7 %, Maschinen 12,7 %, Anlagen 19,7 %) ansteigt; vgl. VDMA 1992c, S. 24 und S. 63. Die F&E-Mitarbeiterintensität im Maschinenbau nimmt demnach mit der Produktkomplexität zu und mit der Losgröße ab.

22 Ergebnisse einer Oneway-Varianzanalyse (auch im folgenden): LSD-Test (Scheffé-Test: $p < .1$).

23 Ergebnisse einer Oneway-Varianzanalyse: LSD-Test (Scheffé-Test: $p < .1$).

24 LSD-Test (Scheffé-Test: nicht signifikant (n.s.)).

25 LSD-Test (Scheffé-Test: n.s.).

26 LSD-Test (Scheffé-Test: n.s.).

27 LSD-Test (Scheffé-Test: $p < .05$).

28 LSD-Test (Scheffé-Test: $p < .05$).

nenbaufirmen kein eigenes Geschäftsführungs- bzw. Vorstandsressort bildet.[29] Sie ist in der Regel dem technischen Geschäftsführungsbereich untergeordnet. Die Durchsetzung der Entwicklungsbelange gegenüber anderen Bereichen ist dementsprechend nur über eine übergeordnete Hierarchiestufe möglich. In vielen Fällen ist das technische Geschäftsführungs- bzw. Vortstandsmitglied zudem in der Hauptfunktion für den Produktionsbereich zuständig. Im Einzelfall kann es daher an Durchsetzungskraft für Entwicklungsbelange fehlen.[30]

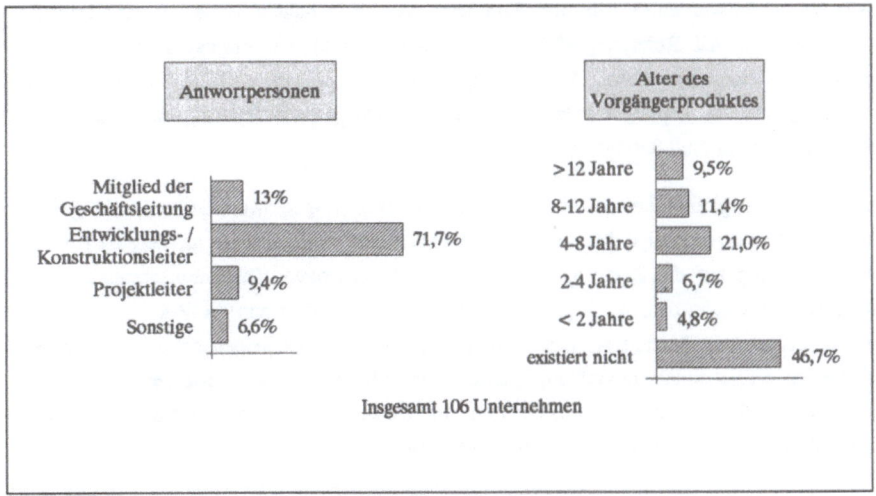

Abbildung 62-3: Antwortpersonen und betrachtete Projekte

Einen ersten Überblick über die den Antworten zugrundeliegenden Entwicklungsprojekte gibt die in Abbildung 62-3 dargestellte Altersstruktur der jeweiligen Vorgängerprodukte. 47% der entwickelten Produkte hatten kein direktes Vorgängerprodukt. Diese Projekte können demnach als Neuentwicklungen bezeichnet werden. 21% der Produkte hatten ein Vorgängermodell, welches älter als acht Jahre war, und weitere 21% eines, das zwischen vier und acht Jahre alt war. Auch hier kann davon ausgegangen werden, daß es sich überwiegend um Neuentwicklungen gehandelt hat, bei denen im Einzelfall jedoch bereits grundlegende Konzeptionen und Erfahrungen vorlagen. Lediglich rund 11% der Produkte waren jünger als vier Jahre.

---

29 Siehe dazu auch die Verteilung von Geschäftsführungsressorts im Mitgliederverzeichnis des VDMA; vgl. VDMA 1991b.

30 Dieser Problembereich wurde von einigen Entwicklungsleitern des Arbeitskreises bestätigt. Er kann z.B. auch die Durchsetzung von extern beeinflußbaren Maßnahmen zur Verkürzung der Entwicklungsdauer betreffen.

6.3 Erfolgreiche und nicht erfolgreiche Entwicklungsprojekte

Eine wesentliche Zielsetzung der zweiten Stufe ist die Untersuchung erfolgsrelevanter Unterschiede von Entwicklungsprojekten. Dazu ist zunächst eine geeignete Differenzierung erfolgreicher und nicht erfolgreicher Entwicklungsprojekte notwendig. Wie in der Forschungskonzeption erörtert, kann der Entwicklungserfolg, welcher für den wirtschaftlichen Erfolg notwendig aber nicht hinreichend ist, als kombinierter Zeit-, Kosten- und Qualitätserfolg betrachtet werden.[31] Alle drei Parameter werden in hohem Maße von der Entwicklung beeinflußt. Als Referenzgrößen können, wie auch in den Projektanalysen, die ursprünglichen Planwerte dienen. Dabei wird davon ausgegangen, daß die Parameter eines Projektes jeweils so geplant werden, daß die Abweichung zwischen Ist- und Planwert im Erfolgsfall in etwa Null beträgt.[32]

Auf die Schwierigkeiten bei der Messung von Qualitätsparametern wurde bereits hingewiesen.[33] Da eine zuverlässige Messung der Qualität nicht möglich war, mußte sich die Erfolgsbetrachtung auf die Zeit- und Kostenaspekte beschränken. Diese Einschränkung des Erfolgsbegriffes kann dann zu Ergebnisverfälschungen führen, wenn die Zeit- und Kostenziele zu Lasten der Qualität erreicht wurden. Grundsätzlich ist jedoch davon auszugehen, daß die zu erreichende Entwicklungsqualität vom Markt oder vom Kunden vorgegeben wird.[34] In der Regel geht es darum, die Zeit- und Kostenparameter bei konstant gehaltenem oder gesteigerten Qualitätsniveau positiv zu beeinflussen.[35]

Wie im Rahmen der Projektanalysen erörtert wurde, können die Entwicklungskosten in geeigneter Weise durch den einfacher zu bestimmenden Personalressourcenverbrauch angenähert werden. Um eine möglichst exakte Bestimmung der Erfolgskriterien zu erreichen, sollten die geplanten und die tatsächlich benötigte Entwicklungsdauer und die Personalressourcen im Fragebogen explizit angegeben werden.

---

31 Siehe dazu Kapitel 4.2.
32 Wenn diese Annahme nicht zutrifft, kann es zu Ergebnisverfälschungen kommen. Die an den Projektanalysen beteiligten Projektleiter beklagten jedoch in der Regel eine eher zu knappe Planung, d.h. Überschreitungen der Plandaten waren eher wahrscheinlich als Unterschreitungen. Eine zu großzügige Planung könne hingegen angesichts der zeitlichen Konkurrenzsituation im Maschinenbau weitgehend ausgeschlossen werden.
33 Siehe Kapitel 5.1.3.
34 "Im Wettbewerb ist die Produktqualität oft ein zentraler Erfolgsfaktor; sie ist ein ausschlaggebendes Kaufentscheidungskriterium, erlaubt in der Regel einen höheren Preis und ist vielfach mit einem strategischen Wettbewerbsvorteil verbunden ... Über die Qualität neuer Produkte wird in hohem Maße in der Forschung und Entwicklung entschieden"; Specht, Schmelzer 1991, S. 1.
35 Vgl. Smith, Reinertsen 1991, S. 20 ff. Diese Annahme wird durch spätere Ergebnisse bestätigt werden, die zeigen, daß die Erreichung der Qualitätsziele weitgehend unabhängig von der Erreichung der Zeit- und Kostenziele erfolgte. Demnach wurden die Qualitätsziele in erfolgreichen wie nicht erfolgreichen Projekten zu weit über 90 % erreicht (siehe Abbildung 63-3).

Zur systematischen Klassifizierung erfolgreicher und nicht erfolgreicher Projekte bietet sich besonders das heuristische Verfahren der Clusteranalyse an.[36] In der Clusteranalyse werden die durch die genannten Erfolgskriterien beschriebenen Entwicklungsprojekte nach Maßgabe ihrer Ähnlichkeit in Cluster eingeteilt, wobei die Cluster intern möglichst homogen und extern möglichst gut voneinander separierbar sein sollen.

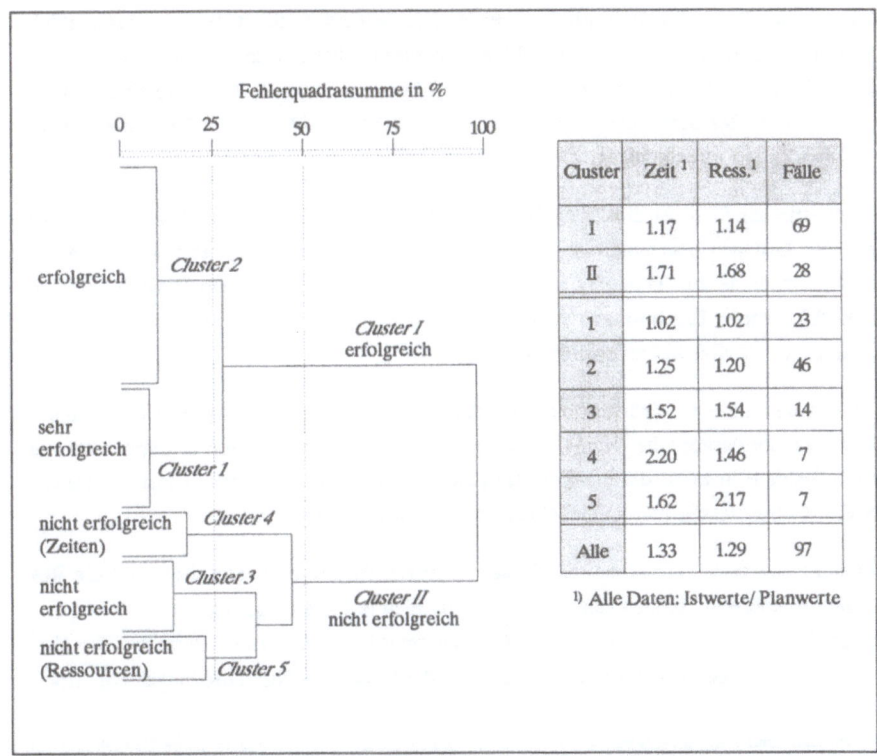

Abbildung 63-1: Ergebnisse der Clusteranalyse zur Bestimmung erfolgreicher und nicht erfolgreicher Projekte

---

36 Zur Clusteranalyse, vgl. Bortz 1989, S. 684; Backhaus et. al. 1990, S. 115 ff. Da die meßtheoretische Bedingung einer Intervallskalierung (vgl. Kaufmann, Pape 1984, S. 400) hier erfüllt wird, wurde als Alghorithmus das Ward-Verfahren verwendet, das im Vergleich zu anderen Alghorithmen "gleichzeitig sehr gute Partitionen findet und meistens die richtige Clusterzahl signalisiert"; Bergs 1981, S. 97; vgl. auch Backhaus et. al. 1990, S. 159. Zur Ward-Methode, vgl. Bortz 1989, S. 697 ff.; Backhaus et. al. 1990, S. 143 ff.

Die möglichen Clusterlösungen sowie die entsprechenden Variablenmittelwerte dieser Lösungen sind in dem schematisierten Dendrogramm in Abbildung 63-1 dargestellt.[37] Das Ergebnis der Clusteranalyse von 97 einbezogenen Projekten zeigt insbesondere zwei sinnvolle Clustereinteilungen. Die Zwei-Clusterlösung zeigt zunächst eine grundsätzliche Trennung:

Cluster I: Im Cluster I sind 69 *erfolgreiche* Projekte enthalten. Sie weisen durchschnittliche Zeitüberschreitungen von 17% und Ressourcenüberschreitungen von 14% auf.

Cluster II: Das Cluster II umfaßt 28 *nicht erfolgreiche* Projekte, deren durchschnittliche Zeit- bzw. Ressourcenüberschreitungen mit 71% bzw. 68% deutlich über denen der erfolgreichen Projekte liegen.

Aus statistischer Sicht ist die Zwei-Clusterlösung voll befriedigend, denn die Varianz zwischen den Gruppen liegt unterhalb der 50%-Grenze.[38] Diese Lösung bietet auch inhaltlich gute Ansatzpunkte zur Trennung in erfolgreiche und nicht erfolgreiche Projekte, wie aus den nachfolgenden Ergebnissen deutlich werden wird.[39] Für die weiteren Untersuchungen soll sie daher parallel weiterverfolgt werden.

Eine Lösung, die eine schärfere und ebenfalls sinnvolle Trennung zwischen den Gruppen erlaubt, ist die dargestellte Fünf-Clusterlösung.[40] Dadurch werden die erfolgreichen Projekte (Cluster I) in zwei, die nicht erfolgreichen (Cluster II) in drei neue Cluster unterteilt. Die fünf Cluster lassen sich im einzelnen wie folgt beschreiben:

Cluster 1: Das erste Cluster umfaßt 23 *sehr erfolgreiche* Projekte. Die Zeit- und die Ressourcenüberschreitungen sind mit durchschnittlich je 2% sehr gering.

Cluster 2: Das zweite Cluster umfaßt 46 durchschnittlich *erfolgreiche* Projekte. Die Zeitüberschreitungen liegen im Mittel bei 25%, die Ressourcenüberschreitungen bei 20%.

---

37 Die Zeit- und Ressourcenwerte wurden zunächst standardisiert, um eine gleichmäßige Gewichtung von Zeiten und Ressourcen in der Clusteranalyse zu erreichen; vgl. Kaufmann, Pape 1984, S. 382 f. Im ersten Schritt der Clusteranalyse wurde ein Projekt als Ausreißer identifiziert und von der weiteren Analyse ausgeschlossen (vgl. dazu Backhaus et. al. 1990, S. 154). Dieses Projekt zeigte extrem hohe Zeit- (+150%) und Ressourcenabweichungen (+275%).

38 Die Güte der Clusterbildung läßt sich bei Verwendung des Ward-Verfahrens unter anderem anhand der Verteilung der Fehlerquadratsummen (Varianzkriterium) innerhalb und zwischen den Clustern beurteilen. Grundsätzlich soll der Anteil der Fehlerquadratsumme zwischen den Clustern größer sein als der innerhalb der Cluster. Aus Abbildung 63-1 geht hervor, daß die Zwei-Clusterlösung nicht sehr robust ist, da der Anteil der Fehlerquadratsumme in den Clustern und zwischen den Clustern in etwa gleich hoch ist; vgl. dazu Bortz 1989, S. 699 f.; Backhaus et. al. 1990, S. 141 ff.

39 "Im allgemeinen wird man eine Klassifikation als brauchbar ansehen, wenn sich die Klassen gut interpretieren lassen"; Kaufmann, Pape 1984, S. 472.

40 Sie ist allerdings mit Zugeständnissen an die Unterschiedlichkeit der Gruppengrößen verbunden. Eine Drei-Clusterlösung erscheint ebenso wie eine Vier-Clusterlösung weniger geeignet: die klaren inhaltlichen Unterschiede, die bei der Fünf-Clusterlösung deutlich werden, würden vermischt. Auch die Unterschiedlichkeit der Clustergrößen würde sich dadurch nicht verbessern.

Cluster 3: Im Cluster 3 sind 14 *nicht erfolgreiche* Projekte zusammengefaßt, die in etwa gleichmäßig hohe Zeit- (52%) und Ressourcenüberschreitungen (54%) aufweisen.

Cluster 4: Dieses Cluster umfaßt 7 Projekte, die insbesondere *hinsichtlich der Zeitüberschreitungen* als *nicht erfolgreich* eingestuft werden müssen. Während durchschnittliche Ressourcenüberschreitungen von 46% festgestellt wurden, liegen die Zeitüberschreitungen im Durchschnitt bei 120%, im Maximum sogar bei 194%.

Cluster 5: Im Cluster 5 sind 7 Projekte zusammengefaßt, die *hinsichtlich der Ressourcenüberschreitungen* als *nicht erfolgreich* zu bezeichnen sind. Diese liegen im Durchschnitt bei 117%, im Maxium bei 150%. Die Zeitüberschreitungen betragen durchschnittlich 62%.

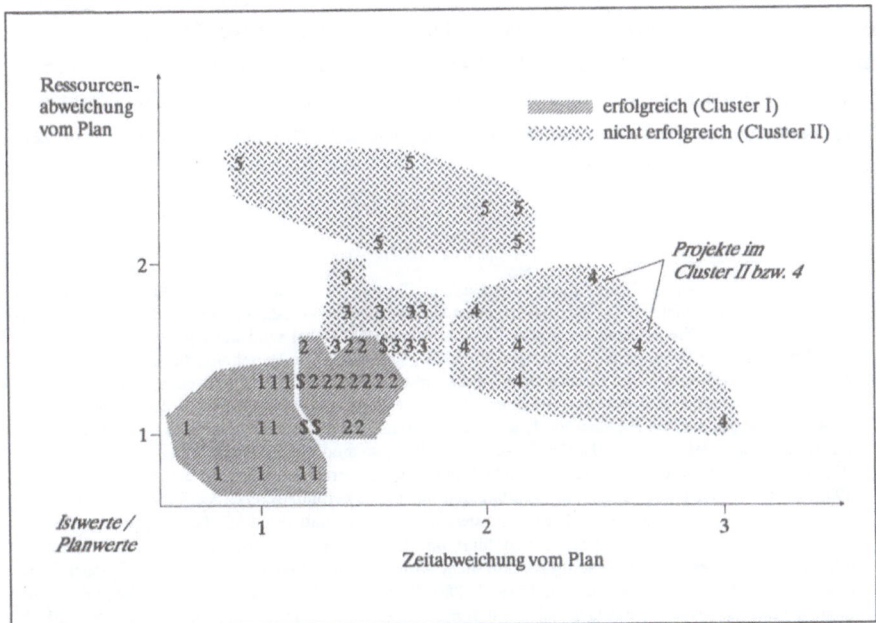

Abbildung 63-2: Die Darstellung der Clustereinteilung im Achsenkreuz

In Abbildung 63-2 sind die 97 Projekte in einem Achsenkreuz dargestellt, in dem auf der Abszisse die Zeit-Plan-Ist-Abweichungen und auf der Ordinate die Ressourcen-Abweichungen dargestellt sind. Die Struktur der Clustereinteilung bezüglich der beiden Variablen ist gut zu erkennen. Für die weitere Untersuchung sollen die Zwei- und die Fünf-Clusterlösung parallel untersucht werden. Dies hat insbesondere zwei Vorteile:

1. Mit Hilfe der Zwei-Clusterlösung lassen sich die globalen Unterschiede zwischen den als erfolgreich und nicht erfolgreich identifizierten Projekten ermitteln.
2. Mit Hilfe der Fünf-Clusterlösung können insbesondere Unterschiede in den stark divergierenden Clustern 1, 4 und 5 untersucht werden. Dabei muß allerdings berücksichtigt werden, daß in diesen drei Clustern nur 38 % der Fälle enthalten sind.

6.3.1 Zielerreichung in den Erfolgsclustern

Eine inhaltliche Überprüfung der Ergebnisse der Clusterung soll zunächst durch einen Vergleich der Zielerreichungsgrade in den einzelnen Clustern erfolgen,[41] die im Fragebogen bezüglich der Zeit-, Entwicklungskosten-, Herstellkosten- und Qualitätsziele angegeben werden sollten.[42] Die Ergebnisse sind in Abbildung 63-3 zusammengefaßt. Im Durchschnitt aller 97 Projekte wurden die Qualitäts- (94 %) und Herstellkostenziele (88 %) am besten erreicht. Die Erreichung der Entwicklungskosten- (82 %) und der Entwicklungszeitziele (79 %) war hingegen deutlich geringer. Betrachtet man die Erreichung der Ziele im einzelnen, so ergibt sich folgendes Bild:

---

41 Zur Prüfung signifikanter Unterschiede zwischen den Clustern wurde eine einfaktorielle Varianzanalyse durchgeführt. Die einfaktorielle Varianzanalyse ist ein statistisches Verfahren, welches die Wirkung einer unabhängigen Variable auf eine abhängige Variable untersucht. Dabei wird die Hypothese getestet, daß die Mittelwerte der Gruppen der abhängigen Variable gleich sind. Die Vermutung für einen Unterschied der Gruppenmittelwerte in der Grundgesamtheit ist umso stärker, je größer die Streuung der Mittelwerte zwischen den Gruppen und je kleiner sie innerhalb der Gruppen ist. Die Maßzahl F drückt das Verhältnis dieser Streuungen aus. Ist F größer als 1, so ist die Streuung der Mittelwerte zwischen den Gruppen größer als innerhalb der Gruppen. Ist der F-Wert signifikant, so sind die Mittelwerte mit der angegebenen Wahrscheinlichkeit auch in der Grundgesamtheit ungleich; vgl. Brosius 1988, S. 275 ff.; Backhaus et. al. 1990, S. 45 ff. Die Überprüfung der Signifikanzen der Mittelwertunterschiede kann durch verschiedene multiple Vergleichstests erfolgen. Hier wird stets der Scheffé- und der LSD-Test (Least-Significance Difference) durchgeführt. Der Scheffé-Test führt im allgemeinen zu "konservativen" Entscheidungen, d.h. im Scheffé-Test wird die Nullhypothese nicht so leicht verworfen wie in anderen Vergleichstests (wie z.B. dem LSD-Test); vgl. Brosius 1988, S. 280; Bortz 1989, S. 331 ff. Als Signifikanzniveau wird in allen Tests das jeweils weitestgehende der drei nachfolgenden Niveaus angegeben: p < .10, p < .05, p < .01, p < .001).
    Für die Überprüfung der Mittelwertunterschiede zwischen den Clustern I und II wurde ein T-Test herangezogen. Mit Hilfe eines T-Tests kann überprüft werden, ob sich zwei Gruppenmittelwerte signifikant unterscheiden. Ein T-Wert von Null gibt an, daß kein Unterschied zwischen den Mittelwerten existiert. Ein hoher absoluter T-Wert bei hoher Signifikanz zeigt an, daß in der zugrundeliegenden Grundgesamtheit mit der angegebenen Wahrscheinlichkeit tatsächlich ein Unterschied der betrachteten Gruppenmittelwerte vorhanden ist. Die Berechnung des T-Wertes durch die Methode des "Seperate Variance Estimates" ist "im allgemeinen .. vorzuziehen, weil sie bei kleinen Stichproben und relevanten Unterschieden der beiden Gruppenstreuungen zu genaueren Schätzungen führt"; Brosius 1988, S. 268; vgl. auch Backhaus et. al. 1990, S. 30 ff.
42 Der tatsächlich erreichte Grad der Zielerreichung sollte auf einem Strahl markiert werden, der eine Spanne von 40 % (Ziele zu 40 % erreicht) bis zu 120 % (Ziele um 20 % übertroffen) umfaßte; siehe Fragebogen im Anhang II. Diese zusätzliche Abfrage des Zeit- und Kostenerfolges ermöglicht eine, wenn auch eingeschränkte, qualitative Kontrolle der Angaben.

- *Zeit-Zielerreichung*: Wie zu erwarten war, zeigen sich stark signifikante Unterschiede zwischen erfolgreichen und nicht erfolgreichen Projekten. Während die erfolgreichen Projekte ihre Zeitziele zu durchschnittlich 86% (im sehr erfolgreichen Cluster 1 gar zu 97%) erreichten, wurden die Zeitziele in den nicht erfolgreichen lediglich zu 63% (im Cluster 4 nur zu 56%) erreicht.[43]

- *Entwicklungskosten-Zielerreichung*: Entsprechend dem Clusterkriterium unterscheidet sich auch die Erreichung der Entwicklungskostenziele signifikant zwischen erfolgreichen (86%) und nicht erfolgreichen Projekten (70%, im Cluster 5 nur 60%).[44] Besonders im Cluster 1 zeigt sich mit 92% eine signifikant höhere Entwicklungskostenzielerreichung, als in den anderen Clustern.[45] Dieses Ergebnis bestätigt die Annahme, daß die aufzuwendenden Entwicklungskosten durch den Personalressourcenverbrauch sinnvoll angenähert werden können.

- *Herstellkosten-Zielerreichung*: Ein signifikanter Unterschied zwischen erfolgreichen und nicht erfolgreichen Projekten kann hinsichtlich der Herstellkosten-Zielerreichung nicht festgestellt werden. Lediglich Cluster 5 zeigt einen signifikant niedrigeren Wert (67%) als die übrigen Cluster.[46] Tendenziell ist die Zielerreichung aber in den erfolgreichen Projekten höher (89%) als in den nicht erfolgreichen (83%). Das sehr erfolgreiche Cluster 1 zeigt auch hier die höchste Zielerreichung (97%). Die Befürchtung, daß der Erfolg der Projekte auf Kosten einer Erhöhung der Herstellkostenziele erreicht wurde, kann daher ausgeschlossen werden.

- *Qualitäts-Zielerreichung*: Die Qualitätsziele wurden sowohl in den erfolgreichen (93%) als auch in den nicht erfolgreichen Projekten (95%) in hohem Maße erreicht. Die Abweichung zwischen den 5 Clustern beträgt insgesamt nur 3% und liegt damit im Bereich möglicher Schätzfehler.[47] Dieses Ergebnis bestätigt die Annahme, daß die Erreichung der Qualitätsziele in der Regel die höchste Priorität hat. Grundsätzlich geht es darum, günstige Zeit- und Kostenparameter bei den gegebenen Qualitätsanforderungen zu erreichen.[48] Ein Zusammenhang zwischen dem hier ermittelten Projekterfolg und der erreichten Qualität besteht offensichtlich nicht. Zeit- und Kostenziele wurden nicht durch eine Vernachlässigung der Qualität erreicht.

---

43 T-Test: Cluster I zu II: p <.001 (Seperate Variance Estimate); Oneway-Varianzanalyse: Cluster 1 zu Cluster 2-5: p <.01; Cluster 2 zu Cluster 3-5: p <.05 (jeweils Scheffé-Test).
44 T-Test: Cluster I zu II: p <.001 (Seperate Variance Estimate).
45 Oneway-Varianzanalyse: Cluster 1 zu Cluster 2-5: p <.01 (LSD-Test); Cluster 1 zu Cluster 3,5: p <.01 (Scheffé-Test).
46 Oneway-Varianzanalyse: Cluster 5 zu Cluster 1-4: p <.05 (LSD-Test).
47 Keiner der Mittelwertunterschiede zwischen den Clustern ist signifikant.
48 Bei anhaltender technischer Unsicherheit, die in der Regel auch die Erfüllung der Qualitätsanforderungen in Frage stellt, werden Projekte häufig abgebrochen; vgl. Lange 1993a, S. 140.

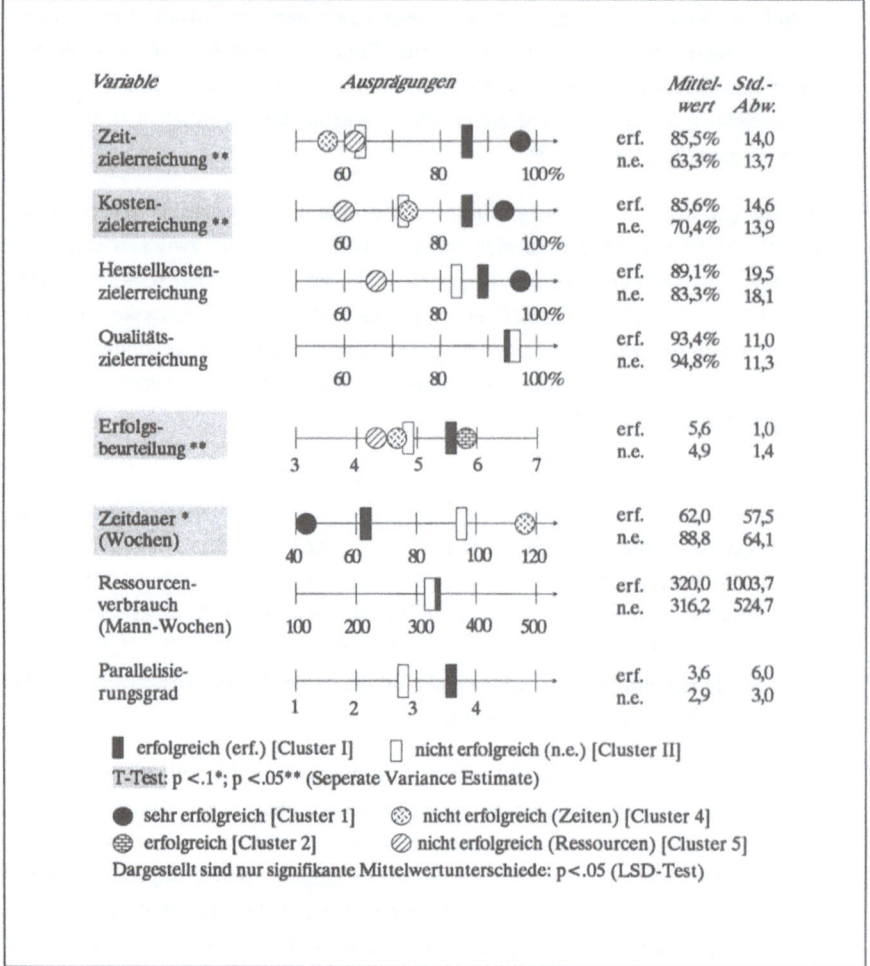

Abbildung 63-3: Überprüfung signifikanter Unterschiede erfolgreicher und nicht erfolgreicher Projekte hinsichtlich ihrer Zielerreichung

Eine globale Beurteilung des Projekterfolges durch die befragten Entwicklungsleiter, die ebenfalls in Abbildung 63-3 dargestellt ist, sollte sich auf die Einschätzung der beschriebenen Zielerreichungen beziehen. Die Analyse der Antworten zeigt zunächst, daß die erfolgreichen Projekte (Cluster I) auch von den Entwicklungsleitern für erfolgreicher gehalten werden, als die hier als nicht erfolgreich identifizierten Projekte (Cluster II).[49] Eine weitergehende Analyse zeigt, daß die Projekte des Clusters 2 als besonders erfolgreich eingestuft wurden.[50] Ein Vergleich der vier betrachteten Zielerreichungskategorien zeigt jedoch, daß lediglich die Qualitätsziele in diesen Projekten etwas besser erreicht wurden als in den sehr erfolgreichen.[51] Alle übrigen Ziele wurden in geringerem Maße erreicht. Ähnliches gilt auch für andere Cluster. Die Erfolgsbeurteilung ist offensichtlich allein durch die angegebenen Zielerreichungsgrade nicht zu rechtfertigen. Dies legt die Schlußfolgerung nahe, daß die Erfolgsbeurteilung durch weitere Variablen beeinflußt wird. Die Erfolgsmessung auf der Grundlage weitgehend objektiv meßbarer Projektdaten, wie den hier ermittelten Zeit- und Ressourcenüberschreitungen, wird demgegenüber als robuster angesehen.

Wie aus Abbildung 63-3 auch hervorgeht, dauern nicht erfolgreiche Projekte (89 Wochen) signifikant länger, als erfolgreiche Projekte (62 Wochen).[52] Sehr erfolgreiche Projekte (Cluster 1) dauern durchschnittlich nur 49 Wochen, kostenmäßig nicht erfolgreiche (Cluster 4) immerhin 92 Wochen und zeitlich nicht erfolgreiche (Cluster 5) gar 119 Wochen.[53] Der Ressourcenverbrauch zeigt hingegen keine signifikanten Unterschiede. Die Projekte hatten einen durchschnittlichen Ressourcenverbrauch von 320 Mann-Wochen.[54]

Insgesamt scheint die aus Zeit- und Ressourcenabweichungen bestimmte Erfolgsvariable geeignet zu sein, erfolgreiche und nicht erfolgreiche Entwicklungsprojekte zu unterscheiden. Während die Qualität und auch die Herstellkosten in allen Projekten in hohem Maße erreicht wurden, zeigen sich hinsichtlich der Zeit- und Kostenerreichung signifikante Unterschiede. Auch hinsichtlich der Entwicklungsgeschwindigkeit zeigen sich signifikante Unterschiede. Schnelle Projekte sind in der Regel auch erfolgreiche Projekte. Das Ziel der folgenden Kapitel ist es, nach möglichen Erklärungen für diese Unterschiede zu suchen.

---

49 Die Bewertung erfolgte auf einer 7er-Skala: Cluster I= 5,6; Cluster II= 4,9. Ein T-Test zeigt, daß die Unterschiede signifikant sind (p < .05; Seperate Variance Estimate).

50 Mittelwerte: Cluster 2= 5,8, Cluster 1= 5,3.

51 Eine Korrelationsanalyse legt die Vermutung nahe, daß sich die Erfolgsbeurteilung besonders an der Erreichung der Qualitätsziele orientiert. Der Pearsonsche Korrelationskoeffizient zwischen Projekterfolg und der Erreichung der Qualitätsziele ist signifikant (r= .3372, p < .001). Zur Korrelation, vgl. Brosius 1988, S. 303 ff.; Bortz 1989, S. 250 ff.; Backhaus et. al. 1990, S. 72. Aus der dargestellten Mittelwertbetrachtung wird dieser Zusammenhang jedoch nicht deutlich.

52 T-Test: p < .01 (Seperate Variance Estimate).

53 Oneway Varianzanalyse: Cluster 1 zu Cluster 4: p < .01; Cluster 1 zu Cluster 5: p < .1 (jeweils LSD-Test).

54 Cluster 1= 493, Cluster 2= 234, Cluster 3 = 405, Cluster 4= 299, Cluster 5= 156 Mann-Wochen (Die Unterschiede sind nicht signifikant).

6.3.2 Zur Notwendigkeit der Entwicklungsdauerverkürzung

Auf die theoretische Bedeutung kurzer Entwicklungszeiten für den Erfolg im Innovationswettbewerb wurde bereits hingewiesen.[55] Übereinstimmend halten 90% der hier befragten Entwicklungsleiter des Maschinenbaus eine Verkürzung der Entwicklungsdauer in ihren Projekten für wichtig oder sehr wichtig.[56] Die Annahme, daß eine Verkürzung der Entwicklungsdauer grundsätzlich sinnvoll ist, wird dadurch unterstützt.

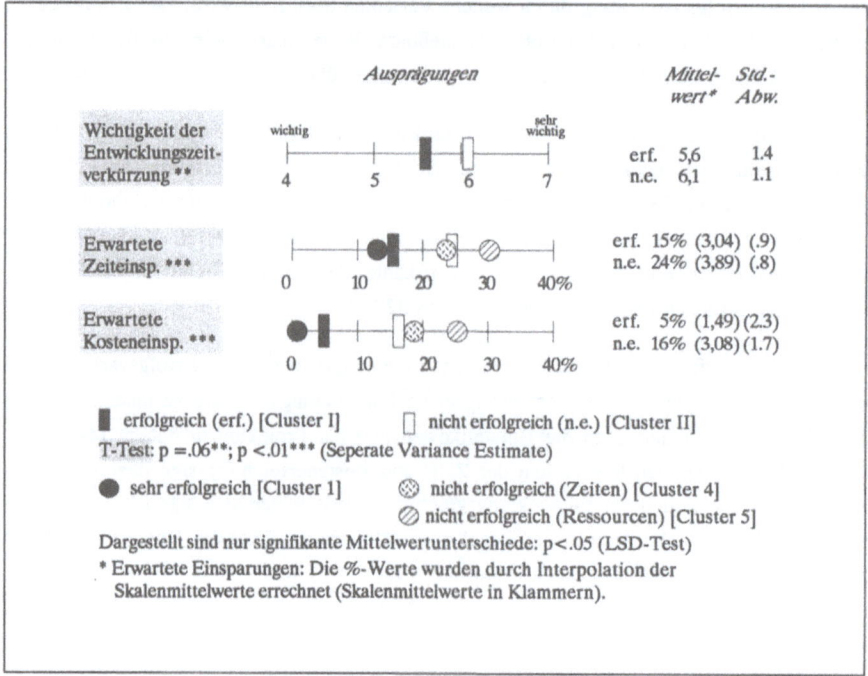

Abbildung 63-4: Notwendigkeit der Entwicklungsdauerverkürzung und erwartete Einsparungspotentiale

Entwicklungsleiter von nicht erfolgreichen Projekten schätzen die Notwendigkeit der Entwicklungsdauerverkürzung erwartungsgemäß höher ein, als die von erfolgreichen Projekten

---

55 Siehe Kapitel 1 sowie Kapitel 2.3.
56 96 von 105 Befragten bewerten die Wichtigkeit der Verkürzung der Entwicklungsdauer in einem derartigen Projekt mit 4 und höher, 72 mit 6 und höher (1= nicht wichtig, 7= sehr wichtig; siehe Fragebogen im Anhang II, Frage 6.3).

(siehe Abbildung 63-4).[57] Erfolgreiche Projekte haben diesbezüglich bereits einen Vorteil errungen, denn ihre Entwicklungszeiten sind bereits signifikant kürzer.[58]

Auch die erwarteten Zeiteinsparungen sind in den erfolgreichen Projekten (Cluster I) signifikant geringer (15%) als in den nicht erfolgreichen (24%). Das gleiche gilt tendenziell für die Kosteneinsparungen (erfolgreiche 5% gegenüber 16%). Bei den Projekten, in denen bisher besonders hohe Ressourcenüberschreitungen ermittelt wurden (Cluster 5), werden die höchsten Zeit- (30%) und Kosteneinsparungen (26%) erwartet. Bei sehr erfolgreichen Projekten wird hingegen kaum mit Kosteneinsparungen gerechnet. Im Gegenteil, einige der sehr erfolgreichen Entwicklungsleiter rechnen gar mit steigenden Kosten, wenn die Entwicklungzeiten weiter verkürzt werden. Unterstellt man die Anwendbarkeit des aufgestellten Modells zur Bestimmung einer optimalen Entwicklungsdauer,[59] so haben diese Projekte die optimale Dauer bereits erreicht.

Insgesamt liegen die hier ermittelten Erwartungen hinsichtlich potentieller Einsparungen deutlich unter den Erwartungen der Projektleiter der Fallstudienprojekte.[60] Zwei Gründe für diese unterschiedliche Beurteilung sind denkbar: Durch die eingehende Analyse der Projekte in den Fallstudien könnten zusätzliche Verkürzungs- und Parallelisierungspotentiale bewußt gemacht und ermittelt worden sein. Aufgrund der unterschiedlichen Perspektiven von Entwicklungs- und Projektleitern können jedoch auch die Bewertungen der Potentiale unterschiedlich sein. Möglicherweise wurden Potentiale unter- bzw. überschätzt.

---

57 Die Wichtigkeit wurde von den erfolgreichen Entwicklungsleitern durchschnittlich mit 5,6, von den nicht erfolgreichen mit 6,1 bewertet. Der Unterschied ist signifikant (p = .06, T-Test, Seperate Variance Estimate).

58 62 Wochen im Vergleich zu 89 Wochen (siehe Abbildung 63-3).

59 Siehe Kapitel 2.2.4, besonders Abbildung 22-7.

60 Dort wurden bei der Optimumplanung Zeiteinsparungen von durchschnittlich 33% und Ressourceneinsparungen von 26% für möglich gehalten (siehe Abbildungen 52-5 in Kapitel 5.2.2 und 52-6 in Kapitel 5.2.3).

6.4 Die Bedeutung der Produkt- und Projektcharakteristika

Im folgenden Abschnitt soll untersucht werden, inwieweit die in Kapitel 5.3 ermittelten Produkt- und Projektcharakteristika einen Einfluß auf den Projekterfolg haben.

6.4.1 Die Bedeutung der Unsicherheit für den Projekterfolg

Verschiedene betriebswirtschaftliche Untersuchungen beschäftigen sich mit dem Einfluß von Unsicherheit auf den Erfolg von Entwicklungsprojekten.[61] In der Regel wird die Unsicherheit anhand von subjektiv eingeschätzten Wahrscheinlichkeiten bestimmt.[62] Viele Anzeichen deuten allerdings darauf hin, daß diese subjektiv eingeschätzten Wahrscheinlichkeiten wenig zuverlässig sind: Objektive Wahrscheinlichkeiten stimmen mit subjektiven Wahrscheinlichkeiten nicht immer überein,[63] Wahrscheinlichkeitsschätzungen für einzelne Projekte erlauben nur eine sehr grobe Charakterisierung von Erfolgen und Mißerfolgen,[64] die Wahrscheinlichkeitschätzung ist von der Perspektive des Befragten[65] und ihre Zuverlässigkeit vom Zeitpunkt der Schätzung und vom Schätzgegenstand abhängig.[66] Diese Gründe mögen dazu geführt haben, daß in den Fallstudien keine Zusammenhänge zwischen der Unsicherheitseinschätzung und der tatsächlichen Zielerreichung festgestellt wurden.[67] Dennoch sollen mögliche Zusammenhänge auch in der großzahligen Untersuchung überprüft werden.

Die Einschätzung, wie hoch die Wahrscheinlichkeit zu Beginn des Projektes gewesen ist, daß geplante Zeit-, Kosten-, Herstellkosten- und Qualitätsziele *nicht* erreicht werden würden, sollte von den Befragten auf einem Zahlenstrahl angegeben werden.[68] Bei der Bewertung der Ergebnisse ist zu berücksichtigen, daß die Wahrscheinlichkeitseinschätzungen ex-post abgegeben wurden.[69]

---

61 Vgl. z.B. Schröder 1975; Pearson 1990; Lange 1992a, S. 86 ff.; Brockhoff 1993b, S. 647 ff.
62 Vgl. Brockhoff 1993b, S. 644.
63 Vgl. ebenda; vgl. auch Kahnemann, Tversky 1979.
64 Vgl. Schröder 1975, S. 18.
65 Vgl. Brockhoff 1993b, S. 653 ff. Hinsichtlich der Markteinschätzung stellt Brockhoff zum Beispiel Unterschiede zwischen dem F&E-Management und Projektleitern fest. Kahnemann und Tversky zeigen, daß auch die Position des Befragten und seine Beziehung zum Projekt einen Einfluß auf die Schätzung haben; vgl. Kahnemann, Tversky 1979, S. 286 ff.
66 Vgl. z.B. Lange 1993, S. 86 ff. Es zeigen sich signifikante Unterschiede der Einschätzungen am Projektanfang, Projektmitte und Projektende und bei der Zuverlässigkeit der Einschätzung von technischer und wirtschaftlicher Realisierbarkeit. Die Zuverlässigkeit der Schätzung ist dabei weniger vom Niveau der Wahrscheinlichkeitsurteile als von der Änderungen der Ungewißheitseinschätzungen über den Projektverlauf abhängig; vgl. auch Brockhoff 1993b, S. 657 ff.
67 Siehe auch Kapitel 5.3.1 und 5.3.2.
68 Siehe dazu den Fragebogen im Anhang II.
69 Es handelt sich also um eine ex-post-Abfrage von ex-ante-eingeschätzten Unsicherheiten.

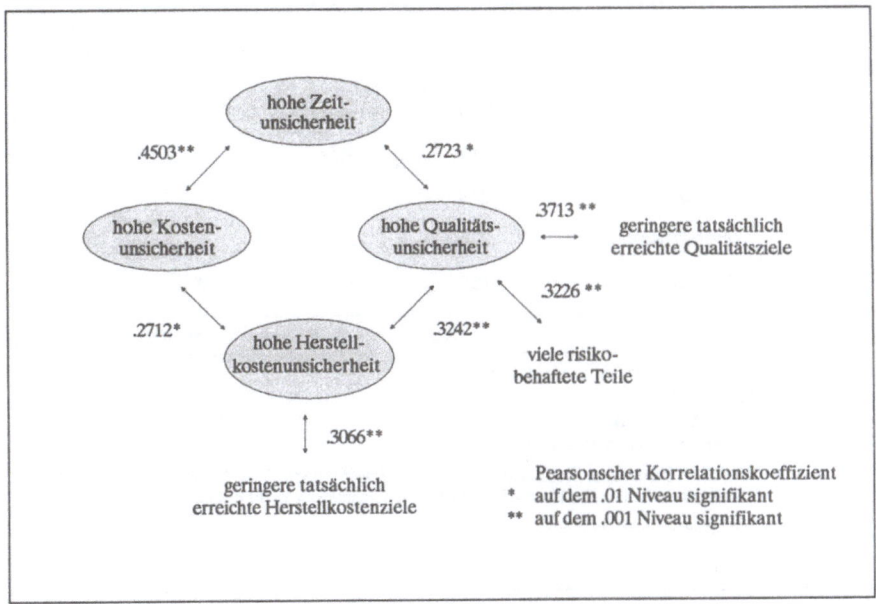

Abbildung 64-1: Zusammenhänge zwischen Zeit-, Kosten-, Herstellkosten- und Qualitäts-unsicherheit

Einen ersten Überblick über die Zusammenhänge zwischen den einzelnen Unsicherheitsindikatoren zeigt die in Abbildung 64-1 dargestellte Korrelationsbetrachtung. Hohe Zeitunsicherheit steht im Zusammenhang mit hoher Kostenunsicherheit und mit hoher Qualitätsunsicherheit. Hohe Herstellkostenunsicherheit hängt mit hoher Qualitätsunsicherheit und hoher Kostenunsicherheit zusammen. Keine signifikanten Zusammenhänge bestehen zwischen Zeit- und Herstellkostenunsicherheit und zwischen Kosten- und Qualitätsunsicherheit. Insgesamt hängen jedoch alle Unsicherheitsfaktoren direkt oder indirekt miteinander zusammen.

Die Qualitäts- und Herstellkostenziele wurden nach Auffassung der Entwicklungsleiter besonders in denjenigen Projekten schlechter erreicht, in denen diese Ziele als besonders unsicher eingestuft wurden.[70] Eine hohe technische Unsicherheit, gemessen am Anteil risikobehafteter Teile, wirkt sich dabei besonders auf die Qualitätsunsicherheit aus.[71]

---

70 Dies geht aus den Korrelationsanalysen von Unsicherheit und tatsächlicher Zielerreichung hervor, die ebenfalls in Abbildung 64-1 dargestellt sind. Die Tatsache, daß hohe Zeit- oder hohe Kostenunsicherheit nicht automatisch zur geringeren Zeit- oder Kostenzielerreichung geführt haben, kann mit Kompensationseffekten von Zeit- und Kostenüberschreitungen erklärt werden (eine hohe Zeitzielerreichung bei hoher Zeitunsicherheit könnte durch Ressourcenüberschreitungen "erkauft" worden sein.)

71 Als risikobehaftet wurden Teile bezeichnet, bei denen die technische Machbarkeit zu Beginn des Projektes unsicher war.

Unsicherheit bzgl. der	Mittelwerte * Cluster I	Cluster II	N.S.K.D
Zeitziele	24,4	33,0	55
Kostenziele	22,8	27,9	-
Herstellkostenziele	22,0	21,6	-
Qualitätsziele	16,0	21,6	45
		Summe	100

Signifikanz der Diskriminanzfunktion .01
Wilks Lambda .91
Richtig klassifizierte Fälle 70,1%
Anzahl der einbezogenen Fälle 96

N.S.K.D.= Normierter Standardisierter Kanonischer Diskriminanzkoeffizient
*) Unsicherheiten in %; Cluster I= erfolgreich, Cluster II= nicht erfolgreich

Tabelle 64-1: Ergebnisse einer Diskrimananzanalyse zur Bedeutung von Unsicherheit für den Projekterfolg

Um in einem weiteren Schritt diejenigen Variablen zu identifizieren, die in besonderem Maße für den Projekterfolg verantwortlich sind, wurde eine Diskriminanzanalyse durchgeführt, deren Ergebnis in Tabelle 64-1 dargestellt ist.[72] Daraus geht hervor, daß Zeit- und Qualitätsunsicherheit den Projekterfolg wesentlich beeinflussen. In Projekten mit hoher Zeit- und Qualitätsunsicherheit muß demnach mit höheren Zeit- und/ oder Ressourcenüberschreitungen gerechnet werden.

Die hohe Bedeutung der Zeitunsicherheit für den Projekterfolg wird auch durch die Ergebnisse einer Varianzanalyse unterstützt. Demnach war die Zeitunsicherheit in den sehr erfolgreichen Projekten durchschnittlich signifikant geringer als in den nicht erfolgreichen

---

[72] Die Diskriminanzanalyse gehört zu den multivariaten Analyseverfahren, mit denen die Wirkung einzelner, unabhängiger Variablen (hier die vier Unsicherheitsvariablen Zeit-, Kosten-, Herstellkosten- und Qualitätsunsicherheit) auf eine abhängige Variable (hier der Projekterfolg= Cluster I, II) bestimmt werden kann. Die Wechselwirkungen zwischen den Variablen werden dabei berücksichtigt. Als Trennkriterium für die Diskriminanzfunktion wurde hier die Minimierung von Wilks Lambda gewählt (Method Direct). Die A-Priori-Wahrscheinlichkeiten wurden gemäß der unterschiedlichen Clustergößen auf 0.7 (Cluster I) bzw. 0.3 (Cluster II) voreingestellt. Zur Diskriminanzanalyse, vgl. SPSS 1990, S. B-1 ff.; Backhaus et. al. 1990, S. 162 ff.; Brosius 1989, S. 99 ff. Weitere Ausführungen zur Diskrimanzanalyse in Kapitel 6.5.2.

Projekten.[73] In den Projekten mit hoher Zeitunsicherheit ist es auch zu hohen Ressourcenüberschreitungen gekommen.[74] Drohende Zeitüberschreitungen konnten dadurch vermutlich kompensiert werden.

Insgesamt zeigt sich, daß jede Art von Unsicherheit, zum Teil direkt und zum Teil indirekt (über die Zeit- und Qualitätsunsicherheit) auf den Projekterfolg wirkt. Die naheliegende Hypothese, wonach die Gefahr von Zeit- und Ressourcenüberschreitungen mit zunehmender Unsicherheit der Projektziele ansteigt, wird tendenziell bestätigt.

6.4.2 Der Einfluß von Produkt- und Projektcharakteristika auf den Projekterfolg

Aus den Ergebnissen der Fallstudienuntersuchungen sind bereits einige Zusammenhänge zwischen einzelnen Produktcharakteristika und dem Projektverlauf deutlich geworden.[75] Besonders die Teilezahl und die Neu-Teilezahl haben demnach einen Einfluß auf die Zeit- und Ressourcenparameter eines Projektes. Auch in der großzahligen Untersuchung sollen die Einflüsse des Produktes auf den Projektverlauf untersucht werden, um daraus Konsequenzen für die Möglichkeiten zur Verkürzung der Entwicklungsdauer abzuleiten.

Acht Variablen zur Produktstruktur wurden im Fragebogen erhoben:[76]

1. Die Anzahl der im Rahmen des Entwicklungsprojektes zu berücksichtigenden *Bauteile*;[77]

---

73 Die Wahrscheinlichkeit, daß die Zeitziele nicht erreicht werden könnten, wurde in den sehr erfolgreichen Projekten (Cluster 1) mit durchschnittlich 21,3 % angegeben, in den zeitlich nicht erfolgreichen Projekten hingegen mit 33,6 % (Cluster 4), in den bezüglich der Ressourcenüberschreitungen nicht erfolgreichen gar 37,1 % (Cluster 5). Die Unterschiede sind auf dem .10 Niveau (Cluster 1:4) bzw. auf dem .05 Niveau (Cluster 1:5) signifikant (LSD-Test). Will man aus diesen Ergebnissen eine praktisch orientierte Schlußfolgerung ziehen, so läßt sich ein Zeit-Unsicherheitswert von ca. 25 % (d.h. die Wahrscheinlichkeit, daß die jeweiligen Zeitziele nicht wie geplant erreicht werden können, beträgt 25 %) als grober Richtwert für die Zuverlässigkeit der Zielplanung festhalten. Ist die Unsicherheit höher, so muß mit stark abweichenden Ergebnissen gerechnet werden. (Eine durchgeführte Diskriminanzanalyse zeigt zwar ebenfalls die Zeitunsicherheit als wesentlich diskriminierenden Faktor, durch die ermittelte Signifikanzfunktion werden jedoch nur 33 % der Fälle richtig zugeordnet.)

74 Der Pearsonsche Korrelationskoeffizient zwischen Zeitunsicherheit und Ressourcenüberschreitungen beträgt r = .2909* und ist auf dem .01 Niveau signifikant.

75 Siehe Kapitel 5.3. Zu den theoretischen Überlegungen über den Einfluß von Produktparametern auf den Projektverlauf, siehe Kapitel 3.3.1.

76 Siehe dazu auch den Fragebogen im Anhang II.

77 Die Teilezahl wurde auf einer 1-6 Skala abgefragt: 1 = <10 Teile; 2 = 10-50 Teile; 3 = 50-200 Teile; 4 = 200-500 Teile; 5 = 500-1000 Teile; 6 = >1000 Teile.

2. der Anteil der *Wiederverwendungsteile* (oder Wiederholteile), d.h. die Teile konnten von anderen Produkten übernommen werden;[78]

3. der Anteil der *Neuteile*, d.h. die Teile mußten im Rahmen des Projektes völlig neu konzipiert und konstruiert werden;

4. der Anteil der *risikobehafteten Teile* (oder unsicheren Teile), d.h. die Umsetzung der technischen Machbarkeit war nicht von vornherein klar;

5. der Anteil der *fremdentwickelten Teile*, d.h. der überwiegende Teil der Entwicklung und Konstruktion lag beim Zulieferer;

6. der Anteil der *fremdgefertigten Teile*, d.h. der überwiegende Teil der Fertigung lag beim Zulieferer;

7. die *Modularität* des zu entwickelnden Produktes;[79]

8. die *Kundenbezogenheit* des Projektes.[80]

Produktcharakteristika	Häufigkeiten der Antworten						
	I	II	III	IV	V	VI	Summe
1. Anzahl der Bauteile [1)	6	22	27	29	13	8	105
2. Anteil der Wiederholteile [2)	9	36	36	17	4	3	105
3. Anteil der Neuteile [2)	0	2	12	20	23	48	105
4. Anteil der Risikoteile [2)	1	33	50	14	5	1	104
5. Anteil der fremdentwickelten Teile [2)	32	44	22	6	0	1	105
6. Anteil der fremdgefertigten Teile [2)	8	24	31	26	5	11	105
7. Modularer Produktaufbau [3)	7	61	35	-	-	-	103
8. Kundenbezogenheit des Projektes [4)	73	6	26	-	-	-	105

[1)] I=<10; II= 10-50; III= 50-200; IV= 200-500; V= 500-1000; VI= >1000
[2)] I=0%; II= 0-5%; III= 5-20%; IV= 20-50%; V= 50-70%; VI= >70%
[3)] I= nicht modular; II= teilweise modular; III= modular
[4)] I= kein konkreter Auftrag; II= Angebot; III= Kundenauftrag

Die Felder mit 20 und mehr Projekten sind schraffiert unterlegt.

Tabelle 64-2: Häufigkeiten der Produkt und Projektcharakteristika

78 Der Anteil der Wiederverwendungsteile (oder Wiederholteile), der Neuteile, der risikobehafteten (oder unsicheren) Teile, der fremdentwickelten Teile, und der fremdgefertigten Teile wurde jeweils auf einer 1-6 Skala abgefragt: 1= 0%; 2= 0-5%; 3= 5-20%; 4= 20-50%; 5= 50-70%; 6= >70%.
79 Die Modularität wurde auf einer Nominalskala abgefragt: nicht modular - teilweise modular - modular.
80 Die Kundenbezogenheit wurde ebenfalls auf einer Nominalskala abgefragt: kein konkreter Auftrag - Angebot - Kundenauftrag.

In Tabelle 64-2 sind zunächst die Häufigkeiten der Projekte über den Antwortskalen auf-
getragen. Daraus lassen sich einige Spezifika des Maschinenbaus im Vergleich zu anderen
Industriezweigen ablesen. 75% der Entwicklungsprojekte umfaßten zwischen 10 und 500
Teile, nur 20% hatten mehr Teile.[81] Nur 23% der Projekte hatten mehr als 20% Wiederholteile. Der Anteil der Neuteile lag hingegen in rund 70% der Projekte über 50%, in 40%
gar über 70%. An der Relation von Wiederholteile- und Neuteileanteil wird deutlich, daß
die Modularisierung der Maschinenbauprodukte nicht sehr hoch ist. Nur ein Drittel der
Produkte wurde als "modular" eingestuft.[82] Der Anteil der risikobehafteten Teile lag in
70% der Projekte bei mehr als 20%, bei 20% der Projekte gar über 50%.

Der Anteil der fremdentwickelten Teile liegt im Maschinenbau deutlich unter dem anderer
Industrien. In über 90% der Projekte lag er unter 20%, in rund 70% der Fälle sogar unter
5%.[83] Diese Größenordnungen deuten ebenfalls auf eine vergleichsweise geringe Modularität der Maschinenbauprodukte hin. Der Anteil der fremdgefertigten Teile liegt allerdings
darüber: Bei der Hälfte der Projekte liegt er zwischen 5% und 50%, bei einem Viertel immerhin zwischen 20% und 50%. Viele der fremdentwickelten Teile werden auch fremdgefertigt.[84] 70% der Projekte werden durchgeführt, ohne daß ein Kundenauftrag vorliegt.
Immerhin knapp ein Viertel der Projekte sind direkt auftragsbezogen.

Die Überprüfung signifikanter Unterschiede der Produktcharakteristika in erfolgreichen und
nicht erfolgreichen Projekten erfolgte mit Hilfe eines T-Tests.[85] Das Ergebnis ist in Abbildung 64-2 dargestellt. Signifikante Zusammenhänge ergeben sich zwischen dem Anteil der
Wiederholteile, dem Anteil der *fremdgefertigten* Teile sowie der Modularität der Produkte
auf der einen und dem Projekterfolg auf der anderen Seite. Eine nähere Betrachtung der

---

81 Erwartungsgemäß zeigt sich ein hochkorrelierter Zusammenhang zwischen der Teilezahl und der Erzeug-
    nisart. Anlagen haben dementsprechend mehr Teile als Maschinen und Geräte, Maschinen und Geräte
    hingegen mehr als Aggregate und Baugruppen usw. (Der Pearsonsche Korrelationskoeffizient ist signifi-
    kant; r= .4092, p <.001). Die Projekte mit mehr als 200 Teilen umfaßten hier nahezu ausschließlich
    Maschinen und Anlagen.

82 Demnach haben auch modulare Maschinenbauprodukte zum Teil nicht mehr als 15% Wiederholteile.
    Zum Vergleich: in der europäischen Autoindustrie werden durchschnittlich 31% Wiederholteile (Off-the-
    Shelf-Parts) eingesetzt. (Dieser Anteil bezieht sich nur auf die im Hause entwickelten Teile. Hinzu kom-
    men weitere Wiederverwendungsteile, die von Zulieferern entwickelt wurden); vgl. Clark 1989, S. 1251.

83 Zum Vergleich: In der Automobilindustrie liegt dieser Anteil im europäischen Durchschnitt bei knapp
    50%, in Japan gar bei 70%; vgl. ebenda.

84 Der Pearsonsche Korrelationskoeffizient ist signifikant (r= .3298, p <.001).

85 Signifikante Mittelwertunterschiede der 5-Cluster-Lösung wurden mit Hilfe einfaktorieller Varianzanaly-
    sen überprüft.

192

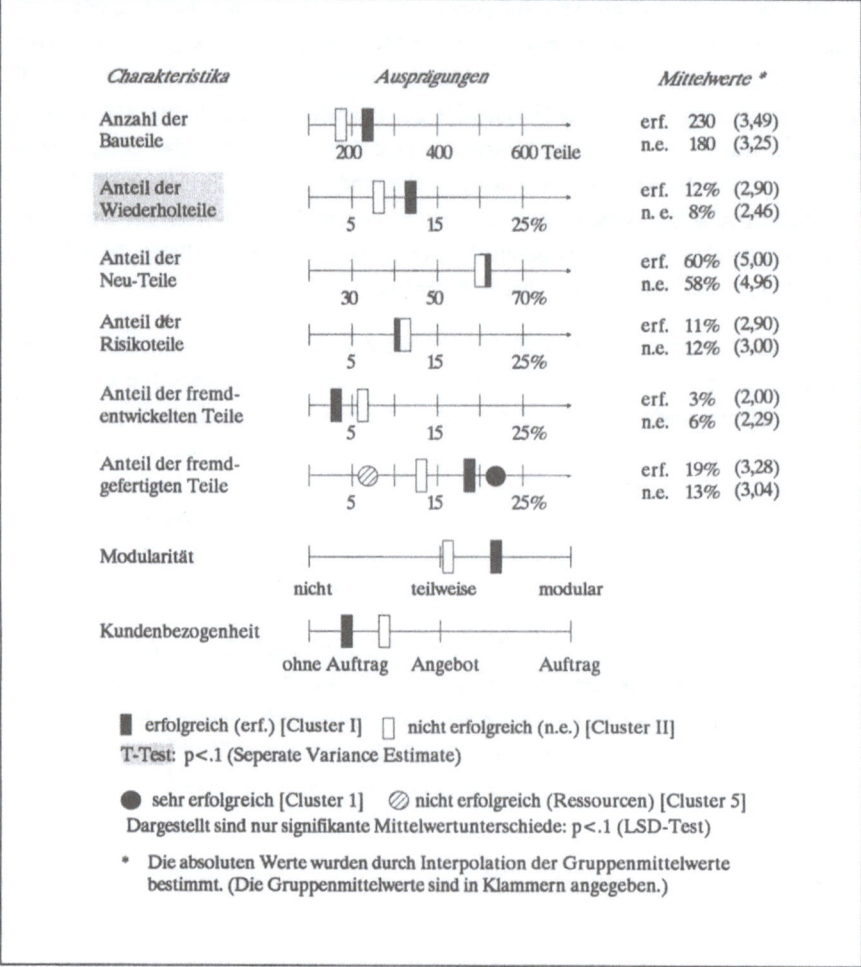

Abbildung 64-2: Der Einfluß der Produkt- und Projektcharakteristika auf den Projekterfolg

übrigen Variablen zeigt aber auch darüber hinaus einige erwähnenswerte Tendenzen, auf die kurz eingegangen werden soll.[86]

---

86 Über die reine Erfolgsbetrachtung hinaus wurden für jede der Variablen 5 Hypothesen getestet:
   I. Die Variable beeinflußt die *Zeitdauer* der Projekte.
   II. Die Variable beeinflußt die *Ressourcenbeanspruchung* der Projekte.
   III. Die Variable beeinflußt den *Parallelisierungsgrad* (Anzahl der durchschnittlich gleichzeitig beschäftigten Personen) der Projekte.
   IV. Die Variable beeinflußt mögliche *Zeitüberschreitungen*.

1. *Die Anzahl der Bauteile:*

   Mit zunehmender Bauteilezahl steigt der Parallelisierungsgrad.[87] Die Zahl der gleichzeitig beschäftigten Personen nähert sich dabei asymptotisch und mit zunehmender Bauteilezahl dem Wert fünf an.[88] Tendenziell wird das Ergebnis der Fallstudien hier bestätigt:[89] Projekte mit vielen Bauteilen dauern länger, beanspruchen mehr Ressourcen und erfordern einen höheren Parallelisierungsgrad.[90] Projekte mit wenig Bauteilen hatten hingegen signifikant höhere Zeitüberschreitungen.[91] In diesen Projekten wurde die Problemkomplexität offensichtlich unterschätzt oder die Projekte hatten eine sehr geringe Priorität.

2. *Der Anteil der Wiederholteile:*

   Wie erwartet, ist der Anteil der Wiederholteile in den erfolgreichen Projekten (ca. 12%) signifikant höher als in den nicht erfolgreichen Projekten (ca. 8%, siehe Abbildung 64-2).[92] Die Zeit- und Ressourcenüberschreitungen nehmen mit zunehmendem Wiederholteileanteil tendenziell ab.[93] Die erwartete Tendenz, nach der bei zunehmen-

---

V.   Die Variable beeinflußt mögliche *Ressourcenüberschreitungen.*

Für jede Variable wurde darüber hinaus eine Hypothese über die Richtung der zu erwarteten Zusammenhänge aufgestellt. Aus Kapazitätsgründen soll hier nur auf die wichtigsten Ergebnisse eingegangen werden. Die Zusammenhänge wurden zunächst im Rahmen einer Korrelationsanalyse untersucht. Zur weiteren Analyse wurden einfaktorielle Varianzanalysen durchgeführt. Dazu wurde jeder Wert der ordinal (Skala 1-6) skalierten Produktcharakteristika als eine Gruppe interpretiert. Die Mittelwertunterschiede der Projektparameter (z.B. Zeit) zwischen den Gruppen (z.B. 4= 200-500 Bauteile und 6= >1000 Bauteile) wurden jeweils auf ihre Signifikanz überprüft (Scheffé und LSD-Test). Da die Anzahl der Fälle in den Gruppen teilweise nur gering ist, wurden nur Mittelwertunterschiede zwischen solchen Gruppen berücksichtigt, die mindestens 7 Fälle aufweisen. Bei der Beurteilung der Ergebnisse ist zu berücksichtigen, daß nicht grundsätzlich alle Mittelwertunterschiede zwischen allen Gruppen signifikant sind. Auf die Darstellung sämtlicher Gruppenmittelwerte, Korrelationskoeffizienten und Signifikanzen mußte hier aus Gründen der Übersichtlichkeit verzichtet werden.

87   Der Pearsonsche Korrelationskoeffizent ist signifikant ($r=.2516$, $p <.01$).

88   Der Parallelisierungsgrad zeigt eine mit der Bauteilezahl asymptotisch steigende Tendenz: < 10 Teile= .97; 10-50 Teile= 1.59; 50-200 Teile= 2.88; 200-500 Teile= 4.71; 500-1000 Teile= 4.91; >1000 Teile= 5.1. (Varianzanalyse zwischen den Gruppen 2 und 4 bzw. 5, $p<.05$, LSD-Test).

89   "Bestätigt" heißt hier stets, daß die Nullhypothese, nach der kein Zusammenhang zwischen Produktcharakteristika und den Projektparametern besteht, mit hoher Wahrscheinlichkeit verworfen werden kann.

90   Der Korrelationskoeffizient zwischen der Bauteilezahl und der Zeitdauer ($r=.2447$, $p <.05$) sowie zwischen Bauteilezahl und Ressourcenbedarf ($r=.1800$, $p <.1$) ist signifikant. Projekte mit <50 Teilen= 77 Wochen; 50-500 Teile= 60-62 Wochen; 500-1000 Teile= 78 Wochen (dieser Zusammenhang ist nicht signifikant). Projekte mit mehr als 1000 Teilen dauerten allerdings signifikant länger (durchschnittlich 170 Wochen; Varianzanalyse, $p <.05$, Scheffé-Test). Siehe dazu auch Kapitel 5.3.1. Der in den Fallstudien (siehe Tabelle 53-1) festgestellte positive Zusammenhang zwischen der Bauteilezahl und den Ressourcenüberschreitungen zeigt sich hier jedoch nicht.

91   Festgestellte Zeitüberschreitungen in Projekten mit: 1-50 Teilen= 50-70%; 50-1000 Teilen= 20-30% (Varianzanalyse, $p< .05$, LSD-Test).

92   Die Angaben über absolute Wiederverwendungsanteile wurden durch Interpolation der durchschnittlichen Skalenwerte (1-6 Skala) errechnet.

93   0-5% Wiederholteile= 40% Zeitüberschreitungen; 5-20%= 20%. Bei den Ressourcen weisen besonders die Projekte ohne Wiederholteile hohe durchschnittliche Überschreitungen von 65% auf; 0-5%= 35%; 5-50%= 20%. (Die Unterschiede sind nicht signifikant).

dem Wiederholteileanteil mit einer niedrigeren absoluten Entwicklungsdauer und einem geringeren Ressourcenbedarf zu rechnen wäre, wird durch die Daten jedoch nicht bestätigt. Offensichtlich ist weniger der Anteil der Wiederholteile, als vielmehr die mit der verbleibenden absoluten Anzahl der neu zu entwickelnden Teile verbundene Komplexität für die Entwicklungsdauer und den Ressourcenverbrauch verantwortlich.

3. *Der Anteil der Neuteile*:

Die Auswertung der Antworten zeigt keine signifikanten Zusammenhänge zwischen dem Anteil der Neuteile und den Zeit- und Ressourcenparametern. Erwähnenswert ist, daß der Anteil der Risikoteile mit zunehmendem Neuteileanteil steigt.[94] Insgesamt ist allerdings zu vermuten, daß weniger der Anteil der Neuteile eine Rolle spielt, als vielmehr die absolute Zahl der neu zu entwickelnden Teile. Da eine Analyse dieses Zusammenhangs hier aufgrund der Fragestellung jedoch nicht möglich ist, muß auf die Ergebnisse der Fallstudien verwiesen werden.[95]

4. *Der Anteil der Risikoteile*:

Der Anteil der Risikoteile zeigt ebenfalls keine signifikanten Einflüsse auf die Zeit- und Ressourcenparameter. Aus der Analyse geht lediglich hervor, daß die Projekte mit geringem Risikoanteil tendenziell kürzer sind als die Projekte mit einem höheren Anteil.[96] Auch die Zeitüberschreitungen sind bei einem geringen Risikoteileanteil tendenziell kleiner.[97] Da der Risikoanteil stark mit dem Fremdvergabeanteil korreliert und sich projektintern keine Auswirkungen auf die Ressourcen zeigen, kann vermutet werden, daß die festgestellten Verzögerungen besonders aus diesen fremdvergebenen Teilen resultieren.[98]

5. *Der Anteil der fremdentwickelten Teile*:

Aufgrund der stark auf Eigenentwicklung ausgerichteten Entwicklungsprozesse im Maschinenbau wird nur ein sehr geringer Anteil der zu entwickelnden Teile fremdvergeben. Bedingt durch den hohen Abstimmungsaufwand in der Entwicklung, weisen die Projekte mit hohem Fremdentwicklungsanteil durchschnittlich eine längere Entwicklungsdauer und eine höhere Ressourcenbeanspruchung auf, als Projekte mit einem

---

94 Der Pearsonsche Korrelationskoeffizient zwischen dem Neuteile- und Risokoteileanteil ist signifikant (r = .2850, p < .01).

95 Diese zeigen an, daß Projekte mit hoher Neuteilezahl signifikant länger dauern, mehr Ressourcen beanspruchen und mit höherer technischer Unsicherheit verbunden sind; siehe Kapitel 5.3.2 und besonders Tabelle 53-2.

96 Dauer bei einem Risikoanteil von < 5% = 57 Wochen; 5-50% = > 75 Wochen. (Einige der Mittelwertunterschiede sind signifikant; Varianzanalyse, p < .1, LSD-Test)

97 Während sich die Projekte mit geringem Risikoanteil nur um durchschnittlich 26% verzögern, dauern die anderen Projekte durchschnittlich 38% länger als geplant. Die Unterschiede sind nicht signifikant.

98 Der Pearsonsche Korrelationkoeffizient zwischen Risikoteile- und Fremdvergabeanteil ist signifikant (r = .2850, p < .01).

geringen Fremdentwicklungsanteil.[99] Entsprechend haben erfolgreiche Projekte einen tendenziell geringeren Fremdentwicklungsanteil (3%), als nicht erfolgreiche Projekte (6%, siehe Abbildung 64-2).

Die Ergebnisse lassen weiterhin darauf schließen, daß eine Fremdvergabe von Entwicklungstätigkeiten vor allem in ohnehin großen und zeitaufwendigen Projekten erfolgt. Die Tatsache, daß in diesen Projekten ein hoher Parallelisierungsgrad festzustellen ist, unterstützt diese These. Die bereits erwähnte Korrelation zum Risikoteileanteil zeigt an, daß besonders solche Teile fremdvergeben werden, die ein besonderes Know-How erfordern. Die Hypothese, daß eine Fremdvergabe von Entwicklungstätigkeiten gezielt zur Verkürzung der Entwicklungsdauer erfolgt, findet anhand der Daten keine Bestätigung.[100] Die Analyse deutet vielmehr darauf hin, daß eine Fremdvergabe vor allem dann stattfand, wenn die eigenen Entwicklungskapazitäten erschöpft oder das Entwicklungs-Know-How auf Gebieten, die als besonders risikobehaftet erachtet wurden, begrenzt war.

6. *Der Anteil der fremdgefertigten Teile*:
In sehr erfolgreichen Projekten wurden signifikant mehr Teile fremdgefertigt (ca. 22%) als in den nicht erfolgreichen Projekten mit besonders hohen Ressourcenüberschreitungen (ca. 7%).[101] Mehrere Gründe können für dieses Ergebnis verantwortlich sein: Bei externer Fertigung müssen Verträge geschlossen und eingehalten werden, die in der Regel feste Termine vorsehen. Eine Verzögerung kann unter Umständen zu erheblichen vertraglichen Konsequenzen führen. Sind die Zeichnungen vom Zulieferer angenommen, werden Änderungen in der Regel nicht mehr zugelassen. Mögliche Mehraufwände bei fertigungsbedingten Änderungen müssen häufig durch den Zulieferer aufgefangen werden. Bei intern gefertigten Teilen werden hingegen eigene Entwicklungsressourcen zur Änderung herangezogen, wodurch es zu den festgestellten Überschreitungen kommen kann.

Da für die Untersuchung der Charakteristika "Modularität" und "Kundenbezogenheit" der Projekte eine Nominalskala verwendet wurde, sollen neben den Ergebnissen aus Abbildung

---

99 Ohne Fremdvergabe= 42 Wochen, 79 Mann-Wochen; Fremdvergabeanteil 0-5%= 86 Wochen, 342 Mann-Wochen; Fremdvergabeanteil 5-20%= 104 Wochen, 635 Mann-Wochen. Der Pearsonsche Korrelationskeffizient zwischen Fremdvergabeanteil und Zeitdauer ist signifikant ($r=.2090$, $p < .05$).

100 Clark und Fujimoto zeigen in ihrer Studie der Automobilindustrie, daß die Zeitvorteile der Japaner in der Entwicklung unter anderem durch hohe Fremdvergabeanteile von Entwicklungstätigkeiten erklärt werden können; vgl. Clark 1989, S. 1249 ff.; Diese Ergebnisse lassen sich jedoch nicht ohne weiteres auf die Maschinenbauindustrie übertragen, denn nicht nur die Zuliefererstrukturen sind in diesen Industriebereichen sehr unterschiedlich. Auch der Produktaufbau unterscheidet sich (z.B. durch seine unterschiedliche Modularität).

101 Auch die Projekte mit besonders hohen Zeitüberschreitungen haben einen deutlich geringeren Fremdfertigungsanteil (ca. 11%). Der Unterschied erweist sich allerdings nicht als signifikant.

64-2 hier auch die Häufigkeitsverteilungen betrachtet werden, die in Tabelle 64-3 dargestellt sind.

		nicht modular		teilweise modular		modular		*Summe*	
Modularität	erf.	4	(7%)	36	(53%)	27	(40%)	67	(100%)
	n.e.	3	(11%)	20	(71%)	5	(18%)	28	(100%)
		ohne Auftrag		Angebot		Auftrag		*Summe*	
Kundenbezogenheit	erf.	50	(72%)	4	(6%)	15	(22%)	69	(100%)
	n.e.	17	(61%)	1	(4%)	10	(35%)	28	(100%)

erf. = erfolgreiche Projekte (Cluster I); n.e. = nicht erfolgreiche Projekte (Cluster II)

Tabelle 64-3: Absolute und relative Häufigkeiten von "Modularität" und "Kundenbezogenheit" in den Erfolgsclustern

7. *Der modulare Aufbau des Produktes*:

Interpretiert man die Antworten bezüglich der Modularität der Produkte auf einer Ordinalskala, so wird die Modularität der Produkte in den erfolgreichen Projekten signifikant höher eingestuft (siehe Abbildung 64-2).[102] Projekte mit stärker modular aufgebauten Produkten sind demnach tendenziell erfolgreicher.[103] Dieses Ergebnis wird durch die Betrachtung der relativen Häufigkeitsverteilung der Projekte in den drei Modularitätsklassen (siehe Tabelle 64-3) unterstützt: In erfolgreichen Projekten ist ein deutlich höherer Anteil der Produkte modular aufgebaut (40%) als in den nicht erfolgreichen Projekten (18%).

---

[102] Dies ergibt sich auch aus einer Korrelationsbetrachtung zwischen der Zugehörigkeit eines Projektes zum Cluster der erfolgreichen Projekte und der Modularität des im Rahmen des Projektes entwickelten Produktes (r = .2122, p < .05).

[103] Bei der Beurteilung der Ergebnisse muß berücksichtigt werden, daß die Einstufung der Modularität eines Produktes (d.h. wann ein Produkt als teilweise modular und wann als modular anzusehen ist) dem Befragten überlassen wurde. Verzerrungen durch eine unterschiedliche Interpretation von Modularität können daher nicht ausgeschlossen werden. Zum Prinzip des modularen Produktaufbaus siehe Abbildung 33-1 in Kapitel 3.3.1.

Untersucht man die absolute Entwicklungsdauer, so zeigt sich jedoch, daß die Entwicklung von modularen und teilweise modularen Produkten signifikant länger dauert, als die der nicht modularen.[104] Insgesamt lassen sich zwei Ergebnisse festhalten: Modularität führt nur insoweit zu verringerten Zeit- und Ressourcenaufwänden, wie sie den Anteil wieder verwendbarer Elemente erhöht. Die Neuentwicklung eines modularen Teiles erfordert jedoch zunächst einen höheren Zeit- und Ressourcenaufwand, da universelle Schnittstellen geschaffen und potentielle zukünftige Anforderungen berücksichtigt werden müssen.[105] Die Steigerung der Modularität kann insofern als "Zukunftsinvestition" zur Reduzierung von Komplexität angesehen werden.

8. *Die Auftragsbezogenheit der Entwicklung*:
   Die aufgestellten Hypothesen gehen davon aus, daß die Entwicklung auch durch die "Nähe" eines potentiellen oder bereits vorliegenden Auftrags beeinflußt wird. Da im Falle eines Auftrages klare Zielsetzungen für die Entwicklung vorliegen, wird davon ausgegangen, daß die Entwicklung schneller erfolgen kann. Da mit einem Auftrag in der Regel eine enge Terminierung verbunden ist, die bei Zeitüberschreitung möglicherweise Pönalen nach sich zieht,[106] sind Zeitüberschreitungen weniger wahrscheinlich. Tabelle 64-3 zeigt keine klaren Zusammenhänge zwischen dem Erfolg und der Kundenbezogenheit der Projekte. Die Häufigkeitsverteilungen erfolgreicher und nicht erfolgreicher Projekte sind ähnlich.[107] Die Analyse der absoluten Entwicklungsdauer legt jedoch auch hier eine deutliche Tendenz offen: Projekte ohne einen zugrundeliegenden Auftrag dauern länger als auftragsbezogene Entwicklungsprojekte.[108] Die "Nähe" eines Projektes zu einem Kundenauftrag hat demnach weniger einen Einfluß auf die Höhe der Planabweichungen als vielmehr auf die absolute Entwicklungsdauer.

---

104 Nicht modulare Produkte= 26 Wochen; teilweise modulare Produkte= 78 Wochen; modulare Produkte= 77 Wochen. Die Unterschiede sind signifikant (Varianzanalyse, $p < .1$, LSD-Test).
105 Diese Einschätzung wurde auch von den Projektleitern in den Fallstudien geäußert, in denen ähnliche Zusammenhänge festgestellt worden waren; siehe Kapitel 5.3.3.
106 Besonders im Anlagenbau sind Terminüberschreitungen häufig mit Pönalen verbunden.
107 Nähere Analysen zeigen jedoch, daß die nicht auftragsbezogenen Projekte hohe Zeitabweichungen aufweisen, obwohl ihre geplante Dauer bereits signifikant länger (65 Wochen) war als die der auftragsbezogenen Projekte (24 Wochen - die Unterschiede sind signifikant: Varianzanalyse, $p < .001$, Scheffé-Test). Gleichzeitig unterscheidet sich der Anteil der Bauteile aber nicht signifikant.
108 Die Entwicklungsdauer der 26 Projekte, denen ein konkreter Auftrag zugrunde lag, betrug durchschnittlich nur 33 Wochen. Die 73 Projekte ohne Auftrag (6 mit Angebot) dauerten hingegen durchschnittlich 90 (56) Wochen. Auch der Pearsonsche Korrelationskoeffizient zwischen Kundennähe und Entwicklungsdauer ist signifikant ($r = -.3584$, $p < .001$).

6.4.3 Zusammenfassende Beurteilung der Produkt- und Projektcharakteristika

Der Einfluß der Produktcharakteristika auf die Zeit- und Ressourcenparameter eines Entwicklungsprojektes ist geringer, als dies aufgrund der theoretischen Überlegungen erwartet werden konnte. Die in den Fallstudien ermittelten Zusammenhänge werden in der großzahligen Untersuchung nicht in vollem Umfang bestätigt. Allein der Anteil der Wiederverwendungsteile und die Höhe des Fremdfertigungsanteils zeigen positive Zusammenhänge zum Erfolg der Entwicklungsprojekte. Eine Erhöhung der Modularität führt dann zu einer Verbesserung, wenn dadurch die Anzahl wiederverwendbarer Teile erhöht werden kann.

Eine Verkürzung der absoluten Entwicklungsdauer kann insbesondere durch eine Reduzierung der Komplexität der Projekte erreicht werden.[109] Dies kann durch die Verringerung der Bauteilezahl und eine Verringerung des Anteils risikobehafteter Teile erreicht werden.[110] Auch die engere Anbindung von Entwicklungsprojekten an konkrete oder zu erwartende Kundenaufträge läßt eine Verkürzung der Entwicklungsdauer erwarten.

Der negative Einfluß des Fremdentwicklungsanteils auf die Zeit und den Ressourcenverbrauch läßt darauf schließen, daß die Fremdvergabe von Entwicklungstätigkeiten mit Problemen verbunden ist. Eine effiziente Nutzung von externem Entwicklungs-Know-How ist offensichtlich nur dann möglich, wenn die Einbindung externer Know-How-Träger in den Entwicklungsprozeß optimal gelöst werden kann. Ein hoher Fremdfertigungsanteil hingegen begrenzt potentielle Zeitüberschreitungen. Ein wesentlicher Grund dafür wird in dem strenger kontrollierten Übergang von der Entwicklung in die Fertigung gesehen. Eine strenge interne Schnittstellenregelung beim Übergang in die Fertigung könnte dementsprechend ebenfalls zur Vermeidung von Iterationen und damit verbundenen Zeitüberschreitungen beitragen. Dabei ist allerdings zu berücksichtigen, daß entwicklungsbedingte Fertigungsänderungen bei einer Fremdvergabe häufig vom Zulieferer ausgeglichen werden müssen. Intern könnte es dadurch zu einer Verlagerung von Kosten- und Zeitüberschreitungen in die Fertigung kommen.

---

109 Auch die Ergebnisse der Fallstudien unterstützen diese Schlußfolgerung; siehe Kapitel 5.3.
110 Dadurch sollte die Management- und die Problemkomplexität soweit möglich beschränkt werden. Inwieweit eine Aufschachtelung umfangreicher und komplexer Projekte in mehrere kleinere Projekte möglich ist, muß im Einzelfall geprüft werden.

6.5 Die Bedeutung der Einflußgrößen

Im Rahmen der Fallstudien wurden sechzehn Einflußgrößen ermittelt, die in der großzahligen Untersuchung auf ihre Bedeutung hin überprüft werden sollen. Das Ziel der Auswertung ist es, insbesondere solche Einflußgrößen herauszufiltern, die den Erfolg der Projekte beeinflussen. Dazu wurden die Entwicklungsleiter gebeten, die Bedeutung der Einflußgrößen für den Projekterfolg im Fragebogen auf einer 1-7 Skala zu bewerten.[111] Das Ergebnis der Bewertung ist in Abbildung 65-1 dargestellt.[112]

Hinsichtlich der Rangreihung der Einflußgrößen stimmen die befragten Entwicklungsleiter insgesamt weitgehend mit den Projektleitern der Fallstudien überein.[113] Bezüglich der absoluten Gewichtung zeigen sich jedoch auch unterschiedliche Bewertungen. Einige der Unterschiede sind mit hoher Wahrscheinlichkeit durch die unterschiedlichen Sichtweisen der Antwortpersonen zu erklären.

Nahezu alle Einflußgrößen erhalten hier niedrigere absolute Bedeutungsgewichte, als in den Fallstudien. Die geringere "Distanz" der Projektleiter zu den Entwicklungsprojekten könnte zu höheren Bewertungen der Einflußgrößen in den Fallstudien geführt haben, während deren Wahrnehmung durch die "entferntere" Perspektive der Entwicklungsleiter geringer ausfiel. Durch die intensive Beschäftigung mit den Fallstudienprojekten und die Messung der absoluten Verzögerungen wurden diese Effekte möglicherweise noch verstärkt.

Unverändert hoch wird die Bedeutung der Einflüsse "nicht ausreichende Entwicklungskapazitäten" und "ungenügende organisatorische Voraussetzungen" beurteilt. Auffallend ist darüber hinaus die gegenüber den Fallstudien deutlich höhere Bewertung der Einflüsse "hoher Termindruck", "technische Unsicherheit", "mangelnde Koordination" und "unzureichende Projektsteuerung und Kontrolle". Zusammen mit den beiden erstgenannten Größen werden sie für einen Großteil der festgestellten Verzögerungen verantwortlich gemacht. "Unklare Ziele" und eine "unzureichende Projektplanung" werden gegenüber den Fallstudien deutlich geringer bewertet. Als Verantwortliche halten die Entwicklungsleiter die Zielvorgaben

---

111 1= die Einflußgröße ist für aufgetretene Verzögerungen nicht verantwortlich, 7= die Einflußgröße ist in hohem Maße für aufgetretene Verzögerungen verantwortlich. Siehe dazu den Fragenbereich 4 "Einflußfaktoren auf den Projektverlauf" im Anhang II.

112 Nach Durchführung der Pretests wurde die Einflußgröße "unsichere Produktanforderungen" in "unklare Zielvorgaben" umbenannt, um den erwarteten Zusammenhang zu der gleichlautenden Maßnahme deutlicher herauszustellen.

113 Der Spearmansche Rangkorrelationskoeffizient zwischen der Rangreihung der Einflußgrößen in den Fallstudien und im Fragebogen ist signifikant (r= .47, p <.1). Bei der Rangkorrelation werden die Korrelationen zwischen zwei Meßreihen allein auf der Grundlage von Ranginformationen geschätzt, Stichprobenwerte gehen nicht in die Betrachtungen ein. Eine häufig verwendete Kennzahl ist der Rangkorrelationskoeffizient von Spearman. (Die Signifikanzen wurden hier mit Hilfe der Hotelling-Pabst-Statistik bestimmt.) Zur Rangkorrelation, vgl. z.B. Hartmann et. al. 1987, S. 553 ff; Bortz 1989, S. 283 ff. Zu den Einzelergebnissen der Fallstudien siehe Kapitel 5.4, besonders Abbildung 54-2.

möglicherweise für klarer, als die Projektleiter.[114] Weiterhin erachten sie die Planungsphase als ausreichend und messen dafür der Projektsteuerung eine höhere Bedeutung bei,
während die Projektleiter eine verbesserte Planung für wichtiger halten. Den Einfluß der
"Kunden- und Lieferantenunsicherheit" bewerten die Entwicklungsleiter deutlich geringer.
Der Unterschied dieser Bewertungen könnte auf mögliche Schwierigkeiten bei der praktischen Umsetzung der Kundenanforderungen und der Lieferantenkooperation hindeuten. Die
Entwicklungsleiter nehmen diese Probleme jedoch eher als technische Schwierigkeiten
wahr.

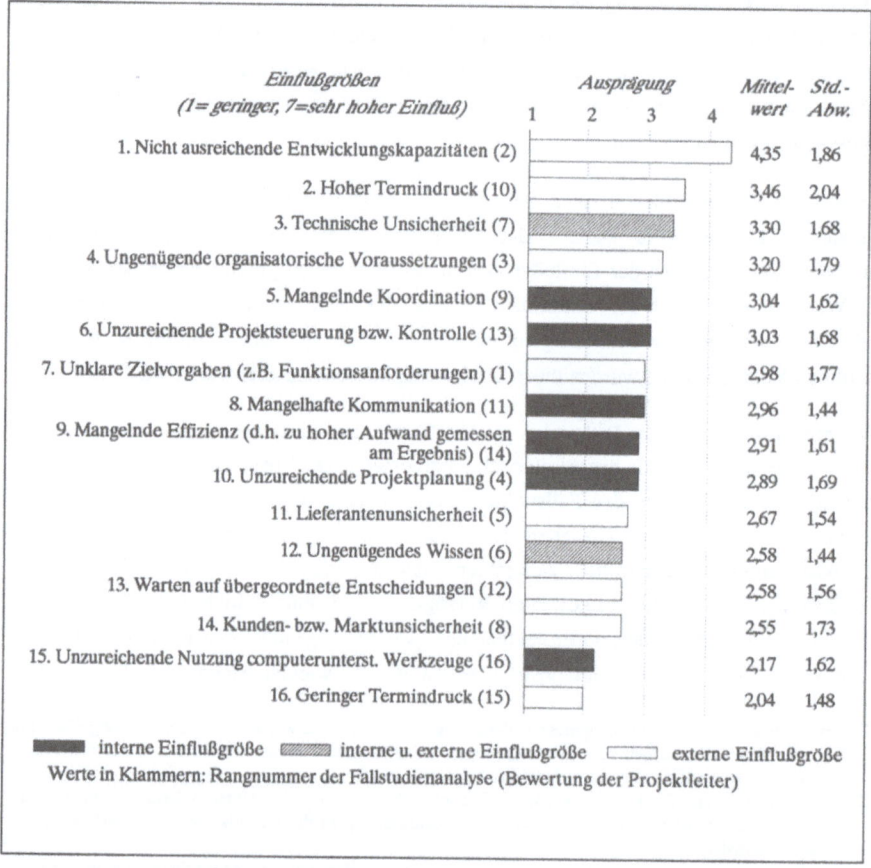

Abbildung 65-1: Bewertung der Einflußgrößen

---

114 Ein Teil der unterschiedlichen Bewertung könnte aus der Umformulierung der Einflußgröße "unsicherer
Produktanforderungen" in "unklare Ziele" hervorgerufen werden.

Insgesamt bestätigt sich die bereits in den Fallstudien gezogene Schlußfolgerung: Die wesentlichen Einflüsse, die für Verzögerungen in den Projekten verantwortlich gemacht werden, sind externer Natur. Sie beziehen sich insbesondere auf unzureichende Zeit- und Ressourcenvorgaben sowie auf eine den Anforderungen nicht angemessene Organisation der Entwicklung. Als interne Einflußgrößen werden besonders die Koordination und die Projektsteuerung genannt, die jedoch auch mit der Organisation der Entwicklung verbunden sein können.[115] Ihre Umsetzung ist dementsprechend an die Verbesserung der externen Faktoren gekoppelt.

Neben der Betrachtung der Bewertungen der Einflußgrößen über alle Projekte ist besonders die Differenzierung der Bedeutung einzelner Größen nach dem Erfolg von Interesse. Für eine Analyse kommen unterschiedliche Möglichkeiten in Frage. Durch eine unvariate Analyse läßt sich die Bedeutung jeder Einflußgröße für den Projekterfolg unabhängig von der Bedeutung der anderen Variablen betrachten. Sie bietet daher einen guten einführenden Überblick über die Zusammenhänge zwischen einzelnen Einflüssen und dem Projekterfolg. In einem zweiten Schritt bietet sich darüber hinaus eine multivariate Analyse der Variablen an. Multivariate Analysemethoden erlauben eine Betrachtung der Bedeutung von Variablen unter Berücksichtigung möglicher Wechselwirkungen und Abhängigkeiten zwischen diesen Variablen.[116]

6.5.1 Die Bedeutung der Einflußgrößen für den Projekterfolg - Univariate Analysen

Zur univariaten Analyse der Mittelwertunterschiede von Einflußgrößen in erfolgreichen (Cluster I) und nicht erfolgreichen Projekten (Cluster II) bietet sich der T-Test an.[117] Unter Berücksichtigung der Varianz der Antworten in den beiden Gruppen zeigt der T-Test, ob man aus einer beobachteten Differenz von Stichprobenmittelwerten auf eine Differenz der Mittelwerte in der Grundgesamtheit schließen kann.[118] Unterschiede zwischen den sehr erfolgreichen Projekten (Cluster 1) und den Projekten, die besonders hohe Zeit- (Cluster 4) bzw. Ressourcenüberschreitungen (Cluster 5) aufweisen, sollen mit Hilfe einfaktorieller

---

115 Diese Variablen weisen besonders hohe Pearsonsche Korrelationkoeffizienten auf: Organisation - Koordination: $r = .5884$; Organisation - Projektsteuerung: $r = .5656$; Koordination - Projektsteuerung: $r = .6610$. Alle Korrelationen sind signifikant ($p < .001$).

116 Der Preis für eine derart differenzierte Analyse ist jedoch die höhere Komplexität multivariater Verfahren. Die mit Hilfe dieser Verfahren erzielten Ergebnisse unterliegen häufig einer hohen Zahl von Einschränkungen. Zu den grundsätzlichen Unterschieden uni- und multivariater Verfahren, vgl. Bortz 1989, 445 ff.

117 Zur Einordnung der Fälle in erfolgreiche (Cluster I bzw. Cluster 1,2) und nicht erfolgreiche (Cluster II bzw. Cluster 3,4,5) siehe Kapitel 6.3, besonders die Abbildungen 63-1 und 63-2.

118 Vgl. Brosius 1988, S. 264. Das Signifikanzniveau soll auch hier eine Irrtumswahrscheinlichkeit von unter 10 % zulassen ($p < .1$).

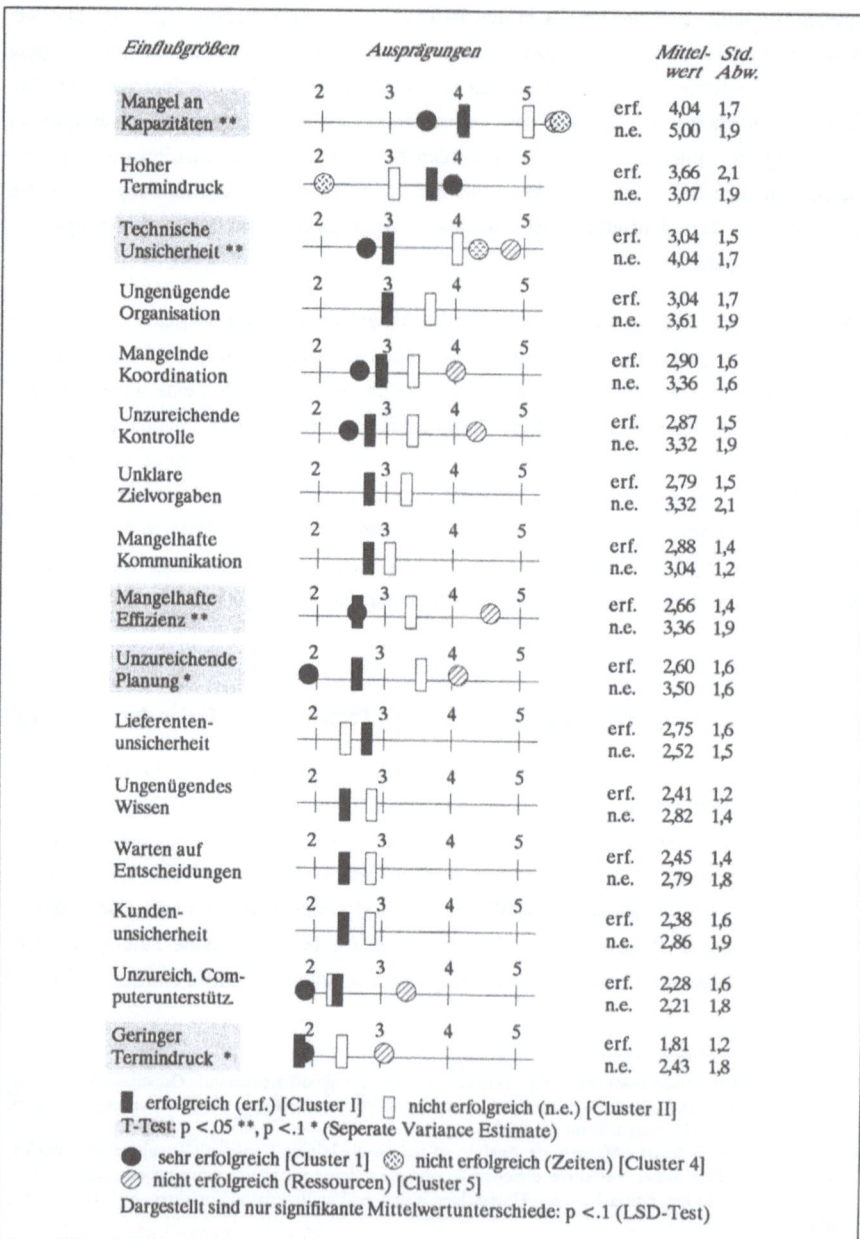

Einflußgrößen	Ausprägungen		Mittel-wert	Std. Abw.
Mangel an Kapazitäten **		erf. n.e.	4,04 5,00	1,7 1,9
Hoher Termindruck		erf. n.e.	3,66 3,07	2,1 1,9
Technische Unsicherheit **		erf. n.e.	3,04 4,04	1,5 1,7
Ungenügende Organisation		erf. n.e.	3,04 3,61	1,7 1,9
Mangelnde Koordination		erf. n.e.	2,90 3,36	1,6 1,6
Unzureichende Kontrolle		erf. n.e.	2,87 3,32	1,5 1,9
Unklare Zielvorgaben		erf. n.e.	2,79 3,32	1,5 2,1
Mangelhafte Kommunikation		erf. n.e.	2,88 3,04	1,4 1,2
Mangelhafte Effizienz **		erf. n.e.	2,66 3,36	1,4 1,9
Unzureichende Planung *		erf. n.e.	2,60 3,50	1,6 1,6
Lieferenten-unsicherheit		erf. n.e.	2,75 2,52	1,6 1,5
Ungenügendes Wissen		erf. n.e.	2,41 2,82	1,2 1,4
Warten auf Entscheidungen		erf. n.e.	2,45 2,79	1,4 1,8
Kunden-unsicherheit		erf. n.e.	2,38 2,86	1,6 1,9
Unzureich. Com-puterunterstütz.		erf. n.e.	2,28 2,21	1,6 1,8
Geringer Termindruck *		erf. n.e.	1,81 2,43	1,2 1,8

■ erfolgreich (erf.) [Cluster I]   □ nicht erfolgreich (n.e.) [Cluster II]
T-Test: p <.05 **, p <.1 * (Seperate Variance Estimate)
● sehr erfolgreich [Cluster 1] ⊗ nicht erfolgreich (Zeiten) [Cluster 4]
⊘ nicht erfolgreich (Ressourcen) [Cluster 5]
Dargestellt sind nur signifikante Mittelwertunterschiede: p <.1 (LSD-Test)

Abbildung 65-2: Ergebnis der univariaten Analysen über die Einflußgrößen

Varianzanalysen untersucht werden.[119] Folgende Fragestellungen stehen im Mittelpunkt der Betrachtungen:

- Welche Einflußgrößen zeigen signifikante Ausprägungsunterschiede in erfolgreichen und nicht erfolgreichen Projekten?
- Welche Einflußgrößen wirken besonders auf Zeit- bzw. Resourcenüberschreitungen?

Die Ergebnisse der univariaten Analysen sind in Abbildung 65-2 dargestellt. Fünf der sechzehn Einflußfaktoren zeigen signifikante Mittelwertunterschiede zwischen erfolgreichen und nicht erfolgreichen Projekten. In erfolgreichen Projekten:

- wird einem Mangel an Entwicklungskapazitäten eine signifikant geringere Bedeutung beigemessen. Absolut hat diese Einflußgröße jedoch auch in den erfolgreichen Projekten die höchste Bedeutung,
- wird technische Unsicherheit in signifikant geringerem Maße für Verzögerungen verantwortlich gemacht,
- wird eine signifikant höhere Effizienz wahrgenommen,
- wird eine unzureichende Planung in signifikant geringerem Maße bemängelt,
- hat geringer Termindruck in signifikant geringerem Umfang zu Verzögerungen geführt.

Betrachtet man die Unterschiede zwischen den sehr erfolgreichen Projekten und denen mit hohen Zeit- oder Ressourcenüberschreitungen, so zeigen sich weitere signifikante Ergebnisse. Zusammengefaßt lassen sich daraus folgende Schlußfolgerungen ziehen:

- Sehr erfolgreiche Projekte stehen in der Regel unter hohem Termindruck. Mangelnder Termindruck führt insbesondere zu hohen Zeitüberschreitungen, aber auch zu höheren Ressourcenabweichungen.[120] Projekte ohne Termindruck verleiten offensichtlich zur Vernachlässigung eines konsequenten Zeitmanagements.
- Sehr erfolgreiche Projekte zeichnen sich durch besseres Projektmanagement aus. "Unzureichende Planung" und "Kontrolle" führen in diesen Projekten ebenso in gerin-

---

119 Die einfaktorielle Varianzanalyse bildet prinzipiell eine Erweiterung des T-Tests auf die Untersuchung von mehr als zwei Gruppen. Alle Aussagen zum T-Test treffen hier auch für die Varianzanalyse zu; vgl. Brosius 1988, S. 273. In Abbildung 65-2 sind nur die Ergebnisse wiedergegeben, bei denen sich signifikante Unterschiede zwischen den sehr erfolgreichen Projekten (Cluster 1) und den nicht erfolgreichen Projekten (Cluster 4 bzw. Cluster 5) zeigen. Das Signifikanz-Niveau beträgt auch hier mindenstens < .1 (LSD-Test).

120 Sehr erfolgreiche Projekte (Cluster 1= 3,9) hatten einen signifikant höherem Termindruck als nicht erfolgreiche Projekte mit besonders hohen Zeitabweichungen (Cluster 4= 2,0; Oneway-Varianzanalyse, p < .05; LSD-Test). Projekte mit hohen Ressourcenüberschreitungen (Cluster 5= 3,1) hatten einen signifikant geringeren Termindurck als sehr erfolgreiche Projekte (Cluster 1= 1,9; Oneway-Varianzanalyse, p < .05; LSD-Test).

gerem Maße zu Verzögerungen wie "mangelnde Koordination" und "Effizienz". Auch die "Nutzung computerunterstützter Entwicklungswerkzeuge" wird weniger bemängelt.[121] Eine Vernachlässigung der genannten Komponenten führt dabei in erster Linie zu hohen Planabweichungen des Ressourcenverbrauchs.

-   Hohe "technische Unsicherheit" und "nicht ausreichende Entwicklungskapazitäten" führen sowohl zu sehr hohen Zeit- als auch zu sehr hohen Ressourcenüberschreitungen.[122] Sehr erfolgreiche Projekte hingegen sind technisch sicherer und verfügen gleichzeitig eher über die erforderlichen Entwicklungskapazitäten.

Anhand der univariaten Analysen lassen sich zwar keine kausalen Zusammenhänge erklären, inhaltlich zeichnen sich jedoch bereits vier grobe Einflußbereiche ab, die auf den Projekterfolg wirken:

-   *Termindruck*: Erfolgreiche Projekte haben einen höheren Termindruck.
-   *Ressourcenmangel*: In erfolgreichen Projekte stehen die erforderlichen Entwicklungskapazitäten in höherem Maße zur Verfügung.
-   *Projektmanagement*: In erfolgreichen Projekte werden die Entwicklungen besser geplant, koordiniert und kontrolliert, so daß die wahrgenommenen Effizienzverluste geringer ausfallen.
-   *Technische Unsicherheit*: Erfolgreiche Projekte sind technisch weniger unsicher.

6.5.2 Die Bedeutung der Einflußgrößen für den Projekterfolg - Multivariate Analysen

Inwieweit sich die sechzehn Einflußgrößen bestimmten Einflußbereichen zuordnen lassen, kann mit Hilfe einer multivariaten Faktorenanalyse geprüft werden. Die Faktorenanalyse gehört zu den "strukturen-entdeckenden" Verfahren und überprüft, inwieweit sich mehrere, zu einem Sachverhalt erhobene Merkmale auf einige wenige "zentrale Faktoren" zurückfüh-

---

121 Sehr erfolgreiche Projekte zeigen bei allen fünf Variablen signifikant geringere Ausprägungen als Projekte mit besonders hohen Ressourcenüberschreitungen (jeweils Oneway-Varianzanalyse). "Unzureichende Planung": Cluster 1= 1,9; Cluster 5= 4,1 (p <.05, Scheffé-Test); "Unzureichende Kontrolle": Cluster 1= 2,4; Cluster 5= 4,3 (p <.05, Scheffé-Test); "Mangelnde Koordination": Cluster 1= 2,7; Cluster 5= 4,0 (p <.1, LSD-Test); "Mangelhafte Effizienz": Cluster 1= 2,7; Cluster 5= 4,6 (p <.01, LSD-Test); "Unzureichende computergestützte Werkzeuge": Cluster 1= 1,9; Cluster 5= 3,4 (p <.05, LSD-Test).

122 Sehr erfolgreiche Projekte zeigen signifikant niedrigere Ausprägungen als nicht erfolgreiche Projekte (jeweils Oneway-Varianzanalyse). "Mangel an Kapazitäten": Cluster 1= 3,5, Cluster 4 und 5= 5,3 (p <.05, LSD-Test); "Technische Unsicherheit": Cluster 1= 2,7, Cluster 4= 4,2 (p <.1, LSD-Test), Cluster 5= 4,9 (p <.01, LSD-Test).

ren lassen.[123] Mit Hilfe einer auf der Grundlage vorhandener Korrelationen berechneten Faktorladung läßt sich das "Gewicht" des Zusammenhangs zwischen jeder Variablen und jedem Faktor beschreiben.[124] Die Faktorladungsmatrix der Analyse der sechzehn Einflußgrößen ist in Tabelle 65-1 dargestellt.[125]

Die Gütekriterien der Faktorenanalyse können insgesamt als zufriedenstellend beurteilt werden.[126] Das Ergebnis der Analyse zeigt fünf Einflußbereiche (Faktoren), denen die einzelnen Variablen zugeordnet werden können. Vier dieser fünf Bereiche kommen den im Rahmen der univariaten Analysen identfizierten Bereichen sehr nahe:

1. *Projektmanagement*: Der Einflußbereich Projektmanagement umfaßt die fünf Einflußgrößen "mangelnde Effizienz", "mangelhafte Kommunikation", "mangelnde Koordination", "unzureichende Kontrolle" und "unzureichende Projektplanung".[127] "Effizienz" und "Planung" zeigten bereits bei der univariaten Analyse signifikante Erfolgswirkungen. Mit rund 28 % erklärt der Einflußbereich Projektmanagement den höchsten Anteil der Varianz.

2. *Ressourcenmangel*: Dieser Einflußbereich umfaßt vier Variablen: "ungenügende Organisation", "nicht ausreichende Kapazitäten", "Warten auf Entscheidungen" und "unzureichende Computerunterstützung". Das Erfordernis ausreichender Entwicklungsressourcen zur zeitgerechten Lösung der gegebenen Entwicklungsaufgaben steht dem-

---

123 Dabei unterstellt die Faktorenanalyse, daß sich diese Faktoren durch die Korrelationen der Ausgangsdaten beschreiben lassen und sucht diese durch eine mathematisch-statistische Behandlung aufzudecken. Es wird davon ausgegangen, daß sich jeder Beobachtungswert als lineare Kombination mehrerer hypothetischer Faktoren beschreiben läßt. Zur Faktorenanalyse, vgl. Backhaus et. al. 1990, S. XV und S. 68.

124 Vgl. Backhaus et. al. 1990, S. 71 ff. Die Güte der Ergebnisse einer Faktorenanalyse lassen sich darüber hinaus mit Hilfe einiger Kriterien prüfen. Das Kaiser-Meyer-Olkin-Kriterium prüft, inwieweit die Variablenauswahl für eine Faktorenanalyse geeignet ist (KMO: <0,5= inakzeptabel, 0,7-0,8= mittelprächtig, 0,8-0,9= gut); vgl. Brosius 1989, S. 146. Der Eigenwert eines Faktors gibt an, welcher Betrag der Gesamtstreuung aller Variablen durch das Faktorenmodell erklärt wird (nach dem Kaiser-Kriterium soll dieser Wert >1 sein); vgl. Brosius 1989, S. 149; Backhaus et. al. 1990, S. 90. Mit Hilfe des Koeffizienten "Cronbachs Alpha" wird angegeben, inwiefern der auf einer Anzahl von Variablen basierende Faktor reliabel ist. Dieser Maßzahl liegt die Überlegung zugrunde, daß die Aussagekraft eines Faktors umso besser ist, je höher der Informationsgehalt der einbezogenen Variablen ist (d.h. je mehr Variablen einbezogen werden) und je größer die Korrelationen zwischen den Variablen sind. (Der Wert von Cronbachs Alpha soll mindestens >0,5, besser >0,6 sein.); vgl. Brosius 1989, S. 267 f.

125 Die Faktorenextraktion wurde nach der Methode der Hauptkomponentenanalyse unter Verwendung des Kaiserkriteriums durchgeführt. Rotation: orthogonale Faktorrotation.

126 KMO-Wert > 0,7; Signifikanz Bartlett Test = .0000; lediglich der fünfte Faktor zeigt einen ungenügenden Wert von Cronbachs Alpha. (Würde die Variable "Lieferantenunsicherheit" allerdings aus dem Faktor herausgelöst, würde sich der Wert von Cronbachs Alpha auf .72 erhöhen. Der Einflußbereich "Termindruck" kann daher ebenso wie die anderen auch statistisch identifiziert werden.)

127 Eine Korrelationsbetrachtung zeigt, daß besonders die Variablen "Effizienz", "Koordination" und "Kommunikation" stark miteinander korrelieren: Die Pearsonschen Korrelationskoeffizienten dieser Variablen sind alle signifikant (Effizienz - Koordination: r= .4795; Effizienz - Kommunikation: r= .5372; Koordination - Kommunikation: r= .5406; Alle p <.001).

nach im Zusammenhang mit einer geeigneten Organisation der Entwicklung, in der schnelle Entscheidungen herbeigeführt werden können und rechnergestützte Entwicklungswerkzeuge besser genutzt werden.

Einflußbereich (= Faktor)	Einflußgrößen	Faktorladungen				
		Faktor 1	Fak. 2	Fak. 3	Fak. 4	Fak. 5
Projektmanagement	Effizienz *	.85				
	Kommunikation	.72				
	Koordination	.65	.49			
	Kontrolle	.60	.56			
	Planung *	.51				
Ressourcenmangel	Organisation		.80			
	Kapazitäten *		.73			
	Entscheidungen		.50			
	Computerunterstütz.		.49			
Zielunsicherheit	Kundenunsicherheit			.82		
	Zielunklarheit			.74		
Technische Unsicherheit	Techn. Unsicherheit *				.82	
	Wissen				.63	
Termindruck	Hoher Termindruck					.71
	Ger. Termindruck *					-.71
	Lieferantenunsich.					.51
Eigenwert		4.5	2.0	1.5	1.2	1.1
Erklärter Varianzanteil		27.8%	12.7%	9.6%	7.7%	7.1%
Cronbachs Alpha		.82	.66	.60	.62	-.14

KMO= .73   Bartlett Test= 518.5 Signifikanz= .0000   Insgesamt erklärte Varianz= 64,9%
*) Erfolgsrelevante Einflüsse (Univariate Analysen)

Tabelle 65-1: Ergebnis der Faktorenanalyse über die Einflußgrößen

3. *Zielunsicherheit*: Als neue Kategorie zeichnet sich die Zielunsicherheit ab. Die Definition klarer Ziele erweist sich somit als ein weiteres potentielles Erfolgskriterium.[128] Zielunsicherheit umfaßt die Unsicherheit bezüglich der Projektziele ebenso wie die hinsichtlich der Kunden- bzw. Marktziele.

---

128 Diese Tendenz wurde auch bereits in den Fallstudienanalysen erkennbar. Unsichere Produktanforderungen wurden dort als häufigste Ursache für Projektverzögerungen genannt; siehe Kapitel 5.4.2.

4. *Technische Unsicherheit*: Die Bedeutung der technischen Unsicherheit steht offensichtlich im Zusammenhang mit dem verfügbaren Wissen. Eine Betrachtung des Zusammenhangs zwischen der technischen Unsicherheit und den im letzten Kapitel untersuchten Produktcharakteristika zeigt, daß die technische Unsicherheit, deren Erfolgsrelevanz sich in der univariaten Analyse bereits hochsignifikant zeigte, in den Projekten mit vielen risikobehafteten Teilen besonders hoch ist.[129]

5. *Termindruck*: Der Zusammenhang zwischen der "Lieferantenunsicherheit" und dem "Termindruck" deutet darauf hin, daß die Koordination der Lieferanten in den Projekten, die unter hohem Termindruck stehen, besonders schwierig ist. Eine andere Betrachtung zeigt darüber hinaus, daß in den kundenorientierten Projekten ein hoher Termindruck herrschte.[130] Die Vermutung, daß die Erreichung der erforderlichen Qualität bei einem stärkeren Termindruck weniger gewährleistet ist, wird durch die Daten nicht bestätigt. Insgesamt zeigt der Termindruck eine hohe Erfolgsrelevanz in allen durchgeführten Analysen. Es stellt sich jedoch die Frage, wann der Termindruck "zu hoch" ist, so daß mit zunehmenden Ressourcenüberschreitungen gerechnet werden muß, die den Projekterfolg gefährden.

Zur multivariaten Untersuchung der Erfolgswirkung der fünf Einflußbereiche bietet sich die Diskriminanzanalyse an.[131] Dabei wird ermittelt, welche der Einflußbereiche sich in den genannten Erfolgsgruppen unterscheiden. Durch eine Linearkombination der unabhängigen Einfluß-Variablen wird ein Diskriminanzwert gebildet, auf dessen Grundlage die Untersuchungsfälle einer der Erfolgsgruppen zugeordnet werden.[132] Dabei können unterschiedliche Gruppengrößen sowie mögliche Korrelationen der betrachteten Variablen berücksichtigt werden.[133] Diejenigen Variablen, die das Diskriminanzkriterium maximieren (d.h. durch deren Einbeziehung in die Diskriminanzfunktion die Streuung zwischen den Gruppen zunimmt), können als diskriminierende Variablen interpretiert werden. Durch die Ausprägung

---

129 Der Pearsonsche Korrelationskoeffizient zwischen "technischer Unsicherheit" und dem Anteil "risikobehafteter Teile" ist signifikant (r= .2594, p <.01).

130 Der Pearsonsche Korrelationskoeffizient zwischen "hohem Termindruck" und "Kundenorientierung" (Auftragsbezogenheit) ist signifikant (r= .2585, p <.01). Die im Rahmen der Produktcharakteristika festgestellte Bedeutung einer hohen Kundenorientierung der erfolgreichen Projekte liegt offensichtlich auch in einer hohen Termindisziplin gegenüber dem Kunden; siehe Kapitel 6.4.2.

131 Außer der Diskriminanzanalyse käme auch eine Logit-Analyse in Frage, die eine prinzipiell ähnliche Verfahrensweise aufweist; vgl. SPSS 1990, S. B-39 ff. Die Diskriminanzanalyse ist jedoch das für diese Fragestellung am häufigsten verwendete Verfahren; vgl. ebenda, S. B-1.

132 Die Schätzung der Linearkombination (Diskriminanzfunktion) erfolgt derart, daß der Quotient Gamma= "Streuung zwischen den Gruppen"/ "Streuung in den Gruppen" maximal wird. Das Diskriminanzkriterium läßt sich damit auch als Verhältnis von erklärter zu nicht erklärter Streuung interpretieren; vgl. SPSS 1990, S. B-6; Backhaus et. al. 1990, S. 171.; Brosius 1989, S. 101.

133 Die A-Priori Wahrscheinlichkeiten der Gruppenzuordnung wurde hier gemäß der unterschiedlichen Gruppengrößen gewählt. Das Toleranzkriterium, welches Korrelationen der Variablen berücksichtigt, wurde auf 0,5 festgesetzt; vgl. SPSS 1990, S. B-7, B-17, B-33 f.

dieser Variablen wird bestimmt, welcher Gruppe ein Fall mit hoher Wahrscheinlichkeit zuzuordnen ist. Ein häufig verwendetes Gütemaß für die Trennkraft der Diskriminanzfunktion ist Wilks Lambda.[134]

Eine Diskriminanzanalyse über die fünf Einflußbereiche (Faktoren) ergibt jedoch, daß keiner der Bereiche allein erfolgsrelevant ist. Alle fünf Faktoren werden in die Analyse einbezogen.[135] Daraus kann die Schlußfolgerung gezogen werden, daß alle fünf Einflußbereiche grundsätzlich erfolgsrelevant sind.

Einflußbereich	Einflußgröße	N.S.K.D.
Projekt-management	Mangelhafte Effizienz *	19
	Mangelhafte Kommunikation	18
	Mangelnde Koordination	9
Technische Unsicherheit	Technische Unsicherheit *	16
Termindruck	Hoher Termindruck	14
Ressourcen-mangel	Mangel an Kapazitäten *	13
Ziel-unsicherheit	Unklare Zielvorgaben	11
	Summe	100

Signifikanz der Diskriminanzfunktion	.0016
Wilks Lambda	.77
Richtig klassifizierte Fälle	75,8%
Anzahl der einbezogenen Fälle	93

N.S.K.D.= Normierter standardisierter
kanonischer Diskriminanzkoeffizient
*) Erfolgsrelevante Einflüsse (Univariate Analysen)

Tabelle 65-2: Ergebnis der Diskriminanzanalyse über die Einflußgrößen

---

134 Durch die Einbeziehung weiterer Variablen soll Wilks Lambda gegen Null gehen. Durch die Verwendung dieses Gütemaßes wird auch eine Signifikanzprüfung der Diskriminanzfunktion möglich; vgl. Backhaus et. al. 1990, S. 185; SPSS 1990, S. B-14.
135 Die Gütekriterien der Diskriminanzanalyse sind allerdings nicht voll zufriedenstellend: Nur 68,8% der Fälle wurden richtig klassifiziert (Signifikanz der Diskriminanzfunktion= .036; Wilks Lambda= .87; berücksichtigte Fälle: 93).

Da die durch die fünf Einflußbereiche erklärte Varianz nur 65% der Gesamtvarianz aus-macht, erscheint eine weitere Diskriminanzanalyse über alle sechzehn Einflußgrößen not-wendig. Dadurch kann die Diskriminanzwirkung jeder einzelnen Variable bestimmt werden. Das Ergebnis dieser Diskriminanzanalyse ist in Tabelle 65-2 dargestellt.[136] Die Diskrimi-nanzfunktion ist hochsignifikant.[137] Die Anzahl der korrekt gruppierten Fälle ist mit 76% noch akzeptabel. Sieben Variablen zeigen eine diskriminierende Bedeutung.[138]

Wie aus Tabelle 65-2 hervorgeht, wird jeder der identifizierten Einflußbereiche durch mindestens eine Variable repräsentiert. Dies kann auch eine Erklärung für das Ergebnis der Diskriminanzanalyse über alle fünf Einflußbereiche sein, die, wie bereits erwähnt, allesamt diskriminierende Bedeutung haben. Die Einflußgrößen "mangelhafte Effizienz" und "mangelhafte Kommunikation", die beide dem Einflußbereich Projektmanagement zugeord-net wurden, zeigen die größte Diskrimanzwirkung. "Mangelhafte Effizienz", "technische Unsicherheit" und "Mangel an Kapazitäten" zeigten auch in der univariaten Analyse bereits eine signifkante Erfolgsrelevanz. Insgesamt läßt sich festhalten, daß nicht erfolgreiche Pro-jekte:

- Defizite im Bereich des *Projektmanagements* haben, die besonders die Koordination und die Kommunikation betreffen und sich auch auf die Effizienz der Entwicklung auswirken,
- eine signifikant höhere *technische Unsicherheit* aufweisen,
- weniger *Termindruck* haben,
- stärker über einen *Mangel an Kapazitäten* klagen,
- und weniger *klare Ziele* haben.

---

136 Um zu überprüfen wie hoch die Erklärungsgüte der in der univariaten Analyse identifizierten fünf Vari-ablen für die Gruppentrennung ist, wurde zunächst eine Diskriminanzanlyse mit diesen Variablen durch-geführt. Das Ergebnis zeigte, daß lediglich die Variablen "technische Unsicherheit", "nicht ausreichende Entwicklungskapazitäten" und "mangelnde Effizienz" eine diskriminierende Bedeutung haben. Nur 63% der Fälle konnten aufgrund der mit Hilfe dieser Variablen gebildeten Diskriminanzfunktion richtig zuge-ordnet werden (Die Analyse wurde mit der "Direct-Method" durchgeführt; Signifikanz der Funktion= .0035; Wilks Lambda= .88; Priors: Cluster I= 0,7, Cluster II= 0,3). Aufgrund dieses zunächst unbe-friedigenden Ergebnisses erschien eine Analyse unter Einbeziehung aller sechzehn Variablen sinnvoll zu sein, um die bisher getroffenen Schlußfolgerungen festigen zu können.

137 Das Gütemaß Wilks Lambda ist mit .77 jedoch sehr hoch. Verwendete Methode: Wilks Methode Stepwise (Priors: 0.7-Cluster I, 0.3 Cluster II; Toleranz= 0.5).

138 Die Tatsache, daß einige Variablen, die keine signifikanten Mittelwertunterschiede aufweisen hier in die Analyse eingehen, ist auf methodische und rechentechnische Gründe zurückzuführen: Wie bereits er-wähnt, berücksichtigen multivariate Verfahren beispielsweise auch korrelatorische Zusammenhänge ein-zelner Variablen. In die Diskriminanzanalyse werden daher diejenigen Variablen eingehen, die auch nach Berücksichtigung möglicher Korrelationen die höchste Trennungswirkung aufweisen.

Untersuchung	Ermittelte Einflußfaktoren	Ausprä-gung *	hier ermittelte Einflußbereiche
Brockhoff, Urban 1988	- Projektgröße - Änderung der Konzeption - Herkunft der Produktidee - Organisatorische Veränderungen - Möglichkeit der Nachschätzung - Verspätet angelieferte Komponenten	-	
Bullinger 1990	- Technische Schwierigkeiten - Personalschwierigkeiten - Marktveränderungen - Lösung verworfen - Organisatorische Schwierigkeiten - Schnelle Konkurrenz - Finanzielle Schwierigkeiten	65% 44% 40% 37% 23% 12% 9%	Techn. Unsicherheit Ressourcenmangel
Dorbrandt et. al. 1990	- Vorgabeabweichungen (durch Marktänderungen) - Kapazitätsprobleme - Kommunikationsbrüche - Anforderungsänderungen - Liegezeiten - Entwicklungsschleifen - Aufgabenkoordinierungs-Probleme - Prioritätsänderungen	3,5 3,5 3,5 3 3 2,3 2,2 2	Zielunsicherheit Ressourcenmangel Projektmanagement Zielunsicherheit Projektmanagement

Gupta, Wilemon 1990	- Unzureichende Definition der
	  Produktanforderungen
	- Technische Unsicherheit
	- Mangel an Unterstützung durch das
	  Management
	- Mangel an Ressourcen
	- Schlechtes Projekt Management
	- Andere
		71%
		
		58%
		42%
		
		42%
		29%
		20%
			Zielunsicherheit
			
			Techn. Unsicherheit
			
			Ressourcenmangel
			Projektmanagement

VDMA 1992	- Personalmangel, Qualifikation,
	  Motivation
	- Produktstrukturierung, Teilevielfalt
	- Organisation, Kommunikation
	- Zeitbewußtsein,
	  Zeit- und Kapazitätsmanagement
	- Rechnerunterstützung
	- Informationsfluß,
	  Wissensdokumentation
		24,7%
		
		17,3%
		16,0%
		15,7%
		
		14,5%
		11,4%
			Ressourcenmangel
			
			Projektmanagement
			Termindruck
			Projektmanagement

*) Relative Häufigkeit (%) bzw. Skalenausprägung der Einflußfaktoren der anderen Studien

Tabelle 65-3: Vergleich der Einflußbereiche mit Ergebnissen anderer Untersuchungen

Ein Vergleich der hier ermittelten Ergebnisse mit anderen bereits genannten Studien ist in Tabelle 65-3 dargestellt.[139] Die mit den hier ermittelten Einflußbereichen sinngemäß korrespondierenden Einflüsse der anderen Studien sind schraffiert unterlegt. Der Vergleich zeigt, daß keine der Studien zu der hier ermittelten Abgrenzung der fünf Einflußbereiche kommt. Während die Bereiche Ressourcenmangel, Projektmanagement, Zielunsicherheit und technische Unischerheit in mindestens zwei der Untersuchungen erwähnt werden, wird der Einflußbereich Termindruck lediglich in der Untersuchung des VDMA implizit genannt. Insgesamt kommt die Untersuchung von Gupta und Wilemon den hier dargestellten Ergebnissen am nächsten.[140]

6.5.3   Zusammenfassende Beurteilung der Einflußgrößen

Die Untersuchungen haben gezeigt, daß fünf Einflußbereiche unterschieden werden können, die den Erfolg der Projekte unterschiedlich beeinflussen. Die Bestimmung dieser Bereiche erfolgte in drei Schritten:

1. In den vierzehn untersuchten Entwicklungsprojekten wurden zunächst projektindividuelle Einflüsse bestimmt, die zu konkret meßbaren Zeitverlusten oder ungeplanten Ressourcenbeanspruchungen geführt haben.

2. Mit Hilfe einer Inhaltsanalyse wurden diese Einflüsse zu sechzehn Einflußgrößen zusammengeführt, die im Rahmen des Arbeitskreises definiert und für die vierzehn Projekte bewertet wurden.

3. Die sechzehn Einflußgrößen wurden im Rahmen der großzahligen Untersuchung erneut bewertet. Mit Hilfe von uni- und multivariaten Analysemethoden konnten daraus fünf Einflußbereiche ermittelt werden. Die die Einflußbereiche kennzeichnenden Einflußgrößen haben jeweils einen signifikanten Einfluß auf den Erfolg der Entwicklungsprojekte.

In den aus den theoretischen Betrachtungen abgeleiteten Grundannahmen wurde davon ausgegangen, daß die Entwicklungsgeschwindigkeit zum einen von prozeß- und zum anderen von produktbezogenen Entwicklungsparametern abhängt. Diese Annahmen werden von den bisher ermittelten Ergebnissen bestätigt. Einige der Einflußgrößen sind eher produkt- und

---

139 Vgl. Brockhoff, Urban 1988, S. 13; Bullinger 1990, S. 49; Dorbrandt et. al. 1990, S. 165; Gupta, Wilemon 1990, S. 29 ff.; VDMA 1992 c, S. 10; Siehe auch Tabelle 54-2 in Kapitel 5.4.2. Keine dieser Untersuchungen unterscheidet erfolgreiche und nicht erfolgreiche Projekte.

140 Die dort genannten Bereiche wurden allerdings nicht wie hier, durch statistische Analysen ermittelt, sondern aufgrund einer Inhaltsanalyse von 38 Interviews zusammengestellt; vgl. Gupta, Wilemon 1990, S. 28

andere eher prozeßorientiert. Die Ergebnisse der explorativen Fallstudien haben weiterhin gezeigt, daß zwischen projektinternen und -externen Einflußgrößen unterschieden werden kann. Interne Einflußgrößen beziehen sich auf solche Parameter, die besonders innerhalb eines Projektes selbst beeinflußt werden können, während externe Einflußgrößen aus äußeren Vorgaben resultieren. Ordnet man die ermittelten Einflußbereiche nach diesem Schema in Einfluß-"Felder", so ergibt sich die in Abbildung 65-3 dargestellte Struktur.[141]

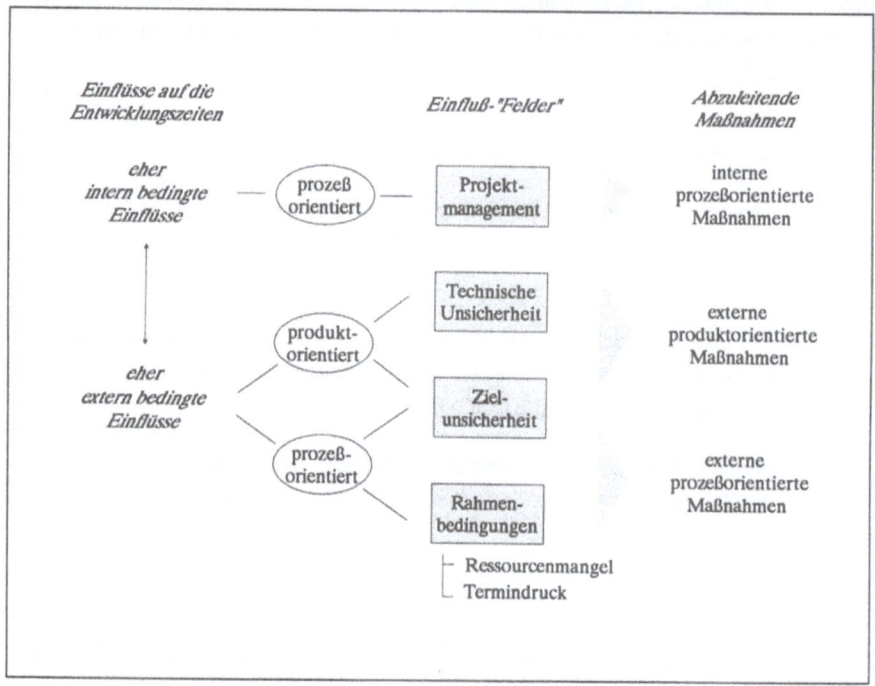

Abbildung 65-3: Vier Einfluß-"Felder" der Entwicklungsdauer

Inhaltlich lassen sich vier Einfluß-"Felder" erkennen: Der Einflußbereich Projektmanagement bezieht sich in erster Linie auf projektinterne, prozeßbedingte Einflüsse. Zielunsicherheit kann als projektexterner Einflußbereich aufgefaßt werden, der sich sowohl auf mögliche Produktparameter (z.B. unsicherere Produktanforderungen) als auch auf Prozeßparameter (z.B. Unklarheit über zu berücksichtigende Teilelieferanten) beziehen kann. Techni-

---

141 Begrifflich soll hier zwischen Einfluß-"Feld" und Einflußbereich unterschieden werden: die Einflußbereiche stellen das Ergebnis der Faktorenanalyse dar; die Strukturierung nach Einflußfeldern hingegen begründet sich zusätzlich auf inhaltlichen Gesichtspunkten und geht über die Strukturierung der Faktorenanalyse hinaus (beispielsweise umfaßt das Einflußfeld "Rahmenbedingungen" hier zwei Einflußbereiche).

sche Unsicherheit bezieht sich in der Regel auf extern beeinflußbare produktbezogene Parameter. Zwar hat der Einflußbereich der technischen Unsicherheit auch interne Komponenten, beeinflußbar sind produktbezogene Parameter aber besonders durch externe Vorgaben. Intern bedingte, produktorientierte Einflußbereiche lassen sich anhand der untersuchten Daten nicht feststellen. Die Einflußbereiche Ressourcenmangel und Termindruck sind extern bedingt und können inhaltlich unter dem Stichwort prozeßorientierte Rahmenbedingungen zusammgefaßt werden. Die im Rahmen der Fallstudien ermittelte Tendenz, nach der besonders externe Einflußfaktoren den Erfolg der Projekte beeinflussen, wird durch die großzahlige Untersuchung nur teilweise bestätigt. Zwar werden die Mehrzahl der ermittelten Einflußbereiche eher extern beeinflußt, der eher intern beeinflußbare Bereich Projektmanagement ist jedoch ebenfalls stark erfolgsrelevant.[142]

Ausgehend von den vier dargestellten Einfluß-"Feldern" lassen sich mögliche Ansatzpunkte zur Verbesserung der bisher wahrgenommen Situation entwickeln. Potentielle Maßnahmen sollten sich, in Abhängigkeit von der Bedeutung der Einfluß-"Felder", auf die Produkt- oder Prozeßoptimierung konzentrieren, wobei jeweils intern oder extern angesetzt werden kann. Durch eine Bewertung der Einfluß-"Felder" kann gleichzeitig die Priorität bei der Umsetzung dieser Möglichkeiten bestimmt werden.

---

[142] Die diesen Einflußbereich bestimmenden Variablen haben die höchsten Diskriminanzkoeffizienten; siehe Tabelle 55-3.

6.6 Die Bedeutung der Maßnahmen zur Verkürzung der Entwicklungsdauer

Im Rahmen der Fallstudienanalysen wurden achtzehn Maßnahmen zur Verkürzung der Entwicklungsdauer auf der Grundlage von konkreten Entwicklungsprojekten ermittelt.[143] Das Ziel der großzahligen Untersuchung ist es, auf den Ergebnissen der Fallstudien aufbauend, die Bedeutung dieser Maßnahmen für den Erfolg von Entwicklungsprojekten im Maschinenbau abzuschätzen. Drei Fragestellungen stehen dabei im Mittelpunkt:

- *Inwieweit wurden die Maßnahmen in der Maschinenbauindustrie bereits umgesetzt?* Bisher liegen keinerlei Erkenntnisse darüber vor, welche der genannten Maßnahmen im Maschinenbau konkret eingesetzt werden. Die Antwortpersonen wurden daher gebeten, den Umsetzungsgrad jeder Maßnahme bezüglich des im Fragebogen betrachteten Entwicklungsprojektes zu bewerten.

- *Welche der Maßnahmen werden für zukünftige Entwicklungsprojekte als besonders wichtig erachtet?* Im Rahmen eines im Fragebogen integrierten Experimentes wurden die Antwortpersonen gebeten, die Maßnahmen in eine Rangreihe zu bringen. Die Erwartung bezüglich der Wirkung der Maßnahmen auf die Zeit-, Kosten-, und Qualitätsparameter sollte dabei Berücksichtigung finden. Um eine Verzerrung der Antworten zu vermeiden, sollte die Beurteilung jedoch unabhängig davon erfolgen, ob die Maßnahme bereits umgesetzt wurde oder nicht. Es wurde vielmehr um eine grundsätzliche Beurteilung gebeten.

- *Welche Wirkung haben die Maßnahmen auf die Zeit-, Kosten- und Qualitätsparameter des betrachteten Entwicklungsprojektes?* Nach einer groben Unterteilung der Maßnahmen in drei Gruppen ("auf jeden Fall umsetzen", "eventuell umsetzen" und "nicht umsetzen") wurden die Beantwortenden gebeten, die Maßnahmen, die sie umsetzen würden, bezüglich der erwarteten Zeit-, Kosten- und Qualitätswirkung zu bewerten. Weiterhin sollte eine Einschätzung darüber erfolgen, ob die Maßnahme kurz-, mittel- oder eher langfristig umsetzbar wäre.

Im Vergleich zu den Fallstudien wurde die Zahl der Maßnahmen im Fragebogen um zwei auf zwanzig Maßnahmen erhöht. Die Maßnahme "stärkere Nutzung von Kunden- und/ oder Zulieferer-Know-How" (E)[144] wurde aufgespalten, um die Bedeutung von Kunden und Zulieferern differenziert betrachten zu können. Darüber hinaus wurde die Maßnahme

---

143 Siehe Kapitel 5.5.
144 Siehe Kapitel 5.5.1.

"kleinere Innovationsschritte bzw. generationsübergreifende Produktplanung" ergänzt. Da sie hier neu ist, soll auf sie kurz näher eingegangen werden:

"Kleinere Innovationsschritte bzw. generationsübergreifende Produktplanung":
Diese Maßnahme wurde der Literatur entnommen.[145] Keines der Unternehmen im Arbeitskreis sah die Maßnahme für ihre Projekte als bedeutend an. In der Diskussion im Arbeitskreis wurde stets die Meinung vertreten, die Innovationsschritte würden vom Markt oder von der Konkurrenz vorgegeben. Wettbewerbsvorteile seien im Maschinenbau eher durch große Innovationssprünge möglich. Die Literatur, die diese Maßnahme behandelt, stellt ihre Bedeutung im Gegensatz zu diesen Einschätzungen besonders heraus.[146] Smith und Reinertsen begründen die Bedeutung kleiner Entwicklungsschritte mit einer höheren Effizienz: "Often it is more efficient to break a big project into two smaller ones that can be completed faster. Extending this line of thinking, the most effective way to make progress quickly is to make many small steps through incremental products."[147] Cordero führt an, daß inkrementale Innovationen schneller und billiger seien, als eine "breakthrough-Innovation", weil das Produkt dadurch eher mit dem Markt konfrontiert würde und dies mit kleinen sowie sicheren Entwicklungsschritten erreicht werden könne. Erst wenn auch inkrementale Schritte mit mehr Aufwand verbunden sind und ineffizienter werden, würden 'breakthrough' Innovationen notwendig.[148] Die Berücksichtigung dieser Maßnahme in der großzahligen Untersuchung soll Aufschluß darüber geben, inwieweit die von den Entwicklungsleitern im Arbeitskreis geäußerte Einschätzung sich auch in einem größeren Sample widerspiegelt.

---

145 Siehe dazu auch das Beispiel der Wärme-Pumpe von Mitsubishi Electric aus Tabelle 22-1 in Kapitel 2.2, das dem Buch von Stalk und Hout entnommen wurde; vgl. Stalk, Hout 1990, S. 135 ff.; vgl. auch Smith, Reinertsen 1991, S. 63; Cordero 1991, S. 285.; Karagozoglu, Brown 1993, S. 207.

146 Die Maßnahme wurde in der Vergangenheit insbesondere von japanischen Firmen häufig eingesetzt; vgl. Smith, Reinertsen 1991, S. 63; Cordero 1991, S. 285. Inzwischen verfolgen auch amerikanische Firmen diese Strategie; vgl. Karagozoglu, Brown 1993, S. 207.

147 Vgl. Smith, Reinertsen 1991, S. 62. Untersuchungen von Handfield deuten daraufhin, daß inkrementale Entwicklungen tatsächlich schneller sind, als breakthrough-Innovationen; vgl. Handfield 1994, S. 15. Grundsätzlich ist jedoch stets zu fragen, inwieweit inkrementale und breakthrough-Innovationen überhaupt vergleichbar sind. (In einigen der genannten Untersuchungen wird der Eindruck erweckt, daß hier Neuentwicklungen mit Weiterentwicklungen verglichen werden, was angesichts der unterschiedlichen Neuigkeit und Komplexität dieser Entwicklungsarten zu trivialen Ergebnissen führt.)

148 Vgl. Cordero 1991, S. 285 f. Cordero argumentiert hier auf der Grundlage des S-Kurven-Modells, wonach technische Fortschritte mit zunehmender Reife der Technologie immer aufwendiger werden und ein Anzeichen für einen bevorstehenden Technologiesprung darstellen; vgl. dazu Foster 1986, S. 105 ff. Auf der Grundlage von Entwicklungsaufwendungen und Bruttogewinnerwartungen für zukünftige Produkte läßt sich auch eine "Optimierung" der Innovationsschritte herbeiführen. Einen Anhaltspunkt hierfür liefern die Überlegungen aus Kapitel 2.2.4 (siehe besonders Abbildung 22-7); vgl. auch Brockhoff 1993a, S. 259 ff.

216

6.6.1   Bisher umgesetzte Maßnahmen

Das Ergebnis der Fragestellung, inwieweit die zwanzig Maßnahmen in den Entwicklungsprojekten, die den Antworten im Fragebogen zugrunde liegen, bereits eingesetzt wurden, ist
in Abbildung 66-1 dargestellt.[149] Auch die exakte Formulierung der Maßnahmen ist der
Abbildung zu entnehmen.[150]

"Klarere Zielvorgaben" und die "frühzeitige Fertigungsgerechtigkeit der Konstruktion" sind
die Maßnahmen, denen bisher die größte Aufmerksamkeit gewidmet wurde. Die geringe
Umsetzung einiger, in den Fallstudien als besonders wichtig erachteter Maßnahmen fällt
auf.[151] So wurde die Konzentration der Entwicklungskapazitäten auf weniger Projekte
bisher nur in sehr geringem Maße umgesetzt. Die hohe Bedeutung des Einflußbereichs
Ressourcenmangel wird dadurch unterstützt.[152] Auch die Vorentwicklung neuer
Technologien wurde bisher vergleichsweise selten durchgeführt, was zu der festgestellten
technischen Unsicherheit beigetragen haben könnte.[153] Auffällig ist auch die niedrige
Bewertung des "Zeit- und Kostencontrollings". Sie unterstreicht die Bedeutung des
Einflußbereichs "Projektmamangement". Das Ergebnis bestätigt auch die oben beschriebene
Einschätzung der Entwicklungsleiter, nach der kleine Innovationsschritte im Maschinenbau
eher selten umgesetzt werden. Eine einseitige Konzentration auf interne oder externe
Maßnahmen ist nicht zu erkennen.

Insgesamt deutet das Ergebnis auf plausible Übereinstimmungen zwischen der Bedeutung
der ermittelten Einflußbereiche auf der einen und einer mangelnden Umsetzung von Maßnahmen auf der anderen Seite hin. Das Ergebnis drückt zunächst jedoch nur relative Einschätzungen aus. Inwieweit die Umsetzung von Maßnahmen einen Einfluß auf den Erfolg
der Projekte hatte, soll im folgenden näher untersucht werden.

6.6.2   Die Bedeutung der Maßnahmen für den Projekterfolg

Die Analyse der Erfolgswirkung der zwanzig Maßnahmen soll analog zur Analyse der Einflußgrößen in zwei Stufen erfolgen. Mit Hilfe von univariaten Analysen sollen zunächst sol

---

149 1= die Maßnahme wurde nicht eingesetzt, 7= die Maßnahmen wurde bereits vollständig umgesetzt.
150 Aus Übersichtsgründen werden die Maßnahmen bei der weiteren Behandlung durch charakterisierende
     Stichworte gekennzeichnet.
151 Das Ergebnis einer Rangkorrelation zeigt keinen signifkanten Zusammenhang zwischen der Gewichtung
     der Maßnahmen durch die Projektleiter und ihrer Umsetzung in den im Fragebogen wiedergegebenen
     Projekten (Spearmanscher Rangkorrelationskoeffizient r= 136, p= n.s.).
152 Zur Bedeutung der auch im folgenden genannten Einflußbereiche, siehe Kapitel 6.5, besonders Abbil-
     dungen 65-2 und 65-3 sowie Tabellen 65-1 und 65-2.
153 Aus den Ergebnissen der Fallstudien geht allerdings hervor, daß auch die Vorentwicklung einen beson-
     ders hohen Zeiteffekt hat; siehe Kapitel 5.5.1, besonders Abbildung 55-1.

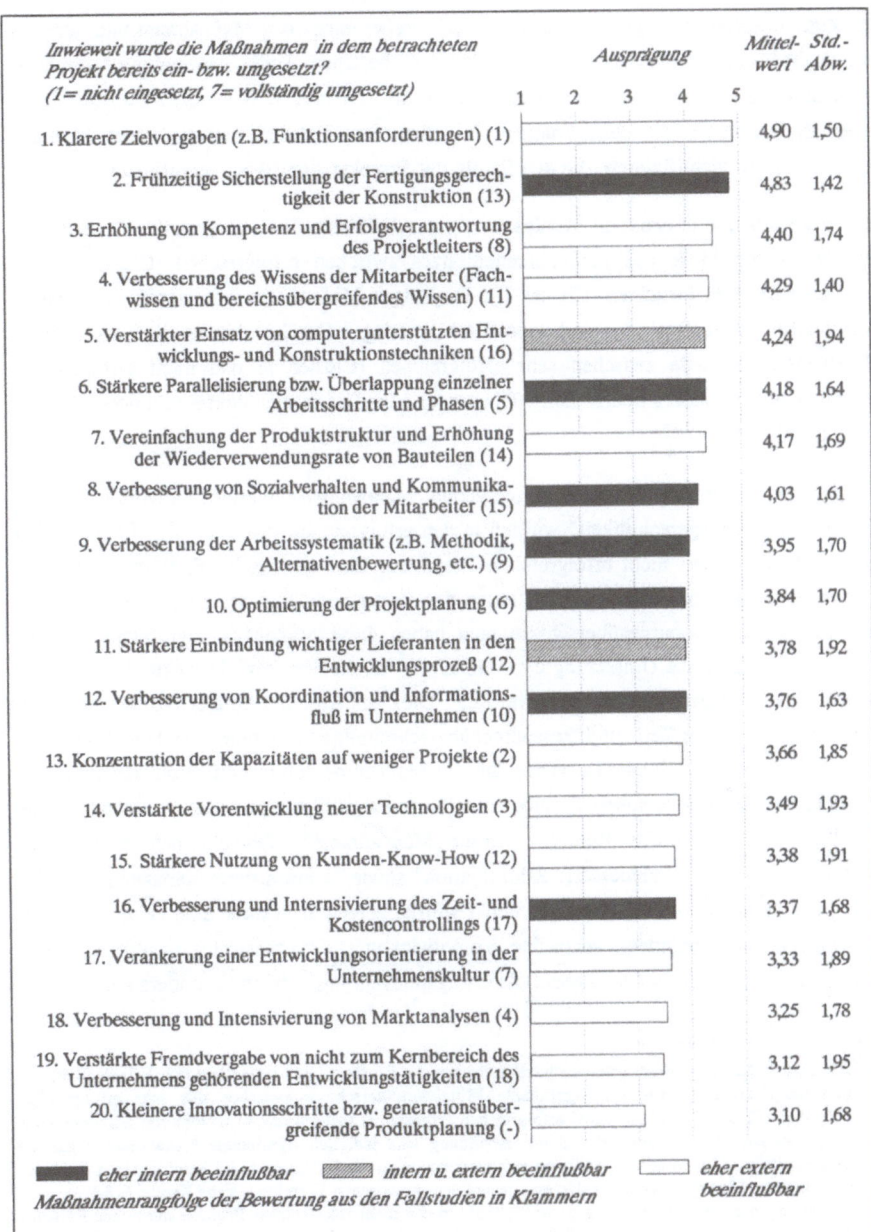

Inwieweit wurde die Maßnahmen in dem betrachteten Projekt bereits ein- bzw. umgesetzt? (1= nicht eingesetzt, 7= vollständig umgesetzt)	Ausprägung	Mittel-wert	Std.-Abw.
1. Klarere Zielvorgaben (z.B. Funktionsanforderungen) (1)		4,90	1,50
2. Frühzeitige Sicherstellung der Fertigungsgerechtigkeit der Konstruktion (13)		4,83	1,42
3. Erhöhung von Kompetenz und Erfolgsverantwortung des Projektleiters (8)		4,40	1,74
4. Verbesserung des Wissens der Mitarbeiter (Fachwissen und bereichsübergreifendes Wissen) (11)		4,29	1,40
5. Verstärkter Einsatz von computerunterstützten Entwicklungs- und Konstruktionstechniken (16)		4,24	1,94
6. Stärkere Parallelisierung bzw. Überlappung einzelner Arbeitsschritte und Phasen (5)		4,18	1,64
7. Vereinfachung der Produktstruktur und Erhöhung der Wiederverwendungsrate von Bauteilen (14)		4,17	1,69
8. Verbesserung von Sozialverhalten und Kommunikation der Mitarbeiter (15)		4,03	1,61
9. Verbesserung der Arbeitssystematik (z.B. Methodik, Alternativenbewertung, etc.) (9)		3,95	1,70
10. Optimierung der Projektplanung (6)		3,84	1,70
11. Stärkere Einbindung wichtiger Lieferanten in den Entwicklungsprozeß (12)		3,78	1,92
12. Verbesserung von Koordination und Informationsfluß im Unternehmen (10)		3,76	1,63
13. Konzentration der Kapazitäten auf weniger Projekte (2)		3,66	1,85
14. Verstärkte Vorentwicklung neuer Technologien (3)		3,49	1,93
15. Stärkere Nutzung von Kunden-Know-How (12)		3,38	1,91
16. Verbesserung und Internsivierung des Zeit- und Kostencontrollings (17)		3,37	1,68
17. Verankerung einer Entwicklungsorientierung in der Unternehmenskultur (7)		3,33	1,89
18. Verbesserung und Intensivierung von Marktanalysen (4)		3,25	1,78
19. Verstärkte Fremdvergabe von nicht zum Kernbereich des Unternehmens gehörenden Entwicklungstätigkeiten (18)		3,12	1,95
20. Kleinere Innovationsschritte bzw. generationsübergreifende Produktplanung (-)		3,10	1,68

eher intern beeinflußbar   intern u. extern beeinflußbar   eher extern beeinflußbar

Maßnahmenrangfolge der Bewertung aus den Fallstudien in Klammern

Abbildung 66-1: Bisher umgesetzte Maßnahmen

che Zusammenhänge aufgezeigt werden, die zwischen einzelnen Maßnahmen und dem Erfolg unabhängig vom Einsatz anderer Maßnahmen bestehen. Unter Anwendung multivariater Analysemethoden sollen in einem nächsten Schritt potentielle Wechselwirkungen mit anderen Maßnahmen in die Betrachtungen einfließen. Das Ziel der Analysen ist es, Maßnahmenbereiche zu identifizieren, die den Erfolg der Projekte signifikant beeinflussen.

Das Ergebnis der univariaten Analysen ist in Abbildung 66-2 dargestellt. Es zeigt die Mittelwertunterschiede des Maßnahmeneinsatzes zwischen erfolgreichen (Cluster I) und nicht erfolgreichen Projekten (Cluster II). Diejenigen Maßnahmen, die signifikante Mittelwertunterschiede aufweisen, sind schraffiert unterlegt. Darüber hinaus sind signifikante Mittelwertunterschiede zwischen sehr erfolgreichen (Cluster 1) und nicht erfolgreichen Projekten mit besonders hohen Zeit- (Cluster 4) oder Ressourcenüberschreitungen (Cluster 5) dargestellt.[154]

Die beiden bisher am weitesten umgesetzten Maßnahmen "klarere Zielvorgaben" und "frühere Fertigungsgerechtigkeit" wurden in den erfolgreichen Projekten signifikant stärker eingesetzt, als in den nicht erfolgreichen Projekten. Eine geringere "Fertigungsgerechtigkeit" wirkt sich insbesondere auf die Höhe der Ressourcenüberschreitungen aus. Projekte mit sehr hohen Ressourcenüberschreitungen haben diese Maßnahme signifikant geringer umgesetzt.[155] Auch die Umsetzung der Maßnahme "einfachere Produktstruktur" zeigt signifikante Auswirkungen auf den Projekterfolg. Dies bestätigt die bereits erörterten Ergebnisse, nach denen die Zeit- und Ressourcenüberschreitungen mit zunehmendem Wiederholteileanteil abnehmen.[156] Die Tatsache, daß die Maßnahme "einfachere Produktstruktur" in Projekten mit besonders hohen Zeitüberschreitungen signifikant geringer eingesetzt wurde, unterstreicht die zeitliche Relevanz dieser Maßnahme.[157] Obwohl den Maßnahmen "optimierte Planung", "verbesserte Koordination" sowie "konzentrierte Kapazitäten" insgesamt nur mäßige Aufmerksamkeit geschenkt wurde, zeigen auch diese eine erfolgsrelevante Wirkung. Die Maßnahmen "verstärkte Vorentwicklung", "verbessertes Controlling" und "verstärkte Fremdvergabe" sind ebenfalls erfolgsrelevant und wirken besonders auf die Ent-

---

154 Die Signifikanz der Mittelwertunterschiede zwischen den Clustern I und II wurde durch T-Tests überprüft (Seperate Variance Estimate). Signifikante Mittelwertunterschiede zwischen den sehr erfolgreichen Projekten (Cluster 1) und den nicht erfolgreichen Projekten (Cluster 4 und 5) wurden mit Hilfe einfaktorieller Varianzanalysen ermittelt. In der Abbildung sind lediglich signifikante Mittelwertunterschiede dargestellt ($p < .1$). Sämtliche Analysen erfolgten analog zu den in Kapitel 6.5.1 beschriebenen Analysen der Einflußgrößen (Für weitere Erläuterungen zu den statistischen Verfahren, siehe Kapitel 6.3.).

155 Umsetzung der "frühen Fertigungsgerechtigkeit": in den nicht erfolgreichen Projekte mit hohen Ressourcenüberschreitungen (Cluster 5)= 3,9; in den sehr erfolgreichen Projekten (Cluster 1)= 5,1 ($p < .05$; LSD-Test).

156 Siehe Abbildung 64-2 in Kapitel 6.5.2.

157 Umsetzung "einfachere Produktstruktur": in den nicht erfolgreichen Projekten mit hohen Zeitüberschreitungen (Cluster 4)= 3,0; in den sehr erfolgreichen Projekten (Cluster 1)= 4,4 ($p < .1$; LSD-Test).

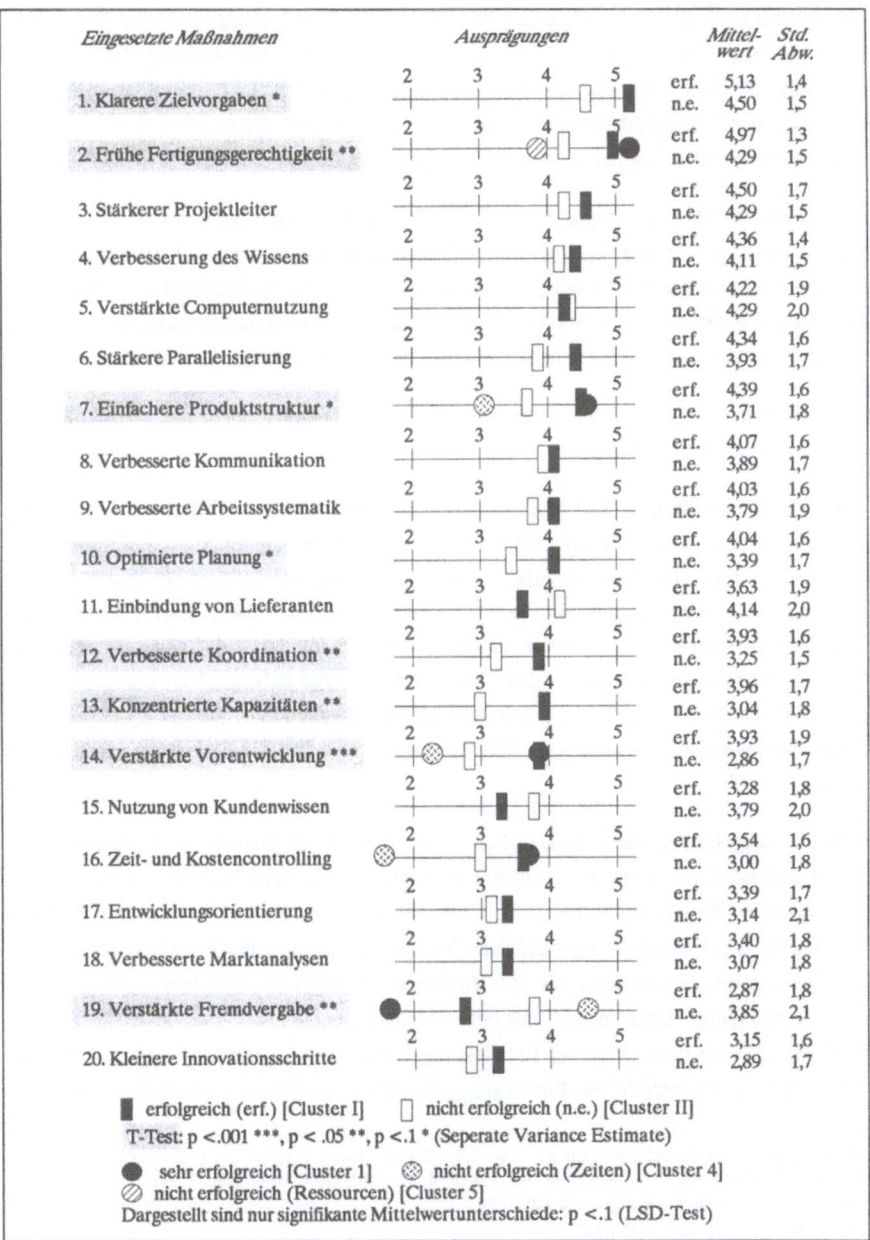

Abbildung 66-2: Ergebnis der univariaten Analysen über die eingesetzten Maßnahmen

wicklungsdauer.[158] Die Erfolgsrelevanz der "Vorentwicklung" unterstreicht die Bedeutung der technischen Unsicherheit für die Entwicklungsdauer. Der negative Einfluß der "Fremdvergabe" fällt besonders ins Auge. Er bestätigt das Ergebnis vorheriger Analysen. Die Analyse der Produktcharakteristika hatte zum Beispiel gezeigt, daß Projekte mit einem hohen Fremdentwicklungsanteil tendenziell weniger erfolgreich sind.[159]

Nachdem bisher stets alle zwanzig Maßnahmen gleichwertig in die Betrachtung eingeflossen sind, soll im folgenden der Versuch einer Bündelung zu unabhängigen Maßnahmenbereichen unternommen werden. Analog zur Bestimmung der Einflußbereiche soll dazu eine Faktorenanalyse durchgeführt werden.[160] Mit Hilfe einer Diskriminanzanalyse kann anschließend überprüft werden, welche der Maßnahmenbereiche erfolgsrelevant sind.

Das in Tabelle 66-1 dargestellte Ergebnis der Faktorenanalyse zeigt sechs unabhängige Maßnahmenbereiche (Faktoren):[161]

- *Projektinterne Effizienz:* Der Maßnahmenbereich "projektinterne Effizienz" umfaßt insbesondere intern umsetzbare Maßnahmen wie "Kommunikation", "Koordination", "Planung" und "Arbeitssystematik". Die Einbeziehung der Maßnahme "konzentrierte Kapazitäten" deutet darauf hin, daß die Entwicklungsleiter die projektinternen Maßnahmen in einen engen Zusammenhang zur Konzentration der vorhandenen Kapazitäten auf die Entwicklungsaufgabe stellen. Die "projektinterne Effizienz" ist der bedeutendste Maßnahmenbereich: Er zeigt mit .82 eine hohe Realiabilität, mit 6,2 einen sehr hohen Eigenwert und erklärt knapp 50 % der insgesamt durch die Faktoren erklärten Varianz.

- *Entwicklungsstärke:* Die in diesem Maßnahmenbereich zusammengefaßten Maßnahmen sind insbesondere extern beeinflußbare Maßnahmen, die zum Teil eine übergeordnete strategische Bedeutung haben (z.B. "Entwicklungsorientierung", "Innovationsschritte"). Das in der Entwicklung verfügbare Wissen, die Stellung des Projektleiters und die Bedeutung der Entwicklung für das Unternehmen insgesamt bestimmen die "Stärke" der Entwicklung. Unternehmen mit hoher "Entwicklungsstärke" sind dementsprechend stärker auf eine Forcierung der Entwicklungstätigkeiten ausgerichtet. Auch die interne Steuerung und Kontrolle von Entwicklungstätigkeiten wird diesem Maßnahmenbereich

---

158 Umsetzung "Vorentwicklung": Cluster 1= 3,8; Cluster 4= 2,3 (p <.1; LSD-Test). Umsetzung "Controlling": Cluster 1= 3,6; Cluster 4= 1,4 (p <.01; LSD-Test). Umsetzung "Fremdvergabe": Cluster 1= 2,6; Cluster 4= 4,6 (p <.1; LSD-Test).
159 Siehe z.B. Abbildung 64-2 in Kapitel 6.4.2.
160 Zur Erläuterung der Faktorenanalyse siehe Kapitel 6.5.2.
161 Die Gütekriterien der Faktorenanalyse sind als gut zu beurteilen. Lediglich die Reliabilität der Faktoren 5 und 6 ist nicht zufriedenstellend. Die Aussagefähigkeit dieser Faktoren ist daher eingeschränkt. Inhaltlich sind jedoch auch diese beiden Faktoren gut interpretierbar.

Maßnahmenbereich (= Faktor)	Maßnahmen	Faktorladungen					
		Faktor 1	Fak. 2	Fak. 3	Fak. 4	Fak. 5	Fak. 6
Projektinterne Effizienz	Kommunikation	.75					
	Arbeitssystematik	.74					
	Koordination *	.73					
	Planung *	.67					
	Kapazitäten *	.60					
Entwicklungs- stärke	Controlling		.70				
	Projektleiter		.62				
	Entwickl.-orientierung		.59				
	Wissen		.55				
	Kunden-Know-How		.52			.48	
	Innovationsschritte		.49				
Produkt-Prozeß- synergie	Produktstruktur *			.73			
	Fertigungsgerechtigkeit *			.65			
	Parallelisierung			.54			
Fremdentwicklung	Fremdvergabe *				.82		
	Lieferanteneinbindung				.74		
Projektspezifizierung	Vorentwicklung *					.77	
	Zielvorgaben *					.45	
Informations- bereitstellung	Computernutzung						.73
	Marktanalysen						.71
Eigenwert		6.21	1.66	1.42	1.28	1.05	1.02
Erklärter Varianzanteil		31.0 %	8.3%	7.1%	6,4%	5,2%	5,1%
Cronbachs Alpha (standardisiert)		.82	.79	.62	.63	.32	.45

KMO= .84   Bartlett Test= 662.2 Signifikanz= .0000   Insgesamt erklärte Varianz= 63,1%
*) In den univariaten Analysen als erfolgsrelevant identifizierte Maßnahmen

Tabelle 66-1: Ergebnis der Faktorenanalyse über die eingesetzten Maßnahmen

zugeordnet. Die Durchführung intensiver Controllingaktivitäten wäre demnach eben-falls ein Kennzeichen für die "Entwicklungsstärke" eines Unternehmens.

- *Produkt-Prozeß-Synergie:* Der Maßnahmenbereich "Produkt-Prozeß-Synergie" be-schreibt die Bedeutung der Integration von Produktstruktur, Entwicklungsaufgabe, Entwicklungsprozeß und Fertigungsprozeß.[162] Alle vier Parameter sind voneinander abhängig. Der Parallelisierungsgrad in der Entwicklung und die Überlappung von Entwicklung und Fertigung werden durch die Struktur des Produktes (Komplexität, Neuigkeit) ebenso bestimmt, wie die schnelle Fertigbarkeit der Teile.

- *Fremdentwicklung:* Dieser Maßnahmenbereich beschreibt die Möglichkeit, Entwicklungstätigkeiten fremdzuvergeben, und dadurch Zeit und Ressourcen (und Kosten) einzusparen.[163]

- *Projektspezifizierung:* Der Maßnahmenbereich "Projektspezifizierung" bezieht sich auf die Klarheit technischer und wirtschaftlicher Projektziele, deren Bedeutung bereits in den Fallstudien zum Ausdruck kam.[164] Die Klarstellung von Zeit- Kosten- und Qualitätszielen gehören ebenso dazu wie die Begrenzung der technischen Unsicherheit. (Auch die hohe Faktorladung der Einbeziehung von Kunden-Know-How deutet in diese Richtung.) Der Maßnahmenbereich konzentriert sich besonders auf das Vorfeld der eigentlichen Entwicklung.[165]

- *Informationsbereitstellung:* Dieser Maßnahmenbereich umfaßt die Bereitstellung und Nutzung unternehmensintern verfügbarer Informationen und Daten. Er betrifft hier zum einen die Marktdaten, zum anderen Entwicklungsdaten, die eine verbesserte Computernutzung erlauben. Der Erfolg des Entwicklungsprozesses wird von der Qualität und der Verfügbarkeit der Informationen beeinflußt. Die Initiierung dieses Maßnahmenbereiches wird eher extern erfolgen, während die Nutzung und Anwendung bereitgestellter Informationen vor allem interne Aktivitäten erfordert.

---

162 Siehe auch Kapitel 3.2.3. Die Bedeutung der Synergie von Produkt und Prozeß für die Zeit wird auch von Perillieux hervorgehoben. Sie ist besonders bei der Verfolgung einer Führerstrategie beim Markteintritt von Bedeutung; vgl. Perillieux 1987, S. 219 f.
163 Vgl. Clark 1989, S. 1249 ff.; vgl. auch Clark, Fujimoto 1989, S. 36 ff.; Gerpott Wittkemper 1991, S. 132; Rommel et. al. 1993, S. 95 ff. Die bisherigen Ergebnisse dieser Untersuchung legen allerdings die Schlußfolgerung nahe, daß der (interne) Entwicklungprozeß bei einer Fremdvergabe von Entwicklungstätigkeiten und der anschließenden Reintegration der Ergebnisse nachteilig beeinflußt wird. Die "Art" der Einbeziehung möglicher Lieferanten in den Entwicklungsprozeß könnte hierbei eine wichtige Rolle spielen (siehe Kapitel 6.4.2, Punkt 5).
164 Siehe Kapitel 5.5.2.
165 Zwar ist die Aussagefähigkeit dieses Faktors statistisch eingeschränkt (Cronbachs Alpha < .5), inhaltlich ist dieser Faktor jedoch gut interpretierbar und seine Bedeutung plausibel. Grundsätzlich ist anzumerken, daß die verschiedenen Kennzahlen nur jeweils einen Anhaltspunkt für den Zusammenhang einzelner Variablen geben können. Die Entscheidung über die Behandlung der Variablen sollte sich zum einen an der Aussage der Summe dieser formalen Kriterien richten, zum anderen jedoch auch inhaltliche Gesichtspunkte berücksichtigen. In diesem Fall erscheint eine Berücksichtigung der Maßnahmenbereiche "Projektspezifizierung" und "Informationsbereitstellung" aus inhaltlichen Gesichtspunkten einleuchtend und sinnvoll, auch wenn ein einzelnes formales Kriterium dagegen spricht. (Der hohe KMO-Wert beispielsweise spricht *für* diese Faktorenstruktur).

Inwieweit einige der sechs Maßnahmenbereiche in besonderem Maße für den Erfolg der Projekte verantwortlich sind, soll mit Hilfe einer Diskriminanzanlyse geprüft werden, dessen Ergebnis in Tabelle 66-2 dargestellt ist.

Maßnahmenbereich	Maßnahmen	N.S.K.D
Projektinterne Effizienz	Kommunikation Arbeitssystematik Koordination Planung Kapazitäten	61,2
Projektspezifizierung	Vorentwicklung Zielvorgaben	38,8
	Summe	100

Signifikanz der Diskriminanzfunktion	.098
Wilks Lambda	.95
Richtig klassifizierte Fälle	74,7%
Anzahl der einbezogenen Fälle	93

N.S.K.D. = Normierter Standardisierter Kanonischer
Diskriminanzkoeffizient

Tabelle 66-2: Ergebnis der Diskriminanzanalyse über die Maßnahmenbereiche

Das Ergebnis zeigt, daß die Maßnahmenbereiche "projektinterne Effizienz" und "Projektspezifizierung" eine diskriminierende Bedeutung haben.[166] Erfolgreiche Projekte richten ihr Augenmerk dementsprechend stärker auf das Vorfeld eines Entwicklungsprojektes und die Umsetzung interner Aktivitäten zur Effizienzsteigerung. Unter Berücksichtigung der festgestellten Einflußfelder, wonach unzureichendes Projektmanagement, technische Unsicherheit, Zielunsicherheit und Ressourcenmangel den Erfolg beeinträchtigen, ist dieses Ergebnis plausibel.[167] Dem begegnen erfolgreiche Projekte mit einer effizienz- und zielorientierten Bündelung der Kräfte und intensivierten Vorfeldaktivitäten zur Verringerung der Unsicherheit.

---

166 Der Maßnahmenbereich "projektinterne Effizienz" zeigt auch bei einem univariaten T-Test signifikante Mittelwertunterschiede zwischen erfolgreichen und nicht erfolgreichen Entwicklungsprojekten (p= .08).
167 Der Einflußbereich "Termindruck" spiegelt sich in keinem der Maßnahmenbereiche eindeutig wider. Termindruck kann vielmehr als Rahmenfaktor für eine effiziente und zielgerichtete Entwicklung angesehen werden.

Da die Gütekriterien der Diskriminanzfunktion über die Maßnahmenbereiche jedoch nur begrenzt zufriedenstellen und ihre Aussagefähigkeit dadurch beschränkt ist,[168] sollen weitere Diskriminanzanalysen über alle Maßnahmen durchgeführt werden.[169] Sie können Aufschluß darüber geben, welche der eingesetzten Einzelmaßnahmen für den Erfolg bzw. Mißerfolg besonders verantwortlich sind. In Tabelle 66-3 sind die Ergebnisse der univariaten und der multivariaten Analysen im Überblick dargestellt. Das Signifikanzniveau bzw. der Diskriminanzkoeffizient sowie die Tendenz des Zusammenhangs sind für jede Maßnahme angegeben.[170]

Neben den Maßnahmen, die bereits in den univariaten Analysen als erfolgsrelevant identifiziert wurden, zeigen sich in den multivariaten Analysen einige weitere als bedeutsam. Insgesamt sollen jedoch nur diejenigen Maßnahmen als "erfolgswirksam" eingestuft werden, die in mindestens zwei der durchgeführten Analysen gleichgerichtete Zusammenhänge aufweisen. Diese Maßnahmen sind in der Abbildung wiederum schraffiert unterlegt dargestellt.

Die Maßnahmen "klarere Zielvorgaben", "optimierte Planung" und "konzentrierte Kapazitäten" zeigen bei multivariater Betrachtung keine erfolgsrelevante Bedeutung.[171] Die Bedeutung der übrigen genannten Maßnahmen wird hingegen bestätigt. Die "Nutzung von Kundenwissen" zeigt in zwei der multivariaten Analysen eine diskriminierende Wirkung. Der negative Zusammenhang zeigt allerdings an, daß die Einbeziehung von "Kunden-Know-How" den Erfolg negativ beeinflußt. Zwar wird die Entwicklungssicherheit durch die Einbeziehung von Kundenwissen erhöht,[172] gleichzeitig ist jedoch zusätzlicher Zeit- und Ressourcenaufwand notwendig. Die Ergebnisse unterstützen die bereits diskutierte Schlußfolgerung, daß die existierenden Entwicklungsprozesse grundsätzliche Schwächen bezüglich der Integration externen Wissens aufweisen. Dadurch liegen die tatsächlich gemessenen

---

168 Wilks Lambda ist mit .95 relativ hoch. Die Diskriminanzfunktion ist nur auf dem .1 Niveau signifikant. Nur 75% der Fälle werden richtig klassifiziert. Eine Ursache dafür ist Tatsache, daß nur 63% der Gesamtvarianz durch die sechs Faktoren erklärt werden (siehe Tabelle 65-2).
169 Die Durchführung der Diskriminanzanalysen erfolgt analog zu der in Kapitel 6.5.2 beschriebenen Art und Weise. Es werden stets alle zwanzig Maßnahmenvariablen in die Analysen einbezogen.
170 Die Gütekriterien der Diskriminanzanalysen können insgesamt als zufriedenstellend bewertet werden. Der Anteil von 77% richtig klassifizierter Fälle der Analyse der Cluster I und II erscheint bei 93 Fällen noch akzeptabel.
171 Die "Optimierte Planung" zeigt einen negativen Zusammenhang beim Vergleich der Cluster 1 und 5. Dieses Ergebnis widerspricht den bisherigen Erkenntnissen. Eine Erklärung ist vermutlich in der geringen Samplegröße des Clusters 5 zu suchen (7 Fälle). Ähnliches gilt auch für vereinzelte weitere Variablen.
172 Vgl. z.B. Herstatt, v. Hippel 1992.

Eingesetzte Maßnahmen	univariate Analysen			multivariate Analysen		
	I : II	1 : 4	1 : 5	I : II	1 : 4	1 : 5
1. Klarere Zielvorgaben	* (+)					
2. Frühe Fertigungsgerechtigkeit	** (+)		** (+)	10 (+)		22 (+)
3. Stärkerer Projektleiter					23 (-)	
4. Verbesserung des Wissens						
5. Verstärkte Computernutzung					15 (-)	
6. Stärkere Parallelisierung						
7. Einfachere Produktstruktur	* (+)	* (+)		9 (+)		
8. Verbesserte Kommunikation						
9. Verbesserte Arbeitssystematik				14 (-)		
10. Optimierte Planung	* (+)					12 (-)
11. Einbindung von Lieferanten						15 (+)
12. Verbesserte Koordination	** (+)			12 (+)		
13. Konzentrierte Kapazitäten	** (+)					
14. Verstärkte Vorentwicklung	*** (+)	* (+)		17 (+)	20 (+)	
15. Nutzung von Kundenwissen				16 (-)		16 (-)
16. Zeit- und Kostencontrolling		* (+)		6 (+)	27 (+)	
17. Entwicklungsorientierung						12 (-)
18. Verbesserte Marktanalysen						10 (+)
19. Verstärkte Fremdvergabe	** (-)	** (-)		16 (-)	16 (-)	13 (-)
20. Kleinere Innovationsschritte						
Summe				100	100	100

Daten der multivariaten Diskriminanzanalysen:				
	Signifikanz der Diskriminanzfunktion	.0001	.0003	.007
	Wilks Lambda	.69	.39	.44
	Richtig klassifizierte Fälle	77,4%	96,6%	96,6%
	Anzahl der einbezogenen Fälle	93	29	29

Univariate Analysen: T-Test I:II: p <.01***, p <.05**, p <.1* (Seperate Variance Estimate)
Varianzanalysen 1:4, 1:5: p <.01***, p <.05**, p <.1* (LSD-Test)
Multivariate Analysen: Normierte standardisierte kanonische Diskriminanzkoeffizienten

(+)= positiver Zusammenhang: erfolgreiche Bewertungen > nicht erfolgreiche Bewertungen
(-)= negativer Zusammenhang: nicht erfolgreiche Bewertungen > erfolgreiche Bewertungen
I= erfolgreich, II= nicht erfolgreich; 1= sehr erf., 4= n. erf. Zeiten, 5= n. erf. Ressourcen

Tabelle 66-3: Erfolgsrelevante Maßnahmen - Univariate und Multivariate Analysen

Zeit- und Ressourcenwerte in den Projekten, die externes Wissen genutzt haben, häufig deutlich über den Werten der übrigen Projekte.[173]

Insgesamt kann festgehalten werden, daß in erfolgreichen Entwicklungsprojekten einige Maßnahmen signifikant stärker umgesetzt wurden, als in nicht erfolgreichen Projekten:

- Frühzeitige Sicherstellung der *Fertigungsgerechtigkeit* einer Konstruktion,
- verstärkte *Vorentwicklung* neuer Technologien,
- Umsetzung einer einfachen *Produktstruktur* und Erhöhung der Wiederverwendungsrate von Bauteilen,
- Verbesserung von *Koordination* und Informationsfluß im Unternehmen,
- intensiviertes *Controlling*, besonders Zeitcontrolling,
- geringere Nutzung von *Kundenwissen* (wodurch Störungen des Entwicklungsprozesses offensichtlich vermieden wurden),
- weniger *Fremdvergaben* von Entwicklungstätigkeiten.

6.6.3 Zukünftig einzusetzende Maßnahmen zur Verkürzung der Entwicklungsdauer

Zur differenzierten Untersuchung zukünftig einzusetzender Maßnahmen wurde dem Fragebogen ein Experiment beigefügt.[174] Um die zwanzig Maßnahmen zunächst grundsätzlich zu strukturieren, wurden die Umfrageteilnehmer gebeten, jede Maßnahme einer der drei Gruppen "auf jeden Fall umsetzen", "eventuell umsetzen" oder "nicht umsetzen" zuzuordnen. Das Ergebnis dieser Zuordnung ist in Tabelle 66-4 dargestellt. Die Maßnahmen, die von der Mehrheit der Antwortenden der Gruppe 1 zugeordnet wurden, sind unter der Rubrik "auf jeden Fall umsetzen" aufgeführt. Drei Maßnahmen, die von einer relativen Mehrheit der Beantwortenden in die Gruppe 3 eingeordnet wurden, sind unter dem Stichwort "nicht umsetzen" aufgelistet. Alle übrigen finden sich unter der Rubrik "eventuell umsetzen".

Unter Berücksichtigung der erwarteten Auswirkungen auf Zeit, Kosten und Qualität, auf die später noch genauer eingegangen wird, sollten die Maßnahmen nach der dargestellten

---

173 Auch in der Literatur sind entsprechende Ergebnisse zu finden. Kirchmann stellt in seiner Untersuchung von Anwender- und Herstellerkooperationen fest, daß durch die Einbeziehung von Anwendern keine Zeitvorteile erreicht werden können; vgl. Kirchmann 1994, S. 174 ff. Auch Albach, de Pay, Raúl stellen bei extern initiierten Innovationen längere Entwicklungszeiten fest; vgl. Albach, de Pay, Raúl 1991, S. 317; vgl. auch Mansfield 1988, S. 1161.

174 Zum Aufbau des Experimentes siehe Kapitel 6.1.2. Es sei nochmals darauf hingewiesen, daß sämtliche Einschätzungen zukünftig einzusetzender Maßnahmen unabhängig davon erfolgen sollten, ob eine Maßnahme bereits eingesetzt wurde oder nicht. Alle Urteile über die Bedeutung der Maßnahmen sollten grundsätzlicher Natur sein.

Zukünftige Maßnahmen	Häufigkeiten			Summe	Rang	Std. Abw.
	Grp. 1	Grp. 2	Grp. 3			
"Auf jeden Fall umsetzen"						
1. Frühe Fertigungsgerechtigkeit (2)	74	25	3	102	6,88	3,85
2. Klarere Zielvorgaben (1)	70	20	13	103	4,29	3,71
3. Verbesserte Marktanalysen (18)	63	24	16	103	6,63	4,95
4. Konzentrierte Kapazitäten (13)	62	26	15	103	7,20	5,13
5. Verstärkte Computernutzung (5)	61	30	12	103	7,97	4,26
6. Einfachere Produktstruktur (7)	59	34	10	103	7,94	4,79
7. Optimierte Planung (10)	56	31	16	103	7,64	4,60
8. Verbesserte Arbeitssystematik (9)	54	35	14	103	8,00	4,25
9. Stärkerer Projektleiter (3)	54	29	20	103	8,19	4,48
"Eventuell umsetzen"						
10. Nutzung von Kundenwissen (15)	46	33	24	103	9,01	5,23
11. Verstärkte Vorentwicklung (14)	43	37	23	103	9,30	4,89
12. Zeit- und Kostencontrolling (16)	42	44	17	103	10,23	5,06
13. Verbesserung des Wissens (4)	41	47	15	103	9,72	4,28
14. Verbesserte Koordination (12)	41	41	21	103	9,58	4,70
15. Stärkere Parallelisierung (6)	40	31	32	103	8,00	4,64
16. Einbindung von Lieferanten (11)	33	45	25	103	11,11	4,75
17. Verbesserte Kommunikation (8)	33	37	31	101	10,63	4,90
"Nicht umsetzen"						
18. Entwicklungsorientierung (17)	29	35	39	103	11,22	4,76
19. Verstärkte Fremdvergabe (19)	23	35	45	103	12,47	5,14
20. Kleinere Innovationsschritte (20)	19	39	45	103	11,59	5,08

Zuordnung der Maßnahmen: "Auf jeden Fall umsetzen"= mehr als 50% der Befragten in Gruppe 1
"Eventuell umsetzen"= mehr als 50% der Befragten in den Gruppen 2 u. 3
"Nicht umsetzen"= Anzahl in Gruppe 3 > Anzahl in Gruppen 1 bzw. 2

Häufigkeiten: Anzahl der Antworten (Gruppe 1= auf jeden Fall, 2= eventuell, 3= nicht umsetzen)
Rang: Mittlerer Rang der Maßnahme gemäß der Rangordnung im Experiment
In Klammern: Rang der Maßnahmen nach ihrer bisherigen Umsetzung

Tabelle 66-4: Die Wichtigkeit der Umsetzung von Maßnahmen zur Verkürzung der Entwicklungsdauer in zukünftigen Projekten

228

Grobklassifizierung in eine Rangfolge gebracht werden.[175] Die sich ergebenen Rangfolge-
werte sind ebenfalls in Tabelle 66-4 dargestellt.

Neun der zwanzig Maßnahmen sollen "auf jeden Fall" umgesetzt werden. Die bisher am
stärksten umgesetzten Maßnahmen "Zielvorgaben" und "Fertigungsgerechtigkeit" werden
auch in zukünftigen Projekten für am wichtigsten gehalten. Zwei Maßnahmen wurden, im
Vergleich zu den bisher eingesetzen Maßnahmen, ihrer Bedeutung nach deutlich aufgewer-
tet: "Verbesserte Marktanalysen", die bisher nur in sehr geringem Umfang eingesetzt wurden, sollten nach Meinung der Entwicklungsleiter zukünftig besonders verstärkt werden.[176]
Die Maßnahme "Marktanalysen" verdient hier insofern besondere Aufmerksamkeit, als sie
zwar einen Einfluß auf die Entwicklung ausübt, jedoch außerhalb des Entwicklungsbereiches umgesetzt werden muß. Für die hohe Bewertung dieser Maßnahme können zwei
Gründe relevant sein: Einerseits könnten fehlende oder unzutreffende Marktanalysen zu An-
forderungsänderungen und diese zu Verzögerungen in der Entwicklung geführt haben. Eine
Vernachlässigung von "Marktanalysen" hätte sich dann auf die Einflußgröße "Kunden- und
Marktunsicherheit" auswirken müssen. Die Tatsache, daß deren Bedeutung als gering eingestuft wurde,[177] spricht jedoch gegen diese Begründung. Andererseits könnten Schnittstellenprobleme zwischen Marketing und Entwicklung zu gegenseitigen Fehleinschätzungen geführt haben.[178] Aus der Sicht der Entwicklungsleiter wird das Marketing für die, sich aus
den Schnittstellenproblemen ergebenden Informationsdefizite und mögliche indirekte Verzögerungen verantwortlich gemacht. Tatsächlich wäre dann jedoch weniger eine
"Intensivierung von Marktanalysen" notwendig, als vielmehr eine stärkere Integration von
Marketing und Entwicklung.[179] Eine systematische Überschätzung der Bedeutung von

---

175 Die Maßnahmen der Gruppe 3 "nicht umsetzen" waren aus Übersichtlichkeitsgründen vorher auszuson-
dern, so daß sich die, den nachfolgenden Analysen der Ränge zugrundeliegenden Fallzahlen aus den
Summen der Fälle in den Gruppen 1 und 2 ergeben. Die Ränge gelten daher nur für diejenigen Projekte,
die die Maßnahme umsetzen wollen.
176 Zur bisherigen Umsetzung der Maßnahmen, siehe Abbildung 66-1.
177 Siehe Abbildung 65-1.
178 Diese Interpretation stützt sich besonders auf die Befunde der Literatur, in denen Abstimmungsprobleme
zwischen Entwicklung und Marketing häufig festgestellt wurden. Kommunikationsprobleme zwischen
Entwicklung und Marketing werden besonders herausgestellt. Auch gegenseitige Akzeptanzprobleme
spielen dabei eine Rolle; vgl. z.B. Crawford 1977, S. 57 f.; Souder, Chakrabarti 1980, S. 137 ff.; Souder 1981, S. 70 ff.; Souder 1988, S. 9 ff.; Brockhoff 1989, S. 14. Insgesamt führt dies zu der Einschätzung, daß das Marketing von der Entwicklung häufig als Grund für fehlgeschlagene Innovationen genannt wird; vgl. Brockhoff, Chakrabarti 1988, S. 168 f.; Brockhoff 1990, S. 23.
179 Gupta, Raj und Wilemon stellen diesbezüglich fest, daß erfolgreiche Unternehmen ein signifikant höhere
Integration von Entwicklung und Marketing erreichen, als weniger erfolgreiche Firmen. Außerdem werden beide Bereiche früher in den Entwicklungsprozeß einbezogen; vgl. Gupta, Raj, Wilemon 1985, S.
296 f.; Gupta, Raj, Wilemon 1987, S. 38 ff. Zur Integration von Funktionsbereichen bei der Neuproduktentwicklung, vgl. auch Kern 1992, S. 55 ff.

"intensivierten Marktanalysen" aus der Sicht der Entwicklung ist daher nicht auszuschließen.[180]

Die "Konzentration der Entwicklungskapazitäten auf weniger Projekte" soll in Zukunft ebenfalls deutlich verstärkt werden. Damit wird insbesondere der Bedeutung des Einflußfeldes "Ressourcenmangel" Rechnung getragen. Voraussetzung für eine Umsetzung dieser Maßnahme ist jedoch eine geeignete Auswahl der zukünftig durchzuführenden Entwicklungsprojekte. Hierzu müssen im Einzelfall geeignete Kriterien gefunden werden, über die im Rahmen dieser Untersuchung jedoch keine Aussage gemacht werden kann.[181] Auch eine "optimierte Projektplanung" wird in Zukunft für wichtiger erachtet, als bisher. Zukünftig weniger umgesetzt werden sollen besonders die Maßnahmen "stärkerer Projektleiter", "verbessertes Wissen", "stärkere Parallelisierung" sowie "verbesserte Kommunikation". Bei Betrachtung der Rangwerte fällt allerdings auf, daß die "Parallelisierung" in den Projekten, in denen sie zukünftig eingesetzt werden soll, für sehr wichtig gehalten wird, denn ihr Rangwert ist vergleichsweise niedrig.

Die Rangfolge der zukünftigen Maßnahmen wird von den Entwicklungsleitern der bisher erfolgreichen und nicht erfolgreichen Projekte ähnlich eingeschätzt. Da sich kaum signifikante Unterschiede ergeben, soll eine getrennte Betrachtung erfolgreicher und nicht erfolgreicher Projekte nur in Ausnahmefällen erfolgen.[182]

Mit Ausnahme von fünf Maßnahmen werden alle zukünftigen Maßnahmen von den Entwicklungsleitern bisher nicht erfolgreicher Projekte tendenziell höher bewertet, als von denen erfolgreicher Projekte.[183] Interessant ist jedoch, daß es sich bei drei der fünf Ausnahmen um bisher erfolgsrelevante Maßnahmen handelt: "Verstärkte Vorentwicklung",

---

180 Dies wird auch anhand der Fallstudienergebnisse deutlich: Obwohl "verbesserte Marktanalysen" nur in vier Projekten konkret als Möglichkeit zur Verkürzung der Entwicklungsdauer genannt wurden, fiel ihre spätere Bewertung deutlich höher aus. Die Maßnahme wurde dementsprechend als Maßnahme mit erwartetem grundsätzlichen Verbesserungspotential eingestuft (Siehe Kapitel 5.5.2). Ein konkreter Anlaß für diese Erwartung findet sich jedoch nicht.
181 Siehe dazu auch die Beschreibung der Maßnahme in Kapitel 5.5.1.
182 Signifikante Unterschiede ergeben sich lediglich bei der Beurteilung der "Zielvorgaben" und der "Lieferanteneinbindung". "Klarere Zielvorgaben" werden demnach von Entwicklungsleitern erfolgreicher Projekte noch höher bewertet, als von denen nicht erfolgreicher Projekte. (Bewertung "klarere Zielvorgaben": Erfolgreiche Projekte (Cluster I): Rang= 3,86; nicht Erfolgreiche (Cluster II): Rang= 5,84 (p <.05; T-Test; Pooled Variance Estimate)). Die "Einbindung von Lieferanten" in den Entwicklungsprozeß wird in den erfolgreichen Projekten hingegen auch zukünftig für weniger wichtig gehalten. (Bewertung der zukünftigen "Einbindung von Lieferanten": Erfolgreiche Projekte (Cluster I): Rang= 11,94; Nicht Erfolgreiche (Cluster II): Rang= 9,94 (p <.1; T-Test; Seperate Variance Estimate)). Multivariate Untersuchungen führten nicht zu signifikanten Ergebnissen.)
183 Die Unterschiede sind nicht signifikant.

"Vereinfachung der Produktstruktur" und "verbessertes Controlling".[184] Daraus kann gefolgert werden, daß in den erfolgreichen Projekten, in denen diese Maßnahmen auch bisher schon intensiver umgesetzt wurden, ihre Bedeutung für den Erfolg stärker wahrgenommen haben, als in den übrigen Projekten. Eine verbesserte Umsetzung dieser Maßnahmen sollte zukünftig jedoch besonders in den bisher nicht erfolgreichen Projekten erfolgen.

Die Möglichkeit, die zwanzig Maßnahmen mit Hilfe einer Faktorenanalyse zu verdichten, wird durch die Art der Befragung erschwert.[185] Das Augenmerk soll daher auf die sechs Maßnahmenbereiche gelenkt werden, die im Rahmen der Betrachtung bereits eingesetzter Maßnahmen identifiziert wurden (siehe Tabelle 66-1).[186] Dies erscheint auch insofern sinnvoll zu sein, als jeder Maßnahmenbereich einige, als erfolgsrelevant identifizierte Maßnahmen beinhaltet.

Für eine weitere Analyse der Bereiche ist es notwendig, die von den Entwicklungsleitern eingeschätzte Bedeutung der einzelnen Maßnahmen auf die Maßnahmenbereiche zu projezieren. Dazu kann ein Kennwert aus den Rangwerten der einem Maßnahmenbereich zugeordneten Maßnahmen gebildet werden. Er soll hier als arithmetisches Mittel aus der Summe aller Rangwerte der Maßnahmen, die einem Maßnahmenbereich zugeordnet wurden, bestimmt werden.[187] Ein entsprechender Kennwert läßt sich für die bisher umgesetzten Maßnahmen bestimmen. Man erhält so einen Anhaltspunkt für die Wichtigkeit der einzelnen Maßnahmenbereiche.

Stellt man die bisherige Umsetzung der zukünftigen Bewertung gegenüber und normiert man die unterschiedlichen Skalenniveaus, so lassen sich einige relative Bedeutungsveränderungen erkennen. Eine solche Gegenüberstellung der sechs Maßnahmenbereiche anhand der Kennwerte ihrer bisherigen Umsetzung (getrennt nach erfolgreichen und nicht erfolgreichen

---

184 Die Ausnahmen sind "klarere Zielvorgaben", "verstärkte Vorentwicklung", "Vereinfachung der Produktstruktur", "verbesserte Computerunterstützung" und "verbessertes Controlling". "Verstärkte Vorentwicklung", "Vereinfachung der Produktstruktur" und "verbessertes Controlling" wurden als erfolgsrelevant identifiziert (siehe Tabelle 66-3).

185 Dadurch, daß die in Gruppe 3 eingeordneten Maßnahmen von der Rangreihung ausgeschlossen werden mußten, wird die Fallzahl zum Teil stark verringert und die Zahl der fehlenden Werte steigt entsprechend an. Durch das Skalenniveau der Rangreihung (Skala von 0-20 bei zwanzig einbezogenen Maßnahmen) und die Unterschiedlichkeit der Projekte sind auch die Standardabweichungen sehr hoch. Die KMO-Werte durchgeführter Faktorenanalysen liegen unterhalb von 0,65, wodurch die Aussagefähigkeit derartig erzeugter Ergebnisse sehr stark eingeschränkt würde.

186 Zwei der Maßnahmenbereiche, "projektinterne Effizienz" und "Projektspezifizierung", hatten diskriminierenden Charakter zwischen erfolgreichen und nicht erfolgreichen Projekten (siehe Tabelle 66-2).

187 Kennwert eines Maßnahmenbereichs (siehe Tabelle 66-1)= arithmetisches Mittel der Summe der Rangwerte der zugeordneten Maßnahmen (siehe Tabelle 66-4). Beispiel: Kennwert des Maßnahmenbereiches "Projektspezifizierung"= Mittelwert der Rangwerte ("Zielvorgaben" + "Vorentwicklung")= 6,80. Ein entsprechender Kennwert läßt sich auch für die bisherige Umsetzung berechnen: Kennwert= arithmetisches Mittel der Summe aller Umsetzungswerte (Skala 1-7, siehe Abbildung 66-1 und 66-2) der Maßnahmen eines Maßnahmenbereiches.

Projekten) und ihrer zukünftigen Bedeutung ist in Abbildung 66-3 dargestellt. Abbildung 66-4 zeigt ergänzend eine Gegenüberstellung der einzelnen Maßnahmen.[188]

Aus dem linken Teil der Abbildung 66-3 wird zunächst deutlich, daß die Maßnahmenbereiche in erfolgreichen und nicht erfolgreichen Projekten bisher sehr unterschiedlich umgesetzt wurden. Mit Ausnahme der "Fremdentwicklung" wurden alle Maßnahmenbereiche in den erfolgreichen Projekten stärker umgesetzt. "Fremdentwicklungen" wurden hingegen besonders in den nicht erfolgreichen Projekten eingesetzt und haben zu den bereits erörterten Zeit- und Ressourcenüberschreitungen beigetragen. Der Vergleich mit der Bewertung zukünftig umzusetzender Maßnahmenbereiche zeigt, daß sich die Beurteilungen bei einigen Maßnahmenbereichen stark an die Umsetzung in den erfolgreichen Projekten annähern.[189] Vergleicht man die Abbildungen 66-3 und 66-4, so ist erkennbar, welche Maßnahmen die Bedeutungsgewichte der sechs Maßnahmenbereiche prägen.[190]

-   *Projektspezifizierung*: Der Maßnahmenbereich "Projektspezifizierung", der bisher zu den beiden erfolgsrelevanten Maßnahmenbereichen gehörte, soll nach Meinung der Entwicklungsleiter in Zukunft am stärksten umgesetzt werden. Die hohe Bewertung resultiert dabei insbesondere aus der hohen Gewichtung der "klareren Zielvorgaben". Sie wird von den Entwicklungsleitern als die, mit hohem Abstand, zukünftig wichtigste Maßnahme zur Verkürzung der Entwicklungsdauer genannt.[191] Jedoch auch die zweite, zu diesem Maßnahmenbereich gehörende Maßnahme "Vorentwicklung" soll zukünftig stärker umgesetzt werden. Die Analyse der bisher umgesetzten Maßnahmen hat gezeigt, daß besonders die Durchführung einer "Vorentwicklung" in hohem Maße erfolgsrelevant ist. Im Vergleich zu anderen Maßnahmen wird ihre zukünftige Umset-

---

188 Es ist zu beachten, daß die Skalenniveaus der Achsen (siehe Abbildungen 66-3 und 66-4) unterschiedlich und daher nicht ohne weiteres vergleichbar sind. Die Gegenüberstellung soll hier lediglich dazu dienen, die Abstände zwischen einzelnen Maßnahmen bzw. Maßnahmenbereichen in angenähert normierter Form deutlich zu machen, um einige grundsätzliche Bedeutungsveränderungen aufzuzeigen.

189 Nennenswerte Unterschiede hinsichtlich der zukünftigen Umsetzung der Maßnahmen in erfolgreichen und nicht erfolgreichen Projekten sind auch hier nicht erkennbar. (Weder univarate T-Tests noch multivariate Diskriminansanalysen führten zu signifikanten Ergebnissen.) Im rechten Teil von Abbildung 66-3 wurde daher nicht nach erfolgreichen und nicht erfolgreichen Projekten unterschieden. Eine Rangkorrelationsrechnung zeigt jedoch signifikante Zusammenhänge zwischen der bisherigen Umsetzung der Maßnahmen in den erfolgreichen Projekten und der zukünftig angestrebten Gewichtung (Spearmanscher Korrelationskoeffizient $r = .71$, $p < .1$).

190 Insgesamt ist eine Korrelation der Rangfolge der bisherigen Umsetzung der Einzelmaßnahmen mit der Rangfolge ihrer zukünftigen Umsetzung festzustellen. (Spearmanscher Korrelationskoeffizient $r = .52$, $p < .05$). Bei einigen Maßnahmen zeigen sich jedoch auch deutliche Prioritätenverschiebungen (z.B. bei "Marktanalysen", "Konzentration der Kapazitäten", "Planung" etc.).

191 Dies bestätigt auch das Ergebnis der Fallstudien, in denen klarere Zielvorgaben auch von den Projektleitern als die wichtigste Maßnahme zur Verkürzung der Entwicklungsdauer genannt wurde (siehe Abbildung 55-2).

232

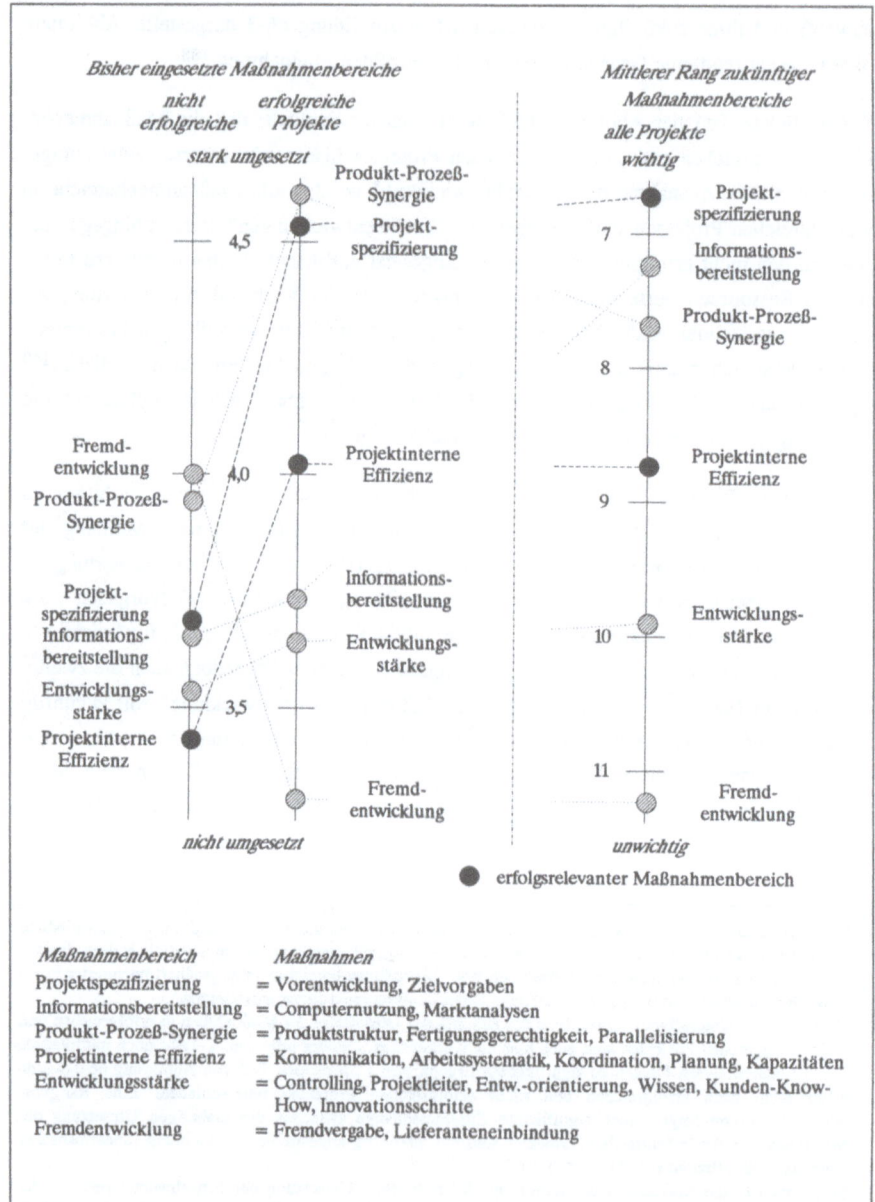

Abbildung 66-3: Abschätzung der Wichtigkeit bisher umgesetzter und zukünftiger Maßnahmenbereiche

Abbildung 66-4: Gegenüberstellung der bisher umgesetzten Maßnahmen und der Rangfolge zukünftig einzusetzender Maßnahmen

zung jedoch nur als durchschnittlich wichtig eingeschätzt.[192] Wie bereits erwähnt, werden beide Maßnahmen von den Entwicklungsleitern bisher erfolgreicher Projekte für sehr viel wichtiger erachtet, als von den übrigen. Die hohe Bedeutung des Maßnahmenbereichs "Projektspezifizierung" bestätigt auch die von Smith und Reinertsen aufgestellten These, nach der die Reduzierung der Unschärfe zu Beginn eines Projektes eine der wichtigsten Aufgaben zur Verbesserung der Entwicklungsprojekte hinsichtlich Zeiten, Kosten und Qualität ist.[193] Nach den hier dargestellten Ergebnissen gilt dies zum einen für die technische Unschärfe, die sich in der technischen Unsicherheit widerspiegelt, und zum anderen für die Zielunschärfe, die sich besonders auf unklare Funktionsanforderungen und unklar definierte Zeit- und Ressourcenbudgets bezieht.[194]

- *Informationsbereitstellung*: Der Maßnahmenbereich "Informationsbereitstellung" wird zukünftig für deutlich wichtiger gehalten als bisher. Der Bedeutungssprung ist besonders auf die Verstärkung der Umsetzung von "Marktanalysen" zurückzuführen, deren Bedeutung aus den oben genannten Gründen mit einem gewissen Vorbehalt betrachtet werden muß. Die Gewichtung dieser Maßnahme deutet jedoch trotzallem auf die hohe Bedeutung relevanter und ausreichender Marktinformationen für die Entwicklung hin. Die Entwicklungsleiter wollen hier eine Verbesserung erreichen. Die Notwendigkeit einer verbesserten "Nutzung computerunterstützter Entwicklungswerkzeuge" besteht in zukünftigen Projekten ebenso wie bisher. Insgesamt ist festzustellen, daß der Bereitstellung von funktionsübergreifenden Informationen und Daten eine zunehmend hohe Bedeutung beigemessen wird.

- *Produkt-Prozeß-Synergie*: Im Vergleich zu den bisher genannten Maßnahmenbereichen wird die Bedeutung des Bereiches "Produkt-Prozeß-Synergie" zwar zukünftig für etwas weniger wichtig erachtet, insgesamt wird diesem Bereich aber auch zukünftig eine hohe Bedeutung beigemessen. Eine "frühe Fertigungsgerechtigkeit" ist nach Meinung der Entwicklungsleiter nach wie vor besonders wichtig und auch die "vereinfachte Produktstruktur" und "Parallelisierung" sollen zukünftig weiter umgesetzt werden. Insgesamt macht dieses Ergebnis auf die Bedeutung der Schnittstelle zwischen Entwicklung und Produktion aufmerksam. Um mit der Fertigung frühzeitig beginnen zu können, müssen die Abläufe definiert und parallelisiert sowie gleichzeitig die Produktstrukturen vereinfacht werden.

---

192 Wie aus Tabelle 66-4 hervorgeht, wird die Durchführung der Vorentwicklung jedoch nicht in allen Projekten für wichtig gehalten. Immerhin 23 Entwicklungsleiter wollen diese Maßnahme "nicht umsetzen".
193 Vgl. Smith, Reinertsen 1991, S. 43 ff.
194 Dies geht auch aus der Analyse der Projektcharakteristika (siehe Kapitel 6.4.1 und 6.4.2), der Einflußgrößen (siehe Kapitel 6.5.1 und 6.5.2) und den Ergebnissen der Fallstudien hervor (siehe Kapitel 5.3.1, 5.3.2 und 5.4.2).

- *Projektinterne Effizienz*: Die zukünftige Bedeutung des Maßnahmenbereiches "projektinterne Effizienz" wird in etwa auf dem bisher in den erfolgreichen Projekten umgesetzen Niveau angesiedelt. Die Erfolgsrelevanz dieses Bereiches ist offensichtlich auch von den Entwicklungsleitern der bisher nicht erfolgreichen Projekte erkannt worden.[195] Besonders den Maßnahmen "Konzentration der Kapazitäten" und "verbesserte Planung", aber auch der "Arbeitssystematik" soll in Zukunft eine höhere Priorität eingeräumt werden. Während die "Koordination" für etwa gleichbleibend wichtig erachtet wird, wird die Bedeutung einer "verbesserten Kommunikation und eines verbesserten Sozialverhaltens der Mitarbeiter" für zukünftige Projekte vergleichsweise geringer eingeschätzt. Zusammenfassend läßt sich festhalten, daß einige der Maßnahmen zur "projektinternen Effizienz" zukünftig verstärkt umgesetzt werden sollen, und die Umsetzung des Maßnahmenbereiches insgesamt auf das Niveau der bisher erfolgreichen Projekte angehoben werden soll.

- *Entwicklungsstärke*: Im Vergleich zu den bisher genannten Maßnahmenbereichen wird dem Bereich "Entwicklungsstärke" eine deutlich geringere Bedeutung beigemessen. Dazu tragen besonders die geringen Rangwerte der Maßnahmen "kleinere Innovationsschritte", "stärkere Entwicklungsorientierung" und "Controlling" bei. Diese Bewertung widerspricht den Erwartungen und auch einigen in der Literatur angeführten Ergebnissen.[196] Eine differenzierte Begründung dieses Widerspruches ist anhand der hier verfügbaren Daten allerdings nicht möglich. Die im Rahmen des Arbeitskreises geäußerte Einschätzung der Entwicklungsleiter, daß entwicklungsorientierte Wettbewerbsvorteile im Maschinenbau weniger durch kleine als vielmehr durch große Innovationsschritte erreicht werden könnten, ist eine mögliche Erklärung. Die zukünftige Bedeutung der Maßnahmen "stärkerer Projektleiter" und "verbessertes Wissen" wird relativ zu anderen Maßnahmen geringerer bewertet. Lediglich die Maßnahmen "intensiviertes Controlling" und "Nutzung von Kunden-Know-How" sollen zukünftig stärker umgesetzt werden.

Auffällig ist die vergleichsweise geringe Bewertung der Maßnahme "Controlling", besonders angesichts der ermittelten Erfolgsrelevanz. Nach der Analyse der bisher umgesetzten Maßnahmen konnte erwartet werden, daß diese Maßnahme in besonderem

---

195 Sie wollen die hier berührten Maßnahmen durchschnittlich noch stärker umsetzen, als die Entwicklungsleiter der erfolgreichen Projekte.

196 Eine verstärkte Entwicklungsorientierung wird in der empirischen Untersuchung von Bauer, Hannig und Mierzwa als wichtigste Option zur Entwicklungsdauerverkürzung ermittelt; vgl. Bauer, Hannig, Mierzwa 1991, S. 12. Andere Autoren halten kleinere Innovationsschritte für ein wesentliches Instrument zur Erhöhung der Entwicklungsgeschwindigkeit; vgl. Smith, Reinertsen 1991, S. 63; Cordero 1991, S. 285. Ein verbessertes Controlling und besonders Zeitcontrolling wird ebenfalls von vielen Autoren als wichtig hervorgehoben; vgl. McDonough, Spital 1984, S. 54; Schmelzer, Buttermilch 1988, S. 59 ff.; Cordero 1991, S. 290; Karagozoglu 1993, S. 211; Schmelzer 1993, S. 130.

236

Maße zur Verbesserung der Zeiteffizienz beiträgt.[197] Gleichzeitig würde ein verstärktes Controlling jedoch die Autonomie in der Entwicklung beeinträchtigen,[198] was als eine mögliche Ursache für diese Bewertung angeführt werden kann. Insgesamt kann die Schlußfolgerung gezogen werden, daß weniger eine isolierte Stärkung des Entwicklungsbereiches für wichtig gehalten wird, als vielmehr eine gesteuerte Integration und Nutzung von internem und externem Wissen. Im Vergleich zu anderen Bereichen hat dies jedoch eine geringere Priorität.

- *Fremdentwicklung*: Der Maßnahmenbereich "Fremdentwicklung" soll zukünftig auch in den nicht erfolgreichen Projekten, die diesen Maßnahmenbereich bisher am stärksten umgesetzt haben, nur in sehr geringem Umfang eingesetzt werden. Die Maßnahme "Fremdvergabe" wird der letzte Rang zugeordnet und auch der Maßnahme "Lieferanteneinbindung" soll zukünftig eine geringere Aufmerksamkeit gewidmet werden. Dies bestätigt die angestellten Vermutungen über die Schwierigkeiten einer Integration von Lieferanten-Know-How in den Entwicklungsprozeß. Um diesen Maßnahmenbereich effektiv umsetzen zu können, sind offensichtlich andere Prozeßstrukturen notwendig, als sie bisher im Entwicklungsbereich des Maschinenbau existieren. Die im Automobilbereich festgestellten positiven Effekte des Bereiches "Fremdentwicklung" werden auf den Maschinenbau demnach nicht für übertragbar gehalten.[199] Als mögliche Erklärungen für diese Differenzen wurden im Arbeitskreis besonders unterschiedliche Produkt- und Fertigungsstrukturen sowie andere Zulieferstrukturen im Maschinenbaubereich genannt.[200]

Insgesamt deuten die Ergebnisse auf eine Bestätigung der im Rahmen der Fallstudienanalyse aufgestellten Hypothese hin, nach der die Wirkung interner Verbesserungen in der Entwicklung begrenzt ist.[201] Allein in den nicht erfolgreichen Projekten soll die Umsetzung interner Maßnahmen zukünftig verstärkt werden. Weitere Verbesserungen werden besonders von einer verstärkten Umsetzung externer Maßnahmen erwartet. Die Bereiche

---

197 Zur Erfolgsrelevanz von Controlling, siehe Tabelle 66-3. Aus Abbildung 66-2 ging weiterhin hervor, daß die Maßnahme "Controlling" in Projekten mit besonders hohen Zeitüberschreitungen signifikant geringer umgesetzt wurde.

198 Durch ein verstärktes Controlling könnte die Dispositionsfreiheit der Entwicklungsleiter zusätzlich eingeschränkt werden, die sie durch eine "ungestörte" (von Kunden- und Lieferanten) Produktspezifizierung ausbauen möchten, und wofür sie Marktinformationen wünschen, die in dieser Präzision nicht zu erhalten sind. Möglicherweise wurde die Variable Controlling zum Teil auch als Kontrolle mißverstanden.

199 Vgl. Clark 1989, S. 1249 ff.; Clark, Fujimoto 1989, S. 36 ff.

200 Während die Zulieferer im Automobilbereich häufig in starker wirtschaftlicher Abhängigkeit von den in den Regel deutlich größeren Automobilproduzenten stehen (z.B. aufgrund der großen Stückzahlen), sind die Zulieferer des Maschinenbaus von diesen sehr viel unabhängiger. Da oft nur geringe Stückzahlen abgenommen werden können, sind viele Zulieferer nicht in der Lage spezielle, auf einzelne Kunden ausgerichtete Entwicklungen wirtschaftlich anzubieten. Einige der im Arbeitskreis vertretenen Unternehmen sind nach diesbezüglichen Erfahrungen zur Eigenentwicklung zurückgekehrt.

201 Siehe Kapitel 5.2.4.

"Projektspezifizierung", "Informationsbereitstellung" sowie "Produkt-Prozeß-Synergie" werden von Entwicklungsleitern an erster Stelle genannt. Alle drei Bereiche erfordern insbesondere eine verstärkte Integration der unterschiedlichen Informationen aus Markt-, Entwicklungs- und Produktionsbereichen. "Fremdentwicklungen" sollen auch zukünftig nur in sehr geringem Maße durchgeführt werden. Die Unternehmen setzen auf die Nutzung eigener Kapazitäten, wenn auch unter Einbeziehung externer Informationen.

6.6.4   Die erwartete Wirkung der Maßnahmen auf Zeit, Kosten und Qualität

Um einen Überblick über die erwartete Wirkung der zwanzig Maßnahmen auf die Zeit-, Kosten- und Qualitätsparameter eines Entwicklungsprojektes zu bekommen, wurden die Umfrageteilnehmer um eine diesbezügliche Bewertung gebeten. Die Bewertung sollte vor der Rangreihung auf den jeweiligen Karteikarten erfolgen.[202] Weiterhin wurde um eine Einschätzung gebeten, ob die Maßnahmen kurz-, mittel- oder langfristig umsetzbar wären. Die Bewertung der Zeit-, Kosten- und Qualitätswirkung der Maßnahmen sollte jeweils auf einer siebenstufigen Skala vorgenommen werden.[203] Die Ergebnisse dieser Bewertung sind in Abbildung 66-5 dargestellt.

Im Rahmen der Fallstudienanalysen wurden die Maßnahmen mit dem Ziel bestimmt, die Entwicklungsdauer wirkungsvoll zu verkürzen. Eine erste Analyse hatte gezeigt, daß die meisten Maßnahmen nicht nur positiv auf die Entwicklungsdauer wirken, sondern auch auf den Projektgesamterfolg, gemessen an der Kombination von Zeit-, Kosten- und Qualitätskriterien.[204] Dieses Ergebnis wird durch die großzahlige Untersuchung grundsätzlich bestätigt. Lediglich bei den Maßnahmen "Controlling", "Parallelisierung" und "Fremdvergabe" wird mit einem negativen Einfluß auf die Qualität gerechnet.[205] Die übrigen Maßnahmen wirken positiv auf alle drei Parameter.

Die Wirkung auf die Verkürzung der Entwicklungsdauer wird bei allen zwanzig Maßnahmen als relativ hoch eingeschätzt: Keine Maßnahme hat eine geringere durchschnittliche

---

202 Siehe Abbildung 61-1. Auch hier umfaßt die Bewertung nur diejenigen Maßnahmen, die den Gruppen "auf jeden Fall umsetzen" oder "eventuell umsetzen" zugeordnet wurden, da die übrigen Karten vom weiteren Bewertungs- und Rangreihungsverfahren ausgeschlossen werden sollten.

203 Bei der Interpretation der in Abbildung 66-5 dargestellten Ergebnisse muß die unterschiedliche Skalenbeschriftung berücksichtigt werden: während bei der Bewertung der Zeitwirkung von einer allgemein positiven Wirkung der Maßnahmen ausgegangen wird (Skala: 1= niedrig (positiv), 7= hoch (positiv)), ist bei der Beurteilung der Kosten- und Qualitätswirkung grundsätzlich auch mit negativen Auswirkungen zu rechnen (Skala: 1= negativ, 7= positiv).

204 Siehe Kapitel 5.5.2, besonders Abbildung 55-2.

205 Die durchschnittliche Bewertung der Wirkung der Maßnahmen auf die Qualität ist < 4 (d.h. die Wirkung ist negativ; siehe Abbildung 61-1).

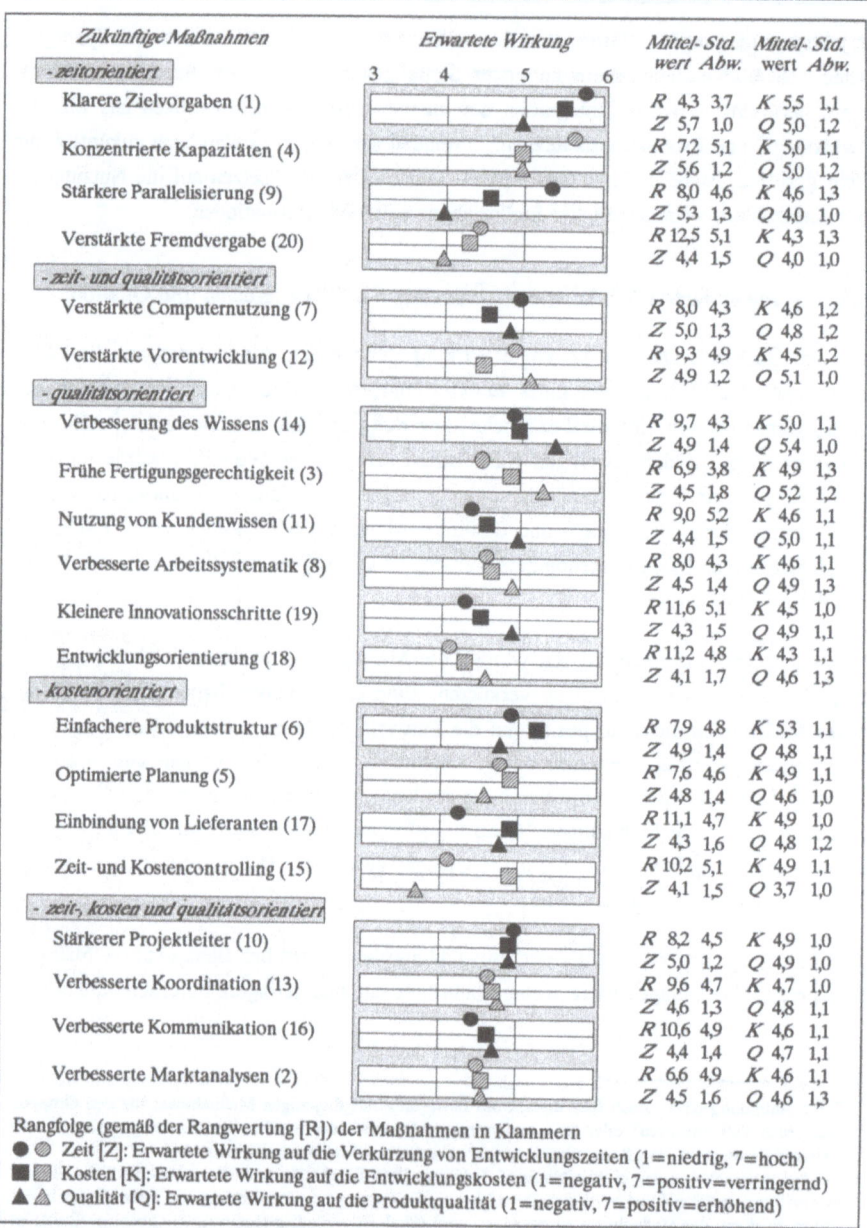

Abbildung 66-5: Erwartete Wirkung der Maßnahmen auf Zeit-, Kosten- und Qualitätsparameter der Entwicklung

Bewertung als 4,1. Anhand der unterschiedlichen Kombination der Zeit-, Kosten- und Qualitätswirkungen lassen sich die Maßnahmen in fünf Kategorien einordnen:

- *Zeitorientierte Maßnahmen*: Von den Maßnahmen "klarere Zielvorgaben", "konzentrierte Kapazitäten" und "stärkere Parallelisierung" wird der stärkste Beitrag zur Verkürzung der Entwicklungsdauer erwartet. Die ebenfalls stark positiven Erwartungen bezüglich der Kosten- und Qualitätswirkungen von "klareren Zielvorgaben" und "konzentrierten Kapazitäten" rechtfertigen ihre insgesamt hohe Priorisierung. Die "Parallelisierung" der Aktivitäten dient hingegen vor allem zeitlichen Aspekten.[206] Eine "Fremdvergabe" von Entwicklungstätigkeiten läßt zwar grundsätzlich ebenfalls positive Zeit- und Kostenwirkungen erwarten, das Niveau liegt jedoch deutlich unter dem der übrigen Maßnahmen. Zusammen mit den negativen Erwartungen bezüglich der Qualität unterstützen sie die insgesamt niedrige Bewertung dieser Maßnahme.

- *Zeit- und qualitätsorientierte Maßnahmen*: Von den Maßnahmen "verstärkte Computernutzung" und "Vorentwicklung" werden sowohl stark positive Zeit- als auch Qualitätswirkungen erwartet. Das Ergebnis deutet auch auf eine Bestätigung der erwarteten Zusammenhänge hin, nach denen sich die durch eine "Vorentwicklung" erreichbare Gewißheit über die technische Machbarkeit einer Entwicklung positiv auf die Zeit- und Kostenparameter auswirkt. Die positive Beurteilung der Maßnahme "Vorentwicklung" ließe jedoch insgesamt eine höhere Priorisierung dieser Maßnahme erwarten.

- *Qualitätsorientierte Maßnahmen*: Sechs Maßnahmen wirken nach Meinung der Befragten besonders auf die Produktqualität. Die meisten dieser Maßnahmen beziehen sich auf die Verfügbarkeit und Nutzung von technischem Know-How. Die "Verbesserung des Wissens", eine "frühe Fertigungsgerechtigkeit" sowie die "Nutzung von Kunden-Know-How" werden an erster Stelle genannt. Die erwarteten Zeitvorteile dieser Maßnahmen liegen in der Regel deutlich unter den erwarteten Kosten- und Qualitätsvorteilen. Auch "kleinere Innovationsschritte" und eine "stärkere Entwicklungsorientierung" wirken nach Einschätzung der Entwicklungsleiter eher auf die Sicherstellung der Qualität, als auf eine Verkürzung der Entwicklungsdauer.[207]

- *Kostenorientierte Maßnahmen*: Von vier der Maßnahmen werden besonders hohe Kostenvorteile erwartet. Eine "einfachere Produktstruktur" und eine "optimierte Planung" stehen dabei an erster Stelle. Sie lassen jedoch auch Zeit- und Qualitätsvorteile erwar-

---

206 Diese Einschätzung unterstützt die Richtigkeit der grundlegenden Annahmen über die Wirkung der Parallelisierung; siehe Kapitel 3.3.2, besonders Abbildung 33-2.

207 Diese Einschätzung steht im Widerspruch zu den bereits erörterten Ergebnissen anderer Untersuchungen; vgl. Bauer, Hannig, Mierzwa 1990, S. 12 ff.; Smith, Reinertsen 1991, S. 63; Cordero 1991, S, 285; Handfield 1994, S. 15.

ten und werden daher insgesamt für wichtig erachtet. Von der "Einbindung von Lieferanten" in den Entwicklungsprozeß werden vor allem Kosten- und Qualitätsvorteile erwartet. Dies läßt darauf schließen, daß die Maßnahme mit Zeitaufwand verbunden ist, durch den potentielle Zeitvorteile kompensiert werden. Die besonders niedrigen Zeit- und Qualitätserwartungen bei stärker durchgeführtem "Zeit- und Kostencontrolling" lassen darauf schließen, daß die theoretischen Erwartungen [208] bezüglich einer positiven Zeitwirkung dieser Maßnahme die hier geäußerten Erwartungen deutlich übertreffen. "Controlling" wird demnach vor allem als kostenorientierte Maßnahme interpretiert.[209] Ihre vergleichsweise geringe Rangwertung stimmt mit den geringen zeitlichen Erwartungen weitgehend überein.

- *Zeit-, kosten- und qualitätsorientierte Maßnahmen*: Vier Maßnahmen lassen in etwa gleichrangige Zeit-, Kosten- und Qualitätswirkungen erwarten. Drei dieser Maßnahmen sind stark prozeßorientiert: "starker Projektleiter", "verbesserte Koordination", "verbesserte Kommunikation". Sie wurden jedoch zuvor als weniger wichtig eingestuft. Die insgesamt geringen Erwartungen bezüglich der auf Rang zwei eingestuften Maßnahme "Marktanalysen" unterstützt die oben geäußerte Skepsis, wieweit diese Einstufung durch konkret umsetzbare Vorteile tatsächlich gerechtfertigt werden kann.

Die Ergebnisse der Einschätzung über die Fristen zur Umsetzung der Maßnahmen sind in Abbildung 66-6 dargestellt. Die meisten Maßnahmen sind demnach mittelfristig umsetzbar. Die beiden als besonders wichtig eingeordneten Maßnahmen "Zielvorgaben" und "Fertigungsgerechtigkeit" könnten nach Meinung der Entwicklungsleiter allerdings kurzfristig umgesetzt werden. Beide Maßnahmen wurden auch bisher bereits in hohem Maße umgesetzt. Die Maßnahmen "verbessertes Wissen" und "intensivere Vorentwicklung", die bisher ebenfalls in relativ hohem Maße umgesetzt wurden sowie eine "stärkere Entwicklungsorientierung" benötigen für ihre vollständige Umsetzung die längsten Fristen. Obwohl auch die Einstufung der Fristen unabhängig von der bisherigen Umsetzung der Maßnahmen erfolgen sollte, läßt sich eine tendenzielle Abhängigkeit der Umsetzungsfrist von der bisherigen Umsetzung der Maßnahmen erkennen. Nur bei wenigen, besonders langfristig umsetzbaren Maßnahmen ist dieser Zusammenhang allerdings signifikant.[210]

---

208 Vgl. z.B. Brockhoff, Urban 1988, S. 40 f.; Schmelzer 1990, S. 51 ff.; Smith, Reinertsen 1991, S. 169 ff.; Mattern 1991, S. 99 ff.

209 Dies steht in einem gewissen Widerspruch zu dem in Abbildung 66-2 dargestellten Ergebnis dieser Maßnahme. Demnach wurde "Controlling" besonders in den Projekten mit sehr hohen Zeitüberschreitungen signifikant geringer durchgeführt.

210 Sämtliche Vorzeichen der Korrelationskoeffizienten sind negativ: Demnach wird eine eher schnellere Umsetzung der Maßnahmen erwartet, wenn sie bisher bereits eingesetzt wurden. Signifikant ist dieser Zusammenhang zum Beispiel für die Maßnahmen "Vorentwicklung" (r= -.4453), "Entwicklungsorientierung" (r= -.3380), "Innovationsschritte" (r= -.4208), aber auch für "Fertigungsgerechtigkeit" (r= -.3311; Alle p < .01).

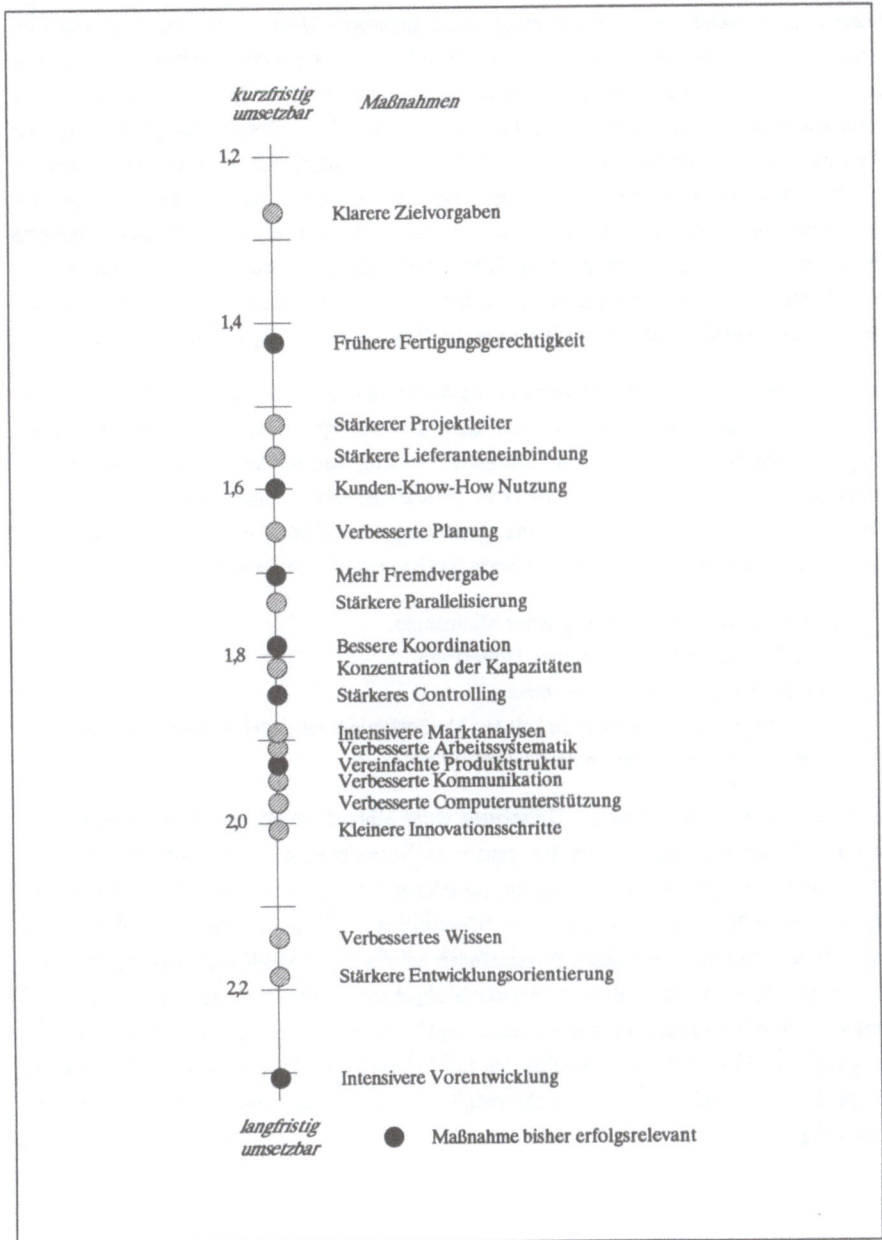

Abbildung 66-6: Einschätzung der zur Umsetzung der Maßnahmen benötigten Fristen

Interessant erscheint hier auch die relativ kurz angesetzte Frist zur "Einbindung von Lieferanten" und "Nutzung von Kunden-Know-How". Sie widerspricht insofern den Erwartungen, als zur effizienten und reibungslosen Einbindung externen Wissens eine langfristig aufgebaute Lieferanten- bzw. Kundenbeziehung erforderlich wäre.[211] Möglicherweise hat besonders eine zu schnelle und wenig vorbereitete Einbindung von Kunden und Lieferanten in der Vergangenheit zu den festgestellten negativen Auswirkungen auf die Zeit- und Ressourcenparameter der Entwicklungsprojekte geführt. Durch eine eher langfristig orientierte Einbindung könnte die Wirkung dieser Maßnahmen daher möglicherweise verbessert werden. Ähnlich kann auch bezüglich der Maßnahme "Fremdvergabe" argumentiert werden, deren Umsetzungsfrist hier ebenfalls als vergleichsweise kurzfristig angegeben wird.

Insgesamt zeigt sich, daß die vorgenommene Rangordnung der Maßnahmen nicht allein anhand der erwarteten Zeit-, Kosten- und Qualitätswirkungen oder der erwarteten Umsetzungsfrist begründet werden kann. Einige als wichtig eingeschätzte Maßnahmen bleiben hinter den Nutzenerwartungen zurück (z.B. "Marktanalysen"), andere übertreffen sie (z.B. "Wissen"). In die Entscheidung über die Umsetzung einer Maßnahme werden offensichtlich auch andere Faktoren einbezogen. Denkbare Kriterien sind zum Beispiel:

- die Motivation zur Umsetzung einer Maßnahme,
- mögliche Widerstände gegen eine Umsetzung,
- das Niveau der bisherigen Umsetzung,
- die wahrgenommene Notwendigkeit zur Verbesserung der gegenwärtigen Situation,
- die wirtschaftliche Situation des Unternehmens.

Neben der Entscheidung über die Umsetzung einer Maßnahme können diese Kriterien aber auch die Erwartung bezüglich der drei genannten Nutzenparameter Zeit, Kosten und Qualität oder die Umsetzungsfrist beeinflussen. So könnte die geäußerte Nutzenerwartung einiger Maßnahmen (z.B. "Fremdvergabe" oder "Controlling") ebenso wie die erwarteten Fristen beispielsweise von den erwarteten Widerständen bei einer potentiellen Umsetzung der Maßnahmen abhängen. Könnten diese Widerstände abgebaut werden, so könnte sich eine Änderung der Nutzenerwartung oder der Umsetzungsfrist und daraus eine veränderte Rangordnung ergeben. Konkrete Aussagen über den Einfluß einzelner Kriterien auf die Bewertungen der Maßnahmen sind hier jedoch nicht möglich. Dazu wären weitere Forschungsarbeiten notwendig.

---

211 Diese Einschätzung wurde von den Projektleitern in den Fallstudienprojekten häufig betont; siehe dazu auch Kapitel 5.5.1.

6.6.5 Zusammenfassende Beurteilung der Maßnahmen

Insgesamt läßt sich festhalten, daß unterschiedliche Möglichkeiten zur Erhöhung der Entwicklungsgeschwindigkeit existieren, deren Gewichtung auf die projektspezifischen Strukturen ausgerichtet sein muß. Analog zur Bestimmung potentieller Einflußgrößen auf die Entwicklungsdauer, wurden die Maßnahmen in einem dreistufigen Prozeß ermittelt und nach gemeinsamen Merkmalen geordnet:

1. In den vierzehn untersuchten Entwicklungsprojekten wurden zunächst projektindividuelle Maßnahmen bestimmt, von denen die Projektleiter konkrete Verbesserungen erwarten.

2. Mit Hilfe einer Inhaltsanalyse wurden aus diesen projektspezifischen Maßnahmen zwanzig generelle Maßnahmen zur Entwicklungsdauerverkürzung herausgefiltert, im Rahmen des Arbeitskreises diskutiert und für die vierzehn Projekte bewertet.

3. Mit Hilfe von uni- und multivariaten Analysemethoden wurden sechs Maßnahmenbereiche ermittelt, die grundsätzlich unterschiedliche Ansatzpunkte zur Erhöhung der Entwicklungsgeschwindigkeit eröffnen.

Die Betrachtung der bisher eingesetzten Maßnahmen hat gezeigt, daß sich das Augenmerk der Entwicklungsleiter besonders auf die Erreichung "klarerer Zielvorgaben" und einer "frühzeitigen Fertigungsgerechtigkeit" gerichtet hat. Die Maßnahmen "kleinere Innovationsschritte" und "Fremdentwicklung" wurden bisher am wenigsten eingesetzt. Sieben Maßnahmen zeigen sich als erfolgsrelevant.[212] Faßt man die zwanzig untersuchten Maßnahmen mit Hilfe einer Faktorenanalyse zusammen, so ergeben sich sechs übergeordnete Maßnahmenbereiche.

Die Bereiche "Projektspezifizierung", "Informationsbereitstellung" und "Produkt-Prozeß-Synergie" sollen zukünftig am stärksten umgesetzt werden. Die Einschätzung der Entwicklungsleiter von erfolgreichen und nicht erfolgreichen Projekten stimmt dabei weitgehend überein. Einzelne, besonders als erfolgsrelevant identifizierte Maßnahmen werden in den erfolgreichen Projekten jedoch auch zukünftig für wichtiger erachtet.[213] "Klarere Zielvorgaben" wird als die mit großem Abstand wichtigste Maßnahme angesehen. Sie kann auch als eine Voraussetzung für die Umsetzung anderer Maßnahmen angesehen werden.

---

212 "Frühe Fertigungsgerechtigkeit", "einfachere Produktstruktur", "verbesserte Koordination", "verstärkte Vorentwicklung", "Nutzung von Kundenwissen", "Zeit- und Kostencontrolling" und "verstärkte Fremdvergabe", siehe Tabelle 66-3.

213 Dies gilt besonders für "einfachere Produktstruktur", "verstärkte Vorentwicklung" und "verbessertes Controlling". "Klarere Zielvorgaben" werden von den erfolgreichen Entwicklungsleitern für signifikant wichtiger erachtet.

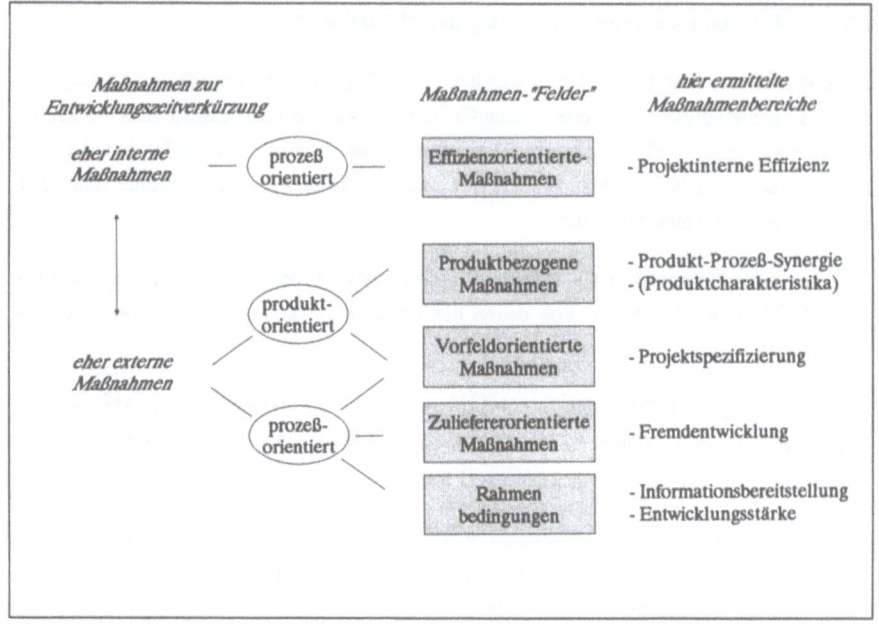

Abbildung 66-7: Fünf Maßnahmen-"Felder" zur Verkürzung der Entwicklungsdauer

Aufbauend auf den Ergebnissen der Fallstudien und in Anlehnung an die Strukturierung der Einflußbereiche lassen sich auch die ermittelten Maßnahmenbereiche einordnen. Zunächst lassen sich interne und externe Maßnahmenbereiche unterscheiden. Weiterhin kann zwischen eher prozeß- und eher produktorientierten Maßnahmenbereichen unterschieden werden. Ordnet man die sechs ermittelten Maßnahmenbereiche diesem bereits bekannten Schema zu, so ergibt sich die in Abbildung 66-7 dargestellte Struktur. Die Tatsache, daß sich die als intern eingestuften Maßnahmen in erster Linie auf die Verbesserung des Prozesses konzentrieren, deutet darauf hin, daß die Produktparameter im wesentlichen projektextern beeinflußt werden können. Interne produktorientierte Maßnahmenbereiche wurden nicht festgestellt. Inhaltlich lassen sich fünf Maßnahmen-"Felder" unterscheiden, denen die Maßnahmenbereiche zugeordnet werden können:

- *Effizienzorientierte Maßnahmen*: Die in diesem Feld ermittelten Maßnahmen sind prozeßorientiert und konzentrieren sich besonders auf die Steigerung der projektinternen Effizienz. Besonders durch eine verbesserte Planung und Koordination der Tätigkeiten sowie durch die Konzentration vorhandener Kapazitäten auf weniger parallele Projekte werden Verbesserungen erwartet. Die Untersuchung hat gezeigt, daß erfolgreiche Projekte dem Maßnahmenbereich "projektinterne Effizienz" bisher eine signifikant höhere

Aufmerksamkeit gewidmet haben als nicht erfolgreiche. Die Analyse zukünftig umzusetzender Maßnahmen deutet jedoch darauf hin, daß die allein aus projektinternen Maßnahmen zu erwartetenden Effizienzsteigerungen begrenzt sind. Im Durchschnitt der Projekte wird ein Umsetzungsniveau angestrebt, welches die erfolgreichen Projekte bereits erreicht haben. Zukünftige Maßnahmen sollen sich nach Meinung der befragten Entwicklungsleiter stärker auf externe Maßnahmenbereiche konzentrieren.

- *Produktbezogene Maßnahmen*: Die in diesem Feld betrachteten Maßnahmen konzentrieren sich besonders auf Aspekte der Strukturierung und Produktion des zu entwickelnden Produktes. Den Maßnahmen, mit denen eine frühzeitige Sicherstellung der Fertigungsgerechtigkeit von Konstruktionen sowie eine Vereinfachung der Produktstruktur angestrebt wird, wurde bisher besonders in den erfolgreichen Projekten ein hohes Maß an Aufmerksamkeit geschenkt. Auch die Ergebnisse der Untersuchungen über den Einfluß bestimmter Produktcharakteristika unterstreichen die Bedeutung der Produktstruktur für die Entwicklung: Besonders die Anzahl der Bauteile und der Anteil der Wiederverwendungsteile haben einen Einfluß auf die Zeit- und Ressourcenparameter der untersuchten Entwicklungsprojekte ausgeübt.[214] Die Summe dieser Ergebnisse bestätigt die Grundannahme, daß die Entwicklungsdauer durch die Komplexität des zu entwickelnden Produktes wesentlich beeinflußt wird.[215] Maßnahmen, die auf eine Verringerung der Produktkomplexität und eine Integration von Produktionsgesichtspunkten abzielen, können dementsprechend zur Verkürzung der Entwicklungsdauer beitragen.

- *Vorfeldorientierte Maßnahmen*: Ein weiteres Feld von Maßnahmen zur Verkürzung der Entwicklungsdauer umfaßt Maßnahmen, die das Vorfeld eines Entwicklungsprojektes betreffen. Die Untersuchung der bisher eingesetzten Maßnahmen hat die Erfolgsrelevanz des vorfeldorientierten Maßnahmenbereichs der Projektspezifizierung gezeigt. Dieser konzentriert auf die Klärung der Zielvorgaben und auf die Durchführung einer Vorentwicklung zur Begrenzung der technischen Unsicherheit. Sämtliche vorfeldorientierte Aktivitäten dienen letztlich der Verringerung von Unsicherheit.[216] Zwar ist ein gewisses Maß an Unsicherheit charakteristisch für jede Entwicklung, durch vorbereitende und klärende Vorfeldaktivitäten kann das Risiko hoher Zeit- und Ressourcenüberschreitungen jedoch begrenzt werden. Die Tatsache, daß den vorfeldorientierten

---

214 Siehe Kapitel 6.4.2
215 Siehe Kapitel 3.3.2.
216 Die Untersuchung des Einflusses der Unsicherheit hatte bereits gezeigt, daß besonders der Grad der wahrgenommenen Zeitunsicherheit einen Einfluß auf den Projekterfolg ausübt. Unsicherheiten bezüglich der Kosten und Qualität und auch technische Unsicherheit münden letztlich in der Unsicherheit über die notwendige Entwicklungsdauer; siehe Kapitel 6.5.1, besonders Abbildung 65-1.

Maßnahmen zukünftig die größte Aufmerksamkeit geschenkt werden soll, unterstreicht die hohe Bedeutung dieses Maßnahmen-"Feldes".

- *Zuliefererorientierte Maßnahmen*: Die Einbindung von Zulieferern sowie die Fremdvergabe von Entwicklungstätigkeiten hat in der Vergangenheit nicht zu den erhofften Verbesserungen geführt. Im Gegenteil, die Projekte, in denen auf den Maßnahmenbereich Fremdentwicklung gesetzt wurde, waren durchschnittlich weniger erfolgreich, als die anderen Projekte.[217] Die Ergebnisse lassen darauf schließen, daß Entwicklungsprozesse nur unzureichend auf die Integration von externem Know-How ausgerichtet sind.[218] Auch die Feststellung, daß besonders risikobehaftete Teile fremdvergeben werden, ist unter diesem Gesichtspunkt zu berücksichtigen.[219] Um auch Zulieferer effizient zur Verkürzung der Entwicklungsdauer nutzen zu können, müßten nach Meinung einiger Entwicklungsleiter zum einen die Prozesse für externes Know-How stärker "geöffnet" werden und zum anderen ein höheres und auf Langfristigkeit angelegtes Maß an Vertrauen zwischen Zulieferer und Entwickler aufgebaut werden.[220] Unter Berücksichtigung der gegenwärtigen, eher auf interne Entwicklung konzentrierten Situation, messen die Entwicklungsleiter diesem Feld jedoch nur eine sehr geringe Bedeutung bei.

- *Rahmenbedingungen*: Ein weiteres Maßnahmen-"Feld" konzentriert sich auf die entwicklerischen Rahmenbedingungen. Diesem Feld können Maßnahmen, wie eine stärkere Entwicklungsorientierung oder die Stärkung der Position des Projektleiters zugeordnet werden. Sie betreffen in der Regel grundsätzlich Aspekte der Durchführung von Entwicklungen. Besondere Bedeutung wird dabei dem Maßnahmenbereich der Informationbereitstellung beigemessen. Während dieser Bereich sowohl in den nicht erfolgreichen als auch in erfolgreichen Projekten bisher nur in relativ geringem Maß umgesetzt wurde, messen die Entwicklungsleiter ihm zukünftig eine hohe Bedeutung bei. Die genaue Betrachtung hat gezeigt, daß die gesteigerte Aufmerksamkeit besonders der Kooperation zwischen dem Entwicklungs- und dem Marketingbereich gilt, wodurch eine Verbesserung von Marktanalysen erreicht werden soll. Abgesehen vom Aspekt der Informationsbereitstellung messen die Entwicklungsleiter den Rahmenbedingungen eine eher geringe Bedeutung bei.

---

217 Dies ging auch aus der Analyse der Produktcharakteristika hervor. Danach haben erfolgreiche Projekte einen geringeren Fremdentwicklungsanteil, als nicht erfolgreiche Projekte; siehe Kapitel 6.4.2.
218 Dies gilt prinzipiell auch für die Nutzung und Einbeziehung von Kunden-Know-How.
219 Siehe Kapitel 6.4.2, Punkt 5.
220 Diese Einschätzung wurde im Rahmen der Fallstudien und in der Diskussion im Arbeitskreis geäußert; siehe auch Kapitel 5.5.1.

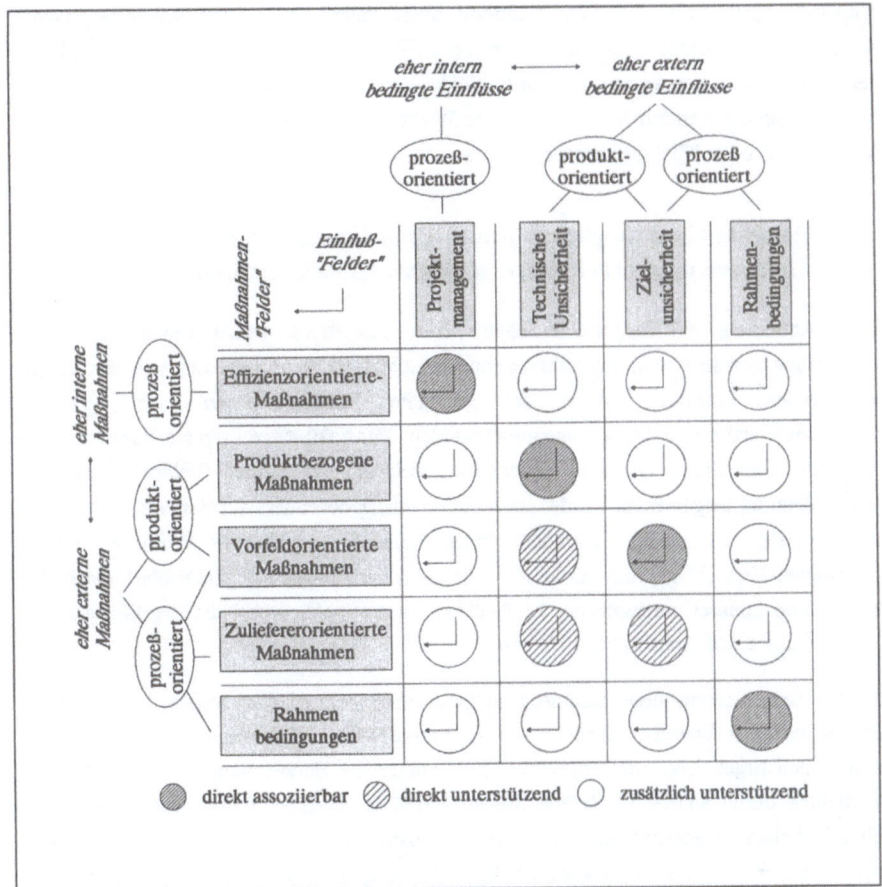

Abbildung 66-8: Zuordnung möglicher Einfluß- und Maßnahmen-"Felder"

Kombiniert man die Strukturschemata der Einfluß- und Maßnahmen-"Felder",[221] so ergibt sich die in Abbildung 66-8 dargestellte Matrix. Jedem Einfluß-"Feld" läßt sich ein direkt assoziierbares Maßnahmen-"Feld" zuordnen. Alle anderen Maßnahmen-"Felder" können die Wirkung zusätzlich unterstützen. Einige der Maßnahmen-"Felder" können im Einzelfall direkte Unterstützung bieten: So läßt sich beispielsweise "Zielunsicherheit" vor allem durch "vorfeldorientierte Maßnahmen" (zum Beispiel durch "klarere Zielvorgaben" oder auch "Vorentwicklung") bekämpfen. "Zuliefererorientierte Maßnahmen" (z.B. die frühzeitige "Einbindung von Lieferanten") können dabei direkt unterstützend wirken. Andere Maß-

---

221 Siehe Abbildung 65-3 (Kapitel 6.5.3.) und Abbildung 66-7.

nahmen-"Felder" (z.B. "effizienzorientierte Maßnahmen" oder "Rahmenbedin-gungen") können darüber hinaus zusätzlich unterstützen.[222] Das Feld der "zuliefererorientierten Maßnahmen" läßt sich keinem der Einflußfelder direkt zuordnen. Dennoch kann es unterstützende Alternativen zur Verringerung der Wirkung von Einflußfeldern (z.B. "technische Unsicherheit" oder "Zielunsicherheit") bieten.

6.7 Aspekte einer möglichen praktischen Umsetzung der aus den Untersuchungsergebnissen gewonnenen Erkenntnisse

Das in Abbildung 66-8 dargestellte Schema kann auch für den praktischen Einsatz in der Entwicklung geeignet sein. Im Rahmen eines abschließenden Projekt-Reviews können die verzögernden Einflüsse anhand der gezeigten Struktur (intern/extern, produkt-/prozeßorientiert) ermittelt und zugeordnet werden. Für zukünftige Projekte lassen sich anschließend Maßnahmen ableiten: Je nachdem, welchem der Einfluß-"Felder" zuvor eine hohe Bedeutung beigemessen wurde, ist das Augenmerk besonders auf das assoziierte Maßnahmen-"Feld" zu richten. Darüber hinaus kann die ergänzende Wirkung weiterer Maßnahmen-"Felder" geprüft werden.[223] Für jedes der für wichtig gehaltenen Felder sind abschließend konkret umzusetzende Maßnahmen zu ermitteln, wobei die Ergebnisse dieser Untersuchung einen Anhalt geben können.

Bei der Entscheidung über zukünftig umzusetzende Maßnahmen sollten jedoch einige Aspekte beachtet werden: Zunächst ist zu berücksichtigen, daß es sich bei den hier dargestellten Ergebnissen um subjektive Beurteilungen der Entwicklungsleiter handelt. Eine Beurteilung durch andere involvierte Stellen könnte zu anderen Ergebnissen führen. Die teilweise hohen Standardabweichungen deuten außerdem darauf hin, daß es projektspezifisch zu anderen Bewertungen kommen kann. Für eine projektspezifische praktische Entscheidung über die Umsetzung einer Maßnahme sollten daher folgende Fragestellungen berücksichtigt werden:

- Wie sieht ein möglicher optimaler Projektverlauf aus, und welchen Beitrag leistet die Maßnahme zur Erreichung dieses Optimalverlaufes -oder anders- welches ist der kon-

---

222 Ein anderes konkretes Beispiel: Bei wahrgenommener "technischer Unsicherheit" liegt zunächst eine Verbesserung der "Produkt-Prozeß-Synergie" nahe (z.B. durch die "Vereinfachung der Produktstruktur" oder die "frühzeitige Sicherstellung der Fertigungsgerechtigkeit"). Eine direkt unterstützende Wirkung kann durch "vorfeldorientierte Maßnahmen" (z.B. "Vorentwicklung") oder auch durch "extern orientierte Maßnahmen" (z.B. die frühzeitige "Einbindung von Lieferanten") erzielt werden. Alle übrigen Maßnahmen-Felder (z.B. "Rahmenbedingungen") können zusätzlich unterstützen.
223 Dazu kann die Matrix der Einfluß- und Maßnahmen-"Felder" durch eine Unterteilung in (1) ermittelte Einfluß- bzw. Maßnahmenbereiche und in (2) konkrete Einflußgrößen und Maßnahmen weiter verfeinert werden.

kret zu erwartetende Nutzen einer Maßnahme in Bezug auf die Zielsetzung des Projektes? (Z.B. welche Erwartungen bestehen bezüglich der Auswirkungen auf Zeit, Kosten und Qualität?)[224]

- Welche potentiellen Einflüsse könnten die erwartete Wirkung einer Maßnahme beeinträchtigen?[225]

- Inwieweit sind mögliche Widerstände gegen einzelne Maßnahmen zu erwarten und inwieweit lassen sich diese Widerstände abbauen?[226]

- Inwieweit wurde eine Maßnahme bereits umgesetzt und welche Erfahrungen wurden dabei gewonnen? Welche Wiederholungsfehler sind zu erwarten?[227]

---

224 Einen Anhalt für die zu erwartenden Auswirkungen der hier ermittelten Maßnahmen kann die Abbildung 66-5 geben.

225 Wie eine Untersuchung von Crawford zeigt, können mit einigen Maßnahmen zur Verkürzung der Entwicklungsdauer auch verdeckte Negativeinflüsse verbunden sein, wenn bestimmte Randbedingungen eintreten. Beispielsweise kann die Parallelisierung von Entwicklungstätigkeiten bei gleichzeitig hohem Termindruck zu Ineffizienzen führen, die das Ergebnis insgesamt negativ beeinflussen; vgl. Crawford 1992b, S. 189 ff.

226 Dabei empfiehlt es sich auch, die "tieferen Ursachen" der Widerstände zu ergründen. In Anlehnung an die von Hauschildt erörterten Innovationswiderstände könnten beispielsweise "Barrieren des Nicht-Wissens" oder ".. des Nicht-Wollens" verantwortlich sein; Hauschildt 1993, S. 95. Auch die Rolle möglicher Promotoren einzelner Maßnahmen sollte berücksichtigt werden; vgl. z.B. ebenda, S. 125.

227 Eine Untersuchung von Meyers und Wilemon hat zum beispielsweise ergeben, daß "unklare Zielvorgaben" zu den am häufigsten auftretenden Wiederholungsfehlern gehört; vgl. Meyers, Wilemon 1989, S. 83 ff. Bei der Beurteilung der Maßnahmen sollten mögliche Wiederholungen potentieller Einflußgrößen daher berücksichtigt werden.

7. Zusammenfassung und Ausblick

Veränderungen des wettbewerblichen Umfeldes und die Verkürzung der Produktlebenszyklen im Maschinenbau erfordern eine Beschleunigung der Entwicklung neuer Produkte. Dem Zeitmanagement in der Entwicklung kommt dabei eine wichtige Rolle zu. Ziel der vorliegenden Arbeit war es daher, Konzepte für eine Verkürzung der Entwicklungsdauer im Maschinenbau zu entwickeln und potentielle Wirkungen zu untersuchen.

Zusammenfassung

Wie die Betrachtungen über die Zeit als Wettbewerbsfaktor gezeigt haben, sollte sich das Zeitmanagement im Entwicklungsbereich besonders auf vier Aspekte konzentrieren:[1]

- *Ein optimales Timing des Ressourceneinsatzes.* Dies ist durch den zeitbewußten Einsatz knapper Entwicklungsressourcen und die Anwendung geeigneter Zeitplanungs- und Zeitcontrollinginstrumente zu erreichen.
- *Die Steigerung der Entwicklungsleistung* durch die Erhöhung der Entwicklungsgeschwindigkeit. Dazu ist eine effizientere Nutzung der Ressource Zeit und die Parallelisierung von Aktivitäten notwendig.
- *Die Erhöhung der Aktions- und Reaktionsgeschwindigkeit am Markt.* Wettbewerbsvorteile sind nur dann zu erreichen, wenn die durch ein optimales Timing der Entwicklungsressourcen und die Steigerung der Leistung erzielten Zeitvorteile am Markt umgesetzt werden können.
- *Das Timing des Markteintrittes.* Übergeordnetes Ziel des Zeitmanagements ist die Markteinführung eines neuen Produktes zum richtigen Zeitpunkt. Ein optimales Timing der Ressourcen, eine hohe Entwicklungsleistung und eine hohe Reaktionsgeschwindigkeit am Markt sind die Voraussetzungen dafür.

Die Forderung nach einem optimalen Markteintrittszeitpunkt für neue Produkte impliziert die Frage nach der optimalen Entwicklungsdauer. Die optimale Entwicklungsdauer wird erreicht, wenn sich ein gemeinsames Optimum von Entwicklungsaufwendungen und gewinnoptimaler Produktqualität einstellt.[2] Eine Verkürzung der Entwicklungszeit ist solange notwendig, bis die optimale Entwicklungsdauer erreicht wird. Die Untersuchungsergebnisse deuten jedoch darauf hin, daß sie in der Regel überschritten wird: In den insgesamt 120 hier untersuchten Entwicklungsprojekten wurde die geplante Entwicklungsdauer ebenso wie die

---

1 Siehe Abbildung 22-6 in Kapitel 2.2.3.
2 Siehe Abbildung 22-7 in Kapitel 2.2.4.

geplanten Ressourcen um durchschnittlich 30% überschritten.[3] Mehr als 90% der befragten Entwicklungsleiter im Maschinenbau halten eine Verkürzung der Entwicklungsdauer daher für wichtig oder sehr wichtig.

Betrachtet man die Struktur des Entwicklungsprozesses im Maschinenbau sowie die Denk- und Handlungsabläufe der elementaren Konstruktion von Maschinensystemen, so lassen sich drei theoretische Ansätze zur Verkürzung der Entwicklungsdauer erkennen, die eng mitein- ander verknüpft sind:[4]

-   *Das Entwicklungsobjekt*: Durch eine Vereinfachung der Struktur des Entwicklungsob- jektes läßt sich eine Verringerung der Entwicklungskomplexität erreichen.
-   *Der Entwicklungsprozeß*: Durch die Steigerung der Effizienz der Problemlösungszyklen auf der einen und durch ihre gleichzeitige Parallelisierung auf der anderen Seite, lassen sich sowohl Zeit als auch Ressourceneinsparungen erreichen.
-   *Die Erfahrung*: Durch zunehmende Erfahrungen mit dem Entwicklungsobjekt, dem Entwicklungsprozeß und ihren Wechselwirkungen können Lerneffekte auftreten. Da- durch können Maßnahmen noch schneller und wirksamer umgesetzt werden.

Die Grundfragestellung für die empirische Untersuchung ergibt sich aus der Zielsetzung: *Mit welchen Maßnahmen können Entwicklungszeiten im Maschinenbau verkürzt werden?*

Die aufgestellte Untersuchungskonzeption zur Beantwortung dieser Frage sah drei Untersu- chungselemente vor, die einen meßbaren Einfluß auf das Entwicklungsergebnis erwarten lassen:[5]

-   *Produkt- und Projektcharakteristika*: Sie werden als veränderbare Rahmengrößen der Entwicklung angesehen, welche die spezifische Struktur des Entwicklungsobjektes und des -prozesses im Maschinenbau beschreiben.
-   *Einflußgrößen*: Sie führen zu Verzögerungen der Entwicklungsprojekte.
-   *Maßnahmen*: Sie werden aufgrund der kumulierten Erfahrungen ergriffen, um das Entwicklungsergebnis zukünftiger Entwicklungsprojekte positiv zu beeinflussen.

Die empirische Untersuchung wurde in zwei Stufen durchgeführt:

-   *1. Stufe*: Sie umfaßte eine Untersuchung von vierzehn Entwicklungsprojekten im Ma- schinenbau im Rahmen explorativer Fallstudien. Ziel der ersten Stufe war die Ermitt-

---

3   Siehe Abbildungen 52-2 bzw. 63-1 in Kapitel 5.2.1 bzw. 6.3. (14 Projekte der Fallstudien und 106 Projekte der großzahligen Untersuchung).
4   Siehe auch Abbildungen 33-1 und 33-2 in Kapitel 3.3.
5   Siehe Abbildung 41-1 in Kapitel 4.1.

lung konkreter Zeitverkürzungspotentiale sowie die Spezifizierung der genannten Untersuchungselemente.

- 2. *Stufe*: Sie umfaßte eine großzahlige Untersuchung zur Überprüfung und Erweiterung der Ergebnisse der Fallstudien. Ein wesentliches Ziel dieser Stufe war es, signifikante Unterschiede von erfolgreichen und nicht erfolgreichen Projekten zu untersuchen. 106 beantwortete Fragebögen aus dem deutschen Maschinenbau liegen den Ergebnissen zugrunde.

Als Erfolgskriterien für die Projekte der großzahligen Untersuchung wurden die Plan-Ist-Abweichungen des Zeit- und Ressourcenverbrauches herangezogen. Sie haben Einfluß auf den Gesamtnutzen der Entwicklung, werden im Rahmen der Entwicklung wesentlich beeinflußt und sind vergleichsweise zuverlässig meßbar. Während die durchschnittlichen Zeit- bzw. Ressourcenüberschreitungen in den erfolgreichen Projekten nur 17% bzw. 14% betrugen, lagen sie in den nicht erfolgreichen Projekten bei 71% bzw. 68%.[6] Die erfolgreichen Projekte hatten darüber hinaus eine signifikant kürzere Entwicklungsdauer (durchschnittlich 62 gegenüber 89 Wochen).[7]

Insgesamt können folgende Ergebnisse festgehalten werden:

1. Verkürzungspotentiale

Die Projektleiter der vierzehn Fallstudienprojekte halten Zeitverkürzungen von durchschnittlich 33% und Ressourceneinsparungen von 26% für möglich, wenn alle internen und externen Verbesserungspotentiale ausgeschöpft werden. In kleinen Projekten sind die möglichen Zeiteinsparungen deutlich höher (38%), die erwarteten Ressourceneinsparungen hingegen eher geringer (22%).[8] Die Erwartungen der in der großzahligen Untersuchung befragten Entwicklungsleiter liegen etwas darunter.[9]

Betrachtet man die einzelnen Phasen des Entwicklungsprozesses, so sollten in der Vorphase eher zusätzliche Ressourcen eingesetzt werden. Zeiteinsparungen von knapp 50% sind in der Vorphase jedoch möglich, wenn eine Verdopplung der Anzahl parallel durchgeführter Aktivitäten erreicht werden kann. In der Entwicklungsphase lassen sich durch Effizienzverbesserungen rund 30% Zeit und Ressourcen sparen. Weitere Zeiteinsparungen können durch eine rund 50%ige Überlappung der Entwicklungs- und Testphase erzielt werden.[10]

---

6   Siehe Abbildungen 63-1 und 63-2 in Kapitel 6.3.
7   Siehe Abbildung 63-3 in Kapitel 6.3.
8   Siehe Abbildung 56-1 in Kapitel 5.6.
9   Siehe Abbildung 63-4 in Kapitel 6.3.2.
10   Siehe Abbildung 52-10 in Kapitel 5.2.5.

Insgesamt war die Effizienz der Mitarbeiter in Projekten mit höherem Parallelisierungsgrad tendenziell besser.

2. Produkt- und Projektcharakteristika

Die Struktur der Entwicklungsobjekte im Maschinenbau ist sehr unterschiedlich.[11] Eine Verallgemeinerung der Auswirkungen der Produkt- und Projektcharakteristika auf Entwicklungszeiten und -ressourcen ist daher nicht grundsätzlich möglich. Insgesamt ist jedoch offensichtlich, daß die Komplexität des Entwicklungsobjektes die Management- und die Problemkomplexität des Entwicklungsprozesses wesentlich bestimmt. Der Erfolg hängt davon ab, wie die Komplexität dieses Prozesses im Unternehmen bewältigt wird.

Die Untersuchung einzelner Komplexitätsmerkmale unterstützt diese Schlußfolgerung. So hat die zu Beginn des Projektes wahrgenommene Unsicherheit über die Erreichung der Zeit- und Qualitätsziele einen signifikanten Einfluß auf den Erfolg des Entwicklungsprojektes.[12] Die Hypothese, daß die Anzahl der Bauteile insgesamt sowie die Anzahl der neu zu entwickelnden Teile den Projekterfolg beeinflussen, wird jedoch nicht bestätigt. Dies läßt darauf schließen, daß weniger die Teilezahl selbst, als vielmehr der Grad der mit einzelnen Teilen verbundenen Unsicherheit für potentielle Zeit- und Ressourcenüberschreitungen verantwortlich ist. Auch die Modularität der Produkte sowie der Anteil der Wiederverwendungsteile zeigen einen signifikanten Einfluß auf den Projekterfolg.[13] Im Vergleich zu anderen Branchen, wie beispielsweise der Automobilindustrie, ist die Modularität der Maschinenbauprodukte jedoch gering. In den erfolgreichen Projekten wurden nur durchschnittlich 12 %, in den nicht erfolgreichen nur 8 % der Teile wiederverwendet.

3. Einflußgrößen

Im Rahmen der Fallstudien wurden sechzehn Einflußgrößen ermittelt, die zu Verzögerungen in den untersuchten Projekten geführt haben. Aus der Analyse ihrer Bedeutung für die Projekterfolg ergaben sich vier erfolgsrelevante Einfluß-"Felder":[14]

- *Unzureichendes Projektmangement* (intern/ prozeßorientiert)
- *Technische Unsicherheit* (extern/ produktorientiert)
- *Zielunsicherheit* (extern/ produkt- und prozeßorientiert)
- *Ressourcenmangel und Termindruck* (Rahmenbedingungen - extern/ prozeßorientiert)

---

11   Siehe z.B. Tabelle 51-1 in Kapitel 5.1.2.
12   Siehe Tabelle 64-1 in Kapitel 6.4.1.
13   Siehe Abbildung 64-2 in Kapitel 6.4.2.
14   Siehe Abbildung 65-1, Tabelle 65-1 und Abbildung 65-3 in Kapitel 6.5.

Die Strukturierung der Einflußfelder danach, ob diese eher projektintern oder projektextern beeinflußbar sind und sich eher auf die Produktstruktur oder den Entwicklungsprozeß beziehen, läßt bereits Ansätze für mögliche Maßnahmen erkennen.

Nicht ausreichende Entwicklungsressourcen, hoher Termindruck und technische Unsicherheit, denen die höchste Bedeutung für Verzögerungen beigemessen wurde, zeigen einen hochsignifikanten Einfluß auf den Erfolg der Projekte. Die Ergebnisse deuten darauf hin, daß *Ressourcenmangel*, der sich auf Humanressourcen ebenso wie auf computerunterstützende Werkzeuge bezieht, in engem Zusammenhang zu einer unzureichenden Entwicklungsorganisation und verzögerten Entscheidungen stehen. Hoher *Termindruck* hat hingegen einen signifikant positiven Einfluß auf den Erfolg der Projekte. Er kann eine Parallelisierung von Aktivitäten fördern und gleichzeitig potentielle Überperfektionierungen verhindern. Beide Faktoren können auch als Rahmenbedingungen für ein Entwicklungsprojekt aufgefaßt werden. *Technische Unsicherheit* ist ein im wesentlichen produktorientierter Einflußfaktor.

Der Einflußbereich *Zielunsicherheit* bezieht sich besonders auf das Vorfeld der Entwicklung. Er umfaßt unklare Produktanforderungen ebenso wie Unsicherheiten über Kunden und Märkte. Eher intern orientierte Einflußgrößen, wie mangelhafte Kommunikation, Koordination, Planung und Effizienz haben ebenfalls signifikante Auswirkungen auf den Erfolg. Sie zeigen an, daß es wichtige interne Verbesserungspotentiale im Bereich des *Projektmanagements* gibt.

4. Maßnahmen

Insgesamt wurden zwanzig Maßnahmen ermittelt, die eine Verkürzung der Entwicklungsdauer erwarten lassen. Bei der Auswertung der Maßnahmen wurden zwei Sichtweisen betrachtet: zum einen die bisherige Umsetzung der Maßnahmen und zum anderen ihre zukünftige Umsetzung in ähnlichen Projekten und die dabei erwartete Wirkung auf Zeit, Kosten und Qualität.

Analog zur Auswertung der Einflußgrößen wurden fünf Maßnahmen-"Felder" ermittelt, die sich auch aus den genannten Einflußfeldern ableiten lassen.[15] Auch hier können interne bzw. externe und prozeß- bzw. produktorientierte Ansätze unterschieden werden:

- *Effizienzorientierte Maßnahmen* (intern/ prozeßorientiert)
- *Produktbezogene Maßnahmen* (extern/ produktorientiert)
- *Vorfeldorientierte Maßnahmen* (extern/ produkt- und prozeßorientiert)

---

15 Siehe Abbildung 66-1, Tabelle 66-1 und 66-3, Abbildung 66-3 und 66-4 sowie Abbildung 66-7 in Kapitel 6.6.

- *Zuliefererorientierte Maßnahmen* (extern/ prozeßorientiert)
- *Informationsbereitstellung und Entwicklungsstärke* (Rahmenbedingungen - extern/ prozeßorientiert)

Die Bereiche der effizienz- und vorfeldorientierten Maßnahmen sind besonders erfolgsrelevant. Der *effizienzorientierte* Maßnahmenbereich konzentriert sich besonders auf projektinterne Maßnahmen und kann als Antwort auf das Einflußfeld Projektmanagement interpretiert werden. Besonders eine verbesserte Planung und Koordination wurde in den erfolgreichen Projekten signifikant stärker umgesetzt. Eine wichtige Voraussetzung für interne Effizienzverbesserungen ist jedoch die Konzentration der Kapazitäten auf wenigere Projekte. Auch diese Maßnahme wurde in erfolgreichen Projekten stärker umgesetzt. Die *vorfeldorientierten* Maßnahmen konzentrieren sich auf die Spezifizierung des Projektes. Dazu gehört die Klärung der Zielvorgaben ebenso wie die Vorentwicklung neuer Technologien. Besonders die Vorentwicklung zeigt eine hochsignifikante Erfolgsrelevanz.

Der *produktbezogene* Maßnahmenbereich konzentriert sich auf die frühzeitige Optimierung des Produktes in Bezug auf den Entwicklungs- und Fertigungsprozeß. In erfolgreichen Projekten wurde eine frühzeitige Sicherstellung der Fertigungsgerechtigkeit ebenso wie eine Vereinfachung der Produktstruktur bisher in signifikant höherem Ausmaß erreicht. Der Grad der möglichen Parallelisierung von Aktivitäten hängt offensichtlich besonders von der Umsetzung dieser beiden Maßnahmen ab. Auch die Optimierung der erfolgsrelevanten Produktcharakteristika Modularität und des Anteils der Wiederverwendungsteile fällt in diesen Maßnahmenbereich.

Das Feld der *zuliefererorientierten* Maßnahmen umfaßt sowohl die Einbindung von Zulieferern in den Entwicklungsprozeß als auch die Fremdvergabe von Entwicklungstätigkeiten. Dieser Bereich könnte auch als das "Stiefkind" des Entwicklungsprozesses im Maschinenbau bezeichnet werden. Eine Umsetzung führt offensichtlich eher zu Verzögerungen und Budgetüberschreitungen als zu Vorteilen. So wurde eine Fremdvergabe von Entwicklungstätigkeiten von den bisher erfolgreichen Projekten in signifikant geringerem Ausmaß umgesetzt. Auch die Einbindung von wichtigen Zulieferern in den Entwicklungsprozeß wurde in diesen Projekten weniger stark betrieben. Insgesamt sprechen die Ergebnisse dafür, daß die derzeitigen Strukturen der Entwicklungsprozesse im Maschinenbau eine reibungslose Integration von externem Zuliefererwissen kaum gewährleisten können. Die Umsetzung dieses Maßnahmenbereiches sollte daher von einer Öffnung des Entwicklungsprozesses in Richtung auf mögliche externe Know-How-Träger begleitet werden. Erst wenn geeignete Strukturen existieren, können zeitliche Vorteile wirksam werden.

Das Maßnahmenfeld *Informationsbereitstellung* konzentriert sich auf eine hohe Informationstransparenz, besonders von Markt- und Kunden-, Produkt- und Fertigungsdaten. Das Feld der *Entwicklungsstärke* umfaßt ein weites Spektrum von Maßnahmen, die sich besonders auf die Stellung der Entwicklung im Unternehmen beziehen. Die Erfolgswirkung beider Maßnahmenbereiche, die auch als Rahmenbedingungen angesehen werden können, war bisher jedoch vergleichsweise gering.

Zukünftige Schwerpunkte sollten sich nach Meinung der befragten Entwicklungsleiter besonders auf die vorfeld- und produktorientierten Maßnahmen konzentrieren.[16] Auch der Informationsbereitstellung wird zukünftig eine deutlich stärkere Bedeutung beigemessen, als es bisher erkennbar war. Die Forderung nach klareren Zielvorgaben nimmt die mit großem Abstand wichtigste Stellung unter den Einzelmaßnahmen ein. Die zuliefererorientierten Maßnahmen werden hingegen auch zukünftig als unwichtig angesehen.

Die größten Zeitverbesserungen werden von klareren Zielvorgaben, einer Konzentration der Kapazitäten auf weniger Projekte sowie von einer stärkeren Parallelisierung erwartet.[17] Die Vorentwicklung neuer Technologien läßt sowohl hohe Zeitvorteile als auch Qualitätsverbesserungen erwarten. Eine frühzeitige Sicherstellung der Fertigungsgerechtigkeit von Konstruktionen führt hingegen vor allem zu verbesserter Qualität. Von einer vereinfachten Produktstruktur sind besonders starke Kostenvorteile zu erwarten.

Insgesamt gibt die Untersuchung einen differenzierten Überblick über geeignete Maßnahmen zur Verkürzung der Entwicklungsdauer und über ihre Wechselwirkungen im Entwicklungsprozeß des Maschinenbaus. Die Erfolgsbetrachtungen haben gezeigt, daß einzelne Maßnahmen den Zeit- und Kostenerfolg der Entwicklungsprojekte signifikant beeinflussen. Ein intensive Analyse kann dazu beitragen, konkrete Einsparungspotentiale zu ermitteln und zu quantifizieren. Die Projektanalysen der Fallstudien können dafür einen Anhaltspunkt geben.

Es ist jedoch selbstverständlich, daß bei der Umsetzung der Maßnahmen individuelle Projektcharakteristika beachtet werden müssen. Potentielle Widerstände gegen die Umsetzung einzelner Maßnahmen sind dabei ebenso zu berücksichtigen wie mögliche Wiederholungsfehler oder verdeckte Kosten.

---

16   Siehe Abbildung 66-3 ud 66-4 in Kapitel 6.6.3.
17   Siehe Abbildung 66-5 in Kapitel 6.6.4.

Abschließende Bewertung und Ausblick

Die dargestellten Ergebnisse unterliegen gewissen Einschränkungen. Die durchgeführte empirische Untersuchung kann nicht den Anspruch erheben, repräsentativ für alle Maschinenbauunternehmen zu sein. Die daraus abgeleiteten Aussagen sind dementsprechend nicht unmittelbar allgemeingültig. Sie geben jedoch die Sichtweise der untersuchten Entwicklungsbereiche wieder. Angesichts der zunehmenden Bedeutung des Zeitmanagements können im Entwicklungsbereich weitere Lerneffekte erwartet werden. Die Aussagefähigkeit der Ergebnisse kann insofern zeitlich begrenzt sein.

Am Ende einer wissenschaftlichen Untersuchung ergeben sich häufig sehr viel mehr neue Fragestellungen, als durch sie selbst beantwortet werden können. Einige der aus den hier gewonnenen Erkenntnissen abgeleiteten Fragen mögen Anlaß für weitere Untersuchungen auf diesem Gebiet sein:

- Die Wahl von Maßnahmen zur Verkürzung der Entwicklungsdauer hängt von der jeweils verfolgten Wettbewerbsstrategie ab. Welche Maßnahmen sind für eine gewählte Strategie (z.B. Zeitführer, Technologieführer, Kostenführer) besonders geeignet?

- Dem vorfeldorientierten Bereich von Entwicklungsprojekten kommt eine besondere Bedeutung zu. Wie sollte die Vorphase eines Entwicklungsprojektes gestaltet werden, um Unschärfe zu vermeiden und die Zeiteffizienz zu erhöhen? Wie ist der Übergang in die Entwicklungsphase zu gestalten? Welche Informationen sind notwendig?

- Die Einbeziehung von externem Know-How hat bisher nicht zu meßbaren Zeitvorteilen im Entwicklungsbereich geführt. Welche Konzepte zur Einbeziehung von Zulieferern und Anwendern in den Entwicklungsprozeß können Zeitvorteile bringen? Wie kann ein effizientes Schnittstellenmanagement gestaltet werden? Welchen Grenzen unterliegt eine Auslagerung von Entwicklungstätigkeiten zum Zulieferer?

- In der Produktion sind Lernkurven quantifiziert worden, die auf erfahrungsbedingte Kostenvorteile hindeuten. Welchen Einfluß hat das Lernen auf Entwicklungszeiten, -kosten und -qualität? Wo liegen die Grenzen?

- Bei der Umsetzung der Entwicklungsdauerverkürzung kann es zu verdeckten Kosten kommen. Wodurch entstehen diese Kosten? Sind sie quantifizierbar? Wie sind sie vermeidbar?

Insgesamt können die empirischen Ergebnisse und die daraus gewonnenen Erkenntnisse auch Beiträge zur empirischen Forschung im Entwicklunsgbereich leisten. In der aktuellen

Situation des deutschen Maschinenbaus kann ihre Anwendung darüber hinaus zur unmittelbaren Verbesserung der Wettbewerbsfähigkeit der Unternehmen beitragen.

Anhänge

Anhang I

Übersicht über Maßnahmen zur Verkürzung der Entwicklungsdauer in der Literatur

Im folgenden werden Maßnahmen bzw. Aussagen zur Verkürzung von Entwicklungszeiten aus ausgesuchten Veröffentlichungen stichwortartig aufgelistet, um einen Überblick über den aktuellen Wissen zu geben. Die Strukturierung der Maßnahmen durch die jeweiligen Autoren wurde bewußt nicht verändert. Sie zeigt die Vielfältigkeit der Strukturierungsmöglichkeiten. Nur wenige der Quellen sützen sich auf empirische Untersuchungen. Die Untersuchungen sind zeitlich geordnet.

Fenneberg 1979 (81 Projekte; keine empirische Prüfung der Maßnahmen)
- *Projektantrag* (Bessere Ressourcenschätzungen durch Einbeziehung bisheriger Schätzungenauigkeiten; Aufnahme aller verfügbaren Informationen; Festlegung der Ziele)
- *Kontrolle* (Institutionalisierte Kontrolle erleichtert die Einhaltung der Plandaten)
- *Projektgenehmigung* (Zuweisung von Strafkosten bei hoher Schätzungenauigkeit; Motivation durch geldwerte Anreize; Zusätzliche Überprüfungen von Anträgen)

McDonough, Spital 1984 (Erfahrungswerte aus 12 Projekten; keine empirische Prüfung)
- *Hohe Durchsichtigkeit* der Bedeutung des Projektes für das Unternehmen
- Projektdurchführung mit *klarer Zielsetzung* und *enger Kontrolle*
- Einsatz von Ingenieuren mit *Geschäftsüberblick*

Gold 1987 (Erfahrungswerte; keine empirische Prüfung der Maßnahmen)
- *Nutzung externer Technologiequellen* (Aquisition; Lizenznahme; Vertrags-F&E)
- *Intensivierung interner F&E-Anstrengungen* (Einsatz von Anreizinstrumenten; Nutzung eines internen Wettbewerbs; Durchführung von simultaner F&E)
- *Einsatz innovativer F&E Strategien* (Durchführung von projektübergreifenden Reviews; Übertragung von Verantwortlichkeiten; Integration funktionaler Bereiche)

Bower, Hout 1988 (Erfahrungswerte zur Verkürzung genereller Durchlaufzeiten, nicht nur in der Entwicklung; keine empirische Prüfung der Maßnahmen)
- Untersuchung von Durchlaufzeiten und die *Festschreibung von Standards*
- Einführung *ungewöhnlicher Organisationsstrukturen* zur Konzentration auf die Durchlaufzeiten
- Entwicklung von Informationssystemen zur *Erfassung wertschöpfender Tätigkeiten*
- *Räumliche Anordnung der Funktionen* zur Beschleunigung des Lernens

Schmelzer, Buttermilch 1988 (Erfahrungswerte; keine empirische Prüfung der Maßnahmen)
- Optimierung des *Produktes* (Geschäftsfeld, Produktprogramm; Produktanforderungen; Produktkonzept)

262

- Optimierung der *Entwicklungsorganisation* (Aufbaustruktur, Infrastruktur; temporäre Strukturen, Projektmanagement; Ablaufprozesse; Information und Kommunikation)
- Optimierung des *Entwicklungscontrollings* (Entwicklungsprogrammplanung; Ressourcenplanung; Bereichscontrolling; Produktcontrolling; Projektcontrolling)
- Optimierung von *Führung und Mitarbeiterqualifikation* (Zielvorgabe, Zielakzeptanz, Zielkontinuität; Führungsstil, Kultur; Qualifikation, Know-How, Motivation; Zusammenarbeit)
- Optimierung der *Sachmittel* (Methoden; Ausstattung; Informations- und Kommunikationstechnik)

Clark, Fujimoto 1989; Clark 1989 (Empirische Untersuchung in der Automobilindustrie)
- *Geeignete Einbeziehung von Lieferanten* (Besonders bei Fremdvergabe von Teilen auf dem kritischen Pfad)
- *Geeignete Verringerung des Arbeitsumfangs*
- *Enge Upstream-Downstream-Beziehungen*
- *Schneller Informationsumsatz* (besonders informelle up- und downstream Kommunikation)
- *Überlappende Aktivitäten*

Bauer, Hannig, Mierzwa 1990 (Umfrage in 144 Unternehmen (17% Maschinenbau))
- *Verankerung einer Entwicklungsorientierung in der Unternehmenskultur* [80,5% der befragten Unternehmen hielten diese Maßnahme für wichtig]
- *Bildung interdisziplinärer Projektgruppen* [78%]
- *Einbeziehung von Kunden in den F&E-Prozeß* [71,9%]
- *Verbesserung der technischen Arbeitsmittel* [70,9%]
- *Systematische Nutzung von Synergien* [65,4%]
- *Nutzung des in externen Datenbanken gespeicherten Wissens* [64,3%]
- *Flexibilisierung der Arbeitszeit des F&E-Personals* [57,1%]
- *Zusammenarbeit mit universitären Forschungseinrichtungen* [53,6%]
- *Investition in zusätzliche Personalressourcen* [47,7%]
- *Organisatorische Verankerung eines F&E-Linienmanagements* [45%]
- *Gründung von F&E-Konsortien* (Strategische Allianzen) [31,8%]
- *Einschaltung von Technologieberatungsunternehmen* [29,7%]
- *Einbeziehung von Technologietransferzentren* [28,8%]
- *Zukauf von F&E-Know-How von kommerziellen Anbietern* [25%]
- *Errichtung eines F&E-Brückenkopfes in den USA oder in ...* [17,3%]

Bullinger 1990 (Umfrage in 149 Unternehmen (21% Maschinenbau))
- *Frühe Einbindung der Abteilungen* [68,4% der befragten Unternehmen nannten diese Maßnahme]

- *Projektmanagement* [52,9%]
- *Intensive Planung* [46,3%]
- *Pragmatismus statt Over-Engineering* [39%]
- *Gute Kommunikationsmöglichkeiten* [27,9%]
- *Parallelisierung des Konstruktionsprozesses* [26,5%]
- *Einsatz von CAD/CAM* [23,5%]
- *Informationssysteme* [13,2%]

De Meyer, Van Hooland 1990 (Zeitreihenanalyse in 119 Unternehmen; Die genannten Maßnahmen zeigen eine positive Wirkung auf die Entwicklungzeit:

- *Problemorientierte Konzentration der Entwicklungsressourcen*
- *Gute Beziehungen zu den Zulieferern*
- *Ausweitung des Arbeitsfeldes der Ingenieure und verstärktes Management-Training*
- *Flexibilisierung der Fertigung*
- *Integration von Informationssystemen*

Gupta, Wilemon 1990 (Interviews in 12 Unternehmen; keine empirische Prüfung der Maßnahmen)

- *Aktives und sichtbares Top Management Engagement* (Freistellung der notwendigen Ressourcen; Abwägung kurzfristiger und langfristiger Bedürfnisse; Unterstützung einer offenen Kommunikation; Verantwortungsdelegation und Entscheidungsunterstützung; Fortschrittsüberprüfung)
- *Frühzeitige Einbeziehung funktionaler Gruppen* (Frühzeitige Kommunikation und Konzeptprüfungen; 'Verstehen' der Kundenbedürfnisse, Verringerung der organisationalen Antwortzeiten; Verbessertes Schnittstellenmanagement; ca. 40% der Interviewpartner befürworteten eine möglichst frühe Einbindung der Kernfunktionen wie Marketing, F&E, Engineering, Fertigung)
- *Neuer Arbeitsstil* (Einbeziehung moderner Informationstechnologie; Nutzung von verschiedenen Ansätzen zur Problemlösung; Mehr Kreativität und Offenheit für neue Alternativen; Nutzung informeller und flexibler Arbeitsbeziehungen; Einführung paralleler Prozesse)
- *Effektive Neuprodukt-Organisation* (Mehr Teamwork; Nutzung von Anreizsystemen zur Motivation; Besserer Wissens- und Erfahrungstransfer; Mehr Fortbildung und Unterstützung)

Rosenau 1990 (Erfahrungswerte; keine empirische Prüfung der Maßnahmen)

- *Verringerung des Risikos* (Nutzung externer Quellen; Phasenorientierte Entwicklung)
- *Optmierung der Spezifikation* (Interne Kosten- und Zeitanalysen; Marktuntersuchungen)
- *Kosten- und Fertigungs- und Instandhaltungsgerechte Konstruktion*

- *Machbarkeitsprüfungen* (Abgleichung der Entwicklungsaufgabe mit Unternehmens- zielen und Fähigkeiten)
- *Wahl der richtigen Organisation* (häufig eine Matrix- oder Projektorganisation
- *Verbesserung der Ressourceneffizienz* (Prioritätensetzung, Champion)
- *Team-Arbeit* (Schaffung einer 'Harmonie'-Atmosphäre, besonders zwischen Technik und Marketing)
- *Effiziente Zeitnutzung* (Eliminierung von Totzeiten; Aufgabenkomprimierung; Parallelisierung)
- *Einsatz von Projektmanagement-Werkzeugen* (Nutzung computerunterstützter Projekt- management-Software)
- *Steigerung der Produktivität* (Automatisierung; CAD/ CAM; Simulation)
- *Konzentration auf den Zeitplan* (Messung des Zeitdrucks; Durchführung von Reviews; Isolierung des Projektteams)
- *Schaffung von Anreizen* (Finanzielle und nicht finanzielle)
- *Fortlaufende Anpassung* (Flexible Prozesse; Schaffung eines kreativen Klimas)

Cordero 1991 (Erfahrungswerte und Literaturauswertung; keine empirische Prüfung der Maßnahmen)
- *Hohe Geschwingigkeit als Unternehmensziel* (Ausrichtung aller Unternehmensaktivi- täten auf Geschwindigkeit)
- *Einführung schnellerer Produktstrategien* (Inkrementale Innovationen anstelle von 'Breakthrough'-Innovationen)
- *Ausrichtung des Managements auf schnelle Produktstrategien* (Steigerung der Geschwindigkeit in den Phasen; Steigerung der Geschwindigkeit durch simultane An- sätze; Einführung flexibler Fertigungstechnologien; Einführung von Just-In-Time- Konzepten; Standardisierung der Produkte; Simulation von Testmärkten; Verbesse- rung von Planungs- und Controlling-Instrumenten; Nutzung von CAD/CAM/ CIM)
- *Ausrichtung des Personal Managements auf Geschwindigkeit* (Mehr Einsatz von Team-Work; Mehr Autonomie und Verantwortung; Erweiterung des Arbeitsfeldes)

Gerpott, Wittkemper 1991 (Erfahrungswerte; keine empirische Prüfung der Maßnahmen)
- *Management der Entwicklungstiefe* (Make or Buy; Externe Quellen; Auftrags- oder Gemeinschafts-F&E; Kooperationen)
- *Fertigungsorientierte Produktentwicklung* (Modularität, Prozeßbeherrschung, Rüst- zeiten)
- *Management von Komponentenänderungen*
- *Phasenentkopplung* (Konzeption/Vorentwicklung; Entwicklung)
- *Integrierte Teams*
- *Zeitoreintiertes Personalmanagement* (Auswahlverfahren; Integration; Zeitziele)
- *Arbeitsgestaltung nach Sachmittelausstattung und Qualifikation*

McDonough, Barczak 1991 (Untersuchung von 30 Entwicklungsprojekten in 12 Unternehmen)

- Die *Stärke des Projektleiters* (Entscheidungsfreiheit) hat einen signifikanten Einfluß auf die Entwicklungsgeschwindigkeit: hohe Entscheidungsfreiheit - schnellere interne Entwicklung

Smith, Reinertsen 1991 (Erfahrungswerte; keine empirische Prüfung der Maßnahmen)

- *Vermeidung von 'Fuzziness' am Anfang der Entwicklung* (Frühe Zielbildung und Planung)
- *Inkrementale Innovation* (Verringerung der Komplexität; Lernen von Kunden; Langfristige Produktplanung)
- *Klärung der Produktspezifikationen* (Einbeziehung von Kunden; Konzentration auf Nutzenfunktionen; Identifizierung von Risikofaktoren; Einsatz von Quality Function Deployment)
- *Produktstrukturierung* (Funktionalität vs. Modularität; Nutzenfunktionen der Produktmodule; Schnittstellengestaltung; Risikoplanung)
- *Teamauswahl und Motivation* (Projektleiter; Teamgröße; Generalisten vs. Spezialisten; Funktionsparität; Zuliefererbindung; Anreize; Planung des Projektendes)
- *Teamorganisation* (Kompetenzverteilung; Lokalisierung)
- *Erreichung überlappender Aktivitäten* (Formelles vs. informelles Überlappen; Informationstransfer und -nutzung)
- *Prozeßüberwachung und Kontrolle* ('Soft Control' und 'Hard Control'; Offene Kommunikation; Reviews)
- *Kapazitätsplanung und Ressourcenallokation* (Ermittlung der Geschwindigkeitskosten)
- Risikomanagement (Technisches Risiko; Marktrisiko; Risikokontrolle)
- *Produkt- und Prozessabgleich* (Frühzeitige Fertigungseinbindung; Informationsabgleich; Produktionsplanung)
- *Top Management Engagement* (Unterstüzung und Kontrolle)
- *Optimaler Projektstart* (Pilotprojekte; Kleines Startteam)

Specht, Schmelzer 1991 (Empirische Untersuchung über den Einsatz über Qualitätsmanagement in der Produktentwicklung; Die Aspekte einiger Qualitätssicherungsmaßnahmen wurden speziell auf ihre Wirkung auf die Entwicklungszeiten hin untersucht.)

- *'QFD' und 'Design Reviews'* sind besonders zeitsparend, Qualitätszirkel sind hingegen eher zeitintensiv
- Kurze Entwicklungszeiten werden besonders gefördert durch: positive Einstellung zur *Teamarbeit*, ungebundene *Kommunikation, innovative Unternehmenskultur*

Anthony, McKay 1992 (Erfahrungswerte; keine empirische Prüfung der Maßnahmen)

- Einsetzung eines *Produkt-Bewilligungs-Ausschusses* PBA (Aufgaben: Allokation der Ressourcen, Festlegung der Prioritäten, Projektübergreifende Koordinierung)

- Bildung eines *Kern-Teams* (Kleines interdisziplinäres Team; bestehend aus den Kern-funktionen; Allein verantwortlich für die Projektdurchführung: Konzeptphase bis Markteinführung)

- Durchführung von *Phasen-'Reviews'* (Eine Vereinbarung zwischen PBA und Kern-team legt fest: Ziele, Zeitfahrplan, Budget, etc.; Bei Überschreitung von Schwellen-werten wird ein Phasen-Review durchgeführt)

- *Strukturierung des Entwicklungsprozesses* (Definition aller Entwicklungsstufen und Arbeitsinhalte)

McDonough, Barczak 1992 (Untersuchung von 32 Entwicklungsprojekten in 12 Unter-nehmen)

- Entwicklungen vertrauter Technologien, die von *innovationsfreudigen Teams* durchge-führt werden, sind signifikant schneller.

Millson, Raj, Wilemon 1992 (Literaturauswertung; keine empirische Prüfung der Maß-nahmen)

- *Vereinfachung* (durch: Vereinfachung von Prozessen, Kommunikation, Schnittstel-lenmanagement; Vorgabe expliziter Ziele; Komplexitätsreduzierung durch Zerlegung in kleine Arbeitseinheiten)

- *Eliminierung von Entwicklungsstufen* (durch: Abbau von Schnittstellen; Verringerung der Neuteilezahl; Verwendung des 'Lead-User-Ansatzes')

- *Parallele Durchführung von Prozessen* (durch: Nutzung von PERT und CPM-Pla-nungstechniken; Management von Unsicherheit; 'Design for parallel Design and Ma-nufacture')

- *Eliminierung von Verzögerungen* (durch: Identifikation von 'Bottlenecks'; Einführung von 'Just-In-Time'-Konzepten in der Entwicklung; Durchführung von 'Design-Re-views')

- *Steigerung der Operationsgeschwindigkeit* (durch :Training; Nutzung von CAD/ CAM-Techniken; örtliche Zusammenführung des beteiligten Funktionen; Verbesse-rung der Informationsqualität)

- *Umsetzung der Maßnahmen in der genannte Reihenfolge*

Soderberg, O'Halloran 1992 (Erfahrungswerte; keine empirische Prüfung der Maßnah-men)

- *Verringerung des Aufgabenumfanges* (Konzentration der Entwicklungskapazitäten auf die Kernfunktionen des Produktes; Nutzung von Lizenzen; Bessere Planung der Pro-duktziele und -spezifikationen; Vermeidung von 'Low-Value'-Produktfunktionen)

- *Steigerung der Ingenieur-Produktivität* (Eliminierung von unproduktiven Zeiten: nur ca 40% der Zeit werden produktiv genutzt, 25% für Entwicklung, 10% für wichtige Kommunikation, 5% für Training)

- *'Ausmisten' des Entwicklungsprozesses* (Verringerung der Komplexität durch Schaf-fung kleinerer Aufgabenpakete)

- *'Benchmarking'* (Vergleich der eigenen Entwicklungsprozesse und -ergebnisse mit denen der besten Wettbewerber)

- *'Commitment' erreichen* (Ressourcen für spezifische Programme freistellen; Finanzielle Anreize schaffen)

- *Fördern von Kundenkontakten* (Nur 4% der Zeit verbringt der Ingenieur im Durchschnitt mit Kunden; Quantifizierung von Kundenbedürfnissen)

- *Einführung von 'Skill-Building-Clubs'* (Besserer Know-How-Transfer, Verständnis fördern, Interessenintegration)

- *Risiko Management* (Veringerung von Unsicherheit, Management von Unsicherheit)

Cooper 1993 (Aus empirischen Untersuchungen zum Markterfolg von Neuproduktentwicklungen abgeleitete Maßnahmen zur Zeitverkürzung; keine empirische Prüfung der Maßnahmen)

- *"Do it right the first time"*

- *Klärung von Produkt- und Entwicklungszielen im Vorfeld*

- Einsatz *multifunktionaler Teams* mit starker Kompetenz und in einem geeigneten Organisationsumfeld

- *Parallele Prozesse*

- *Priorisierung und Fokussierung* auf die wirklich wichtigen Projekte

Geschka 1993 (Erfahrungswerte; keine empirische Prüfung der Maßnahmen)

- *Zeitverkürzung auf dem kritischen Pfad* (Jede Verkürzung von Aktivitäten auf dem kritischen Pfad reduziert in vollem Maße die Gesamtprojektlaufzeit.)

- *Kapazitätsausweitung* (Die Bearbeitungskapazität für einzelne Akitvitäten wird erweitert, so daß das Arbeitspensum durch höheren Arbeitseinsatz früher abgearbeitet ist.)

- *EDV-Einsatz* (Ein Vorgang wird dadurch beschleunigt, daß er durch EDV ausgeführt oder unterstützt wird.)

- *Nutzung abrufbaren Know-Hows* (z.B. durch die Analyse von Vorläuferprojekten oder Nutzung von Modulkonzepten.)

- *Routinisierung* (z.B. durch Formalisierung von Abläufen und Aktivitäten oder Aktivitätenschachtelung.)

- *Eliminierung von Liege- und Pufferzeiten* (z.B. durch bessere Terminabstimmung und Ergebnismeldung.)

- *Vorgezogene Folgeaktivitäten* (z.B. Überlappung von Versuch/ Werkzeugkonstruktion/ Angebotseinholung und Entwicklung.)

- *Simultanbearbeitung* (Alle Aktivitäten werden von vorne herein gleichzeitig begonnen.)

- *Zeitgleiche gemeinsame Aktivitäten* (An die Stelle isolierter paralleler Aktivitäten tritt eine koordinierte "Veranstaltung", während der alle gleichzeitig agieren.)

- *Vorbearbeitung unter Annahmen* (Zeitverkürzungseffekte lassen sich durch das Vorziehen solcher Aktivitäten erzielen, für die die Grundlagen der Bearbeitung noch weitgehend fehlen, deren frühe Durchführung andererseits aber nützliche Erkenntnisse bringt.)

- *Verzicht auf die bestmögliche Entscheidung oder Lösung* (z.B. durch Elimierung von zusätzlichen Analyse-, Test- oder Abstimmungsphasen.)

- *Verbot permanenter Änderungen* (z.B. durch einfrieren der Spezifikation.)

- *Überschaubare Innovationsschritte* (Portionierung mit dem Grundsatz: Änderungen kommen ins nächste Modell).

- *Vorsorge für Ausfälle treffen* (z.B. durch Bevorratung kritischer Teile.)

- *Vorziehen von Aktivitäten mit Problempotential* (Zeit läßt sich dadurch gewinnen, daß man Problemfelder oder Konflikte früh identifiziert und behandelt, um sie nicht später unter Zeitdruck lösen zu müssen.)

- *Parallelbearbeitung alternativer Lösungswege* (z.B. durch gleichzeitige interne und externe Entwicklung.)

Karagozoglu, Brown 1993 (Interviews in 31 Unternehmen)

- *Einsatz multifunktionaler Teams* [58% - der befragten Unternehmen nutzen die Maßnahme] (Besonders in der Entwicklungsphase [28%])

- *Einbeziehung von Kunden* [58%] (Besonders bei technischer und wirtschaftlicher Machbarkeitsprüfung [33%] sowie bei der Ideengenerierung [17%])

- *Nutzung computerunterstützter Werkzeuge* [48%] (Besonders bei der Projektplanung [33%], in der Prototypentwicklung und -test [20%] sowie in der Entwicklungspphase [13%])

- *'Benchmarking' und Fortschrittskontrollen* [35%]

- *Informelle und flexible Organisation* [26%] (Besonders bei der Ideengenerierung [37,5%] und der Planung [25%])

- *'Top-Down' F&E-Budgetierung* [23%]

- *Top Management Engagement* [19%] (Besonders bei technisch-wirtschaftlicher Machbarkeitsprüfung [33%] sowie bei der Prototypentwicklung [33%])

- *'Bottom-Up' F&E-Budgetierung* [16%]

- *Aufbau auf Erfahrungswerten* [16%] (Besonders bei der Ideengenerierung [60%])

Rommel et. al. 1993 (Erfahrungswerte; keine empirische Prüfung der Maßnahmen)

- *Vorentwicklung als planerisches Gehirn* (Vorentwicklung verstärken, Entwickler an die Kundenfront, Innovationstaktik der kleinen Schritte, Entwicklungsplanung mit Realitätssinn)

- *Externe Lieferbeziehungen als strategische Aufgabenteilung* (Lieferantenstruktur straffen, Entwicklungs- und Fertigungstiefe koppeln, Gemeinsam entwickeln, Interne Beschaffungskompetenz stärken)

- *Schnittstellen abbauen* (Integration per Organisation, kurze Rückkopplungsschleifen, Mitarbeiterentwicklung)

- *Methoden und Werkzeuge* (Reverse Engineering kombiniert mit Wertgestaltung, Konstruktionsregeln, Kostenkataloge, Fertigbarkeitsindex, Gleichteileverwendung)

Schmelzer 1993 (Erfahrungswerte; keine empirische Prüfung der Maßnahmen)

- *Vorfeldentwicklung* (frühzeitiger Aufbau von System-Know-How, Erforschung technologischer Möglichkeiten, Erprobung neuer Lösungskonzepte, Entwicklung risikoreicher Komponenten.)

- *Produktdefinition und -konzeption* (Ausrichtung der Produktdefinition auf die Wettbewerbsstrategie, Konzentration auf kaufentscheidende Faktoren, Festschreibung der zwischen Marketing, Vertrieb und Entwicklung gemeinsam festgelegten Produktanforderungen im Lastenheft.)

- *Entwicklungsstrukturen- und Prozesse* (Neuordnung der Ablauffolge, Parallelisierung von Vorgängen, Beschleunigung durch neue Methoden und Werkzeuge.)

- *Führung und Mitarbeiter* (Festlegung der richtigen strategischen und operativen Ziele, Bereitstellen der notwendigen Ressourcen, Setzen zeiteffizienter organisatorischer Rahmenbedingungen.)

- *Technische Ressourcen* (Integration technischer, organisatorischer und personeller Aspekte beim Einsatz technischer Hilfsmittel, wie z.B. CAD.)

- *Zeitcontrolling in der Entwicklung* (Analyse von Zeitabweichungen, Aufzeigen von Potentialen, Ermittlung zeitlicher Opportunitätskosten, Erarbeitung von Maßnahmen.)

Anhang II

Im Anhang II ist der Fragebogen wiedergegeben, der in der großzahligen Untersuchung verwendet wurde. Zur Erläuterung seines Aufbaus siehe Kapitel 6.1.1. Die Erläuterungen zum Experiment wurden so gestaltet, daß sie aus dem Umschlag herausgeklappt und dadurch nicht übersehen werden konnten. Zum Aufbau des Experimentes siehe Kapitel 6.1.2. Ein Beispiel für eine Karte des Experimentes wurde in Abbildung 61-1 gegeben. Alle weiteren Karten, welche die übrigen 19 Maßnahmen enthielten, waren identisch aufgebaut.

Ziel der Untersuchung

Die Entwicklungsabteilungen der deutschen Maschinenbauunternehmen stehen vor der Herausforderung, innerhalb immer kürzerer Zeiträume neue Produkte auf den Markt zu bringen, und dies bei zunehmendem Preis- und Qualitätswettbewerb.

Das Ziel dieser Untersuchung ist es, geeignete Maßnahmen zur Verkürzung von Entwicklungszeiten im Maschinenbau zu bestimmen und hinsichtlich Ihres Erfolgspotentials zu bewerten. Es ist zu erwarten, daß eine Optimierung in diesem Bereich zu einer wesentlichen Stärkung der Wettbewerbsposition der deutschen Unternehmen des Maschinenbaus führt.

Die Untersuchung ist wesentlicher Bestandteil einer Dissertation, die von Professor Dr. Klaus Brockhoff, Direktor des Instituts für betriebswirtschaftliche Innovationsforschung an der Christian-Albrechts-Universität zu Kiel, betreut wird. Die Praxisrelevanz der im Fragebogen beleuchteten Aspekte wurde durch Fallstudien vorbereitet.

Für Ihre Teilnahme an dieser Untersuchung wäre ich Ihnen sehr dankbar.

Durchführung der Untersuchung

Die Untersuchung besteht aus 2 Teilen, die jeweils ca. 20 Minuten in Anspruch nehmen:

1. Beantwortung des Fragebogens.
2. Durchführung des Experimentes.

Eine Auswertung der Untersuchung kann nur erfolgen, wenn beide Teile vollständig bearbeitet wurden. Bitte halten Sie sich an die jeweiligen Angaben.

Alle erhobenen Daten werden vertraulich und anonym behandelt. Die Veröffentlichung erfolgt nur in aggregierter Form. Die Untersuchung erfolgt nicht im Auftrage Dritter.

Für eventuelle Rückfragen stehe ich Ihnen jederzeit gerne zur Verfügung:

Dipl.-Ing. Philipp Murmann   Telefon: 0431/ 880-1492
Institut für betriebswirtschaftliche Innovationsforschung   Fax: 0431/ 880-1538
Christian-Albrechts-Universität zu Kiel
Ohlshausenstraße 40
2300 Kiel 1

Sollten Sie Interesse haben, so sende ich Ihnen gerne eine Zusammenfassung der Ergebnisse dieser Untersuchung zu. Bitte geben Sie hierzu Ihre Anschrift an.

Auswahl des Projektes

Bitte wählen Sie ein Entwicklungsprojekt aus, das kürzlich abgeschlossen wurde und das Sie aus Ihrer Erfahrung heraus als in etwa typisch für Ihr Unternehmen ansehen würden. Bitte beziehen Sie alle folgenden Angaben auf dieses Projekt.

Bitte beachten Sie bei der Beantwortung die folgenden Definitionen:

a) Entwicklungszeit = Dauer der Entwicklung vom Projektstart bis zur Freigabe in der Fertigung.

b) Entwicklungskosten = Sämtliche in dieser Zeit für das Entwicklungsprojekt angefallene Kosten.

c) Herstellkosten = Sämtliche für die Herstellung des Produktes anfallenden Kosten.

d) Produktqualität = Nähe zum Optimum der vom Kunden erwarteten Qualität (Funktions-, Entwicklungs-, Fertigungs-, Montage-, Materialqualität, etc.).

1. Ziele des Projektes

Inwieweit waren die nachfolgenden Ziele für das betrachtete Projekt von Bedeutung?

	keine Bedeutung						sehr hohe Bedeutung
1. Erschließung eines neuen Marktsegmentes	1	2	3	4	5	6	7
2. Einsatz einer neuen Technologie	1	2	3	4	5	6	7
3. Markteinführung zu einem möglichst frühen Zeitpunkt	1	2	3	4	5	6	7
4. Erreicher eines Vorsprunges vor dem Wettbewerb	1	2	3	4	5	6	7
5. Aufholen eines Wettbewerbsvorsprunges	1	2	3	4	5	6	7
6. Kostensenkung im Vergleich zu Vorgängerprodukten	1	2	3	4	5	6	7
7. Preissenkung bei gleichbleibendem Leistungsangebot	1	2	3	4	5	6	7
8. Leistungssteigerung ohne vollständige Kompensation in den Preisen	1	2	3	4	5	6	7

2. Einige Projekt-Rahmendaten

1. Wie hoch war nach Ihrer Einschätzung zu Beginn des Projektes die Wahrscheinlichkeit, daß die folgenden Ziele so, wie ursprünglich geplant, nicht erreicht werden könnten: (bitte Position auf der Prozentachse markieren)

1. Entwicklungszeit-ziele ?	2. Entwicklungskosten-ziele ?	3. Herstellkosten-ziele ?	4. Qualitätsziele ? (besonders Funktionsziele)
0 20 40 60 %	0 20 40 60 %	0 20 40 60 %	0 20 40 60 %

2. Inwieweit wurden diese Projektziele tatsächlich erreicht (z.B. Zeitziel zu 80% erreicht, d.h. die Zeit wurde um ca. 20% überschritten):

1. Entwicklungszeit-ziele ?	2. Entwicklungskosten-ziele ?	3. Herstellkosten-ziele ?	4. Qualitätsziele ? (besonders Funktionsziele)
40 60 80 100 120 %	40 60 80 100 120 %	40 60 80 100 120 %	40 60 80 100 120 %

3. Wie lang war die geplante Entwicklungszeit? _____ Wochen.

5. Wie hoch waren die geplanten Entwicklungskapazitäten? _____ Mann-Wochen.

4. Wie lang war die tatsächlich benötigte Entwicklungszeit? _____ Wochen.

6. Wie hoch waren die tatsächlich benötigten Entwicklungskapazitäten? _____ Mann-Wochen.

7. Inwieweit würden Sie das Projekt insgesamt als erfolgreich bezeichnen?

nicht erfolgreich						sehr erfolgreich
1	2	3	4	5	6	7

3. Einige Projekt-Strukturdaten

1. Aus wievielen Bauteilen besteht das im Rahmen des Projektes entwickelte Produkt insgesamt (d.h. konstruierte Teile nicht z.B. DIN-Normteile)?

< 10 Teile	10-50	50-200	200-500	500-1000	>1000
☐	☐	☐	☐	☐	☐

2. Wie hoch ist der Anteil der Wiederverwendungsteile (d.h. sie konnten von anderen Produkten übernommen werden)?

0%	0-5%	5-20%	20-50%	50-70%	>70%
☐	☐	☐	☐	☐	☐

3. Wie hoch ist der Anteil der wirklich neuen Teile (d.h. sie mußten im Rahmen dieses Projektes völlig neu konzipiert und konstruiert werden)?

0%	0-5%	5-20%	20-50%	50-70%	>70%
☐	☐	☐	☐	☐	☐

4. Wie hoch ist der Anteil der risikobehafteten Teile (d.h. die Umsetzung der technischen Machbarkeit war nicht von vorne herein klar)?

0%	0-5%	5-20%	20-50%	50-70%	>70%
☐	☐	☐	☐	☐	☐

5. Wie hoch ist der Anteil der fremdentwickelten Teile (d.h. der überwiegende Teil der Entwicklung und Konstruktion lag beim Zulieferer)?

0%	0-5%	5-20%	20-50%	50-70%	>70%
☐	☐	☐	☐	☐	☐

6. Wie hoch ist der Anteil der fremdgefertigten Teile (d.h. der überwiegende Teil der Fertigung lag beim Zulieferer)?

0%	0-5%	5-20%	20-50%	50-70%	>70%
☐	☐	☐	☐	☐	☐

7. Inwieweit ist das Produkt modular aufgebaut?

nicht modular	teilweise modular	modular
☐	☐	☐

8. Inwieweit handelt es sich um ein Kundenprojekt ?

kein konkreter Auftrag	Angebot	Kundenauftrag
☐	☐	☐

9. Welcher der nachfolgend genannten Erzeugnisarten ist das betrachtete Produkt am ehesten zuzuordnen?

☐ Maschinenteile und Werkzeuge   ☐ Aggregate und Baugruppen   ☐ Maschinen und Geräte   ☐ Anlagen

4. Einflußfaktoren auf den Projektverlauf

Inwieweit sind die folgenden Faktoren für aufgetretene Verzögerungen im Verlauf des Projektes verantwortlich?

	nicht ver-antwortlich						in hohem Maße verantwortlich
1. Unzureichende Projektplanung.	1	2	3	4	5	6	7
2. Kunden- bzw. Marktunsicherheit.	1	2	3	4	5	6	7
3. Technische Unsicherheit.	1	2	3	4	5	6	7
4. Lieferantenunsicherheit.	1	2	3	4	5	6	7
5. Unklare Zielvorgaben (z.B. Funktionsanforderungen).	1	2	3	4	5	6	7
6. Ungenügende organisatorische Voraussetzungen.	1	2	3	4	5	6	7
7. Mangelnde Koordination.	1	2	3	4	5	6	7
8. Mangelhafte Effizienz (d.h. zu hoher Aufwand gemessen am Ergebnis).	1	2	3	4	5	6	7
9. Mangelhafte Kommunikation.	1	2	3	4	5	6	7
10. Ungenügendes Wissen.	1	2	3	4	5	6	7
11. Warten auf übergeordnete Entscheidungen.	1	2	3	4	5	6	7
12. Nicht ausreichende Entwicklungskapazitäten.	1	2	3	4	5	6	7
13. Geringer Termindruck.	1	2	3	4	5	6	7
14. Hoher Termindruck.	1	2	3	4	5	6	7
15. Unzureichende Projektsteuerung bzw. Kontrolle.	1	2	3	4	5	6	7
16. Unzureichende Nutzung computerunterstützter Werkzeuge.	1	2	3	4	5	6	7

5. Maßnahmen zur Verkürzung von Entwicklungszeiten

Im folgenden werden 20 Maßnahmen zur Verkürzung von Entwicklungszeiten aufgeführt, die in vorangegangenen Fallstudien-Untersuchungen von Bedeutung waren. Bitte geben Sie jeweils an, inwieweit Sie diese Maßnahmen in dem betrachteten Projekt bereits ein- bzw. umgesetzt haben.

	nicht eingesetzt						bereits vollständig umgesetzt
1. Verbesserung und Intensivierung von Marktanalysen.	1	2	3	4	5	6	7
2. Optimierung der Projektplanung.	1	2	3	4	5	6	7
3. Klarere Zielvorgaben (z.B. Funktionsanforderungen).	1	2	3	4	5	6	7
4. Verstärkte Vorentwicklung neuer Technologien.	1	2	3	4	5	6	7
5. Stärkere Nutzung von Kunden-Know-how.	1	2	3	4	5	6	7
6. Stärkere Einbindung wichtiger Lieferanten in den Entwicklungsprozeß.	1	2	3	4	5	6	7
7. Verbesserung der übergreifenden Koordination und des Informationsflusses im Unternehmen.	1	2	3	4	5	6	7
8. Verbesserung der Arbeitssystematik (z.B. Methodik, Alternativenbewertung, etc.).	1	2	3	4	5	6	7
9. Verbesserung von Sozialverhalten und Kommunikation der Mitarbeiter.	1	2	3	4	5	6	7
10. Verbesserung des Wissens der Mitarbeiter (Fachwissen und bereichsübergreifendes Wissen).	1	2	3	4	5	6	7
11. Erhöhung von Kompetenz und Erfolgsverantwortung des Projektleiters.	1	2	3	4	5	6	7
12. Verankerung einer Entwicklungsorientierung in der Unternehmenskultur.	1	2	3	4	5	6	7
13. Kleinere Innovationsschritte bzw. generationsübergreifende Produktplanung.	1	2	3	4	5	6	7
14. Frühzeitige Sicherstellung der Fertigungsgerechtigkeit der Konstruktion.	1	2	3	4	5	6	7
15. Verstärkte Fremdvergabe von nicht zum Kernbereich des Unternehmens zählenden Entwicklungstätigkeiten.	1	2	3	4	5	6	7
16. Vereinfachung der Produktstruktur und Erhöhung der Wiederverwendungsrate von Bauteilen.	1	2	3	4	5	6	7
17. Stärkere Parallelisierung bzw. Überlappung einzelner Arbeitsschritte und Phasen.	1	2	3	4	5	6	7
18. Verbesserung und Intensivierung des Zeit- und Kostencontrollings.	1	2	3	4	5	6	7
19. Verbesserte Nutzung von computerunterstützten Entwicklungs- und Konstruktionstechniken.	1	2	3	4	5	6	7
20. Konzentration der Kapazitäten auf weniger Projekte.	1	2	3	4	5	6	7

6. Umsetzung der Verkürzung von Entwicklungszeiten

1. Um wieviel Prozent ließe sich Ihrer Meinung nach die Entwicklungszeit in einem gleichartigen Projekt verkürzen, wenn die oben genannten Maßnahmen in geeigneter Weise umgesetzt werden würden?

<5%	5-10%	10-20%	20-30%	>30%
☐	☐	☐	☐	☐

2. Um wieviel Prozent würden unter diesen Voraussetzungen die benötigten Entwicklungskosten sinken/ bzw. steigen?   ☐ sinken   ☐ steigen

<5%	5-10%	10-20%	20-30%	>30%
☐	☐	☐	☐	☐

3. Inwieweit halten Sie die Verkürzung von Entwicklungszeiten in einem derartigen Projekt für wichtig?

nicht wichtig ...... sehr wichtig

1 2 3 4 5 6 7

7. Weitere Projekt- und Unternehmensdaten

1. Welchem der nachfolgend genannten Fertigungstypen ist das betrachtete Projekt überwiegend zuzuordnen?

☐ Einzelfertigung (< 5 Stück/Los)   ☐ Kleinserienfertigung (5-100 Stück/Los)

☐ Serienfertigung (100-500 Stück/Los)   ☐ Mittel- und Großserienfertigung (> 500 Stück/Los)

2. Wie viele des betrachteten Produktes sollen im ersten Jahr nach der Markteinführung verkauft werden?

<10	10-100	100-250	250-500	500-1000	>1000
☐	☐	☐	☐	☐	☐

3. Wie viele Produkte sollen in den ersten 5 Jahren nach der Markteinführung verkauft werden?   (Das ......- fache des ersten Jahres:)

<5-fache	5-fache	10-fache	20-fache	>20fache
☐	☐	☐	☐	☐

4. Wie alt ist das Vorgängerprodukt?

existiert nicht	< 2 Jahre	2- 4 Jahre	4-8 Jahre	8-12 Jahre	>12 Jahre
☐	☐	☐	☐	☐	☐

Bitte beziehen Sie die Angaben zu den Fragen 5-11 auf den Unternehmensbereich, dem das Projekt im wesentlichen zuzuordnen ist (z.B. Geschäftsbereich, Gesellschaft, Konzern).

5. Wie viele Beschäftigte hat Ihr Unternehmen (bzw. der betrachtete Unternehmensbereich) zur Zeit?

< 50	50-100	100-200	200-500	500-1000	>1000
☐	☐	☐	☐	☐	☐

Wie viele Mitarbeiter sind beschäftigt:

	existiert nicht	< 10	10-20	20-50	50-100	>100
6. in der Entwicklung und Konstruktion?	☐	☐	☐	☐	☐	☐
7. in Versuch bzw. Labor?	☐	☐	☐	☐	☐	☐
8. in der Versuchsfertigung und -montage?	☐	☐	☐	☐	☐	☐

9. Ist der Entwicklungs-/ Konstruktionsleiter auch Mitglied der Geschäftsleitung?   ☐ ja   ☐ nein

10. In welche Umsatzgrößenklasse fällt Ihr Unternehmen (bzw. betrachteter Unternehmensbereich)? In Mio DM:

< 5	5-10	10-25	25-50	50-100	100-200	>200
☐	☐	☐	☐	☐	☐	☐

11. Welchem Fachzweig des Maschinenbaus ist Ihr Unternehmen (bzw. der betrachtete Unternehmensbereich) überwiegend zuzuordnen? (z.B. Werkzeugmaschinen, Fördertechnik, Antriebstechnik, etc.)

Fachzweig: _____

12. Welche Funktion bekleiden Sie in Ihrem Unternehmen?

☐ Mitglied der Geschäftsleitung   ☐ Entwicklungs-/ Konstruktionsleiter   ☐ Projektleiter   ☐ sonstiges:_____

2. Teil: Durchführung des Experimentes

Das folgende Experiment dient dazu, die bereits genannten Maßnahmen in eine Rangfolge gemäß der von Ihnen eingeschätzten Bedeutung zu bringen.

Bitte lesen sie vor Beginn die ausklappbare Anleitung vollständig durch.

Bitte die Reihenfolge der Karten aus den GRUPPEN 1 und 2 abschließend in die nachfolgenden Kästchen eintragen:

GRUPPE 1:	wichtigste Maßnahme	Geordnete Karten Bitte tragen Sie die Kartennummern ein.		unwichtigste Maßnahme
auf jeden Fall umsetzen				
GRUPPE 2:	oberste Karte			unterste Karte
eventuell umsetzen				
	wichtigste Maßnahme			unwichtigste Maßnahme

Bitte alle Karten wieder einstecken und zurücksenden.

Herzlichen Dank für ihre Mitarbeit!

Anleitung zur Durchführung des Experimentes

Die Anleitung war ausklappbar an der Rückseite des Fragebogen angebracht.

Bitte stellen Sie sich vor, ein neu zu beginnendes Projekt hätte dieselben Charakteristika, wie das im Fragebogen betrachtete Projekt.

Die Karten des folgenden Experimentes enthalten die bereits bekannten 20 Maßnahmen zur Verkürzung von Entwicklungszeiten.

Bitte führen Sie das Experiment gemäß der folgenden 3 Schritte aus:

1. Schritt:

Bitte sortieren Sie die 20 Karten in 3 Gruppen ein,

- unabhängig davon ob Sie die Maßnahme bereits ein- bzw. umgesetzt haben oder nicht -

GRUPPE 1: Die Maßnahmen, die Sie grundsätzlich für besonders wichtig für die Verkürzung von Entwicklungszeiten halten und auf jeden Fall umsetzen würden.

GRUPPE 2: Die Maßnahmen, die Sie eventuell umsetzen würden.

GRUPPE 3: Die Maßnahmen, die Sie für unwichtig halten und nicht umsetzen würden.

Bitte legen Sie die Karten der GRUPPE 3 beiseite, sie werden nicht mehr benötigt.

2. Schritt:

Bitte geben Sie auf jeder Karte der GRUPPEN 1 und 2 an, welchen Beitrag zur Verkürzung von Entwicklungszeiten Sie der jeweiligen Maßnahme beimessen würden.

Bitte geben Sie weiterhin an, inwieweit Sie Einflüsse auf die Entwicklungskosten und die Produktqualität erwarten und in welchem Zeitraum die Maßnahme umgesetzt werden könnte.

3. Schritt:

Bitte ordnen Sie die Karten der GRUPPEN 1 und 2 so, daß die Ihrer Meinung nach wichtigste Maßnahme zur Verkürzung von Entwicklungszeiten an oberster Stelle liegt und die übrigen entsprechend folgen.

Bitte tragen Sie die Reihenfolge der Karten abschließend auf der nebenliegenden Innenseite ein. Vielen Dank.

Literaturverzeichnis

Abell, D.F.: Strategic Windows; Journal of Marketing, July, *1978*, S. 21-26

Abernathy, W.J., Clark, K.B., Kantrow, A.M.: The new industrial competition; The McKinsey Quarterly, Summer, *1982*, S. 2-25

Abernathy, W.J., Utterback, J.M.: Patterns of Industrial Innovation; In: Tushman, M.L., Moore, W.L. (Hrsg.): Readings in the Management of Innovation; Cambridge Mass. *1982*, S. 97-108

Abernathy, W.J., Wayne, K.: Limits of the Learning Curve; In: Tushman, M.L., Moore, W.L. (Hrsg.): Readings in the Management of Innovation; Cambridge Mass. *1982*, S. 109-121

Abetti, P.A., Stuart, R.W.: Evaluating New Product Risk; Research Technology Management, May-June, *1988*, S. 40-43

Albach, H.: Innovationszeitmanagement; In: Schüler, W. (Hrsg.): Aspekte des Innovationsmanagements; Gabler, Wiesbaden *1991*, S. 43-69

Albach, H.: Europäischer Binnenmarkt 1993 und Wettbewerbsfähigkeit des europäischen Unternehmers; Zeitschrift für Betriebswirtschaft, Nr. 2, *1992*, S. 123-136

Albach, H.: Editorial; Zeitschrift für Betriebswirtschaft, Nr. 6, *1993*, S. 537-538

Albach, H., de Pay, D., Raúl, R.: Quellen, Zeiten und Kosten von Innovationen; Zeitschrift für Betriebswirtschaft, 61, Nr. 3, *1991*, S. 309-324

Allen, T.J.: Communication Networks in R&D Labs, R&D Management, Nr. 1, *1971*, S. 14-21

Allen T.J.: Managing the Flow of Technology; MIT Press *1977*

Allen, T., Katz, R., Grady, J., Slavin, N.: Project team aging and performance: The roles of project and functional managers; R&D Management, Nr. 4, *1988*, S. 295-307

Anthony, M.T., McKay, J.: From Experience: Balancing the Product Development Process: Achieving Product and Cycle-Time Excellence in High-Technology Industries; Journal of Product Innovation Management, Nr. 9, *1992*, S. 140-147

Ayres, R.U.: CIM: A Challenge to Technology Management; International Journal of Technology Management, Special Issue on Strengthening Corporate and National Competituiveness through Technology, *1992*, S. 17-39

Backhaus, K., de Zoeten, R.: Organisation der Produktentwicklung; In: Frese, E. (Hrsg.): Handwörterbuch der Organisation, 3. Auflage, Stuttgart *1992*, Sp. 2024-2039

Backhaus, K., Erichson, B., Plinke, W., Weiber, R.: Multivariate Analysemethoden, 6. Auflage, Berlin et. al. *1990*

Baden, K.: Umstrittene Milliarden; Manager Magazin, Nr. 9, *1992*, S. 140-149

Baetge, J.: Sind "Lernkurven" adäquate Hypothesen für eine möglichst realistische Kostentheorie; Zeitschrift für betriebswirtschaftliche Forschung, Nr. 26., *1974*, S. 521-543

Baetge, J.: Lernprozesse in der Produktion; In: Kern, W. (Hrsg.): Handwörterbuch der Produktionswirtschaft; Stuttgart *1979*, Sp. 1125-1133

Baetge, J, Fischer, T.: Simulationstechniken; In: Szyperski, N. (Hrsg.): Handwörterbuch der Planung; Stuttgart *1989*, Sp. 1782-1795

Balachandra, R.: Critical Signals for Making Go/No Go Decisions in New Product Development; Journal of Product Innovation Management, Nr. 2, *1985*, S. 92-100

Barclay, I.: The New Product Development Process: Past Evidence and Future Practical Application, Part 1; R&D Management, 22, Nr. 3, *1992a*, S. 255-263

Barclay, I.: The New Product Development Process: Part 2 - Improving the Process of New Product Development; R&D Management, 22, Nr. 4, *1992b*, S. 307-317

Barczak, G., Wilemon, D.: Leadership Differences in New Product Development Teams; Journal of Product Innovation Management, Nr. 6, *1989*, S. 259-267

Bart, C.K.: Controlling new product R&D projects; R&D Management, Nr. 23 (3), *1993*, S. 187-197

Bartosch, H.: Image aufpoliert - Unternehmen gewinnen wertvolle Zeit mit fachübergreifenden Entwicklungsteams; Wirtschaftswoche, Nr. 41, Oktober *1992*, S.74

Bauer, H.H., Hannig U., Mierzwa, M.: Verkürzung von Produktentwicklungszeiten; Studie erstellt am Otto-Beisheim-Stiftungslehrstuhl für Betriebswirtschaftslehre, Wissenschaftliche Hochschule für Unternehmensführung Koblenz, Vallendar, Februar *1991*

Baur, W.: Lerngesetz der industriellen Produktion; In: Kern, W. (Hrsg.): Handwörterbuch der Produktionswirtschaft; Stuttgart *1979*, Sp. 1115-1125

Beitz, W.: Neue Arbeitstechniken beim Konstruieren; In: VDI-Bericht Nr. 492, Düsseldorf *1983*

Beitz, W.: Entwicklung und Konstruktion; In: Czichos, H. (Hrsg.): Hütte - Die Grundlagen der Ingenieurwissenschaften; 29. Auflage, Berlin et. al. *1991*, Kapitel "K"

Benad-Wagenhoff, V.: Ursachen und Grundzüge des technischen Wandels im Maschinenbau; In: VDMA (Hrsg.): VDMA - 100 Jahre im Dienste des Maschinenbaus, Bd. 2, Frankfurt *1992*, S. 33-60

Bendixen, P.: Kreativität; In: Szyperski, N. (Hrsg.): Handwörterbuch der Planung; Stuttgart *1989*, Sp. 923-929

Berens, N.: Anwendung der FMEA in Entwicklung und Produktion; (MI-Verlag) o.A., *1989*

Bergs, S.: Optimalität von Clusteranalysen, Experimente zur Bewertung numerischer Klassifikationsverfahren; Dissertation, Münster *1981*

Berner, C.: DV-Integration verkürzt Entwicklungszeiten; VDI-Nachrichten, 27.11.*1992*

Bisgaard, S.: A Conceptual Framework for the use of Quality Concepts and Statistical Methods in Product Design; Journal of Engineering Design, Nr. 1, *1992*, S. 31-47

Bleicher, K.: Ingenieurwissenschaften; In: Kern, W. (Hrsg.): Handwörterbuch der Produktionswirtschaft; Stuttgart *1979*, Sp. 795-814

Boos, M.: A Typology of Case Studies; In: Súilleabháin, M.O., Stuhler, E.A., de Tombe, D.J. (Hrsg.): Research on Cases and Theories, Vol. 1, München *1992*

Booz, Allen & Hamilton (Hrsg.): New Product Development for the 1980s; New York, *1982*

Booz, Allen & Hamilton (Hrsg.): Managing For The Year 2000; Outlook, Nr. 9, *1985*

Bortz, J.: Lehrbuch der empirischen Forschung für Sozialwissenschaftler; Berlin et. al. *1984*

Bortz, J.: Statistik für Sozialwissenschaftler; 3. Auflage, Berlin et. al. *1989*

Bower, J.L., Hout, T.M.: Fast-Cycle Capability for Competitive Power; Harvard Business Review, November-Dezember, *1988*, S. 110-118

Bräuninger, F., Hasenbeck, M.: Konsequenter Wille zum Sieg (Interview mit B. v. Oettinger); High Tech, Nr. 2, *1990*, S. 60-61

von Braun, C.F.: Die Beschleunigungsfalle; Zeitschrift für Planung, Nr. 1, *1991*, S. 51-70

Braun, H., Brockhoff, K.: PED - Ein Programm zur optimalen Planung der Entwicklungsdauer; Zeitschrift für betriebswirtschaftliche Forschung, Sonderheft Nr. 23, *1988*, S. 74-85

Brecht, W.: Effiziente F&E-Organisation: Strukturelle Aspekte zur F&E-Organisation als Modul eines integrierten Innovationsmanagement-Konzeptes; In: Booz, Allen & Hamilton: Integriertes Technologie- und Innovationsmanagement; Düsseldorf *1991*, S. 77-91

Brockhaus: Der Große Brockhaus, div. Bände, Wiesbaden *1979-1981*

Brockhoff, K.: Entscheidungsforschung und Entscheidungstechnologie; in: Witte, E. (Hrsg.): Der praktische Nutzen empirischer Forschung; Tübingen *1981*, S. 61-77

Brockhoff, K.: Die Produktivität der Forschung und Entwicklung eines Industrieunternehmens; Zeitschrift für Betriebswirtschaft, Nr. 6, *1986*, S. 525-537

Brockhoff, K.: Schnittstellen-Management; Stuttgart *1989*

Brockhoff, K.: Stärken und Schwächen industrieller Forschung und Entwicklung; Stuttgart *1990*

Brockhoff, K.: Forschungs- und Entwicklungscontrolling zur Steigerung der Forschungs- und Entwicklungseffizienz; Controlling, Nr. 2, März/April *1991*, S. 60-66

Brockhoff, K.: Competitor Technology Intelligence in German Companies; Industrial Marketing Management, Nr. 20, *1991b*, S. 91-98

Brockhoff, K.: Forschung und Entwicklung, Planung und Kontrolle; 3. Auflage, München *1992a*

Brockhoff, K.: Überwachung der Forschung und Entwicklung; In: Coenenberg, A.G., von Wysocki, K. (Hrsg.): Handwörterbuch der Revision; 2. Auflage, Stuttgart *1992b*, Sp. 567-583

Brockhoff, K.: Vor den Zahlen wird gewarnt; Manager Magazin, Nr. 9, *1992c*, S. 142

Brockhoff, K.: Produktpolitik; 3. Auflage, Stuttgart *1993a*

Brockhoff, K.: Zur Erfolgsbeurteilung von Forschungs- und Entwicklungsprojekten; Zeitschrift für Betriebswirtschaft, Nr. 7, *1993b*, S. 643-662

Brockhoff, K., Chakrabarti, A.K.: R&D/Marketing Linkage and Innovation Strategy: Some West German Experience; IEEE Transactions on Engineering Management *1988*, S. 167-174

Brockhoff, K., v. Ghyczy, T.G.J., Wilhelm, W.: Die großen Drei im Test; Manager Magazin, Nr. 10, *1988*, S. 185-197

Brockhoff, K., Urban, C.: Zeitmanagement in Forschung und Entwicklung; Zeitschrift für betriebswirtschaftliche Forschung; Sonderheft Nr. 23, *1988*, S. 1-42

Brockhoff, K., Zanger, C.: Meßprobleme des Neuheitsgrades; Zeitschrift für betriebswirtschaftliche Forschung, 45, Nr. 10, *1993*, S. 835-850

Bronner, R.: Entscheidung unter Zeitdruck; Tübingen *1973*

Bronner, R.: Komplexität; In: Frese, E. (Hrsg.): Handwörterbuch der Organisation; 3. Auflage, Stuttgart *1992*, Sp. 1121-1130

Brosius, G.: SPSS PC+ Basics and Graphics; Hamburg, New York *1988*

Brosius, G.: SPSS PC+ Advanced Statistics and Tables; Hamburg, New York *1989*

Bucksch, R., Rost, P.: Einsatz der Wertanalyse zur Gestaltung erfolgreicher Produkte; Zeitschrift für betriebswirtschaftliche Forschung, 37, Nr. 4, *1985*, S. 350-361

Bürgel, H.D.: Controlling von Forschung und Entwicklung; München *1989*

Bürgel, H.D., Genter, A.: Phasenübergreifende Integration zur Steuerung der Entwicklungs- und Anlaufphasen bei Serienprodukten - Prozeßmanagement und Überleitungsphasen als wirkungsvolle Integrationsmechanismen; In: Hanssen, R.A., Kern, W.: Integrationsmanagement für neue Produkte; Zeitschrift für betriebswirtschaftliche Forschung, Sonderheft Nr. 30, *1992*, S. 69-91

Bürgel, H.D., Pötsch, H.D., Wilken, H.: Beiträge zur Podiumsdiskussion: Kooperationen in Forschung und Entwicklung als Modell? In: Bürgel, H.D., Gassert, H., Horváth, P. (Hrsg.): Erfolgsorientiertes Forschungs- und Entwicklungsmanagement für den Mittelstand; Stuttgart *1994*, S. 1-32

Bullinger, H.J.: Ablaufplanung in der Konstruktion - Zeiten, Kapazitäten, Kosten; Mainz *1976*

Bullinger, H.J.: IAO-Studie F&E - heute; Industrielle Forschung und Entwicklung in der Bundesrepublik Deutschland; Gesellschaft für Management und Technologie gfmt; München *1990*

Bullinger, H.J.: F&E-Bereiche sind durch Konkurrenz aus Japan massiv unter Druck geraten; Reihe: Strategien der Produktentwicklung, Handelsblatt, 19./20.9.*1992*, S. 20

Bullinger, H.J., Wasserlos, G.: Projektmanagement - Steigerung der Effektivität betrieblicher Produktentwicklung; Office Management, Nr. 5, *1991*, S. 6-13

Burckhardt, R.: Ein neues Marketing Gefühl; Top Business, September *1992*, S. 18-34

Burckhardt, R., Stelzer, J.: Simpler, Sparsamer, Schneller; Top Business, September *1993*, S. 122-128

Burgelman, R.A., Maidique, M.A.: Strategic Management of Technology and Innovation; Homewood, Illinois, *1988*

Buzzell, R.D., Gale, B.T.: Das PIMS-Programm; Wiesbaden *1987*

Calatone, R.J., Di Benedetto, C.A.: Successful Industrial Product Innovation; New York et. al. *1990*

Carter, D.E., Stilwell Baker, B.: Concurrent Engineering - The Product Development Environment for the 1990s; Reading, Massachusetts *1992*

Chang, Z.Y., Yong, K.C.: Dimensions and indices for performance evaluation of a product developement project; International Journal of Technology Management, 6, Nr. 1/2, *1991*, S. 155-167

Chen, Y.S., Tang, K.: A Pictorial Approach to Poor-Quality Cost Management; IEEE Transactions on Engineering Management, 39, Nr. 2, *1992*, S. 149-157

Ciccantelli, S., Madigson, J.: From Experience: Consumer Idealized Design: Involving Consumers in the Product Development Process; Journal of Product Innovation Management, Nr. 10, *1993*, S. 341-347

Clark, K.B.: Project scope and project performance: The effect of parts strategy and supplier involvement on product development; Management Science, 35, Nr. 10, Oktober *1989*, S. 1247-1263

Clark, K.B., Fujimoto, T.: Lead Time in Automobile Produkt Developement - Explainig the Japanese Advantage; Journal of Engineering and Technology Management, Nr. 6, *1989*, S. 25-58

Clark, K.B., Fujimoto, T.: Product Development Performance - Strategy, Organization and Management in the World Auto Industry; Boston, Massachusetts *1991*

Cohen, W.M., Levinthal, D.A.: Absorptive Capacity: A New Perspective on Learning and Innovation; Administrative Science Quarterly, Nr. 35, März *1990*, S. 128-152

284

Cooper, R.G.: The Dimensions of Industrial New Product Success and Failure; Journal of Marketing, Nr. 3, *1979*, S. 93-103

Cooper, R.G.: How to Identify Potential New Product Winners; Research Management, September *1980*, S. 10-19

Cooper, R.G.: The New Product Process: An Empirically-Based Classification Scheme; R&D Management, 13, Nr.1, *1983*, S. 1-13

Cooper, R.G.: Predevelopment Activities Determine New Product Success; Industrial Marketing Management, Nr. 17, *1988*, S. 237-248

Cooper R.G.: Winning at New Products; 2. Auflage, Reading Massachusetts *1993*

Cooper, R.G., Kleinschmidt, E.J.: An Investigation into the New Product Process: Steps, Deficiencies and Impact; Journal of Product Innovation Management, 3, Nr. 2, *1986*, S. 71-80

Cooper, R.G., Kleinschmidt, E.J.: New Products: What Seperates the Winners from Losers; Journal of Product Innovation Management, Nr. 3, *1987*, S. 169-184

Cooper, R.G., Kleinschmidt, E.J.: Resource Allocation in the New Product Process; Industrial Marketing Management, Nr. 7, *1988*, S. 249-262

Cordero, R.: Managing for speed to avoid product obsolescence: A survey of techniques; Journal of Product Innovation Management, *1991*, Nr. 8, S. 283-294

Crawford, C.M.: Marketing Research and Failure Rate; Journal of Marketing, April *1977*, S. 51-61

Crawford, C.M.: Defining the Charter for Product Innovation; Sloan Management Review, 22, Nr.1, *1980*, S. 3-12

Crawford, C.M.: Protocol: New Tool for Product Innovation; Journal of Product Innovation Management, 1, Nr. 2, *1984*, S. 85-91

Crawford, C.M.: Neuproduktmanagement; Frankfurt, *1992*

Crawford, C.M.: The Hidden Costs of Accelerated Product Development; Journal of Product Innovation Management, Nr. 9, *1992b*, S. 188-199

Crosby, P.: Qualität ist machbar; McGraw-Hill, Hamburg *1986*

De Meyer, A., Van Hooland, B.: The Contribution of Manufacturing to Shortening Design Cycle Times; R&D Management, 20, Nr. 3, *1990*, S. 229-239

DIN (Hrsg.): DIN 2330; Begriffe und Benennungen - Allgemeine Grundsätze; März *1979*

DIN (Hrsg.): DIN 55350; Teil 11, Grundbegriffe der Qualitätssicherung, Berlin *1987*

DIN (Hrsg.): DIN 69910; Wertanalyse; August *1987*

DIN (Hrsg.): DIN ISO 9004: Qualitätsmanagement und Elemente eines Qualitätssicherungssystems; Berlin *1987*

Dinkelbach, W.: Flexible Planung; In: Szyperski, N. (Hrsg.): Handwörterbuch der Planung; Stuttgart *1989*, Sp. 507-512

Dixon, J.R., Duffey, M.R.: The Neglect of Engineering Design; California Management Review, Winter *1990*, S. 9-23

Domsch, M.: Laufbahnentwicklung für Industrieforscher; In: Domsch, M., Sabisch, H., Siemers, S.H.A.: F&E-Management; Stuttgart *1993*, S. 153-178

Domsch, M., Gerpott, T.J.: Akzeptanz von Zeitkontrollen in der industriellen Forschung und Entwicklung; Zeitschrift für betriebswirtschaftliche Forschung; Sonderheft Nr. 23, *1988*, S. 1-42

Dorbrandt, J., Fröhlich, J., Schmelzer, H.J., Schnopp, R.: Ausgewählte Projektbeispiele zur Verkürzung der Entwicklungszeit; In: Reichwald, R., Schmelzer, H.J.: Durchlaufzeiten in der Entwicklung; München *1990*, S. 157-188

Drucker, P.F.: Innovationsmanagement für Wirtschaft und Politik; 3. Auflage, Düsseldorf *1986*

Dumaine, B.: How Managers can succeed through speed; Fortune, 13. Februar *1989*, S. 53-59

Dylla, N.: Denk- und Handlungsabläufe beim Konstruieren; In: Ehrlenspiel, K. (Hrsg.): Konstruktionstechnik München; Bd. 5, München *1991*

Ebers, M.: Situative Organisationtheorie; In: Frese, E. (Hrsg.): Handwörterbuch der Organisation; 3. Auflage, Stuttgart *1992*, Sp. 1817-1838

Edosomwan, J.A.: Implementing the Concept of Early Manufacturing Involvement (EMI) in the Design of New Technology; Technology Management I: Proceedings of the First International Conference on Technology anagement, Special Publication of the International Journal of Technology Management, *1988*

Ehrlenspiel, K.: Möglichkeiten zur Senkung der Produktkosten - Erkenntnisse aus einer Auswertung von Wertanalysen; Konstruktion, Nr. 32, *1980*, S. 173-178

Ehrlenspiel, K.: Kostengünstig Konstruieren; Berlin et. al. *1985*

Ehrlenspiel, K., John, T.: Methodische Lösungssuche durch Variantenbildung am Beispiel Wellenversatz ausgleichender Kupplungen; In: Hubka, V.: Methodisches Konstruieren der Maschinenelemente; Schriftenreihe WDK, Nr. 14, Zürich *1987*, S. 123-132

EIMRA (Hrsg.): Methods for the Evaluation of R&D Projects; Nr. 1, Paris *1970*

Eisenhardt, K.: Building Theory from Case Study Research; Academy of Management Review, 14, Nr. 4, *1989*, S. 532-550

Eliashberg, J., Robertson, T.S.: New Preannouncing Behavior: A Market Signaling Study; Journal of Marketing Research; Nr. XXV, August, *1988*, S. 282-292

Encyclopaedia Britannica: The New Encyclopaedia Britannica; Band 28, *1990*

Engelhardt, W.: Produktplanung; In: Szyperski, N. (Hrsg.): Handwörterbuch der Planung; Stuttgart *1989*, Sp. 1619-1628

Epton, S.R.: The Underestimation of Project Duration: An Explanation in Terms of a Time-Horizon; R&D Management, Nr. 2, *1972*, S. 141-142

Eversheim, W.: Simultaneous Engineering - eine organisatorische Chance; VDI-Berichte, Nr. 758, *1989*, S. 1-26

Fahrny, P., Spätig, M.: An application oriented Guide to R&D Project Selection and Evaluation Methods; R&D Management, Nr. 20, *1990*, S. 155-171

Feldman, L.P., Page, A.L.: Principles Versus Practice in New Product Planning; Journal of New Product Innovation Management, 1, Nr. 1, *1984*, S. 43-55

Fenneberg, G.: Kosten- und Terminabweichungen im Entwicklungsbereich; Darmstadt *1979*

Fisher, J.C., Pry, R.H.: A Simple Substitution Model; Technological Forecasting and Social Change, Nr. 3, *1971*, S. 75-81

Flaherty, T.M.: Market Share, Technology Leadership and Competition in International Semiconductor Markets; In: Rosenbloom, R.S. (Hrsg.): Research on Technological Innovation, Management and Policy, Vol. 1, Greenwich Connetticut *1983*, S. 69-102

Forbis, J.L., Metha, N.T.: Value-based strategy for industrial products; The McKinsey Quarterly, Summer, *1981*, S. 35-52

Foster, R.N.: Innovation - Die technologische Offensive; Wiesbaden *1986*

Fricke, G.: Erfolgreiches individuelles Vorgehen beim Konstruieren - Ergebnisse einer empirischen Untersuchung; Manuskript, erscheint in: Konstruktion, Nr. 5, *1994*

Fröhlich, O.: Zur Ermittlung von Folgekosten aufgrund von Qualitätsmängeln; Zeitschrift für Betriebswirtschaft, 63, Nr. 6, *1993*, S. 543-568

Fuchs, H.J.: Gefährlicher Zeitpoker; High Tech, April *1990*, S. 40-44

Fuchs, H.J.: Orientierungshilfen im Wettlauf; High Tech, Juli *1991*, S. 70-72

Fürstenau, J.: Zum Geleit; In: VDMA (Hrsg.): VDMA - 100 Jahre im Dienste des Maschinenbaus, Band 3, Frankfurt *1992*, S. 7-8

Ganter, R: Situation des Mittelstandes und die Auswirkungen auf die innerbetriebliche Forschung und Entwicklung; In: Bürgel, H.D., Gassert, H., Horváth, P. (Hrsg.): Erfolgsorientiertes Forschungs- und Entwicklungsmanagement für den Mittelstand; Stuttgart *1994*, S. 1-32

Gelshorn, T., Michallik, S., Staehle, W.H.: Die Innovationsorientierung Mittelständischer Unternehmen; Stuttgart *1991*

Gemünden, H.G.: Zeit - Strategischer Erfolgsfaktor in Innovationsprozessen; In: Domsch, M., Sabisch, H., Siemers, S.H.A. (Hrsg.): F&E-Management; Stuttgart *1993*, S. 67-118

Gerpott, T.: Simultaneous Engineering; Die Betriebswirtschaft, 50, Nr. 3, *1990*, S. 399-400

Gerpott, T.J., *Wittkemper, G.*: Verkürzung der Produktentwicklungszeiten: Vorgehensweise und Ansatzpunkte technologischer Sprintfähigkeit; In: Booz, Allen & Hamilton: Integriertes Techniologie- und Innovationsmanagement; Düsseldorf *1991*, S. 119-145

Gerstenfeld, A., *Sumiyoshi, K.*: The Management of Innovation in Japan: Seven Forces that Make the Difference; Research Management, 23, Nr. 1, *1980*, S. 30-34

Geschka, H.: Aternativengenerierungstechniken; In: Szyperski, N. (Hrsg.): Handwörterbuch der Planung; Stuttgart *1989*, Sp. 27-33

Geschka, H.: Wettbewerbsfaktor Zeit; Landsberg *1993*

Gierl, H., *Kotzbauer, N.*: Der Einfluß des F&E-Aufwandes auf den wirtschaftlichen Erfolg von Industrieunternehmen; Zeitschrift für betriebswirtschaftliche Forschung, 44, Nr. 11, *1992*, S. 974-989

Gold, B.: Approaches to Accelerating Product and Process Development; Journal of Product Innovation Management, Nr. 4, *1987*, S. 81-88

Green, K.: Project Duration and the 'Time-Horizon ; R&D Management, Nr. 2, *1972*, S. 18-22

Green, P.E., *Rao, V.R.*: Conjoint Measurement for Quantifying Judgemental Data; Journal of Marketing Research, Nr. 8, *1971*, S. 355-363

Griffin, A.: Evaluating QFD's Use in US Firms as a Process for Developing Products; Journal of Product Innovation Management, Nr. 9, *1992*, S. 171-187

Griffin, A.: Metrics for Measuring Product Development Cycle Time; Journal of Product Innovation Management, Nr. 10, *1993*, S. 112-125

Griffin, A., *Page, A.L.*: An Interim Report on Measuring Product Development Success and Failure; Journal of Product Innovation Management, Nr. 10, *1993*, S. 291-308

Grochla, E.: Lernprozesse im Rahmen der Organisationsplanung und Organisationsentwicklung; In: Albach, Busse von Colbe, Sabel: Lebenslanges Lernen; München *1978*, S. 51-66

Grün, O.: Das Lernverhalten in Entscheidungsprozessen; Tübingen *1973*

Gupta, A.K., *Brockhoff, K.*, *Weisenfeld, U.*: Making Trade-offs in the New Product Development Process: A German/ U.S. Comparison; Journal of Product Innovation Management, Nr. 9, *1992*, S. 11-18

Gupta, A.K., *Raj, S.P.*, *Wilemon, D.L.*: R&D and Marketing Dialogue in High-Tech Firms; Industrial Marketing Management, Nr. 14, *1985*, S. 289-300

Gupta, A.K., *Raj, S.P.*, *Wilemon, D.L.*: Managing the R&D Interface; Research Management, 30, Nr. 2, *1987*, S. 38-43

288

Gupta, A.K., Wilemon, D.: Credibility Problem at the R&D-Marketing Interface; Proceedings, IEEE Conference on Management and Technology: Management of Evolving Systems *1987*

Gupta, A.K., Wilemon, D.L.: Accelerating the Development of Technology-Based New Products; California Management Review, Winter *1990*, S. 24-44

Haas, H.J.: Mit Simulation bei der Prototypentwicklung Kosten sparen; Handelsblatt, 21.7.*1992*

Haber, H.: Die Zeit; München *1989*

Händel, S.: Wertanalyse; In: Szyperski, N. (Hrsg.): Handwörterbuch der Planung; Stuttgart *1989*, Sp. 2213-2220

Hafter, R.A., Sparks, R.C.: Can you evaluate your R&D Spending?; Management Accounting, Januar *1986*, S. 53-55

Hamel, W.: Zieländerungen im Entscheidungsprozeß; Tübingen *1974*

Hamel, W.: Zielvariation in innovativen Entscheidungsprozessen; In: Witte, E., Hauschildt, J., Grün, O.: Innovative Entscheidungsprozesse; Tübingen *1988*, S. 79-96

Handfield, R.: Strategic Implications of Accelerated Development of Make-to-Order Products; Manuskript zur Veröffentlichung: IEEE Transactions on Engineering Management, *1994*

Hanke, M.: Von den Anfängen der Maschinenbauindustrie in Deutschland; In: VDMA (Hrsg.): VDMA - 100 Jahre im Dienste des Maschinenbaus, Band 2, Frankfurt *1992*, S. 61-76

Hansen, R.A., Kern, W. (Hrsg.): Integrationsmanagement für Neue Produkte; Zeitschrift für betriebswirtschaftliche Forschung, Sonderheft Nr. 30, *1992*

Hartung, J., Elpelt, B., Klösener, K.H.: Statistik - Lehr und Handbuch der angewandten Statistik; 6. Aufl., München et. al. *1987*

Hauschildt, J.: Entscheidungsziele - Zielbildung in innovativen Entscheidungsprozessen: theoretische Ansätze und empirische Prüfung; Tübingen *1977*

Hauschildt, J.: Zielbildung und Problemlösung; In: Witte, E., Hauschildt, J., Grün, O. (Hrsg.): Innovative Entscheidungsprozesse; Tübingen *1988*, S. 59-78

Hauschildt, J.: Zur Messung des Innovationserfolges; Zeitschrift für Betriebswirtschaft, Nr. 4, *1991*, S. 451-476

Hauschildt, J.: Determinanten des Innovationserfolges; Manuskripte aus den Instituten für Betriebswirtschaftslehre der Universität Kiel, Nr. 294, Mai, *1992*

Hauschildt, J.: Innovationsmanagement; München *1993*

Hauser, T.: Intuition und Innovationen - Bedeutung für das Innovationsmanagement; Wiesbaden *1991*

Hax, H., Kern, W., Schröder, H.H. (Hrsg.): Zeitaspekte in betriebswirtschaftlicher Theorie und Praxis; Veröffentlichung der Beiträge zur 50. wissenschaftlichen Jahrestagung des Verbandes der Hochschullehrer für betriebswirtschaft e.V. 1988 in Köln; Stuttgart *1989*

Hayes, R.H., Wheelwhright, S.C., Clark, K.B.: Dynamic Manufacturing; New York *1988*

Henke, J.W., Krachenberg, A.R., Lyons, T.F.: Cross Functional Teams: Good Concept, Poor Implementation!; Journal of Product Innovation Management, Nr. 10, *1993*, S. 216-229

Hermes, M.: Eigenerstellung oder Fremdbezug neuer Technologien; Dissertation, Kiel *1993*

Herstatt, C., Von Hippel, E.: From Experience: Developing New Product Concepts Via the lead User Method: A Case Study in a "Low-Tech" Field; Journal of Product Innovation Management, Nr. 9, *1992*, S. 213-221

von Hippel, E.: The dominant role of users in the scientific instrument innovation process; Research Policy, Nr. 5, *1976*, S. 213-239

von Hippel, E.: The Sources of Innovation; Oxford University Press, New York *1988*

Hirzel, M.: Projektmanagement mit Standard-Struktur-Plänen; Zeitschrift für Organisation, Nr. 7, *1985*, S. 394-400

Hjort, H., Hananel, D., Lucas, D.: Quality Function Deployment and Integrated Product Development; Journal of Engineering Design, Nr. 1, *1992*, S. 17-29

Hopkins, D.S.: New Product Winners and Losers; Research Management, Nr. 3, *1981*, S. 12-17

House, C.H., Price, R.L.: The Return Map: Tracking Product Teams; Havard Business Review, Januar-Februar *1991*, S. 93-100

Hout, T., Stalk, G.: Besser und schneller mit weniger Personal; Perspektiven (Hrsg. Boston Consulting Group), Nr. 84, *o.J.*

Hubka, V.: Theorie der Maschinensysteme; Berlin, Heidelberg *1973*

Hubka, V.: Theorie der Konstruktionsprozesse; Berlin, Heidelberg *1976*

Hubka, V.: Methodisches Konstruieren von Maschinenelementen; In: Hubka, V.: Methodisches Konstruieren der Maschinenelemente; Schriftenreihe WDK, Nr. 14, Zürich *1987*, S. 31-54

Hubka, V.: Design for Quality and Design Methodology; Journal of Engineering Design, Nr. 1, *1992*, S. 5-15

Hübner, H.: Die Realisierung kurzer Innovationszeiten durch Consensus Management; In: Hax, H., Kern, W., Schröder, H.H.: Zeitaspekte in betriebswirtschaftlicher Theorie und Praxis; Poeschel, Stuttgart *1989*, S. 145-158

Hull, F.M., Hage, J., Azumi, K.: R&D Management Strategies: America Versus Japan; IEEE Transactions on Engineering Management, 32, Nr. 2, May, *1985*, S. 78-83

Ifo-Institut für Wirtschaftsforschung: Zwanzig Jahre Innovationsforschung im Ifo-Institut und zehn Jahre Ifo-Innovationstest; Ifo-Schnelldienst, Nr. 14, *1990*, S. 14-22

Istvan, R.: Zeit - Die vierte Dimension des Wettbewerbs; Perspektiven (Hrsg. Boston Consulting Group), Nr. 95, *o.J.*

IW Institut der Deutschen Wirtschaft Köln: Zahlen zur wirtschaftlichen Entwicklung der Bundesrepublik Deutschland, Köln *1991*

Johne, F.A., Snelson, P.A.: Success Factors in Product Innovation: A Selective Review of the Literature; Journal of Product Innovation Management, Nr. 5, *1988*, S. 114-128

Kahnemann, D., Tversky, A.: Prospect Theory: An Analysis of Decisions under Risk; Econometrica, Nr. 47, *1979*, S. 263-291

Kalish, S., Lilien, G.L.: A Market Entry Timing Model for New Technologies; Management Science, 32 (2), *1986*, S. 194-205

Kaplitza, G.: Die Stichprobe; In: Holm, K. (Hrsg.): Die Befragung; Band 1, München *1975*, S. 136-186

Karagozoglu, N., Brown, W.B.: Time Based Management of the New Product Development Process; Journal of Product Innovation Management, Nr. 10, *1993*, S. 204-215

Katz, R., Allen, T.J.: Investigating the Not Invented Here (NIH) Syndrome: A look at the performance, tenure, and communication patterns of 50 R&D Projects Groups; R&D Management, Nr. 1, *1982*, S. 7-19

Katzenbach, J.R., Smith, D.K.: Why Teams Matter; The McKinsey Quarterly, Nr. 3, *1992*, S. 3-27

Kaufmann, H., Pape, H.: Clusteranalyse; In: Fahrmeir, L., Hamerle, A. (Hrsg.): Multivariate Statistische Verfahren; Berlin - New York, *1984*, S. 371-472

Kern, W.: Problemlösungen als Produkte; In: Kern, W. (Hrsg.): Handwörterbuch der Produktionswirtschaft; Stuttgart *1979*, Sp. 1433-1441

Kern, W.: Funktionsübergreifende Integration - Aufgaben und Probleme; In: Integrationsmanagement für neue Produkte; Zeitschrift für betriebswirtschaftliche Forschung, Sonderheft Nr. 30, *1992*, S. 54-61

Kern, W., Schröder, H.H.: Forschung und Entwicklung in der Unternehmung; Reinbek *1977*

Keussen, M.: Forschungs- und Entwicklungskooperationen zwischen Industrieunternehmen und Ingenieurfirmen - Eine empirische Analyse; Dissertation, Kiel *1993*

Kezsbom, D.S., Schilling, D.L., Edward, K.A.: Dynamic Project Management; New York *1989*

Kieser, A., Kubicek, H.: Organisation; 2. Aufl., de Gruyter, Berlin *1983*

Kilian, H.: Organisation industrieller Forschung und Entwicklung; Hamburg *1991*

Kirchmann, E.M.W.: Innovationskooperation zwischen Herstellern und Anwendern industrieller Produkte; Dissertationsschrift, Kiel *1994*

Kloock, J.: Erfahrungskurvenkonzept; In: Szyperski, N. (Hrsg.): Handwörterbuch der Planung; Stuttgart *1989*, Sp. 427-433

Knolmayer, G.: Das Brook'sche Gesetz; WiSt, Nr. 9, September *1987*, S. 453-457

Koch, H.: Techniken zur Handhabung von Unsicherheit; In: Szyperski, N. (Hrsg.): Handwörterbuch der Planung; Stuttgart *1989*, Sp. 2060-2073

Koller, H.: Simulation; In: Kern, W. (Hrsg.): Handwörterbuch der Produktionswirtschaft; Stuttgart *1979*, Sp. 1851-1861

Koller, R.: Konstruktionslehre für den Maschinenbau; 2. Auflage, Berlin et. al. *1985*

Koller, R.: Entwicklung eines generellen Ordnungs- und Suchmerkmalsystems für Bauteile; Konstruktion, 10, Nr. 38, 1986, S. 387-392; Nachdruck In: Hubka, V.: Methodisches Konstruieren der Maschinenelemente; Schriftenreihe WDK, Nr. 14, Zürich *1987*, S. 69-74

Kriegbaum, H.: Hundert Jahre Maschinenbau im Spiegel der Statistik; In: VDMA (Hrsg.): VDMA - 100 Jahre im Dienste des Maschinenbaus, Band 2, Frankfurt *1992*, S. 13-31

Krubasik, E.G.: Customize Your Product Development; Havard Business Review, November-Dezember, *1988*, S. 46-52

Lange, E.C.: Abbruchentscheidungen bei F&E-Projekten; Wiesbaden *1993a*

Lange, U.: FuE-Controlling als Chancenmanagement; In: Domsch, M., Sabisch, H., Siemers, S.H.A.: F&E-Management; Stuttgart *1993b*, S. 137-151

Lange, V.: Technologische Konkurrenzanalyse - Eine empirische Untersuchung zur Früherkennung technologischer Innovationen von Wettbewerbern in deutschen Großunternehmen; Dissertation, Kiel *1993c*

Lilien, G., Yoon, E.: The Timing of Competitive Market Entry: An Explanatory Study of New Industrial Products; Management Science, Nr. 36, *1990*, S. 568-585

Link, P.L.: Keys to New Product Success and Failure; Industrial Marketing Management, Nr. 16, *1987*, S. 109-118

Mabert, A.M., Muth, J.F., Schmenner, R.W.: Collapsing New Product Development Times: Six Case Studies; Journal of Product Innovation Management, Nr.9, *1992*, S. 200-212

Maidique, M.A., Zirger, B.J.: A Study of Success and Failure in Product Innovation: The Case of the U.S. Electronics Industry; IEEE Transactions on Engineering Management, EM-31, *1984*, S. 192-203

Maidique, M.A., Zirger, B.J.: The New Product Learning Cycle; In: Burgelman, R.A., Maidique, M.A. (Hrsg.): Strategic Management of Technology and Innovation; Homewood Illinois *1988*, S. 320-337

Maier-Rothe, C., Bauer, J.: Selbstkritik als Ansporn; Top Business, August *1992*, S. 93-97

Mann, R.: Controlling und Planung; In: Szyperski, N. (Hrsg.): Handwörterbuch der Planung; Stuttgart *1989*, Sp. 219-228

Mansfield, E.: The Speed and Cost of Industrial Innovation in Japan and the United States: External VS. Internal Technology; Management Science, 34, Nr. 10, *1988*, S. 1157-1168

Mansfield, E. et. al.: Research and Innovation in the Modern Corporation; New York *1971*

Mattern, K.: Wirkungsvolles Innovationscontrolling: Was High-Tech-Unternehmen bei der Planung, Steuerung und Kontrolle des Innovationsprozesses beachten sollten; In: Booz, Allen & Hamilton: Integriertes Techniologie- und Innovationsmanagement; Schmidt, Düsseldorf *1991*, S. 95-116

McDonough, E.F., Barczak, G.: Speeding Up New Product Development: The Effects of Leadership Style and Source of Technology; Journal of Product Innovation Management, Nr. 8, *1991*, S. 203-211

McDonough, E.F., Barczak, G.: The Effects of Cognitive Problem-Solving Orientation and Technological Familiarity Speeding on Faster New Product Development; Journal of Product Innovation Management, Nr. 9, *1992*, S. 44-52

McDonough, E.F., Spital, F.C.: Quick-Response New Product Development; Harvard Business Review, Nr. 62 (September-Oktober), *1984*, S. 52

McKee, D.: An Organizational Learning Approach to Product Innovation; Journal of Product Innovation Management, Nr. 9, 1992, S. 232-245

Mehdorn, H, Töpfer, A.: Eine hohe Qualität ist in immer kürzerer Zeit bei günstigen Kostenstrukturen zu erreichen; Handelsblatt, 10.8.*1992*, S. 16

Meyers, P.W., Wilemon, D.: Learning in Technology Development Teams; Journal of Product Innovation Management, Nr. 6, *1989*, S. 79-88

Millson, M.R., Raj, S.P., Wilemon, D.: A survey of major approaches for accelerating New Product Development; Journal of Product Innovation Management, *1992*, Nr. 9, S. 53-69

Mock, A.: Forschungs- und Entwicklungsmanagement im Maschinenbau; In: Blohm, H., Danert, G. (Hrsg. im Auftrag der Schmalenbach-Gesellschaft): Forschungs- und Entwicklungsmanagement; Stuttgart *1983*, S. 41-47

Moore, R.: Control of new product development in UK companies; European Journal of Marketing, 18, Nr. 6, *1984*, S. 5-13

Nagel, P.: Techniken der Problemanalyse und -lösung; In: Frese, E. (Hrsg.): Handwörterbuch der Organisation; 3. Auflage, Stuttgart *1992*, Sp. 2014-2024

Nippa, M., Reichwald, R.: Theoretische Grundüberlegungen zur Verkürzung der Durchlaufzeit in der industriellen Entwicklung; In: Reichwald, R., Schmelzer, H.J. (Hrsg.): Durchlaufzeiten in der Entwicklung; München *1990*, S. 65-114

Nonaka, I.: Redundant, Overlapping Organization: A Japanese Approach to Managing the Innovation Process; California Management Review, Spring, *1990*, S. 27-37

Norris, K.P.: The Accuracy of Project Cost and Estimates in Industrial R&D; R&D Management, Nr. 2, *1971*, S. 25-36

OECD: Allgemeine Richtlinien für statistische Übersichten in Forschung und experimenteller Entwicklung, Frascati Handbuch II; Stifterverband - Gemeinnützige Gesellschaft für Wissenschaftsstatistik mbH (Hrsg.); Essen *1971*

O.V.: Kürzere Entwicklungszeiten; Handelsblatt vom 25.5.*1992*

O.V.: Suche nach der verlorenen Zeit; High Tech, Juli *1990*, S. 52-54

Otala, M.: Das Just-In-Time, First-Time-Right Management Konzept in Forschung und Entwicklung; In: Bullinger, H.J.: Forum für Management in Forschung, Entwicklung und Technologie, Tagungsbericht *1989*, S. 28-29

Page, A.L.: Assessing New Product Development Practices and Performance: Establishing Crucial Norms; Journal of Product Innovation Management, Nr. 10, *1993*, S. 273-290

Pahl, G.: Konstruktion; In: Kern, W. (Hrsg.): Handwörterbuch der Produktionswirtschaft; Stuttgart *1979*, Sp. 918-928

Pahl, G., Beitz, W.: Konstruktionslehre; 2. Auflage, Berlin et. al. *1986*

Pantele, E.F., Lacey, C.E.: Mit "Simultaneous Engineering" die Entwicklungszeiten verkürzen; IO-Management Zeitschrift, Nr. 11, *1989*, S. 56-58

Patzak, G.: Systemtechnik - Planung komplexer innovativer Systeme; Berlin et. al. *1982*

Paulinyi, A.: Die Umwälzung der Technik in der Industriellen Revolution zwischen 1750 und 1840; In: König, W. (Hrsg.): 1600-1840 Mechanisierung und Maschinisierung; Propyläen - Technik Geschichte; Berlin *1991*, S. 271-495

Pearson, A.W.: Innovation strategy; Technovation, 10, Nr. 3, *1990*, S. 185-192

Pearson, A.W.: Planning and Control in Research and Development; OMEGA International Journal of Management Science, 18, Nr. 6, *1991*, S. 573-581

Perillieux, R.: Der Zeitfaktor im strategischen Management; Berlin *1987*

Perillieux, R.: Strategisches Timing von F&E und Markteintritt bei innovativen Produkten; In: Booz, Allen & Hamilton: Integriertes Technologie- und Innovationsmanagement; Düsseldorf *1991*, S. 23-48

Perillieux, R., Wittkemper, G.: Ziele und Module eines integrierten Technologiemanagements; In: Booz, Allen & Hamilton: Integriertes Technologie- und Innovationsmanagement; Düsseldorf *1991*, S. 13-20

Peters, T.J., Waterman, R.H.: In Search of Excellence; New York *1982*

Pfeiffer, W., Weiß, E.: Lean-Management: Zur Übertragbarkeit eines neuen japanischen Erfolgsrezeptes auf hiesige Verhältnisse; Forschungs- und Arbeitsbericht der For-

294

schungsgruppe für Innovation und Technologische Vorraussage (FIV), Universität Nürnberg, Nr. 18, September, *1991*

Picot, A., Reichwald, R., Nippa, M.: Zur Bedeutung der Entwicklungsaufgabe für die Entwicklungszeit; Zeitschrift für betriebswirtschaftliche Forschung, Sonderheft Nr. 23, *1988*, S. 112-137

Platz, J., Schmelzer, H.J.: Projektmanagement in der industriellen Forschung und Entwicklung; Berlin et. al. *1986*

Popp, W.: Zur Planung von F&E-Projekten; Die Betriebswirtschaft, 48, Nr. 6, *1988*, S. 735-749

Popper, K.: Logik der Forschung; *1935*

Popplow, M.: Die Verwendung von Lat. "machina" im Mittelalter und in der frühen Neuzeit - vom Baugerüst zu Zoncas mechanischem Bratenwender; Technikgeschichte, Nr. 1, *1993*, S.7-26

Porter, M.E.: Wettbewerbsvorteile: Spitzenleistungen erreichen und behaupten; Sonderausgabe, Frankfurt *1989*

Porter, M.E.: Wettbewerbsstrategie; 6. Auflage, Frankfurt *1990*

Preukschat, U.: Die Vorankündigung von neuen Produkten - Eine theoretische und empirische Untersuchung produktbezogener Kommunikationspolitik im Vorfeld der Markteinführung neuer Produkte; Dissertation, Kiel *1992*

Reber, G.: Organisationales Lernen; In: Frese, E. (Hrsg.): Handwörterbuch der Organisation; 3. Auflage, Stuttgart *1992*, Sp. 1240-1255

Reichwald, R.: Entwicklungszeiten als wettbewerbsentscheidender Faktor für den langfristigen Erfolg eines Industriebetriebes; In: Reichwald, R., Schmelzer, H.J.: Durchlaufzeiten in der Entwicklung; München *1990*, S. 9-25

Reinhardt, W.: Controlling von F&E-Projekten; Ludwigsburg, Berlin 1993

Riedel, J., Pawar, K.S.: The strategic choice of simultaneous engineering versus sequential engineering for the introduction of new products; International Journal of Technology Management, Special Issue on Manufacturing Strategy, Nr. 3/4, *1991*, S. 321-334

Robinson, W.T.: Sources of Market Pioneer Advantages: The Case of Industrial Goods Industries; Journal of Marketing Research, Nr. 25, Februar *1988*, S. 87-94

Rochford, L., Rudelius, W.: How Involving More Functional Areas Within a Firm Affects the Product Process; Journal of Product Innovation Management; Nr. 9, *1992*, S. 287-299

Rodenacker, W.G.: Methodisches Konstruieren; 3. Auflage, Berlin et. al. *1984*

Roever, M.: Curing the Disease of Overcomplexity; The McKinsey Quarterly, Nr.2, *1992*, S. 97-104

Rommel, G.: The Secret of German Competitiveness; The McKinsey Quarterly, *1991*, S. 40-54

Rommel, G., Brück, F. Diederichs, R., Kempis, R.D., Kluge, J.: Einfach Überlegen - Das Unternehmenskonzept, daß die Schlanken schlank und die Schnellen schnell macht; McKinsey & Company, Stuttgart *1993*

Ropohl, G.: Baukastensysteme; In: Kern, W. (Hrsg.): Handwörterbuch der Produktionswirtschaft; Stuttgart *1979*, Sp. 293-302

Rosenau, M.D.: Faster New Product Development; Journal of Product Innovation Management, Nr. 5 (2), *1988*, S. 150-153

Rosenau, M.D.: Faster new product development: getting the right product to market quickly; New York *1990*

Rotering, C.: Foschungs- und Entwicklungskooperationen zwischen Unternehmen - Eine empirische Analyse, Stuttgart *1990*

Roth, K.: Konstruieren mit Konstruktionskatalogen; Berlin et. al. *1982*

Rothwell, R., Freeman, C., Horsley, A., Jervis, V.T.P., Robertson, A.B., Townsend, J.: Sappho Updated - Project Sappho II; Research Policy, Nr. 3, *1974*, S. 258-291

Rubenstein, A.H., Cakrabarti, A.K., O'Keefe, R.D., Souder, W.E., Young, H.C.: Factors Influencing Innovation Success at the Project Level; Research Mangement, Mai, *1976*, S. 15-20

Saaty, T.L.: The Analytic Hierarchy Process, Planning, Priority Setting, Resource Allocation; New York *1980*

Schewe, G.: Key Success Factors of Successful Innovation Management; Manuskripte aus dem Institut für Betriebswirtschaftslehre der Universität Kiel, Nr. 274, *1991*

Schirmer, A.: Planung und Einführung eines neuen Produktes am Beispiel der Automobilindustrie; Zeitschrift für betriebswirtschaftliche Forschung, 42, Nr. 10, *1990*, S. 892-907

Schlicksupp, H.: Kreative Ideenfindung in der Unternehmung - Methoden und Modelle; Berlin *1977*

Schlicksupp, H.: Kreativitätstechniken; In: Szyperski, N. (Hrsg.): Handwörterbuch der Planung; Stuttgart *1989*, Sp. 930-943

Schmelzer, H.J.: Steigerung der Effektivität und Effizienz durch Verkürzung von Entwicklungszeiten; In: Reichwald, R., Schmelzer, H.J.: Durchlaufzeiten in der Entwicklung; München *1990*, S. 27-63

Schmelzer, H.J.: Zeitmanagement in der Produktentwicklung; In: Domsch, M., Sabisch, H., Siemers, S.H.A.: F&E-Management; Stuttgart *1993*, S. 119-135

Schmelzer, H.J., Buttermilch, K.H.: Reduzierung der Entwicklungszeiten in der Produktentwicklung als ganzheitliches Problem; Zeitschrift für betriebswirtschaftliche Forschung, Sonderheft 23, *1988*, S. 43-73

Schmidt, E.: Programme begleiten Projekte; VDI-Nachrichten, 4.12.*1992*

Schnaars, S.P.: When Entering Growth Markets - Are Pioneers Better than Poachers; Business Horizons, März-April, *1986*, S. 27-36

Schneeweiß, C.: Der Zeitaspekt in der Planung; In: Hax, H., Kern, W., Schröder, H.H. (Hrsg.): Zeitaspekte in betriebswritschaftlicher Theorie und Praxis; Stuttgart *1989*, S. 3-19

Scholz, L.: Definition und Abgrenzung der Begriffe Forschung, Entwicklung, Konstruktion; In: Moll, H.H., Warneke, H.J., (Hrsg.): RKW-Handbuch Forschung und Entwicklung, Beitrag Nr. 2020, Berlin *1976*, S. 3-26

Schrader, S., Riggs, W.M., Smith, R.P.: Choice over uncertainty and ambiguity in technical problem solving; Journal of Engineering and Technology Management, Nr. 10, *1993*, S. 73-99

Schröder, H.H.: The Quality of subjective probabilities of technical success in R&D; R&D Management, Nr. 6, *1975*, S. 15-22

Schröder, H.H.: Forschung und Entwicklung; In: Kern, W. (Hrsg.): Handwörterbuch der Produktionswirtschaft; Stuttgart *1979*, Sp. 627-642

Seibt, D.: Projektplanung; In: Szyperski, N. (Hrsg.): Handwörterbuch der Planung; Stuttgart *1989*, Sp. 1665-1678

Seifert, H.: Zeit ist Geld, Manager Magazin, Nr. 11, *1992*, S. 263-271

Simon, H.: Management strategischer Wettbewerbsvorteile; Zeitschrift für Betriebswirtschaft, 58, Nr. 4, *1988*, S. 461-480

Simon, H.: Die Zeit als strategischer Erfolgsfaktor; Zeitschrift für Betriebswirtschaft, *1989*, Nr. 1, S. 70-93

Slade, B.N.: Compressing the Product Development Cycle - from Research to Market Place; New York *1993*

Smith, P.G., Reinertsen, D.G.: Developing products in half the time; New York *1991*

Soderberg, L.G., O'Halloran, J.D.: "Heroic" engineering takes more than heroes; The McKinsey Quarterly, Nr. 1, *1992*, S. 3-23

Sommers, W.P.: Product Development: New Approaches in the 1980s; In: Tushman, M.L., Moore, L.: Readings in the Management of Innovation; Cambridge, Mass., *1982*, S. 51-59

Souder, W.E.: Disharmony Between R&D and Marketing; Industrial Marketing Management, Nr. 10, *1981*, S. 67-73

Souder W.E.: Managing Relations between R&D and Marketing in New Product Development; Journal of Product Innovation Management, Nr. 5, *1988*, S. 6-19

Souder, W.E., Chakrabarti, A.K.: The R&D/Marketing Interface: results from an Empirical Study of Innoavtion Projects; IEEE Transactions on Engineering Management, Nr. 4, *1978*, S. 88-93

Souder, W.E., Chakrabarti, A.K.: Managing the Coordination of Marketing and R&D in the Innovation Process; In: Dean, B.V., Goldhar, J.L. (Hrsg.): Management of Research and Innovation; Studies in the Management Science, Nr. 15, Amsterdam et. al. *1980*, S. 135-150

Specht, G., Schmelzer, H.J.: Qualitätsmanagement in der Produktentwicklung; Stuttgart *1991*

Specht, G., Schmelzer, H.J.: Instrumente des Qualitätsmanagements in der Produktentwicklung; Zeitschrift für betriebswirtschaftliche Forschung, Nr. 6, *1992*, S. 531-547

Spendolini, M.J.: The Benchmarking Book; New York *1992*

Spital, F.: Gaining Market Share Advantage in the Semiconductor Industry by Lead Time in Innovation; In: Rosenbloom, R.S. (Hrsg.): Research on Technological Innovation, Management and Policy, Vol. 1, Greenwich Connetticut *1983*, S. 55-67

SPSS: SPSS/PC+ Advanced Statistics 4.0; Software Documentation, Chicago *1990*

Staehle, W.H.: Management - Eine verhaltenswissenschaftliche Perspektive; 6. Auflage, München *1991*

Stahlknecht, P.: Computergestützte Planung; In: Szyperski, N. (Hrsg.): Handwörterbuch der Planung; Stuttgart *1989*, Sp. 210-219

Stalk, G.: Time - The Next Source of Competitive Advantage; Harvard Business Review, Juli-August *1988*, S. 41-51

Stalk, G., Hout, T.M.: Zeitwettbewerb; Campus, Frankfurt *1990*

Stalk, G., Webber, A.M.: Japan's Dark Side of Time; Harvard Business Review, Juli-August, *1993*, S. 93-102

Statistisches Bundesamt: Statistisches Jahrbuch 1992 für die Bundesrepublik Deutschland, Wiesbaden *1992*

Stifterverband - Gemeinnützige Gesellschaft für Wissenschaftsstatistik mbH (Hrsg.): Forschung und Entwicklung in der Wirtschaft 1987; Essen *1990*

Stifterverband - Gemeinnützige Gesellschaft für Wissenschaftsstatistik mbH (Hrsg.): Forschung und Entwicklung in der Wirtschaft 1989; Essen *1992*

Süverkrüp, C.: Internationaler technologischer Wissenstransfer durch Unternehmensaquisitionen - Eine empirische Untersuchung über Ziele und Erfolg deutsch-amerikanischer und amerikanisch-deutscher Akquisitionen; Dissertation, Kiel, *1991*

Swift, K.G., Allen, A.J.: Techniques in Design for Quality and Manufacture; Journal of Engineering Design, Nr. 1, *1992*, S. 81-91

Szakonyi, R.: Dealing with a Nonobvious Source of Problems Related to Selecting R&D to Meet Customers´ Future Needs: Weaknesses Within R&D Organisation´s and Within a Marketing Organization s Individual Operations; IEEE Transactions on Engineering Management, Nr. 1, *1988*, S. 37-41

Takeuchi, H., Nonaka, I.: The New New Product Development Game; Harvard Business Review, 64, Nr. 1, *1986*, S. 137-146

Trygg, L.: Concurrent Engineering Practices in Selected Swedish Companies: A Movement or an Activity of the Few?; Journal of Product Innovation Management, Nr. 10, *1993*, S. 403-415

Tscheulin, D.K.: Ein empirischer Vergleich der Eignung von Conjoint Analyse und Analytic Hierarchy Process (AHP) zur Neuproduktplanung; Zeitschrift für Betriebswirtschaft, Nr. 11, *1991*, S. 1267-1280

Tushman, M.L.: Managing Communication Networks in R&D-Laboratories; Sloan Management Review, Winter *1979*, S. 37-49

Tushman, M.L., Moore, W.L. (Hrsg.): Readings in the Management of Innovation; Cambridge, Massachusetts *1982*

Ulrich, K., Satorius, D., Pearson, S., Jakiela, M.: Including the Value of Time in Design-for-Manufacturing Decision Making; Management Science, Nr. 4, *1993*, S. 429-447

Urban, G.L., Carter, T., Gaskin, S., Mucha, Z.: Market Share Rewards to Pioneering Brands: An empirical Analysis and Strategic Implications; Management Science, 32, Nr. 6, *1986*, S. 645-659

Vahlens: Vahlens Großes Wirtschaftslexikon; 2 Band, München *1987*

VDI-Richtlinie 2221: Methodik zum Entwickeln und Konstruieren technischer Systeme und Produkte; VDI, Düsseldorf, November *1986*

VDMA: Der VDMA stellt sich vor; Broschüre des VDMA, Frankfurt *1991*

VDMA: Der Deutsche Maschinen und Anlagenbau - Unternehmensprofile 1992; VDMA (Hrsg.), Frankfurt *1992a*

VDMA: Kennzahlenkompaß 1992; VDMA (Hrsg.), Frankfurt *1992b*

VDMA: Zwischenbetrieblicher Vergleich - Kennzahlen und Informationen aus dem Bereich Entwicklung und Konstruktion; VDMA, Abteilung Informatik, Frankfurt *1992c*

Venkatesan, R.: Strategic Sourcing - To Make or Not To Make; Harvard Business Review, November-Dezember, *1992*, S. 98-107

Voss, C.A., Russell, V., Twigg, D.: Implementation issues in simultaneous engineering; International Journal of Technology Management, Special Issue on Manufacturing Strategy, Nr. 3/4, *1991*, S. 293-302

Warneke, H.J.: Planung in Entwicklung und Konstruktion; Grafenau *1980*

Warneke, H.J.: Der Produktionsbetrieb; Berlin et. al. *1984*

Wheelwright, S.C, Clark, K.B.: Revolution der Produktentwicklung; Frankfurt, New York *1994*

Wildemann, H.: Zeitaspekte bei der Einführung neuer Technologien in Produktion und Logistik; In: Hax, H., Kern, W., Schröder, H.H.: Zeitaspekte in betriebswirtschaftlicher Theorie und Praxis; Stuttgart *1989*, S. 131-144

Wildemann, H.: Zulieferer werden Partner in Forschung und Entwicklung; VDI Nachrichten, Nr. 39, 27.9.*1991*, S. 34

Wildemann, H.: Just-In-Time in Forschung & Entwicklung und Konstruktion; Zeitschrift für Betriebswirtschaft, Nr. 12, *1993*, S. 1251-1270.

Wilk, L.: Die postalische Befragung; In: Holm, K. (Hrsg.): Die Befragung; Band 1, München *1975*, S. 187-200

Witte, E.: Phasen-Theorem und Organisation komplexer Entscheidungsverläufe; Zeitschrift für betriebswirtschaftliche Forschung, Nr. 20, *1968*, S. 625-647

Witte, E.: Das Informationsverhalten in Entscheidungsprozessen; Tübingen *1972*

Witte, E.: Aspekte der Zeit: Ein Schlußwort; In: Hax, H., Kern, W., Schröder, H.H.: Zeitaspekte in betriebswirtschaftlicher Theorie und Praxis; Stuttgart *1989*, S. 351-354

Witte, E., Hauschildt, J., Grün, O. (Hrsg.): Innovative Entscheidungsprozesse; Tübingen *1988*

Womack, J.P., Jones, D.T., Roos, D.: Die zweite Revolution in der Autoindustrie; Frankfurt *1992*

Wotzka, F.: Effiziente Logistik nutzt Know-How der Zulieferer; Serie: Lean Production, VDI-Nachrichten, 21.8.*1992*, S.16

ZfU (Zentrum für Unternehmensführung AG, Hrsg.): Seminarbroschüre zum Thema Speed-Management; ZW 10/93, Zürich *1993*

Zielke, A.E.: Die Entwicklung entscheidet über die Produktkosten; Frankfurter Allgemeine Zeitung, Blick durch die Wirtschaft, 3. November *1993*

Zörgiebel, W.: Technologie in der Wettbewerbsstrategie; Berlin *1983*

Zwicker, E.: Zeitbezug von Planung; In: Szyperski, N. (Hrsg.): Handwörterbuch der Planung; Stuttgart *1989*, Sp. 2243-2249

Zwicky, F.: The Morphological Approach to Discovery, Invention, Research and Construction; In: Zwicky, F., Wilson, A.G. (Hrsg.): New Methods of Thought and Procedure; New York *1967*, S. 273-297

Stichwortverzeichnis

DUV DeutscherUniversitätsVerlag
GABLER·VIEWEG·WESTDEUTSCHER VERLAG

Betriebswirtschaftslehre für Technologie und Innovation

Band 1:
Andreas Lehmann, Wissensbasierte Analyse technologischer Diskontinuitäten
1994. XV, 265 Seiten, 62 Abb.,
Broschur DM 98,-/ ÖS 765,-/ SFr 98,-
ISBN 3-8244-0200-9

Band 2:
Anette Hilbert, Industrieforschung in den neuen Bundesländern
Ausgangsbedingungen und Reorganisation
1994. XV, 269 Seiten, 25 Abb., 37 Tab.,
Broschur DM 98,-/ ÖS 765,-/ SFr 98,-
ISBN 3-8244-0199-1

Band 3:
Edgar M. W. Kirchmann, Innovationskooperation zwischen Herstellern und Anwendern
1994. XVII, 358 Seiten, 39 Abb., 67 Tab.,
Broschur DM 118,-/ ÖS 921,-/ SFr 118,-
ISBN 3-8244-0202-5

Band 4:
Thorsten Andreas Teichert, Erfolgspotential internationaler F&E-Kooperationen
1994. XII, 291 Seiten, 33 Abb., 48 Tab.,
Broschur DM 98,-/ ÖS 765,-/ SFr 98,-
ISBN 3-8244-0210-6

Band 5:
Veronica Lange, Technologische Konkurrenzanalyse
Zur Früherkennung von Wettbewerberinnovationen bei deutschen Großunternehmen
1994. XX, 312 Seiten, 49 Abb., 58 Tab.,
Broschur DM 98,-/ ÖS 765,-/ SFr 98,-
ISBN 3-8244-0212-2

DUV **DeutscherUniversitätsVerlag**
GABLER · VIEWEG · WESTDEUTSCHER VERLAG

Band 6:
Ulf Gerold Marks, Neuproduktpositionierung in Wettbewerbsmärkten
1994. XXIII, 375 Seiten, 38 Abb., 73 Tab.,
Broschur DM 118,-/ ÖS 921,-/ SFr 118,-
ISBN 3-8244-0219-X

Band 7:
Claus F. Mordhorst, Ziele und Erfolg unternehmerischer Lizenzstrategien
1994. XXVII, 469 Seiten, 53 Abb., 69 Tab.,
Broschur DM 128,-/ ÖS 999,-/ SFr 128,-
ISBN 3-8244-0224-6

Band 8:
Philip Murmann, Zeitmanagement für Entwicklungsbereiche im Maschinenbau
1994. XVIII, 304 Seiten, 58 Abb., 25 Tab.,
Broschur DM 98,-/ ÖS 765,-/ SFr 98,-
ISBN 3-8244-0226-2

Weiterhin sind erschienen:

Edgar C. Lange
Abbruchentscheidung bei F&E-Projekten
1993. XVI, 219 Seiten, 20 Abb., 31 Tab., Broschur DM 89,-/ ÖS 694,-/ SFr 89,-
ISBN 3-8244-0143-6

Ulf D. Preukschat
Vorankündigung von Neuprodukten
Strategisches Instrument der kommunikationspolitischen Markteinführung
1993. XIV, 253 Seiten, 44 Abb., Broschur DM 98,-/ ÖS 765,-/ SFr 98,-
ISBN 3-8244-0152-5

Die Bücher erhalten Sie in Ihrer Buchhandlung!
Unser Verlagsverzeichnis können Sie anfordern bei:

Deutscher Universitäts-Verlag
Postfach 30 09 44
51338 Leverkusen